KB234813

주역의
세계화와 21세기

주역의
세계화와 21세기

권일찬 지음

한국학술정보㈜

　　주역을 '우주학'이라고도 한다. 그렇다면 우주의 운행원리는 어떤 모습인가. 우주의 운행 모습은 사진에서 보는 바와 같이 순환하는 거대한 소용돌이 모습이다. 우주의 순화하는 모습은 주역의 가장 기본이 되는 태극문양(☯)과 같은 모습이다. 따라서 주역은 우주학이다. 거대한 우주의 운행 모습, 태양계의 운행 모습, 우리의 삶의 모습 그리고 극미의 원자세계에 이르기까지 모두 순환하는 주역의 태극문양과 같은 모습이다. 따라서 주역은 우주삼라만상의 근본 이치를 모두 포함하고 있다. 그 이치는 너무도 간단한 음양의 이치이다. 음양론은 범우주적으로 적용되는 우주적 이론(universal grand theory)이다. 우리 삶의 모습을 나타낸 말 중에 '음지가 양지 되고 양지가 음지 되고 돌고 도는 인생 물레방아 인생……', 이것이 곧 음양의 이치이고, 이것이 곧 주역과 우주의 이치이다.

After a time of decay comes the turning point. The powerful light that has been banished returns. There is movement, but it is not brought about by force. . . . The movement is natural, arising spontaneously. For this reason the transformation of the old becomes easy. The old is discarded and the new is introduced. Both measures accord with the time; therefore no harm results.

— I Ching :역경(易經)

프리초프 카프라(Fritjof Capra)는 그의 1982년 저서인 『새로운 과학과 문명의 전환(Turning Point)』의 첫 페이지에 책의 내용을 종합적으로 나타내는 상징으로 『주역』상경(上經) 스물네 번째 괘인 지뢰복(地雷復)괘를 제시하고 있다. 지뢰복괘, 괘의 상에서 정신물질 이원론적 물질론적 기계론적인 서양과학기술적 물질문명을 음(--)으로 나타내는 것으로 보고, 정신물질 일원론적이며 유기체론적인 『주역』으로 대변되는 정신문명인 동양사상을 양(—)으로 나타내는 것으로 보았다.

현대사회는 서양과학기술적 물질문명, 즉 음이 지배하는 시대이다. 그러나 우주론적·순환론적 자연의 이치인 물극필반(物極必反) 종즉유시(終則有始) 원리에 의해서, 음이 극하면 사라졌던 양, 여기서는 『주역』으로 대변되는 동양사상이 다시 부활한다는 의미를 상징적으로 나타내는 괘이다.

　닐스 보어(Niels Bohr)는 자신의 상보성(相補性) 개념이 중국의 『주역』의 음양론과 유사성이 있음을 잘 알고 있었다. 그가 1937년 중국을 방문했을 때 보어의 양자론의 해석은 완전히 완성되어 있었는데, 고대 중국의 음양의 대립 개념이 서로 상보적인 관계에 있다고 하는 음양론에 깊은 감동을 받았다. 그때부터 그는 동양문화에 흥미를 갖게 되었다.

　10년 후 보어는 과학 분야에 있어서의 공적이 인정되어 덴마크 귀족의 작위를 수여받았다. 그때 자신의 귀족 예복에 적절한 의장(意匠)을 결정해야만 했는데, 그는 '음양'이라는 원형적인 대립자의 상보관계를 표상해 주는 주역의 기호인 태극문양(☯)을 선택했고, 거기에 'CONTRARIA SUNT COMPLEMENTA(대립적인 것은 상호보완적이다)'라는 문자를 새겨 넣었다. 이렇듯 그는 고대 동양의 지혜와 현대 첨단물리학인 양자역학 사이의 두터운 유사성을 알고 있었던 것이다.

옛 성인들의 말씀 중에 "다 사라져간 『周易』이 다시 빛을 본다"고 하신 때가 지금이 아닌가 생각한다.

(대산 김석진 선생님의 『周易講解』 표지 글에서)

앞으로 서양과학기술이 엄청나게 들어오는데 이에 대항해서 우리가 내놓을 수 있는 학문은 『四書(대학, 중용, 맹자, 논어)』가지고는 안 되고 『周易』이래야 한다.
(1940년대 대산 김석진 스승이신 야산 이달 선생님의 말씀)

아무리 서양과학기술이 발달해도 언젠가는 코쟁이(서구인)들이 『周易』을 가르쳐 달라고 가마 갖고 모시러 올 날이 있을 것이다.

(우리 선조들의 전해오는 말씀 중에서)

우리는 부분적으로 알고 부분적으로 예언하니 온전한 것이 올 때에는 부분적으로 하던 것이 폐하리라.

(성경의 고린도전서 제13장 9:10절)

감사의 글

나는 이 글을 쓰기까지 도움을 받은 분들께 진정으로 감사하는 마음을 갖게
되었다.

첫째, 엄청난 학문적 유산을 물려주신 선조들께 감사드리며, 이러한 학문적
유산을 모르고 서구 우월주의에 빠져 서양적인 것에만 몰두하고 우리 것을 홀
대해온 데 대하여 후손으로서 부끄럽게 생각한다. 그리고 조상님들의 위대성을
모르고 비하한 데 대해서 석고대죄 하는 마음을 갖게 되었다. 나는 주역을 비
롯한 동양학, 특히 역학과 역술을 배우고 연구하기 전까지는 우리 민족에게 뭐
대단한 것이 있을까 하는 소위 엽전의식과 자기 비하의식을 가졌음을 솔직히
밝힌다. 그런데 이제는 서구적인 것에 대한 콤플렉스가 거의 없어졌다. 즉, 100
여 년 동안 서구적 문화와 학문의 압박과 설움에서 완전히 해방된 기분이다.

둘째, 고려대학교 대학원 행정학과를 비롯해 초중등·대학에서 서양과학기술
을 배우고 가르치고 연구하고 익히게끔 이끌어주신 은사님들께 감사드린다. 특
히 대학원에서 서구식 근대화를 위한 국가발전론, 행태주의, 사회과학방법론,
서구의 인간관, 서구의 광범위한 사상, 그리고 시스템 분석론 등을 배우고 익히
면서 서구의 과학기술과 물질문명을 체계적으로 이해하고 연구하는 데 크게 도
움을 받았다. 뿐만 아니라 학문적 눈을 뜨게 하고 연구방향을 제시해주었으며,
그러한 가르침이 있었기에 동양학의 학문적 의미와 가치를 인식하고 이 글을
쓸 수 있게 된 것을 감사하게 생각한다. 그리고 학문하는 사람이 가야 할 자세
와 태도에 대한 진정한 교육학문적 문화를 배우게 된 것이 귀한 행운이다. 내

가 미국의 '남부의 하버드'라는 명문대학인 듀크대학에 포스트 닥으로 일 년간 방문교수로 가서, 국내 고려대학교 대학원에서 배운 내용과 비교해 보니 새로운 것을 거의 발견할 수가 없었다. 오히려 고려대학교에서 배운 내용이 더 의미 있고 새로운 것이었다. 이러한 과정이 있었기에 동양학의 학문적 의미와 가치를 더욱 크게 느끼고 인식할 수 있었음을 밝혀 둔다. 마치 손자병법의 '지피지기는 배전백승이다' 그리고 '동쪽을 정확하게 알기 위해서는 서쪽에서 보아야 한다'는 말이 아주 실감났다.

셋째, 주역을 가르쳐 주신 대산 김석진 선생님께 감사드린다. 『주역』을 배우고 연구를 함으로써 동양의 역사와 문화 그리고 학문의 배경이 되는 근본적인 큰 틀을 이해할 수 있게 되었음은 학문적으로 큰 수확이다. 주역은 동양의 문화와 역사 그리고 학문의 근본이 되는 기초학문이면서 종합적인 학문이다. 뿐만 아니라 서양첨단과학기술보다도 새롭고 앞선 과학기술이라는 점에서 과학기술이 주도하는 시대에, 고리타분한 박물관의 골동품처럼 화석화된 학문이 아니라 계승·발전시켜 21세기 새로운 문명창조를 위한 가장 의미 있는 학문이라는 점에서 더욱 시대적 의미와 가치를 느낀다. 따라서 주역은, 한마디로 말하면 영원히 살아 숨 쉬는 생명력 있는 궁극적이고 영원한 철학이요, 최첨단 과학기술이며 인류 최고의 문화재이다.

넷째, 내가 동양학에 관심을 갖고, 배우고 연구하는 데 결정적인 계기를 마련해 주고, 동양사상의 가장 기본이 되는 개념과 이론인 기(氣)와 음양 오행론의 과학성을 현장감 있게 가슴에 와 닿게 인식할 수 있게 해준 청주 고려수지침의 김해중 선생님 그리고 동양의학의 최고 경전인 『황제내경』을 근거로 오행생식요법을 개발하신 고 김춘식 선생님께 감사드린다.

다섯째, 본 동양과학개론을 쓸 수 있도록 실제적인 학문적 도움을 준 분들께 감사드린다. 먼저 동양철학의 전반적인 학문적 체계를 이해할 수 있게 도움을 준 북경대 장대년 교수의 『동학철학대강』과 동양과학기술의 학문적 체계를 이해할 수 있도록 도움을 받은 고 김우제 선생이 편역한 『오술 판단전서』 그리고 동양학 육천 년의 학문적 업적을 현대적 의미와 학문적 체계로 오운 육기론적 음양오행론의 시각에서 우주 삼라만상의 변화를 체계화한 고 한동석 선생의 『우주변화의 원리』에 감사드린다.

여섯째, 동양학을 연구하기 위해서 전국을 찾아 헤매면서 많은 도움을 주신 이름 없는 비제도권의 동양학자, 특히 역학역술인들에게도 감사드린다. 그리고 동양과학기술인 역학역술의 개념과 이론을 현대 첨단 과학적 방법과 기술로 과학성을 밝히고, 실제생활에 접목응용을 하며, 새로운 신과학기술의 개발을 위해 연구하는 한국정신과학회 회원들께 감사드린다.

光軒 권일찬

머리말

주역을 연구하는 동양학자들, 특히 비제도권 동양학자들은 주역을 '우주학'이라고 한다. 보다 구체적으로 말하면 주역은 우주종교이며, 우주철학이고, 우주과학이다. 즉, 범우주적으로 적용되는 보편적(universal) 학문이다. 따라서 공간적으로는 동서양에 모두 적용될 수 있는 학문이고 내용으로는 종교, 철학, 과학기술 등의 학문을 모두 포괄하는 학문이다. 그러므로 지구차원에서는 당연히 모든 나라에 적용되는 보편적 학문이다.

현대사회 제도권 교육학문세계의 지배적 주류 학문인 서양학의 궁극적 목적인 보편적인 학문을 달성하고자 한다면 주역학에서 찾으면 된다고 볼 수 있다.

주역학의 시공을 초월해서 보편적인 학문의 성격과 의미를 보다 구체적으로 밝히기 위해서 주역과 관련해서 우리의 역사문화와 동양의 모든 학문뿐만 아니라 서구의 철학, 과학 그리고 종교 경전인 불경, 성경과 비교·고찰하고, 세계화 지구촌 시대에 동·서문화의 통합과 현대사회 위기극복과 21세기 새로운 문명창조를 위해서는 주역학이 가장 의미 있는 학문임을 나타내고자 한다.

그래서 첫째, 주역과 우리의 역사 문화와 관련하여 구체적인 사례를 들어서 살펴보고, 주역과 동양의 역사와 문화의 근본적인 배경이 되는 타동양학과 관련하여 고찰하였다. 둘째, 현대사회 동서양의 통합하는 세계화·개방화·지구촌시대에 동서양의 문화를 상호 비교 고찰하는 것이 가장 시급한 세계적인 과제라고 볼 수 있다. 그래서 동양을 대표하는 범우주적 학문인 주역과 서구의 철학과 과학을 비교 고찰하였으며, 더불어 서구에서 주역의 연구실태를 알아보았다. 그리고 주역과 우리나라의 천부경, 불교의 불경, 그리스도교의 성경을 비교고찰하였다. 이는 동서양의 사상적·문화적 통합의 가장 우선적인 일이 종교적 통합인데 이를 위해서 세계 3대 경전인 역경(周易), 불경, 성경을 상호 비교고찰하는 것이 시대적으로 가장 의미 있는 일이라고 본다. 셋째, 현대사회에서 주역의 의미와 가치를 살펴보고, 특히 현대 서양과학기술문명의 문제점과 한계점을 극복하기 위한 학문으로 주역의 의미와 가치 그리고 21세기 새로운 문명창조를 위한 학문으로서의 의미와 가치를 고찰하였다.

서술형식은 강의식 또는 수필식으로 쓰고자 하였다. 그리고 주역이 우리 것이면서 워낙 낯선 학문이다 보니 이해를 쉽게 할 수 있도록 하기 위해서 중언부언 잔소리를 많이 늘어놓았음을 밝혀둔다. 워낙 학문적으로 현대사회 보편적 학문인 서양과학과 패러다임적으로 다른 학문이고 또한 어려운 학문이다 보니 내용면에서 불완전하고 미흡함을 벗어날 수 없으나, 시작이 반이라는 말과 같이 일단 일을 시작해보자는 심정으로 글을 쓰게 되었음을 밝혀둔다. 앞으로 더 많이 배우고 연구하기 위한 출발점으로 삼고자 한다.

제1부는 우리의 역사와 문화를 주역의 시각에서 고찰하여 주역의 의미를 살펴보았다. 그리고 제2부에서는 우리의 역사와 문화의 배경이 되는 모든 동양학과 주역과의 관계를 고찰하였다. 그래서 우리의 역사문화에서 주역의 의미와 위치가 거의 절대적임을 나타내고자 하였다.

제3부에서는 주역과 서구의 철학, 과학을 비교 고찰함으로써 현대사회 지배

적 입장에 있는 서구의 문화와 학문의 의미와 가치를 보다 객관적으로 볼 수 있는 시각을 갖도록 하였다. 아울러 제4부에서는 주역과 우리나라의 역인 천부경과 불경 그리고 성경과 비교 고찰하였다. 특히 서구사상을 대표하는 그리스도교의 성경과 주역과 비교 고찰함으로써 동서양의 사상적 통합의 가능성을 생각해 보았다.

제5부에서는 현대사회 주역의 의미와 가치를 종합적으로 고찰하였다. 그리고 제6부에서는 현대사회의 가장 시급한 위기 극복과 21세기 새로운 문명창조를 위한 대안 학문으로서 주역의 의미와 가치를 모색해 보았다.

2012년 8월

光軒 권일찬

✎ 차례

서론

　나는 나의 특별한 사건을 계기로 주역을 배우고 연구하며 가르치는 과정을 거치면서 학문적으로 엄청난 의미와 가치를 발견하였다. 그것은 지금까지 수십 년간 배우고 익히며 연구하고 가르쳐온 서양과학기술과 달리 패러다임적으로 새로운 학문이고 뿐만 아니라 실제생활에 보다 더 도움을 준다는 점에서 그렇다.

　패러다임적으로 다른 학문이라는 점은, 주역은 서양과학과 비교해서 개념과 이론 및 연구대상범위가 다를 뿐만 아니라 접근 방법이 우주론적 Top Down적 학문이고 지금까지 배우고 가르쳐온 서양과학기술은 개개의 사물에 근거한 Bottom Up적 학문이라는 점에서 근본적인 인식의 출발점이 다른 학문이다. 뿐만 아니라 주역은 근본적이고 본질적인, 보이지 않는 기(氣)와 영혼의 세계를 근거로 출발한 종합적 학문이고, 서양과학기술은 보이는 개개의 사물을 근거로 발달한 피상적이고 지엽적인 부분적 학문이라는 점에서, 인간의 모든 문제를 본질적으로 나타내고 있어서 근본적인 문제와 의미를 인지할 수 있다. 즉, 서양과학기술적으로 이해·설명할 수 없는 많은 부분, 특히 본질적인 문제를 주역학적으로 이해·설명할 수 있는 부분이 많이 있다. 이해·설명할 수 있는 부분만큼 문제의 해결을 위한 단초가 되기 때문에 생활에 도움을 준다. 따라서 적실성(relevance) 면에서 주역에서 비롯된 역학과 역술이 서양과학기술보다 훨씬 의미 있고 가치 있는 학문이다.

　이러한 학문적 의미와 가치를 인지하고서는 지금까지 배우고 연구하며 가르쳐온 우리의 역사와 문화 그리고 학문에 대한 새로운 시각을 갖게 되었다. 그리고 서양학과 서양문화를 주역학의 시각에서 비교하여 비판할 수 있는 안목을 갖게 되었다. 뿐만 아니라 세계화·지구촌 시대에 현대사회 위기문제를 극복하기 위한 현재와 미래에 대한 희망의 대안학문임을 느끼게 되었다.

세계화·개방화 사회에 가장 중요한 문제는 첫째, 우리의 역사와 문화에 대해 근본적이고 본질적으로 이해하여 새롭게 정체성과 주체성을 확립하는 일이고, 둘째 서구와 동양의 문화를 비교·고찰하여 동서양의 문화적·학문적 차이의 의미를 이해함으로써 동서양의 문화적 통합의 가능성을 모색하는 것이고, 셋째, 현대사회 위기극복과 21세기 새로운 희망의 대안학문을 개발하는 일이라고 본다.

의식의 탐구 분야에서 세계적인 명성을 얻고 있는 존 화이트(John White)가 편저한 『깨달음이란 무엇인가』의 첫 장에 '지혜가 남을 이해하는 것이라면, 깨달음은 나를 이해하는 것이다'라는 노자의 말을 인용하여 소개하고 있다.

우리는 지금까지 서구적인 것을 수입하고 배우는 데만 관심을 두고 노력하였지 우리 것을 전혀 배우고 가르치지 않아서 내가 누구인지를 모르고 있다. 즉, 서구적인 것은 많이 알고 있는 데 비해서 우리 것, 즉 역학적인 것은 전혀 가르치고 배우지 않아서 정체성을 모르고 있다. 그 결과 서구적인 것을 받아들여 새롭게 발전시키고 개발하는 지혜는 있는 데 비해서, 우리 것의 가장 근본적인 주역에서 비롯된 역학과 역술을 배우지 않아서 내가 누구인지 모르고 있는 상황이다. 그래서 내가 누구인지 깨닫지 못하고 있다. 그 결과 서구 과학기술적 문명은 지혜롭게 많이 발달시켜서 서구에 버금가는 정도로 발전하여 물질적으로 엄청나게 풍요롭고 편리해졌으며 제도적으로도 자유롭고 편리해졌으나 우리 것에 대해서는 까막눈이 되어 이해할 수 없어서 정신을 잃어가고 있다. 즉, 주체성이 없어지고 서구에 피동적으로 이끌려 지배종속을 받고 있는 뿌리 없는 부평초 신세가 되어가고 있다. 그래서 국가 사회적으로 많은 문제가 나타나고 있다.

그러므로 이 시대에 가장 중요한 일은 서구적인 것을 이해하는 지혜보다도 우리가 누구인가 이해하는 궁극적 깨달음이 중요한 시대이다. 이렇게 함으로써 타자인 서구적인 것의 이해를 통한 지혜와 우리들 자신의 이해를 통한 깨달음을 얻음으로써 지피지기할 수 있고, 지피지기는 서로의 장단점을 이해하고 보완하는 상생의 윈윈전략을 세울 수 있는 통합적 시각이 나타날 수 있다. 즉, 나를 알고 남을 알 수 있으면 상대방을 지배하려고 하는 패도적 행위보다도 서로의 입장을 존중해주면서 상호 보완 상생의 윈윈할 수 있는 새로운 문명창조를 위한 통합의 가능성을 생각할 수 있다. 그리고 우리 민족의 건국이념인 홍익인간정신에 입각한 대동사회 건설을 위한 발상이 나올 수 있다고 본다. 그러기 위해, 즉 서구를 이해하고 우리를 이해하기 위해 가장 의미 있는 학문이 주역과 주역에서 비롯된 역학과 역술이다.

첫째, 주역은 우리의 역사와 문화 그리고 학문을 근본적이고 본질적이며 그리고 주체적으로 이해·설명할 수 있는 학문이다. 즉, 나를 이해하는 깨달음에 이를 수 있는 세계적으로 유일한 학문이다. 왜냐하면 주역은 우주론적이고 근본적이며 본질적인 학문일 뿐만 아니라 우리의 역사와 문화의 근본적인 배경이 되는 모든 동양학의 근원적인 학문이기 때문이다. 특히 사상, 철학, 윤리, 도덕뿐만 아니라 과학기술적 학문의 근본적인 학문이라는 점에서 더욱 의미 있는 학문이다. 따라서 주역과 우리의 역사와 문화 그리고 학문과의 관계를 구체적인 사례를 들어서 설명하여 이를 이해할 수 있도록 입증하고자 한다.

둘째, 현대 세계화·개방화 지구촌시대에 동서양의 문화와 학문을 상호 연계해서 연구하고 가르치는 것은 세계적으로 가장 의미 있는 일이라고 본다. 주역은 어느 한 지역이나 시대적 학문이 아니고 시공간을 초월해서 범우주적·궁극적 학문이므로 현대사회와 같이 세계화·개방화 지구촌시대에 동서양을 모두 아우르는 가장 의미 있는 학문이다. 왜냐하면 동서양을 모두 통합하여 상호간의 관계를 인지할 수 있는 우주론적 학문이기 때문이다. 따라서 범우주적인 학문이지만 동양을 대표하는 주역과 서구의 철학, 사상, 과학기술 그리고 종교와 비교 고찰하는 것은 이 시대에 가장 시급한 세계적인 학문적 과제라고 생각된다. 지금까지 우리는 서구적 문화와 학문을 무비판적으로 받아들이고 배우는데만 관심을 두었지 이를 비판하고 취사선택하는 자세를 갖지 못하였다. 그렇게 된 것은 무엇보다도 우리 것에 대해 근본적이고 본질적 학문인 『주역』을 모르기 때문에 주체성이 없어서 그렇게 되었다. 즉, 우리 것에 대해 몰라서 주체성이 없어서 서구적인 것을 비교하여 취사선택할 수 있는 능력이 없기 때문이다. 뿐만 아니라 현대사회 제도권 주류 학문인 서구적 학문에는 주역과 같은 범우주적 학문이 없기 때문에 서구적 학문만 알아서는 동서양의 문화를 본질적이고 근본적으로 비교할 수 있는 능력이 생길 수 없다. 따라서 이제는 주역의 관점에서 주체적으로 서구적인 것을 우리 주역과 비교해서 상호간의 입장과 관계를 객관적이고 과학적으로 파악하여 취사선택을 하여야 한다.

주역을 알아야 사리분별이 있다

주역의 마지막 괘에 해당하는 화수미제(火水未濟)의 상구효사에 공자께서 쓰신 상사(象辭)에 '음주유수 역부지절야(飮酒濡首 亦不知絶也: 술을 마시는 데 머리까지 적시면 또한 절을 알지 못한다)'라고 하신 구절이 있다. 여기에서, '주(酒)'자에 ' 氵'에는 유·불·선이, 유(酉)에는 서양의 비의(秘意)가 있다는 것이다. 이것은 너무 유·불·선과 서양적인 것에 몰두하고 탐닉하면(飮酒濡首) 절(節)을 알지 못한다(不知絶也)는 것이다. 여기서 '節'은 절도·사리분별과 같은 의미로 해석할 수 있다. 그런데 주역을 아는 자만이 절(節)을 알 수 있다고 하였다.

주역의 미제괘 상구의 효사를 해석한 내용을 종합적으로 서술하면, 너무 유불선과 서양적인 것에 탐닉하고 몰두하면 자신의 본래의 것을 잃어버린다는 것이다. 그리고 본래의 자신을 찾기 위해서는 절도(節度)와 사리분별력이 있어야 하는데, 그러기 위해서는 주역을 알아야 한다는 것이다.

이것은 주역을 알아야 우리 것을 근본적으로 알 수 있고, 서양적인 것의 내용도 대강은 인식할 수 있다는 것이다. 그렇게 되면 동서양 간의 문화를 중립적인 입장에서 객관적인 이해가 가능하다고 본다. 따라서 동서양 간의 굴절 없는 상호 이해가 가능할 수 있다.

그러므로 동양인은 동양의 문화와 역사를 주체적으로 이해하는 데 주역을 알아야 하며, 서구인들도 주역을 배워서 지금과 같이 자신의 입장에서 동양을 일방적으로 몰이해하려고 하지 말아야 한다. 이것은 동서양이 서로 절도 있고 사리분별이 있는 인식이 가능하게 하는 데 도움을 준다고 본다.

셋째, 서양과학기술문명으로 초래된 현대사회 위기와 문제를 근본적으로 극복하기 위해서 가장 의미 있는 학문이다. 뿐만 아니라 21세기 새로운 문명 창조를 위한 현실적으로 실천 가능한 희망의 대안학문이다. 앞에서 주역과 관련된 첫째, 둘째는 우리의 과거와 현재의 문제 그리고 서구와 주역과의 관계를 고찰한 평면적 내용이지만, 여기에서 설명한 것은 범세계적으로 현재와 미래의 위기극복과 새로운 문명창조를 위한 희망의 대안학문이라는 점에서 입체적이고 역동적인 의미를 갖고 있다. 즉, 주역을 통해서 우리와 타자인 서구를 함께 이해함으로 지혜와 깨달음에 다다른 상황에서 우리 민족의 건국이념인 홍익인간 정신에 입각하여 인류 공존의 대동사회 건설을 위한 구체적이고 현실적인 문제를 직시할 수 있음을 입증해 보고자 한다.

따라서 현대사회에서 周易은 계속 연구 개발되어 현대문명과 서양과학의 한계점을 극복 보완하는 데 활용하여야 한다고 본다. 이 점에 대해서 우리나라에서 周易의 대가인 대산 김석진 선생은 다음과 같이 언급하고 있다.

주역이란 오랜 세월 동안 伏羲·文王·周公·孔子 네 성인에 의해 이루어진 경전이기 때문에 세계의 다른 경전이 따라올 수 없는 진리의 보편성이 있다. 성인의 말씀은 진리이고 그러기 때문에 주역 안에는 한국은 말할 것 없고 미국, 소련, 중국, 일본 등 세계의 문제를 다 찾아볼 수 있으며, 그런 가운데서도 각 민족의 역사성을 인정하고 있다는 것이다. 또한 현대과학이 인간세상을 이롭게 하는 쪽으로 발전하기 위해서는 주역을 바로 응용할 때에만 가능한 것이며 첨단과학도 주역을 통해서 완성을 이루리라고 전망된다. 周易이 양효(陽爻) 192개, 음효(陰爻) 192개, 총 384효로 구성된 점을 상기할 때 장차 이 384효의 부호가 인류로 하여금 우주만물을 생각하는 공통어와 같은 기능을 발휘할 수 있을 것이라는 것이다. 앞으로의 세계역사는 주역의 심오한 이치를 어떻게 이해하고 응용하고 이용하느냐에 따라 달라질 것이라는 것이다.

상양우이(喪羊于易)

주역의 서른네 번째 괘인 뇌천(雷天) 대장괘(大壯卦)의 육오(六五)의 효사(爻辭) '상양우이는 위부당야(喪羊于易는 位不當也: 양을 쉽게 잃음은 위가 마땅치 않음이라)'라는 구절이 있다. 여기에 '양(羊)'은 서방(西方) 태(兌)로 서양의 물질문명을 뜻하고, '역(易)'은 동방의 주역의 도(道)를 뜻한다.

이는 공자의 비사체(秘辭体)로서 서양의 물질문명[西方 兌: 羊]을 그대로 상대하지 아니하고, 동방의 역도(易道)로서 물리쳐야 한다는 뜻이다. 즉, 양(羊)이라는 짐승은 앞으로만 달려드는 성질이 있으므로, 앞에서 막으려 하지 말고 뒤에서 몰면 양의 강한 성질을 쉽게 다스릴 수 있는 것이니, 양(羊)의 성질을 잘 이용하여 다스리라는 뜻이다. 상사에 '위부당야(位不當也)'라고 한 것은 양(陽)의 자리에 음(陰)이 있어 부정(不正)한 것이므로 바름만을 주장해 나가지 말고 화합하여 나가라는 뜻이다.

서구의 물질문명을 동양의 정신 세계적 학문인 역(易)의 이치로 순화 내지는 정화해야 한다는 의미로 본다. 순화를 시키는 데 서구의 물질문명을 너무 일방적으로 부정하지 말고 어느 정도 인정하면서 주역(周易)의 이치로 잘못된 것을 설득해서 수정·보완해 나가라는 의미로 볼 수 있다.

최근 인터넷(www.hiramid.kr)에서 소개해 준 동영상 중에서 "양자역학과 마음DVD"라는 동영상에서 150여 분간 서구의 양자역학자들이 양자물리세계에 대해 연구한 내용들을 대화와 강의식으로 생생하게 소개하였다.

양자물리학자들의 대화와 강의 내용 중에서 『주역』의 의미를 나타내는 것과 같은 내용이 있어 소개한다.

> "양자물리학은 20세기까지의 물리학이었고, 과학과 영성을 연결하는 새로운 무엇이
> 21세기에 나타날 것이라고 이야기하고 싶습니다."

이 글에서는 21세기는 새로운 과학관과 세계관에 입각한 새로운 과학기술이 나타난다는 것을 암시하는 내용이라고 볼 수 있다. 아마도 그러한 세계관과 과학관에 입각한 학문이 철학사상과 과학기술이라고 하면, 동양의 역학과 역술이

라고 볼 수 있다. 그러므로 21세기는 『周易(I Ching)』이 주도하는 시대가 도래할 것이라고 표현하는 것이 지나치다고 할 수 있을까?

현대 양자물리학자들 중심의 신과학자들의 새로운 과학이론은, 기존의 뉴턴 역학적 정신물질 이원론적이며 기계론적 물질과학에 대해, 새로운 정신물질 일원론적인 유기체론적 과학관과 세계관을 주장한다. 그런데 이들의 주장이나 새로운 이론들은 각 학자들의 연구결과에 의해서 나타난 단편적인 주장이다. 즉, 기존의 뉴턴 역학적, 기계론적 학문과 새로운 원리나 이론을 학자들마다 단편적이고 산발적으로 주장하는 것이지, 새로운 이론에 의해서 구체적이고 실용적인 체계화된 뚜렷한 학문은 아직 나타나지 않고 있다.

그러나 동양에는 이미 수천 년 전부터 서구의 현대 물리학인 상대성이론과 양자물리학의 이론과 원리에 영적인 세계까지 포괄하여 체계화된 학문이 전해 내려오고 있다. 그것이 주역과 주역에서 비롯된 역학과 역술이다.

따라서 주역과 주역에서 비롯된 역학과 역술은 21세기 새로운 시대를 주도해 갈 수밖에 없는 학문이라고 해도 과언이 아니다. 뿐만 아니라 현대 서양과학기술문명의 지나친 발달로 세계적인 위기의 징후가 도처에서 나타나고, 이를 극복하기 위해서 동양사상에서 찾아야 한다는 오래전부터 전해오는 세계적인 공론의 관점과 마침 이 시대가 세계사적으로 동아시아문화권시대라는 시대적 상황과 맞물려서 『주역』이라는 학문이 다시 빛을 발할 수밖에 없다고 볼 수 있다.

이상의 연구 목적을 위해서 본 글에서는 다음과 같은 내용을 서술하고자 한다.

첫째, '제1부 주역과 우리의 역사와 문화'와 '제2부 주역과 타 동양학'은 우리들이 누구인가를 주역을 통해서 이해하여 깨달음에 이르기 위한 부분이 된다. 둘째, '제3부 주역과 서구'와 '제4부 주역과 타 경전'은 주역을 통해서 서구, 즉 남을 주체적으로 이해하기 위한 지혜의 부분이다. 셋째, 제5부 '현대사회에서 주역의 의의'와 '제6부 주역과 21세기'는 현대사회 서양과학기술문명의 지나친 발달로 나타난 문제점과 위기 문제를 근본적으로 극복하고, 21세기 새로운 문명사회 창조를 위한 주역의 의미와 가치를 구체적으로 설명하고 입증하고자 한

다. 즉, 주역을 통해서 서구를 이해한 지혜와 우리를 이해한 깨달음의 바탕 위
에서 현대사회 위기문제 극복과 21세기 새로운 문명창조를 위한 주역의 의미
를 설명한다.

제1부

주역과 우리 역사와 문화

제1장

동양에서 주역의 의미와 위치

　세계적인 동양학의 대가들이 한결같이 하는 말이, 『주역』이 동양의 문화와 역사 그리고 모든 학문의 근원이라는 것이다.

　세계적인 동양학의 대가인 대산 김석진 선생은 "주역은 동양 최대의 경전이요 최고의 철학으로 손꼽히며 다른 학문은 모두 주역에 매이게 되고, 그렇기에 예로부터 '만학(萬學)의 제왕(帝王)'이라고 했다. 그리고 위정자의 학문이요 제왕학(帝王學)이라고 전해 왔다"고 언급하고 있다. 대만의 남회근 국사도 주역의 '계사전'을 알아야 동양문화의 근본을 제대로 파악할 수 있으며, 공자사상의 발원처도 역시 명확히 알 수 있다는 것이다. 그래야 사서오경의 원리를 이미 꿰뚫었다고 할 수 있다는 것이다. 중국의 양력 교수도, "易은 중국의 철학·자연과학·사회과학이 서로 결합된 거작이다. 따라서 중국문화사의 3대 유파인 유가·도가·묵가와 제자백가가 모두 역을 근거로 삼고 있다"고 주장하고 있다.

　주역의 과학적 형이상학적 원리에 입각하여 기독교적 신의 개념을 재해석하고자 『역의 신학』을 쓴 미국의 드루드대학의 조직신학교수인 이정용은 주역이 동아시아에서 갖는 의미와 가치를 다음과 같이 언급하고 있다.

　한국과 중국 그리고 일본에서 심오한 철학과 공통된 체계를 형성시켜온 형이상학적·우주적 체계는 주역에서 출발한다. 주역의 형이상학은 음양의 관계로 요약되는바, 순수 동양인들의 본래적인 정신과 사유를 나타낸다.

　동아시아의 형이상학과 우주론에 미친 주역의 영향은 서양에서 플라톤의 영향과 비견될 수 있다. 화이트헤드가 진술한 대로, 만일 모든 서구의 철학이 단지 플라톤의 주해에 불과하다고 한다면, 대부분 동아시아의 철학들은 주역의 주석에 불과하다고 말할 수 있다.

독일의 심리학자 칼 융은 주역이야말로 중국인의 심성의 정수라 부른다. "주역은 중국문화의 정신을 형성하고 있는바, 중국인의 심성은 수천 년 동안 주역과 함께 그리고 주역에 돌아가 사유해 왔다. 오랜 시간이 지난 후에도 주역의 영향력은 감소하거나 줄지 않고, 적어도 그 의미를 이해하는 사람들의 심성 속에 아직도 살아 숨 쉬고 있다."

융은 주역을 하나의 형이상학적 체계로 볼 뿐만 아니라 중국 과학의 근간으로 보고 있다. 왜 고도의 지성을 가진 중국인들이 과학을 발전시키지 못했는지에 대해 설명해 달라는 영국 인류학회 회장의 질문에 대하여, 융은 "이것은 참으로 눈에 보이는 착각일 뿐이다. 왜냐하면 중국은 주역의 근간을 둔 하나의 과학을 가지고 있기 때문이다. 그러나 …… 중국 과학의 원리는 서구의 과학적 원리와 판이하게 다르다"고 답하였다.

위의 내용을 간단히 요약해 말하면 주역이 모든 동양철학사상의 근원적 학문일 뿐만 아니라 과학기술의 근간이 되는 학문이라는 내용이다. 특히 과학기술의 근간이 된다는 의미에서 주역의 학문적 의미가 다른 경전과 차별화되는 것이다.

아무리 철학사상이 훌륭하다 해도 그 내용을 구체화하고 실용화한 과학기술적 내용이 없으면 공허한 것이다. 그러나 주역의 철학과 사상은 모든 동양사상과 철학의 근원적 학문일 뿐만 아니라 과학기술적 내용으로 구체화 실용화한 학문이라는 점에서 가장 의미가 있고 가치가 있는 학문이다. 따라서 주역의 사상과 철학은 과학기술적으로 구체화·실용화되어서 모든 인간 생활에 직접적으로 도움을 주고 있기 때문에 동양의 경우 절대적인 의미가 있는 학문이다.

고 고려대학교 명예교수였던 김충렬 교수는 한국주역학회에서 발행하는 「주역연구」제3집에서 중국철학과 사상에서 주역에 대한 위상을 다음과 같이 언급하고 있다.

달에 착륙한 인간이 달에서 지구를 바라보았을 때, 인간이 만들어 놓은 흔적으로 확인될 수 있었던 것은 유일하게 중국의 만리장성뿐이었다고 한다. 옛 중국인들의 거대한 스케일과 집적된 노동력의 방대함에 새삼 놀라지 않을 수 없다. 그런데 중국에는 이와 비견될 수 있는 또 하나의 문화유산이 있으니, 이른바 '역(易)'이 그것이다. 그런데 만리장성이 중국 대륙(공간) 위에 횡으로 축조된 유형의 조형물이라면, 역은 중국 역사(시간)의 흐름을 타고 종으로 적어도 1만 년 동안이나 지속적으로 인간의 지혜를 집적·정화하면서 내려 온 무형의 지혜체계이다.

역사상 인간이 만든 유형·무형의 사물들 중, 그 목적이 없거나 쓰임이 없는 것은 없다. 모두 인간 생존의 필요에 의해 유용하도록 만들어진 것들이다. 그러나 이들 모두가 제 기능을 발휘한 것은 아니다. 기울인 노력보다 의외로 효용이 미미한 실패작이 있고, 반면 역사문화를 지속적으로 유지·발전시키는 데 근본적으로 작용한 위대한 성공작이 있다. 만리장성이 전자에 속하고, '역'은 후자에 속한다.

중국 고대 문화의 기틀을 닦는 데 기여한 경전으로는 『시경』, 『서경』, 『예기』, 『악기』, 『춘추』, 『역경』 등 6경이 있는데, 이 중에서 『역』이 제일위를 차지한다. 그것은 이 세상에서 살아가는 모든 생명은 먼저 그가 처한 이 세상의 모든 변화를 미리 알아서 대처할 수 있어야 하고, 또한 천지 자체의 운행에 따라 변하는 기후에 맞추어 만물이 생성되는 이치 및 만물이 서로의 공능을 교환하면서 생명을 영위하는 섭리를 알아야만, 인간은 마침내 천지를 돕고 만물을 개발해서 문화 창조라는 새로운 세계를 영위할 수 있기 때문이다.

간추려 말하면, 사마천이 학문의 정의를 내리면서 언급하였듯이, '자연과 인간의 불가분의 지극한 관계를 궁구해서'(究天人之際), '명확한 지식체계를 세워 놓아야만'(成一家之言), 이에 근거해서 인간의 모든 생각과 행위(청사진과 건설, 즉 세계경영)가 구체적으로 실현될 수 있기 때문이다.

당대(唐代) 학자 공의달은 『주역정의』에서, "역은 천지 변화에 대한 총체적 이름이요, 그에 따라 시간이 흐르고 뒤바뀌는 것에 대한 별칭이다. 하늘과 땅이 개벽하고부터, 음과 양이 운행하고 추위와 더위가 뒤바뀌며 해와 달이 오고 가면서, 이 세계는 모든 만물을 생장수장(生長收藏)하게 한다. 이러한 변화·생성의 과정은 계속되어, 옛것은 가고 새로운 것은 뒤따라오고 또 가고 오는 등 새롭고 또 새로워지는 과정이 그치지 않으며, 낳고 또 낳는 생성과정이 서로 이어져 순환 속에서 영원을 도모한다. 이러한 것은 천지가 변화하는 힘과 만물이 서로 돕고 서로 교체하면서 부침(浮沈)·은현(隱顯)하는 작용에 바탕을 두지 않는 것이 없다. (이렇게) 그 변화의 의미를 부호화해서 변화에 적절히 대비할 수 있는 지식과 지혜를 암시해 주는 책이『역』이다"라고 하였다.

요컨대『역』은 중국 최초로 우주관·우주론·우주생성론과 인간이 이 세상에서 삶을 영위하는 데 가장 기본이 되는 삶의 자세로서의 성명관·생존법칙·영생의 슬기 및 나아가 우주를 경영하고 문화를 창조하는 우주경영관·문화이상(문화관) 등의 기조를 닦은 책이라는 것이다.

이처럼 중국 철학의 이론적 근거와 중국 사상의 원형은『역』에 뿌리를 두고 있으니,『역』이야말로 중국 철학서 중 근본이 되는 책이라고 할 수 있다.『역』을 '육경 중에 으뜸'으로 자리매김하는 것도 이 때문이다.

동양의 문화와 역사의 배경이 되는 가장 근본적인 학문이라고 하면 일반적으로 사서삼경이 있고 노장, 묵가, 법가, 제자백가사상 그리고 불교 등이 있다고 알고 있다.

그런데 모든 동양학의 근본이 되는 학문이 무엇이냐고 하면, 그것은 아는 사람이 별로 없고 잘 모른다.

뿐만 아니라 아마도 동양의 역사와 문화의 배경이 되는 학문이 무엇인지도 아는 사람도 드물 뿐만 아니라 이에 대해서 관심을 갖고 알아보려고 하는 사람도 거의 없지 않나 생각이 된다. 이만큼 우리는 우리의 역사와 문화에 대해 근본적이고 주체적으로 인식하려고 하기보다는 제도권에서 배운 서구적 학문에 입각하여 쉽게 이해하고 설명하려고 한 것이 아닌가 싶다.

제 나라의 역사와 문화를 쉽게 자기가 제도권에서 배운 서양적 학문의 시각과 입장에서 이해하고 표현하려고 하는 자체가 피상적이고 비과학적인데 말이다. 그러니 그것이 올바른 역사와 문화의 이해와 표현이 가능하겠는가? 따라서 제대로 된 역사관, 문화관, 학문관이 성립될 수 있다고 보겠는가?

모든 동양학의 근본적인 학문이라고 하면 이것은 곧 동양의 문화와 역사의 배경이 되는 근본적인 학문이 되는 것은 너무도 당연한 말이다. 동양의 역사와 문화의 배경이 되는 학문이 동양학이라고 하면 동양의 역사와 문화를 주체적이고 근본적으로 이해하기 위해서는 동양학을 알아야 함은 너무도 당연하다. 그런데 동양학 중에서도 동양학의 근원적인 학문이 있고, 이를 알아야, 또한 동양학을 근본적으로 이해가 가능하다. 그것이 곧 <주역>이다. 즉, 주역은 동양의 역사와 문화의 배경이 되는 근원적인 학문인 동양학의 근원적인 학문이다. 그러므로 주역을 알아야 동양학을 근본적으로 알 수 있고 이는 또한 동양의 역사와 문화를 근본적으로 이해가 가능하다.

뿐만 아니라 주역은 인간의 생활에 가장 밀접한 과학기술적 학문의 근원적인 학문이라는 데 또한 절대적인 의미와 가치가 있다. 인간이 살아가는 현실적인 생활문화 속에서 동서양을 막론하고 옛날이나 지금이나 과학기술적 학문이 가장 많이 피부에 와 닿도록 영향을 주고 생활에 밀접하기 때문이다. 즉, 모든 학문 중에서 과학기술적 학문이 인간생활에 가장 많은 영향을 주고 있다.

또한 조선시대의 통치이념인 성리학뿐만 아니라 사서오경의 근원적인 학문이라는 점에서 주역은 예의범절과 윤리도덕적 생활의 근원적 학문이다

결국 주역은 사상철학, 윤리도덕, 예의범절, 제례와 각종 의식, 문학과 예술, 과학기술 그리고 종교적 학문의 근본적인 학문이라는 점에서 동양의 거의 모든 것이라고 해고 과언이 아니다.

우리가 초등학교 때부터 수없는 세월동안 우리의 문화와 역사에 대해서 배우고 또한 종종 사계의 전문가들에게 많은 역사와 문화를 들어왔건만 "동양의 역사와 문화의 배경이 되는 근원적인 학문이 주역이다"는 말을 한 번도 의미 있게 가르치고 말하는 것을 전혀 들어 보지 못했다. 그래서 하도 신기해서 대학에 갓 들어온 새내기 학생들에게 "우리의 역사와 문화의 배경이 되는 근원적인 학문이 무엇이냐고" 물어 보았다. 그랬더니 학생들이 전혀 알지를 못하고 어안이 벙벙하기만 한 표정을 지었다. 그런데 여러 해 만에 딱 한 학생이 손을 들고 "주역입니다"라고 답했다. 그래서 하도 반갑고 반가워서 누구에게 들었느냐

고 물어 보았더니, 하는 말이 '할아버지'한테 들었다는 것이다.

동양의 문화와 역사 그리고 학문의 근본이 되는 학문이 주역이다. 그러므로 주역을 모르고는 동양의 역사와 문화 및 학문을 근본적으로 연구할 수 없다. 그만큼 주역은 동양인에게는 가장 오랜 동안 뿌리 깊은 영향을 주어온 학문이며 고전 중의 고전이다. 그래서 주역을 만학의 제왕이요, 제왕학이며 위정자의 학문으로 모든 동양학이 주역에 매여 있다는 것이다.

즉, 동양학의 여타 학문은 주역을 근원으로 해서 파생된 학문이라는 것이다. 그래서 주역을 경전 중의 경전, 철학 중의 철학, 지혜 중의 지혜서라는 것이다.

지금까지 주역이라는 학문을 주마간산 격으로 살펴보았지만, 필자인 나 자신도 주역이라는 학문의 깊이와 넓이의 감을 전혀 알 수가 없다. 다만 주역을 연구한 대가들의 말씀과 그동안 배우고 연구하면서 희미하게 느끼는 내용으로 볼 때, 주역은 최고의 철학이요 최첨단과학기술이며 인류 최고의 문화재이다.

첫째, 최고의 철학이란 천인합일사상에 의해서 우주론적 자연의 이치인 궁극적 진리인 도(道)에 의해서 인간의 궁극적인 삶의 의미와 방향 및 표준을 말해 준다는 의미에서 궁극적이고 영원한 철학이기 때문이다. 즉, 뚜렷한 최고의 영원한 궁극적 종지인 준거기준이 있다. 이것이 다른 동서양의 철학이 단순히 개인적 삶의 수준과 환경 속에서 우러나온 아이디어 또는 관점적 철학사상과 근본적으로 차원이 다른 철학이라고 본다.

둘째, 최첨단과학기술이다. 정신물질 일원론적 관점에서의 정신 차린 유기체론적 과학기술이다. 현대 물리학의 원리, 즉 양자역학, 상대성이론, 카오스, 복잡계, 홀로그램, 프랙탈 등의 이론에 의한 체계화된 구체적이고 실용적인 과학기술이다. 서구는 이러한 양자역학자들을 중심으로 신과학적 이론들을 원론적 수준에서 원리를 밝히고 해명하는 데만 초점을 두고 있지 그러한 원리법칙에 의한 구체적으로 체계화한 주역과 같은 학문은 없는 것 같다.

셋째, 인류 최고의 문화재이다. 동양의 문화재 중에 세계적으로 대두되는 문화재라면 『주역』과 만리장성이 아닐까 생각한다. 그런데 만리장성은 그 시대에 의미 있는 문화재인지 모르지만 현대에서는 아무 쓸모없는 돌덩어리에 지나지

않는 죽은 골동품이다. 그러나 주역은 지금과 같은 서양첨단과학기술이 아무리
발달해도 여전히 많은 국민들의 실제생활에 도움을 주고 있으며 서양첨단과학
기술이 따라올 수 없는 보다 새롭고 앞선 과학기술이라는 점에서 여전히 살아
있는 생명력 있는 문화재라는 점에서 인류 최고의 문화재이다.

제2장

주역과 우리 역사와 문화

문화란 생물이 살아가는 보편적인 총체적 모습을 말한다. 여기서 중요한 것은 '보편적인 총체적 모습'이다. 보편적이란 특수적인 것의 반대 개념으로서 모든 구성원들의 일반적으로 통용되는 행태를 의미하고, 총체적 모습이란 인간의 삶의 전체를 말한다. 이를 구체적으로 말하면 구성원들의 보편적인 의식주 생활부터 예의범절, 인간의 사고체계인 의식구조 그리고 정치, 경제, 사회의 제도적인 것 등 모든 것을 의미한다.

인간을 비롯한 동식물이 살아가는 보편적인 총체적 모습을 개념과 이론으로 특징지어 나타낼 때 그것을 문화라고 한다. 즉, 인간은 인간의 문화라는 문화적 환경 속에서 살아가고 있고 동물은 동물의 문화라는 환경 속에서 살아간다. 뿐만 아니라 식물은 식물의 문화적 환경 속에서 생활하고 있다. 그러므로 이 지구상의 인간을 비롯한 모든 동식물은 모두 그 나름의 문화적 환경 속에서 생활하고 있다.

그런데 동식물과 인간의 문화가 근본적으로 다른 것은, 동식물의 문화는 변화가 없이 일관되게 살고 있는 반면에, 인간의 문화는 시대에 따라서 변화를 한다는 데 있다. 문화의 역사성을 나타낸 의미이다. 즉, 문화와 역사는 매우 밀접한 관계에 있다는 의미이다. 따라서 문화를 주체적이고 근본적으로 이해하기 위해서는 그 시대의 역사적 상황과 그 시대 역사를 움직이는 인간의 행태를 알아야 한다. 그리고 그 시대의 인간의 행태를 근본적이고 주체적으로 이해하기 위해서는 그 시대 인간의 행태를 움직이는 근본적인 문화를 알아야 한다.

그래서 각 시대별·국가별 인간을 이해하기 위해서는 각 시대와 국가의 문화를 알아야 한다. 여기에 문화를 연구하는 의미가 있다. 이것은 또한 그 시대의 국가의 문화를 알아야 역사도 정확하게 이해할 수 있다. 동식물과 같이 문화가 변화하지 않는다면 연구할 필요성이 그만큼 작아진다.

특히 인간은 인간의 정체성과 인간의 생활과 삶을 이해하기 위해서 그리고 자신의 생활문화를 이해하기 위해서 조사하고 연구한다. 현대사회 우리의 문화를 연구하는 데는 세 가지 방법이 있을 수 있다.

첫째, 전통적인 시각과 관점에서 연구하는 방법으로 주체적이고 근본적으로 연구하는 것을 말한다. 이러한 연구에도 제도권 비제도권 둘로 나누어서 나타낼 수 있다. 먼저 제도권의 교육학문세계의 동양학자들의 연구는 우리 것을 주체적이고 근본적으로 연구한다는 데 의미가 있지만 주로 의리역인 윤리도덕적 철학사상적 내용이 많아서 시대적으로 크게 의미 있는 연구가 없다. 즉, 박물관의 골동품적 화석화된 내용이 많아서 과거만을 생각하는 연구이다. 그래서 왕년만 생각하다가 왕따 당하기 쉽다. 그러나 비제도권의 동양학자들의 주류는 동양학 중에서 실용적인 과학기술적 학문인 상수역을 계승·발전시켜서 국민들 생활에 많은 도움을 주는 현재와 미래에 의미 있는 연구들이 많다. 다만 연구의 내용이 보다 과학적이고 체계적인 연구가 아니어서 학문의 질적인 차원에서 문제가 많다.

둘째, 서구우월적 진취적인 연구방법이다. 이는 제도권의 동양학자들이 아닌 일반적으로 서구적 학문의 배경이 있는 학자들의 연구이다. 이들은 서구우월적 관점에서 우리 문화를 비판하고 개선하기 위해 연구하는 진취적인 연구자들이다. 이들의 연구는 우리 것을 근본적이고 주체적으로 인식하지 못하고 있기 때문에 서구적 시각에서 일방적이고 피상적으로 연구하는 자들이다. 우리 것을 완전히 버리고 서구적인 것을 완전히 대체시키는 문화 연구이다. 우리 것을 근본적으로 모르는 상태에서 연구하기 때문에 체질에 맞지 않을 수 있다. 서구적인 것보다 우리 것의 우수성과 보다 바람직한 것들을 간과하기 쉽다.

셋째, 합리적이고 과학적으로 연구하는 자들이다. 우리 것과 서구 것을 비교하여 취사선택하는 식의 근본적이며 주체적이고 합리적 연구이다. 즉, 외국의 문물을 받아들일 때 주체성을 가지고 취사선택을 하는 문화연구자들이다. 이들은 동양의 전통적 문화를 근본적이고 주체적으로 인식하고 서구적인 것과 비교하여 우리 것의 좋은 것은 취하고 그렇지 않은 것은 버리고, 서구적인 것도 좋은 것은 취하고 그렇지 않은 것은 버리는 주체적이고 객관적으로 연구하는 자들이다. 가장 바람직한 문화연구자들이며 계속 발전시켜야 할 연구들이다.

나는 주역을 배우고 주역의 관점에서 지금까지 우리 문화를 연구하고 조사하면서 연구의 시각이 획기적으로 변화하는 경험을 하였다. 우리는 특히 제도권의 교육학문기관에서는 서구적 시각에서 우리 문화를 연구하는 것이 가장 특징적으로 나타난다. 우리는 제도권의 교육학문기관에서 서양적인 학문과 서양식의 교육을 받으면서 생활해왔고 그리고 일반 사회생활에서도 서구우월주의적 관점에서 서구식 근대화를 위한 노력으로 생활해 왔다. 그러다보니 우리나라 사람들 특히 현대인들은 서구적 인간으로 변모하였다 해도 과언이 아니다. 그래서 현대인들은 우리 것은 백지인 상태에서 서구적 사상과 과학기술로 무장된 서구인이다.

다만 개개인의 가정에서 어른들로부터 직간접으로 보고 듣고 해서 우리 것을 단편적으로 배우고 습득해서 몸에 익힌 전통적인 문화가 남아는 있다. 이러한 문화는 교육기관에서 체계적인 학습을 통해서 배운 것이 아니기 때문에 의미와 가치를 모르고 가풍적 습관으로 익힌 문화이다. 그래서 그 위력이 점점 쇠퇴해 가고 있다. 그렇기 때문에 현대인은 거의 서구화되어 있다. 그래서 우리 것에 대한 것의 무지를 넘어서 까막눈이 되었다. 그러므로 이러한 현대인들이 우리 문화를 연구한다는 것은 서구적 시각에서 우리의 문화를 연구하는 것이다.

우리는 어린 시절부터 우리 문화를 배우고 연구하면서 생활해 왔다. 그런데 문화란 영원한 것이 아니고 시대에 따라서 변화하고 있다. 따라서 그 시대에 따라 연구하는 문화를 정확하게 본질적으로 연구하기 위해서는 너무나 당연한 이야기이지만 그 시대적 배경을 제대로 알아야 한다. 그 시대의 배경을 알기 위해서는 그 시대의 사람들의 생활모습인 생활행태를 알아야 한다.

　그러나 수천, 수백 년 전의 사람들의 생활행태를 우리는 직접적인 접근이 불가능하기 때문에 우리는 그 시대의 사람들이 생활하면서 남긴 유물을 보고서 간접적으로 알 수 있다. 이러한 유물들을 모아서 진열해 놓은 곳이 각 박물관이다. 박물관이란 단순히 유물을 보관 진열하는 데 의미가 있는 것이 아니고 각 시대별 인간의 문화와 역사를 이해하고 이를 바탕으로 계승·발전시키는 데 의미가 있고 가치가 있다.

　유물들 중에도 우리가 그 시대와 국가 사람들의 문화를 이해하는 데 가장 중요한 유물은 학문적 유물이다. 즉, 모든 유물 중에서도 그 시대와 각 나라 사람들의 생활행태인 문화를 근본적이고 주체적으로 인식하기 위해서는 모든 생활행태의 배경이 되는 학문적 유산을 알아야 한다. 이에 대해서 우리가 서구적인 것에 빠져서 우리의 전통문화와 민족문화에 대해서 모르고 있던 것을 서구사람과 일본인의 글을 통해서 의미 있게 다가오는 내용을 소개하고자 한다. 역학역술이 우리 문화와 역사에 어떠한 의미와 가치가 있는가를, 서구의 칼 융의 글과 조셉 니덤 그리고 1930년대 일본인 무라야마 지준 등의 글이 있다.

무라야마 지준의 『조선의 풍수』 서문

　무라야미 지준은 『조선의 풍수』 서문에서 한국문화 연구에 대해서 아주 정확하게 다음과 같이 서술한 내용이 있다.

　일본인인 무라야마 지준이 1930년대 『조선의 풍수』 서문에서 밝힌 내용을 근거로 다음과 같이 설명하고자 한다.

　　"문화유산에는 표면적인 것과 이면적인 것 그리고 본질적이고 말초적인 것이 있다. 그 표면적이고 말초적인 것이 바로 사람의 주의를 끌며, 비교적 화려한 모습을 띠고 있기 때문에 문화라 하면 으레 이 표면적인 것을 의미하는 것이 보통이다. 그러나 그것이 아무리 화려하다고 해도 표면적인 것인 만큼 진정한 생활 이상에서 멀어진 단청을 칠한 겉옷처럼 아름답긴 해도 한낱 장식에 지나지 않는 것이다. 하지만 장식 아래에 가려져 있는 속옷은 설혹 하등의 장식이 없더라도 그것이 신체와 밀착하고 있는 것만으로 신체의 진상을 여실히 투시할 수 있다.
　　이처럼 문화의 이면적인 것, 근본적인 것이 비록 현란한 아름다움은 없더라도 생활 이상, 즉 생활에 대한 사상 신앙을 있는 그대로의 모습으로 나타내주는 것이다. 그러므로 문화를 이해하기 위해 그 근저인 사상 신앙을 살피고자 하면 반드시 생활 이상을 있는 그대로의 모습으로 표현하고 있는 경우가 많은 문화 현상, 즉 이면적인, 근본적인 장식 없는 문화를 고찰해야만 한다.

한국문화의 이면적 근본적인 현상의 하나가 풍수라는 것이다. 표면적인 문화 현상만을 가지고 한국문화를 운운하는 많은 사람들, 소위 새 시대 식자층이라는 사람들 가운데는 구시대의 천한 풍습, 문맹자들 사이에서만 지지된 미신이라 하여, 이것을 한국문화의 하나로 추가하기조차 꺼리는 자가 있다. 비교적 진지한 문화연구가도 이를 구래의 풍습이며, 민도가 저급한 자들에 의해 형성된 문화라는 까닭으로 그다지 중요시하여 취급하지 않은 것 같다. 그렇지만 이 풍수가 적어도 십여 세기란 오랜 기간 한국민속 신앙체계에서 그 지위를 점해 왔고, 고려를 거쳐 이조에서도 반도 어디를 가나 믿지 않는 자가 없을 정도로 일반에 보급되어 오늘에 이른 것이므로 타문화에 비해 그 지지의 강함과 폭이 넓은 것을 인정하지 않을 수 없다."

위의 무라야마 지준의 글의 주요 내용은, 첫째, 문화에는 표면적 말초적인 것과 이면적, 본질적인 것이 있는데 이면적이고 본질적인 문화 연구가 가장 중요하다는 것이다. 둘째, 지금까지 한국의 문화 연구자들은 단지 장식에 지나지 않는 표면적이고 말초적인 문화 현상만을 연구하고, 이면적이고 본질적인 문화를 무시하고 있어서 피상적인 연구를 벗어나지 못하고 있다. 셋째, 한국문화 현상 중에서 이면적 문화, 즉 본질적 문화 중 하나가 풍수이다. 여기서 풍수만을 말했는데 풍수를 비롯해서 사주명리학, 의학, 점술, 상학, 성리학, 천문기상 그리고 산학(정신수련) 등과 같은 주역에서 비롯된 역학과 역술이 한국의 이면적 문화의 본질이 된다.

따라서 한국문화를 본질적으로 이해하기 위해서는 우리 문화의 이면적, 본질적 문화에 해당하는 주역에서 비롯된 역학과 역술이 필수이다. 뿐만 아니라 이를 계승·발전시키는 문제를 생각해야 한다. 우리 문화의 계승·발전과 창달을 위해서는 말초적이고 표면적으로 나타나는 예술적인 유형문화재보다 이면적이고 본질적인 문화이면서 국민들의 건강을 비롯한 실제생활에 더 많은 도움을 주는 주역에서 비롯된 동양과학기술인 역학과 역술이 더 중요하다.

그 당시 우리 문화를 연구하는 사람들의 연구가 이를 인위적으로 무시한 것은 얼마나 비과학적이고 허구적인 연구였는가를 나타낸 단적인 예라고 볼 수 있다. 뿐만 아니라 지금도 제도권에서는 이러한 잘못된 연구가 주류를 이루고 있음은 모든 것이 투명화·개방화되어 가는 시대에 잘못된 연구라고 생각한다.

모든 사물에 대한 과학적 연구란, 있는 그대로의 사실에 근거해서 객관적으로 연구하는 것이 가장 기본인데 '구시대의 천한 풍습의 문맹자들 사이에서만 지지된 미신이라 하여' 배제시키고 소홀히 연구한다면, 그 연구의 결과가 우리의 문화 현실을 제대로 반영한 타당성 있는 과학적 연구라고 할 수 있겠는가?

위의 내용의 관점에서 볼 때 우리나라 제도권 교육학문세계에서는 우리 문화를 연구하는 내용은 표면적이고 말초적인 예술적인 유형문화재가 주류이고 학문적으로는 주로 성리학 중심의 사서와 사상철학적 연구이다. 그런데 동양문화 중에서 근본적이고 이면적인 문화라고 하면 주역에서 비롯된 동양과학기술이며 정신과학기술인 역학과 역술이다.

따라서 동양의 역사와 문화를 근본적이고 주체적으로 이해하기 위해서는 동양의 학문적 유산 중에서 가장 중요한 학문은 동양학이고 동양학 중에서도 주역이다.

왜냐하면 주역이 모든 동양의 사상철학, 윤리도덕, 예술 그리고 문학 등의 배경이 되는 근원적 학문일 뿐만 아니라 생활에 가장 밀접한 과학기술적 학문이기 때문이다. 즉, 주역은 모든 동양학의 근원적인 학문일 뿐만 아니라 특히 인간의 생활에 가장 절대적으로 밀착된 과학기술적 학문의 근원적인 학문이라는 점에서 동양문화를 근본적이고 주체적으로 이해하는 데 절대적인 학문이다. 뿐만 아니라 현대사회에 가장 중요한 지적 가치인 과학기술이 지배하는 지식산업시대에 서양과학기술에 대항해서 계승·발전시킬 수 있는 새롭고 앞선 전통과학기술의 의미와 가치를 발견할 수 있다.

따라서 동양의 역사와 문화의 배경이 되는 근원적 학문이 주역이기 때문에 더 이상 말할 것 없이 우리의 역사와 문화를 이해하기 위해서 필수적인 학문이다. 우리나라의 큰 스님이었던 고 탄허스님께서 『피안으로 이끄는 사자후』에서 '우리가 우리 민족적 주체의식 가운데서 보면 불교를 빼고는 최고의 학설이 주역이다'라고 언급하였다. 그러나 지금은 주역이 거의 제도권에서 가르치지 않아서 주역의 관점에서 우리의 역사와 문화를 연구할 수가 없다. 그래서 주역이 우리의 역사와 문화에 얼마나 영향을 주었는지 인식할 수 없다. 그래서 이를 위해 구체적인 사례를 들어가면서 주역이 우리 역사와 문화에 영향을 준 내용을 하나하나 짚어가면서 밝히고자 한다.

본 글에서는 먼저 우리 문화를 주체적이고 근본적으로 이해하기 위해 주역의 관점에서 선택적(selective)으로 구체적인 사례를 제시하면서 우리의 역사와 문화를 고찰해 보고자 한다. 즉, 주역이 우리의 역사와 문화에 얼마나 많은 영향을 주었는지 선택적으로 구체적인 사례를 들어서 나타내고자 한다.

흔히 우리나라의 문화와 역사를 연구하는 사람들의 일반적인 경향이 우리의 문화적 근원이 중국에 있다고 강조하는 것을 종종 본다. 특히 제도권의 역사학자들의 연구가 이러한 주장을 많이 뒷받침하고 있는 것으로 보인다.

그런데 비제도권의 소위 재야 사학자들은 그렇지 않다는 주장을 많이 하고 있다. 특히 상고사를 연구하는 재야 사학자들의 이야기를 들어 보면, 우리가 제도권에서 배워 온 역사관과 전혀 상반된 내용을 많이 접하게 된다. 즉, 한국은 중국의 위성 문화권에 속하는 것이 아니라 그 역사의 초창기에 있어서 중국문화를 창조한 주인공이며 동시에 자국의 고유한 문화인 한 사상, 한 철학을 지켜 보존해 내려왔다는 사실이다.

우리나라를 대표하는 고유한 전통사상과 철학을 한 사상, 한 철학이라는 것이다.

재야 사학자들, 민족사학자들은 우리나라의 역사와 문화가 왜곡된 이유를 세 가지 독, 즉 '삼독(三毒)'이라고 얘기하고 있다. 삼독이란 세 가지의 독소를 의미하며, 구체적으로 중독(中毒), 왜독(倭毒), 양독(洋毒)을 의미한다.

중독은 사대주의 사관에 의해서 왜곡된 것을 의미하고, 왜독은 식민주의 사관을 의미하고, 양독은 지금의 역사 연구의 주류를 이루고 있는 실증주의 사관을 의미한다.

우리 민족의 역사와 문화적 배경을 이루고 있는 한 사상과 한 철학의 삼대이념은 홍익인간(弘益人間), 재세이화(在世理化), 광명개천(光明開天)이며, 삼대이념에 근원이 되는 삼대경전으로는 천부경(天符經)·삼일신고(三一神誥)·참전계경(參佺戒經)이 있다.

삼대경전 중에 특히 천부경의 이치는 주역의 이치와 매우 유사하다. 그러므로 상고시대의 사상은, 한 뿌리에서 나온 것이라고 볼 수 있다는 것이다. 그런데 천부경뿐만 아니라 주역의 발생근원지도 우리나라라는 것이다.

우리나라의 상고사 시대의 역사와 문화에 대한 기록서인 『한단고기』에 의하면, 주역의 창시자인 복희씨에 대한 기록이 있다.

『한단고기』에 의하면, 배달국의 5대 천황인 태우의 한웅의 열두 아들이 있었는데, 열두 아들 중 막내아들인 태호가 바로 복희씨라는 것이다.

그는 "삼신산에서 제사 지내고 천하에서 괘도를 얻으니, 셋으로 끊어지고 셋으로 이어지며 위치를 추리하면, 그 오묘함은 삼극을 포함하고 있으며 변화가 무궁하였다. 우사를 맡아 다스리다가 청구낙랑을 거쳐 진으로 가서 성을 풍으로 하고 백성을 다스렸다"고 기록하고 있다.

주역을 창시한 복희씨가 동이족, 즉 우리 민족의 왕이었다는 사실로 미뤄볼 때 그 당시부터 뿐만 아니라 주역의 이치와 유사한 BC 7200여 년경의 천부경의 관점에서 볼 때 주역학적인 이치가 우리 민족의 역사와 같이해 왔다고 해도 지나치지 않다고 볼 수 있다. 주역학적 이치를 근본으로 하고 삼국시대에 중국으로부터 불교가 들어오면서 그 바탕 위에 불교의 영향을 받았다고 볼 수 있다. 불교가 들어왔지만 주역학적 이치가 없어지지 않고 계속 불교와 함께 우리 민족문화 속에 면면히 이어져 왔다고 볼 수 있다. 왜냐하면 주역은 과학기술적 속성으로 인해서 종교와 달리 인간생활의 실제생활에 필요한 학문이기 때문에 불교가 융성해도 없어지지 않았다고 볼 수 있다.

이해를 돕기 위해서 몇 가지 예를 들어서 구체적으로 설명하고자 한다.

초대 한국정신문화원장 유승국 교수

초대 한국정신문화원 원장이었던 유승국 교수는 '한국역학사상의 특질과 그 문화적 영향'에서 주역이 우리의 역사와 문화에 얼마나 중요한 영향을 주었는지를 다음과 같이 언급하고 있다.

한국의 사상사에 있어서 역학의 위치는 철학적·윤리적 내지는 종교적 차원에서 최고의 원리로 인식되어 동양제국의 어느 나라보다도 최상의 경전으로 취급되어 왔다. 한국민족의 역사와 이념을 상징하는 국기가 태극기로 된 것도 한국에 있어서 역리를 얼마나 소중히 여겼는가를 단적으로 보여주는 것이며, 이는 우연한 것이 아니라 역사적 배경과 사상적 흐름에 있어서 역학사상이 매우 중요한 위치를 차지하고 있는 증거이다.

한국에 있어서 역학은 시대적으로 내용을 달리하여 고대는 점술, 중세의 신비주의 자연론 내지는 천문, 역법, 의학 등의 과학사상으로 나타났으며, 주자학 수용 이후는 주로 윤리적·철학적 원리로서 발달을 보았다. 뿐만 아니라 세종대왕의 훈민정음 창제라든지 이제마의 사상의학 등은 역리가 한국민족 문화 창달에 지대한 역할을 한 뚜렷한 사례이다.

특히 한국은 삼국시대 이래로 오경, 삼사(三史) 등 학술사상의 중심으로 삼아왔지만, 그 가운데서도 <주역>을 타 경전에 비하여 최고의 원리가 담긴 최상의 경전으로 여겨왔다.

조선시대에 전국을 팔도로 나눈 것도 그 원리는 주역 팔괘원리에 의해서 나타난 것이고, 관제, 즉 설관분직(設官分職)을 삼성육부로 한 것은, 삼성은 천지인삼재의 원리를 적용한 것이고, 육부는 주역의 육효원리에 의해서 만든 것이다. 그리고 양반제도는 주역의 음양론을 근거로 만든 것이다. 즉, 주역의 이치인 천지의 이치는 음양으로 되어 있기 때문에 소우주인 인간사회도 대우주의 이치에 맞게 양반제도를 둔 것이다. 삼정승 중에서 좌우정, 우의정의 위상을 좌우정을 더 우위에 놓은 것은, 좌는 양, 우는 음이므로 그렇게 한 것이다.

조선시대에 행정조직 또는 정치조직은 주먹구구식으로 만들고 설계한 것이 아니고 일정한 질서와 체계에 준거해서 조직화되어 있다. 그 질서와 체계의 준거가 되는 배경은 주역이다. 즉, 주역의 원리와 체계에 의하여 설관분직, 즉 현대적 표현으로 조직 설계를 하였다. 따라서 조선시대의 행정조직 내용을 근본적이고 주체적으로 알기 위해서는 주역을 알아야 한다는 것을 알 수 있다.

우리의 전통 의식주 생활과 주역

뿐만 아니라 조선시대 백성들과 양반들의 일상적인 삶의 내용을 살펴보면,

의식주 문제와 국민들의 의식구조와 예의범절 그리고 윤리도덕적 내용뿐만 아니라 사상철학도 모두 주역과 관련된 내용이다. 하나하나 구체적으로 살펴보면 다음과 같다.

국민생활에 가장 밀접한 건강과 관련된 의학인 한의학의 최고경전인 황제내경을 보면 그 기본적인 원리가 기와 음양오행임을 알 수 있고 이것은 주역의 원리이다. 그래서 중국의 역사적으로 유명한 의학자인 손사막은 '주역을 모르면 큰 의사가 못 된다'고 말하였다.

의식주 중에, 첫째, 주에 해당하는 주거생활의 가장 기본인 양택인 주택과 음택인 산소는 풍수지리에 입각해서 건축을 하고 조상을 모셨다. 풍수지리의 가장 기본적인 원리 중의 하나가 배산임수다. 즉, 향에 관계없이 산을 등지고 평야를 향하게 지어야 한다는 의미이다. 다른 말로 하면 주택과 산소의 뒤는 높고 앞은 낮게 향을 하여 집을 짓고 매장하는 것이 가장 기본원리이다. 그래서 우리가 살던 옛 시골 동네에 가보면 주택의 방향이 남향, 동향, 서향도 있고 심지어 북향집도 많다. 즉, 북쪽이 산이 있고 높으면서 남쪽이 낮으면 남향으로 집을 짓고, 반대로 남쪽에 산이 있어서 높고 북쪽이 낮으면 북향집을 지었다. 그런데 현대 도시에 주택을 보면 무조건 남향으로만 집을 짓는다. 그것은 풍수지리적으로 바람직한 건축이 아니라는 것이다. 그렇게 되었을 때 풍수적으로 문제가 있고 그렇게 되면 그곳에 생활하는 사람들에게 건강과 생활에 문제가 생긴다는 것이다.

광화문 옆에 해태상을 설치한 것을 알기 위해서는 풍수와 오행의 이치를 알아야 한다. 사대문과 보신각의 현판 내용을 알기 위해서는 오행을 알아야 한다. 즉, 남대문이 숭례문으로 정한 것을 남쪽이 오행으로 볼 때 화이고 인례신의지(목화토금수)의 오상중의 례가 화이므로 같은 화끼리 배열을 해서 남대문을 숭례문으로 한 것이다. 나머지 동쪽은 오행의 목이므로 동대문은 숭인문으로 하고, 서쪽은 금이므로 서대문은 돈의문이고, 북쪽은 수이므로 북대문은 숭지문이고, 중앙은 토이므로 가운데 위치한 종각을 보신각이라고 한 것이다.

"집 짓고 3년 나고 3년 들고 3년, 탈신공(奪神功) 개천명(改天命), 음식은 아무엇이나 먹어도 되지만 잠자리는 가려서 자야 한다, 좌청룡 우백호, 선무당 사람 잡고 반풍수 집안 망친다, 남향집에 동대문을 가진 집은 삼대적덕을 해야 살 수 있다"는 풍수와 관련된 말이다.

둘째, 식에 해당하는 음식의 경우에 기와 오미 및 오곡이 가장 기본적인 동양의학적 음식의 원리이다. 오곡(목; 보리, 화; 수수, 토; 기장쌀, 금; 현미, 수; 콩)과 오미(목; 신맛, 화; 쓴맛, 토; 단맛, 금; 매운맛, 수; 짠맛)는 기의 차원에서 오행과 관련된 내용이고 이는 또한 동양의학의 가장 기본이 되는 오장육부하고 체계적으로 관련이 있다. 따라서 식의 문화도 주역과 매우 밀접함을 알 수 있다.

셋째, 의에 해당하는 옷의 색깔과 옷의 모양도 음양오행과 관련되어 있다. 우리가 어린 시절 입었던 색동저고리도 보면 오색무늬인데 그것은 곳 오행과 관련된 내용이다.

우리의 전통 생활 속의 주역

조선시대 사대부의 학문이고 국가 통치이념이었던 주자학인 성리학은 <주역>에서 비롯된 내용이다. 즉, 공자가 주역을 해설한 주역의 십익의 하나인 설괘전의 '궁리진성이지어명(窮理盡性以至於命)'과 중천건괘의 공자의 단사에 '건도변화(乾道變化)에 각정성명(各正性命)하나니'의 내용의 관점에서 인간의 심성정(心性情)을 윤리도덕적으로 구체적으로 체계화하여 실용화한 것이다. 그리고 우리가 시골 어른들께 들었던 '원형이정(元亨利貞)은 천도지상(天道之常)이요, 인의예지(仁義禮智)는 인성지강(人性之剛)'이라는 말 중에 '원형이정'은 주역의 첫 번째 괘인 중천건괘의 맨 앞에 나오는 괘사이다.

시골서 젊은이들이 마구 경우 없이 행동하면 어른들께서 '사람이 원형이정으로 살아야지 그러면 못 쓴다'고 꾸짖을 때 '원형이정'이란 구체적으로 무엇을 의미하는가는 주역을 모르면 알 수가 없다. 원형이정이란 천도의 운행원리인데 천도의 운행은 봄, 여름, 가을, 겨울이 계속 쉬지 않고 일정하게 망령을 부리지 않고 운행을 하듯 진실무망함을 나타내고 있다. 대우주인 천도의 운행원리를 본받아서 소우주인 인간은 마땅히 진실무망하게 살아야 한다는 의미로 '원형이정으로 살아야 한다'고 하였다. 즉, 인간의 행동규범의 준거기준을 하늘의 운행원리인 천도에 근거하고 있음을 알 수 있다.

뿐만 아니라 우리 국민들의 의식구조를 나타내는 일상적인 생활 속에 나타나는 말 중에 주역과 주역에서 비롯된 역학역술과 관련된 말들이 많이 있다.

예를 들면 우리가 일상적으로 말하는 가운데 "간 큰 여자, 간이 뒤집혔다, 쓸개 빠진 사람이니, 염통머리 없다, 담이 세다, 오장육부가 그렇게 뚫려서 할 수 없다, 사상체질의 소양인은 어떻고 소음인은 어떻다"느니 하는 말들은 동양의학적 관점에서 인간의 행태를 설명한 것이다.

"천석꾼은 천 가지 걱정, 만석꾼은 만 가지 걱정, 인간의 한평생 살아보니 길흉이 반반이다. 즉, 좋은 일과 나쁜 일이 반반이다"는 말은 『주역』의 음양론적 표현이다. "음지가 양지 되고 양지가 음지 되고, 돌고 도는 인생 물레방아 인생, 사람 팔자 시간문제이다. 그래서 오래 살고 보아야 한다. 사람 죽으라는 법은 없다"는 말과 "달도 차면 기울고 권불십년이요, 밤이 깊으면 새벽이 가까이 있다, 인생사 '새옹지마요, 전화위복이다', 겨울이 깊으면 봄은 가까이 있다. 궁즉통이요, 위기가 기회이다"는 말은 『주역』의 핵심이론인 음양론적 변화관에서 비롯된 말이다.

홍길동전에 보면 길동이 새벽에 일어나 "시초를 뽑아보니 어떠하더라" 하는 이야기가 나온다. 여기에서 "시초를 뽑아보니" 하는 말은 자기의 미래를 미리 예측해서 피흉취길(避凶趨吉: 흉한 일은 피하고 좋은 일은 취한다)하기 위해 '주역점'을 쳤다는 것을 묘사한 것이다.

"원형이정은 천도지상이요, 인의예지는 인륜지성이다. 경우 없이 마구 날뛰며 행동하는 사람에게, '사람이 원형이정으로 살아야지 그러면 못 쓴다'고 옛 어른들이 나무라는 말과 자강불식이니 성실하게 살아야 한다"는 말들은 성리학적 인간관에서 비롯된 말이다.

"재수, 운수, 제 분수를 알아야 한다. 운칠기삼(運七技三), 즉 사람이 일을 성공하는 데 운이 70% 작용하고, 인간의 노력이 30% 작용한다는 의미이며 이는 일반적으로 국민들 사이에 회자되는 말이다. 팔자대로 산다. 팔자는 못 속인다.

인명은 재천이다. 재산을 잃으면 명을 잇는다. 마구 욕심 부리는 사람에게, 그러면 너 명 재촉한다. 결혼할 때 남녀 간의 사주 궁합 보는 이야기, 운이 없으면 뒤로 넘어져도 코가 깨진다. 도둑맞을 운이면 짖던 개도 안 짖는다. 일진이 좋으니 나쁘니 하는 말, 팔자에 살 사람은 뭣을 먹어도 낫고, 죽을 사람은 화타, 편작이 와도 안 믿고 죽을 짓만 한다. 무슨 좋은 수가 있을까? 그럴 수가 있을까?의 '수'. 백말띠, 닭띠, 소띠, 돼지띠, 범띠."라는 말은 상수역인 사주 명리학에서 연유된 말들이다.

"인간사 마음먹기 달렸고 생각대로 된다. 그리고 기가 세니 기승을 부린다. 기가 막힌다. 기절초풍. 한의학의 경락학설, 기공수련, 국선도, 단학선원, 단전호흡"은 동양학의 핵심 개념인 기(氣)의 개념과 연관된 말들이고 수련법들이다.

"동티났다. 귀신 씌었다"하는 말은 신과 인간과의 관계를 나타내는 말이다. 겨울에 감기 걸리면 뜨끈뜨끈한 콩나물국에 고춧가루를 뿌려서 이불을 뒤집어쓰고 땀을 뻘뻘 흘리고 나면 감기가 달아나 버리는 민간요법은 한의학과 관련된 내용이다. 옛날 시골에서 폐결핵 환자가 마늘 한 접 먹고 나았다는 얘기는 동양의학과 관련된 내용이다. 침놓고 뜸뜨고 한약 다려서 먹는 행위는 한의학과 관련된 내용이다.

곡식과 과일을 나타내는 오곡백과와 오미 그리고 오방, 오부의 '오'는 오행과 관계가 있으며, 태극기의 '태극'은 주역의 가장 핵심이론이요 따라서 동양사상의 가장 핵심이론인 태극이론을 나타낸 것이며, 제사 지낼 때 제사상 차리는 의식으로 홍동백서(紅東白西)라는 말과 청실홍실 그리고 결혼식장에서 신랑신부의 자리를 나타내는 '남좌여우'는 음양론에서 비롯된 것이다.

끝으로 우리 역사에서 위대한 학자였던 권근 양촌 선생, 퇴계, 율곡, 정다산, 이토정, 남사고 선생과 문화재 중에서 경북궁과 훈민정음인 한글을 주역과 관련하여 설명해 본다.

서울대 금장태 교수는 『조선유학과 주역사상』에서 권근 선생과 정다산 선생의 주역연구와 관련하여 다음과 같이 진술하고 있다.

양촌 권근 선생

먼저 권근이 주역과 관련하여 지은 유명한 책으로 『주역천견록(周易淺見錄)』
이 있다. 권근(1352~1409)은 고려 말 조선 초에 경학과 성리학과 예학의 학문체
계를 구축하는 중요한 업적을 이룸으로써 도학 – 주자학의 이론적 기반을 정립하
는 데 선구적 역할을 했던 유학자이다. 특히 『입학도설(入學圖說)』은 성리학, 경
학, 예학을 중심으로 한 유학의 핵심과제를 도설(圖說)의 형식으로 저술한 것이
고 『오경천견록(五經淺見錄)』은 현재 우리나라에 남아 있는 가장 오래된 경전
주석이다. 그 가운데 『주역천견록』은 성리학의 이론 틀을 경전 해석에 관찰하여
도학 – 주자학의 경학적 성격을 가장 두드러지게 제시한 것으로 주목된다.

권근은 오경(『시경』, 『서경』, 『역경』, 『춘추』, 『예기』)을 하나의 체계로 파악
하여 그 본체를 『주역』이라 하고 그 활용을 『춘추』라 하며, 또한 '도가 천지에
있는 것을 성인이 체득한 것'을 『역』이라 하였다. 곧 『주역』이란 천지의 '도'
가 성인을 통해 드러나는 것으로, 오경의 근원적 본체임을 확인하는 경학적 입
장을 밝히고 있다.

권근의 역학은 조선왕조의 건국과 더불어 통치원리로 도학 이념을 확립하는
과정에서 철학적 이론의 기반을 제공하고 있다는 점에서 조선시대 유학사에 중
요한 의미를 지닌다. 그가 모든 경전의 본체가 되는 원리로 확인하고 있다는
사실에서 그의 역학은 실제로 경전 해석의 이념적 근거로 자리 잡고 있는 것이
라 할 수 있다.

퇴계 이황 선생

퇴계 선생의 주역과 관련된 내용을 살펴보자.

우리 역사에서 가장 위대한 역사적 인물 중 한 사람이라고 하면 퇴계 선생을 드
는 경우가 많다. 퇴계 선생이 쓴 글 중에 많이 알려진 책이 『성학십도(聖學十圖)』
이고 현대사회에 가장 의미 있는 책은 『계몽전의(啓蒙傳疑)』가 아닌가 생각된
다. 이 두 책을 주역과 관련해서 고찰하고자 한다.

『성학십도』는 퇴계(1501~1570)가 70세를 일기로 별세하기 2년 전인 68세

때에 저술된 것으로 그의 많은 저작 가운데 가장 높이 평가되고 있는 역저에 속한다. 성학이란 곧 유학을 말하는 것이다. 『성학십도』는 왕위에 오른 지 몇 달 안 되는 선조에게 올리는 상소문으로, 선조로 하여금 성인으로서의 왕, 즉 성왕이 되게 하여 온 백성들에게 선정(善政)이 베풀어지기를 간절히 바라는 충정에서 저술된 것이다.

『성학십도』 서문에 해당하는 '진성학십도차(進聖學十圖箚)'에서 퇴계는 주역의 이치에 의해서 『성학십도』를 지었음을 맨 앞부분에서 다음과 같이 밝히고 있다.

> "관충주부사 신 이황은 삼가 재배하고 말씀을 올립니다. 도는 형상이 없고, 하늘은 말이 없다고 신은 생각합니다. 하도낙서(河圖洛書)가 나오면서 성인은 하도낙서를 근거로 하여 괘효(卦爻)를 만들게 되었으며, 이때부터 도가 천하에 나타나기 시작합니다."

위 글에서 도와 하도낙서 그리고 괘효가 바로 주역에서 비롯된 내용이고 이를 근거로 『성학십도』를 저술하였음을 서문에서 나타내고 있다. 이는 곧 주역을 근거로 『성학십도』를 지었음을 알 수 있다.

뿐만 아니라 두 번째 그림에서는 중국 송나라 때 주렴계 선생의 『태극도설』을 소개하고 있는데, 이 『태극도설』은 주역에서 비롯된 것임이 너무도 분명하다. 그 내용의 앞부분을 소개하면 다음과 같다.

> "무극이면서 태극이다. 태극이 동하여 양을 낳고, 동이 극하면 정하여지는 것이니, 정하여 음을 낳게 한다. 정이 극하면 다시 동한다. 이와 같이 한 번 동하고 한 번 정하는 것이 서로 근본이 되어 음과 양으로 나누어져 양의가 성립되는 것이다. 양이 변하고 음이 화합하여 수, 화, 목, 금, 토를 낳아서 오기가 차례로 베풀어지고 사시가 운행된다. 오행은 하나의 음양이며, 음양은 하나의 태극이고, 태극은 본래 무극이다. 오행이 나오는 데 있어서는 각각 그 성을 하나씩 가지게 된다. 무극의 진과 이오의 정기가 오묘하게 화합하여 응결된다. 건도는 남성을 이루고 곤도는 여성을 이루는 것이다. 이기가 교감하여 만물을 화생하게 되며, 만물은 나오고 또 나와 변화가 무궁하다."

위의 글 중에서 무극, 태극, 음양오행, 건도, 곤도는 모두 주역에서 비롯된 개념과 이론들이다. 『태극도설』을 앞부분에 소개한 것은 『성학십도』의 근본적인 근거가 주역에 있음을 의미한다고 볼 수 있다.

『계몽전의(啓蒙傳疑)』는 퇴계 선생이 돌아가시기 임박한 연세까지 연구에 몰두했던 책인데 일반적으로 퇴계 선생의 저술 중에서 많이 알려져 있는 책은 아니다. 그런데 선생의 저술 중에서 현대사회에서 가장 의미 있는 저술이라고 생각된다. 퇴계 선생의 저술의 대부분이 성리학 중심의 도덕윤리적인 내용이 주류를 이루고 있는데 비해서 『계몽전의』는 미래를 알고자 점을 치는 복서이론의 원론서이다(장태상, 『기문둔갑 예측학』).

『계몽전의』의 내용을 보면, 제1편 본도서(本圖書), 제2편 원괘획(原卦畫), 제3편 명시(明蓍), 제4편 고변점(考變占) 등 모두 4편으로 편찬되었다. 제1편 본도서는 주역의 시발점인 하도낙서의 근본원리를 밝힌 것이고, 제2편 원괘획은 8괘의 원리로부터 64괘에 이르는 이치와 달의 모양에 따라서 구궁에 갑을변정무기경신임계라는 천간의 배속되는 원리를 설명한 글이고, 제3편 명시책은 대나무(筮竹: 서죽) 50개를 가지고 본서법을 시행하면 사상(四象)이 어떻게 생기는지, 그리고 설시할 때 18변하는 원리가 우주수의 본체라는 것을 소명하게 밝힌 것이며, 제4편 고변점은 육효점의 원리를 나타낸 것이다(장태상, 『기문둔갑 예측학』)

현대사회는 윤리도덕적 성리학 또는 의리역보다도 미래를 예측하고자 하는 상수역 중심의 예측을 통한 피흉추길하기 위한 과학기술적 학문이 중요한 시대이다. 그런데 비해서 제도권 동양학자들은 선생의 『계몽전의』에 대한 연구는 많지 않은 것으로 보인다.

『계몽전의』란 원래 주자(朱子)도 초년에는 의리역(정자주역)을 제창했으나 점차 주역의 이치를 깊게 연구하다 보니 한나라 때 성행했던 한역인 상수학을 모르고서는 주역의 진체(眞諦)를 모르겠다고 생각하고 말년에 저작한 것이 역학계몽(易學啓蒙)인데 퇴계 선생은 이 주자의 역학계몽을 평생토록 수불석권(手不釋卷)하시면서 의심나는 점이 해석·해결될 때마다 적어 놓은 것이 한 권의 책이 됐다고 서문에 밝힌 만큼 평생을 연구한 책이다.

퇴계 선생이 주역의 복서적 측면을 평생토록 연구한 저술이 『계몽전의』라는 점에서 기존의 성리학 중심의 퇴계 선생의 연구업적에 획기적인 큰 새로운 발견이라고 할 수 있다.

주역점과 관련해서 퇴계 선생의 일화가 있다. 퇴계 선생이 돌아가시기 며칠 전에 선생의 제자들이 주역점을 쳤는데 지산겸괘(地山謙卦)가 나와서, 지산겸괘 괘사에 '군자유종(君子有終), 즉 군자가 마침이 있다'라 해서 곧 선생이 돌아가실 것이라고 알게 되었다는 것이다. 그리고 점을 친 다음 실제로 점을 친 내용대로 3일 후에 돌아가셨다는 것이다.

율곡 이이 선생

조선시대 율곡 선생의 이야기 중에 가장 많이 회자되는 역사적 내용이 십만양병설이다. 임진왜란이 일어날 것은 미리 알고 이에 대비하기 위해 선조대왕께 건의하였으나 이것이 받아들여지지 않아서 결국은 국가적으로 엄청난 화를 겪은 것은 모두가 다 아는 역사적 사실이다.

이 역사적 사건에서 중요한 것은 단순히 율곡 선생이 예측한 사실이 아니고, 어떻게 미래의 일을 그렇게 정확하게 예측하였는가 하는 문제이다. 소위 현대적 표현으로 그렇게 정확하게 예측할 수 있었던 노하우가 무엇이냐 하는 문제이다. 그 노하우는 다른 것이 아니고 율곡 선생이 주역에 달통했기 때문에 주역점으로 정확하게 예측하였음을 미뤄 알 수 있다. 이는 비제도권 동양학자들의 일반화된 이야기이다.

주역은 원래가 위정자의 학문이고 주역점은 미래를 정확히 예측하여 이에 대비하여 밝은 정치를 하기 위한 국가의 중요한 통치수단의 하나였다. 그래서 국가의 중요한 큰일은 인간의 지혜를 다해도 판단이 안 될 때 마지막으로 신의 계시를 받기 위한 수단으로 주역점을 쳤음을 중국과 우리나라의 역사에서 종종 볼 수 있다.

율곡 선생의 행적 가운데 십만양병설에 대한 사실보다도 그렇게 정확하게 예측할 수 있었던 노하우를 연구 개발하여 현대사회의 어려운 국가적 문제를 결정할 때 활용하여 지혜롭게 극복하고 대처할 수 있도록 하였으면 역사의 연구가 더욱 의미 있고 빛이 났을 것이다. 즉, 현대 첨단 서양과학기술로 예측할 수 없는 것을 율곡 선생의 노하우인 주역점을 계승·발전시켜 정확하게 예측하여 슬기롭게 극복하였다고 하면 이것이야말로 우리 조상님들을 우러러보게 하는 신나는 일이 아닌가? 이러한 조상의 지혜를 계승·발전시켜 우리의 삶이 보다 나아진다면 그것이 진정으로 살아있는 역사와 문화연구가 아닌가 하는 생각을 해본다.

단순히 언제 누가 무슨 일을 했고 무슨 사건이 벌어졌으며 그 원인과 결과가 어떻게 되었다는 식의 사건일지적 역사 연구는 크게 의미 있는 역사 연구가 아니라고 본다. 왜냐하면 그러한 내용은 역사를 보는 눈에 따라서 얼마든지 다를 수 있을 뿐만 아니라 사후약방문격의 연구이며 '역사란 가정이 없다'는 의미에서 볼 때 현대사회에서 크게 의미 있는 연구가 아니라고 본다.

따라서 율곡 선생의 십만양병설을 주장한 사실만을 역사적 사건으로 자랑하고 그분의 위대성을 강조하는 것은 평면적이고 무미건조한 역사 연구라고 생각된다. 율곡 선생에 대한 이런 식의 연구를 어느 재야 사학자는 진정한 역사 연구가 아니고 문학이라고 말하는 것을 나는 의미 있게 들었다.

율곡 선생과 주역에 관한 내용을 살펴보고자 한다.

앞에서 서술한 바와 같이 율곡 선생의 십만양병설은 주역에 입각해서 임진왜란이 일어날 것을 미리 예측하여 이를 대비하고자 선조대왕에게 건의하였으나 받아들여지지 않아서 결국 국가적으로 큰 화를 당하였음을 잘 알고 있는 역사적 사실이다.

이와 관련하여 율곡 선생은 임금을 위해 임진강 나루터에 화석정을 건립하였다는 것이다. 화석정을 건립한 동기는 임진왜란이 일어나면 왜군에 의해서 서울과 대궐이 점령당하게 되고, 그렇게 되면 임금이 피난을 갈 수밖에 없으며 임금을 위해 그 길목인 임진강 나루터에 화석정을 지었다는 것이다. 임진강 나루터에 짓게 된 배경은 임금이 피난을 가게 되면 그 피난길이 임진강을 건너서 북으로 갈 것을 미리 알고 그곳에 지었다는 것이다. 그리고 선조대왕이 피난을 갈 때가 밤중이 될 것을 미리 알고 화석정을 지어놓았다가 배를 타고 건널 때 화석정에 불을 질러서 그 불빛으로 배를 타고 무사히 건너갈 수 있도록 하기 위해서 그렇게 하였다는 것이다. 그래서 화석정을 지을 때 기름을 잔뜩 먹여서 잘 탈 수 있도록 하였다는 것이다.

율곡 선생의 예측대로 비가 억수같이 쏟아지는 칠흑같이 어두운 밤에 그렇게 되었다는 것이다. 그리고 선조대왕이 율곡 선생의 선견지명과 그것을 받아주지 못하여 국가적 환란을 당하게 된 것에 대하여 뒤늦게 후회하며 탄식하였다는 내용이 전해오고 있다.

위의 율곡 선생의 엄청나게 신비스러운 정확한 예측 능력의 의미와 가치이다. 어떻게 임진왜란이 일어날 것을 미리 알았으며, 임진왜란 때 서울과 대궐이 왜군에 의해 함락될 것을 알았고, 임금이 피란 가는 길목을 미리 알았으며, 또 피난 가는 때가 캄캄한 밤중이라는 사실을 알고 그때를 대비해서 화석정을 지어놓았다는 사실이다.

현대사회의 수많은 천재, 수재들이 서양과학기술을 매일 머리를 싸매고 배우고 연구하는 학문적 목적의 하나가 미래를 정확하게 예측하여 이에 대비하는 데 있다. 만약 현대사회에 시도 때도 없이 일어나는 대형참사나 경제사회적 문제와 국제사회적 문제를 미리 정확하게 예측할 수 있다면 우리는 그만큼 지혜롭고 현명하게 대처할 수 있을 것이다.

그러나 현대사회의 서양첨단과학기술을 그렇게 많은 천재, 수재들이 배우고 연구하는 데 비해서 정확한 예측력은 크게 나아진 것이 없다. 과학은 사건이나 현상이 초래된 이후에는 이를 설명하려는 수많은 이론들이 등장했지만, 모두 사후적(post-hoc) 정당화에 불과할 따름이다. 즉, 사회적·국가적 변화를 뒤따라가면서 해설하는 학문이고, 소 잃고 외양간 고치는 사후약방문 격인 이야기이지, 피드백이 아니라 피드포드(feedfoward)적으로 미리 정확하게 예측하여 현명하게 대처할 수 있도록 하는 데 크게 도움을 주지 못하고 있다는 의미이다.

이런 점에서 현대 서양첨단과학기술이 엄청나게 발달했다고 하지만 크게 인간의 삶에 도움을 주는 것도 아니라고 볼 수 있다. 그런데 아득히 먼 옛날 율곡 선생의 예측력은 현대 서양첨단 과학기술적 측면에서 볼 때 전혀 예측할 수 없는 사실을 예측한다는 점에서 현대 첨단 서양과학기술을 배우고 연구할 것이 아니라 율곡 선생의 그 탁월한 예측력에 관한 과학기술을 계승해서 발전시켜야 하지 않겠는가. 그것이 진정으로 새롭고 앞선 학문을 배우고 연구하는 교육학 문하는 사람들의 기본적 자세가 아닌가? 매일 하버드 노벨상에 정신이 나간 제 도권 지도층과 식자층들이 정신을 차릴 매우 의미 있는 역사적 사실이다. 그런 데도 이를 보고도 우리들은 그 의미와 가치를 모르고 무조건 하버드 노벨상만 을 노래하고 있으니 답답하고 답답한 일이다. 등잔 밑이 어둡고 진리는 가까이 있다는데 멀리 하버드 노벨상에서만 찾으려고 하니 답답하고 안타까운 일이다. 이상의 율곡 선생의 탁월한 예측능력은 주역에 달통했기 때문에 가능하였다고 볼 수 있고 이런 점에서 주역의 학문적 의미와 가치가 어마어마하다는 것을 미 뤄 알 수 있다.

원래 주역은 위정자의 학문이라고 전해왔다. 주역은 천지자연의 법칙을 연구 하여 미래를 예측하는 학문이다. 위정자가 밝은 정치를 하기 위해서는 미래를 예측해서 이에 맞게 국가정치를 해야 가능하기 때문에 주역을 위정자가 필히 하여야 할 학문이다.

뿐만 아니라 개인도 자기의 미래에 일어날 일을 미리 알아야만 지혜롭게 살 아갈 수 있기 때문에 현대와 같이 복잡하고 변화가 심한 상황에서 매우 의미 있는 과학기술적 학문이다. 즉, 제도권에서 배우고 익힌 서양첨단과학기술로 예 측할 수 없는 것을 예측할 수 있는 학문이라는 점에서 더욱 의미가 있다.

율곡 선생의 학문적 업적을 보면, 『성학집요(聖學輯要)』, 『만언봉사(万言封事)』, 『격몽요결(擊蒙要訣)』, 『천도책(天道策)』 등이 있다. 『성학집요』는 퇴계의 『성학십도』 의 의도를 계승하여 제왕의 학문을 이루기 위한 성리학설을 담고 있다. 『만언봉사』 는 선조가 즉위한 이래 계속적인 재앙과 이변이 계속되자 선조 7년 정월에 왕 이 정전을 피하고 반찬을 줄였으며 음악을 철폐하였다. 그러고는 친서를 내려 재앙을 그치게 할 좋은 계책을 널리 구하였는데, 이때 율곡이 올린 것이 바로 이 글이다. 『격몽요결』은 어린이에게 뜻을 세워 부모를 봉양하고 남을 대접할 줄 알며 몸을 닦고 독서의 방향을 교육하기 위해 지은 글이다. 『천도책』은 율곡 의 나이 23세 때 겨울 별시에서 장원급제한 시험답안이다. 이 중에서 『천도책』

에 대해서 자세히 설명하고자 한다(장숙필, 『이이 율곡전서』).

『천도책』은 앞부분에 고시관이 제출한 시험문제인 책문과 율곡의 답안인 대책의 두 부분으로 구성되어 있다. 율곡이 『천도책』에서 말하고자 하는 핵심은 어떻게 하면 왕의 선치(善治)를 끌어낼 수 있는가 하는 것이었다. 이에 종래의 천인감응설에 근거하여 왕이 덕을 닦는 것이 이상정치의 근본임을 주장한 것이다. 『천도책』의 문제인 책문은 14개의 질문으로 되어 있으며 그 주요 내용은 다음과 같다.

전체적인 질문의 요지는 자연변화현상의 원인과 그 변화가 상도를 벗어나는 경우가 생기는 이유에 관한 내용인데, 그러한 이변의 원인을 사람의 일과 연결시켜볼 수 있는 것인가 하는 것이 질문의 요지이며, 또 사람이 원인이라면 어떻게 하여야 이변과 재앙을 없앨 수 있겠는가 하는 것을 질문한 것이다.

이에 율곡은 전통적인 천인감응설을 가지고 인간의 수덕(修德)만이 이런 재이(災異)를 막을 수 있다고 주장함으로써 군주의 수양에 기초한 도덕정치를 역설하였다.

율곡의 기본입장은 만 가지 변화현상의 근본은 음양으로서의 기(氣)이며, 음양의 소이가 되는 것이 이(理)라는 이기관(理氣觀)을 전제로 하고, 그런 변화현상이 질서와 절도에 맞는 것이 이(理)의 상(常)이며 변화현상이 질서와 때를 잃게 되는 것이 이(理)의 변(變)인데 이는 음양의 조화여부에 따라 나타나게 되는 현상이라는 것이다.

여기에서 중요한 것은 인간과 자연의 관계이다. 인간은 천지의 마음이라고 할 수 있는 존재, 즉 천인관계에서 주도적인 위치에 있는 존재이므로 사람의 마음이 바르게 되면 천지의 마음도 바르게 되고, 사람의 기가 순조롭게 되면 천지의 기도 순조롭게 된다. 그러므로 천지간의 온갖 변화현상이 질서와 절도를 벗어나지 않도록 하기 위해서 인간의 수양이 요청된다는 것이다.

이순신 장군

이순신 장군의 난중일기에도 주역점을 친 내용이 나타나고 있다. 이순신 장군이 임진왜란 때 백전백승할 수 있었던 그 전략전술과 비결이 무엇인가를 고찰하는 것이 율곡 선생이 임진왜란을 미리 예측하고 십만양병설을 주장했던 내용에서 그렇게 할 수 있었던 그 노하우를 배우는 것과 같이 중요하다고 본다. 즉, 이순신 장군이 백전백승할 수 있었던 그 노하우에는 주역점이 포함되어 있음을 난중일기 곳곳에 나타나고 있다. 따라서 이를 연구개발, 즉 계승·발전하여 국가적 위기와 재난 시에 미리 예측하여 대비하면 그만큼 유리하게 극복할 수 있다. 그런데 그러한 과학기술적 노하우는 관심이 없고 백전백승한 사실만 감탄하고 위대하다고 자랑한다는 것은 너무도 무미건조한 역사 연구이고 이러한 연구는 진정한 역사와 문화 연구가 아니고 일종의 역사를 소재로 한 문학이라는 재야 사학자들의 말을 의미 있게 들었다.

다산 정약용 선생

정다산(1763~1818)은 18년(1801~1818) 동안의 강진 유배 생활에서 방대한 저술을 이루어 실학사상을 체계화하였다. 특히 역학에 관한 저술인 『주역사전(周易四箋)』과 예학에 관한 저술인 『상례사전(喪禮四箋)』에 가장 심혈을 기울였다. 그 자신이 이 두 저술에 대해 얼마나 강한 애정과 자부심을 지니고 있는지를 그의 『유배지에서 보낸 편지』에서 다음과 같이 밝히고 있다.

> "『주역사전』은 내가 하늘의 도움을 얻어 지은 문자요 절대로 사람의 힘으로 소통시키거나 사람의 지혜와 생각으로 도달할 수 있는 것이 아니다. 이 책에 마음을 푹 기울여 오묘한 뜻을 다 통달할 수 있는 사람이 있다면 그는 바로 나의 자손이나 벗으로 여길 수 있는 사람이니 천 년에 한 명 나오기 어려울 것이다. 여타의 책보다 더 아끼고 중요하게 생각해야 할 것이다'라고 자식들에게 이야기하고 있습니다. 『상례사전』은 내가 성인을 독실하게 믿고 지은 문자요, …… 이 두 책만 전하여 이어갈 수 있다면 나머지 책들은 비록 폐기되더라도 괜찮겠다."

또한 정약용은 자신이 소년시절 부친의 곁에서 주역을 읽기 시작하였던 때부터 이후 젊어서 광범위하게 독서하는 과정에 이르기까지 <주역>에 대해서만은 깊은 이해에 도달하기가 어려웠던 사실을 다음과 같이 토로하였다.

"책이라는 이름이 붙은 것은 어느 것도 기가 꺾여 포기한 적이 없는데, 오직 주역만은 바라보기만 해도 기가 꺾여 탐구하고자 하면서도 감히 손도 대지 못한 것이 여러 번이었다오. …… 춘추좌전을 읽다가 관점(官占; 나라의 복관이 치는 점)의 법도에 대해 때때로 곰곰이 탐색하니 …… 깨닫는 바가 있는 듯하다가도 도리어 황홀하고 어렴풋하여 도저히 그 통로를 찾을 수가 없었소. 의심과 분한 생각이 마음속에 교차되어 거의 먹는 것도 그만두려고까지 하였다오. 그래서 주역 한 가지만 책상 위에 놓고서 마음을 가라앉히고 밤낮으로 깊이 탐색하였소. 그다음부터는 눈으로 보는 것, 손으로 만지는 것, 입으로 읊는 것, 마음으로 생각하는 것, 붓으로 쓰는 것에서부터 밥상을 대하고 변소에 가고 손가락을 퉁기고 배를 문지르는 것까지 하나도 <주역>이 아닌 것이 없었다오."

윗글에서 『주역사전』에 대한 다산 선생이 평가한 내용 중에서, '하늘의 도움을 얻어 지은 글이고', '절대로 사람의 힘으로 소통시키거나 사람의 지혜와 생각으로 도달할 수 있는 글이 아니다'라고 표현한 것이 매우 어마어마하게 인상적이고 주역의 글이 신의 경지에 도달한 성인이 지은 신글[神書]이라는 일반적인 평가가 다산 선생에 의해서 다시 확인되는 내용이다. 하기는 독일의 리하르트 빌헬름이 주역을 연구하고서 주역을 평가한 내용인, '인간의 의식적인 삶에서부터 무의식적인 영역에 더욱 깊이 파고 들어가 …… 우주-영혼의 체험에 대한 통일적 이미지를 전달해준다'는 내용 중에 '영혼의 체험'이라는 내용과 일치한다는 점에서 매우 흥미로운 일이다. 그리고 다산 선생의 주역에 대한 연구가 어느 경지에 도달한 정도인가를 알 수 있는 내용이다.

더욱이 다산 선생의 수많은 저서 중에서 『주역사전』을 가장 중시한 것을 보아도 이 책의 의미와 가치가 어느 정도인가를 알 수 있다. 따라서 <주역>을 제대로 연구하고 이해하기 위해서는 단순히 문자 해석만 해서는 한계가 있고 영적인 직관력 같은 특수한 능력이 있어야 한다는 전해오는 말들이 실감 나게 하는 대목이다. 정자도 『역설강령』에서 '역(易)은 수시(須是) 묵식심통(默識心通)이래야지 지궁문의(只窮文義)면 도비력(徒費力)이다'라고 하였다. 즉, 주역은 반드시 아무 말 없이 마음으로 통해야지 단지 글자의 뜻만 궁구하면 헛수고라는 말이다. 여기서 '아무 말 없이 마음으로 통해야 한다'는 표현이 영적인 직관력을 표현한 내용이라고 본다.

또한 그다음 글에서 다산 선생이 주역이 얼마나 어렵고 그래서 주역을 얼마나 몰두하면서 연구하였는지 알 수 있는 내용을 볼 수 있다. 일반적으로 다른 경전은 글자만 알면 알 수가 있는데 주역만은 글자만 알아서는 이해할 수 없고 선생 없이는 배울 수 없는 글이라는 것이다. 그러고 한번 주역에 빠지면 헤어 나지 못할 정도로 미치게 하는 글이라는 일반적인 주역에 대해 전해오는 이야기가 다산 선생의 글에서 확인된다.

그런데 다산 사상을 연구하는 제도권 연구단체와 학자들이 그렇게 많은데 다산 선생이 가장 중시한 『주역사전』과 『상례사전』에 대한 연구가 전혀 없는 것은 무슨 까닭인지 이해가 안 된다. 일반적으로 다산 선생을 역사적으로 실학사상을 강조한 실학자라고 하면서 이 시대의 동양학 중에서 가장 의미 있는 실학 중에 실학은 <주역> 연구인데 그리고 다산 선생이 가장 강조한 연구업적 중에서도 『주역사전』인데도 불구하고 다산 선생을 위대한 사상가라고 그렇게 받드는 이들이 이의 연구가 없는 것은 무슨 까닭인가. 다산 선생이 실학자라고 하면서 다산 선생의 공허한 사상철학만을 강조하는 연구와 저서가 많이 나타나는 것은 진정으로 다산 선생의 실학사상을 계승·발전시키는 일인가? 다산 선생 실학 실학 그래 실학이 뭐여, 구체적으로 내놔봐?

다산 선생이 주역을 연구하고서 복서(卜筮), 즉 주역점에 대한 내용이 아주 의미 있고 인상적인 것이 다음과 같이 나타내고 있다.

정약용은 역이 만들어지게 된 동기가 무엇인지를 음미하면서 "성인이 하늘의 명을 청하여 그 뜻에 따르기 위한 것이다"라고 밝혔다. 인간이 자신의 생각이나 의지로만 판단하여 행동할 수 없다는 한계를 인식하였을 때, 초월적 주재자인 하늘의 명령(天命)이 무엇인지를 묻고 하늘의 명령을 따르고자 하는 신앙적 삶의 요구에 따라 역이 만들어지게 되었다는 것이다. 여기서 천명을 묻는 방법은 바로 점을 치는 복서(卜筮)를 가리킨다. 따라서 역이 복서를 위해 만들어진 것이라면, 역은 본질적으로 복서를 위한 도구라 볼 수 있는 것이 사실이다.

그는 주역이 지닌 복서의 기능을 중요시하여 『주역사전』을 저술할 때 주역의 계사전과 다른 경전, 즉 의례·예기·주례·좌전 등에서 복서에 관련된 언급들을 뽑아 '복서통의(卜筮通義)'라는 한 편을 설정하고 복서의 의미를 해명하였다. 이처럼 그가 복서적 의미와 방법을 주의 깊게 해명하였던 것은, 복서가 뒷날 타락하여 미신이나 사술(邪術)에 빠져 버린 현실과는 달리 본래는 고대 중국인의 신앙행위로 유교사상의 발생과정에서부터 중요한 의미를 지니고 있었다는 사실을 인식하였기 때문이라 하겠다.

정약용은 역을 상수로 이해하거나 의리로 이해하는 서로 다른 시각을 비판적으로 수용하여 포괄하는 통합적 시각을 제시하고 있다. 그러나 그가 역을 바라보는 근본전제는 역이 근원적으로 복서로서 발생한 것으로 복서가 역의 본질적 특성임을 철저히 인식하는 것이었다.

따라서 그는 한나라 때 왕필(王弼)로부터 나타난 의리역에 대해서 대단히 못마땅하게 생각하였다. 즉, 유학은 불행하게도 소위 왕필이 출현하여 독단적 사견으로 백가의 역리가 소탕하여 버렸다고 신랄하게 비판하였다. 노장사상에 근거한 왕필의 의리역이 비록 한 대 이후 위진시대의 요청에 따른 자라 하더라도 다산의 상수역의 입장에서는 결코 수용할 수 없는 옛 주역의 이단이 아닐 수 없음을 분명히 하고 있다. 그러므로 이로써 선진시대의 주역이 한대에 있어서는 겨우 그 명맥이 이어져 오다가 급기야 왕필의 출현으로 전멸의 위기를 맞게 된 것을 다산은 이를 못내 아쉽게 여기고 있음을 알 수가 있다. 그러한 의미에서 다산역은 추이(推移), 물상(物象), 호체(互體), 효변(爻變) 등 역리사법(易理四法)을 주축으로 하는 선진고역에의 복원이라 이르지 않을 수 없다(이을호, 『다산의 역학』).

유교 전통에서는 하늘을 인간에게 직접 말을 건네는 존재로 이해하지 않는다. 공자는 "하늘이 어찌 말씀을 하겠는가. 사시가 여기서 운행되고 만물이 여기서 생성된다. 하늘이 어찌 말씀을 하겠는가"라고 하여, 하늘은 인간에게 말로 자신의 뜻을 전해주는 존재가 아니라 자연의 운행을 통해 자신의 뜻을 전해주는 존재임을 확인하고 있다. 곧 유교에서 하늘은 언어를 통한 계시가 아니라 '자연계시'로 인간에게 자신의 뜻을 드러내는 존재이다.

말씀을 통해 하늘의 뜻을 받을 수 없을 때 성인이 고심 끝에 하늘의 뜻을 알수 있는 방법으로 찾아낸 것이 바로 역상(易象)과 이를 통한 복서의 점술이라는 것이다. 이처럼 역이란 성인이 자연의 질서와 사물의 형상을 표상하는 기호의 체계이고, 복서란 바로 이 기호체계를 통해 하늘의 뜻을 읽는 방법을 발명한 것이라 할 수 있다.

점을 치는 태도와 자세에 대해서 다산 선생은 다음과 같이 밝히고 있다.

주역의 제작이나 복서로 점치는 행위는 처음부터 하늘의 뜻을 알고자 하는 인간의 신앙심에 근거를 두고 인간이 만들어 놓은 장치이기 때문에, 가장 주요한 점치는 자의 자세와 태도는 하늘의 뜻을 묻는 인간의 절실하고 정성스러운 태도가 하늘에 감응됨으로써 하늘이 인간의 손으로 만들어 놓은 역상에다 자신의 뜻을 담아서 보여 줄 것이라는, 인간의 소망과 믿음을 근거로 한 진실성과 성실성이다.

그는 인간이 천명을 물을 수 있는 조건으로, 일이 공정하고 선함에서 나온 경우라야 한다는 '동기의 정당성'과 그 일의 성패와 화복을 인간의 판단력으로 예견할 수 없는 경우라야 한다는 '상황의 불확실성'이라는 두 가지 조건을 들었으며, 이 두 가지 조건을 충족할 때만 복서가 가능한 것임을 확인한다.

다산 선생이 방대한 저술을 이루어 실학사상을 체계화하였다는 관점에서 볼때 주역 연구에 있어서 성리학 중심의 의리적 연구보다도 점(占)을 그렇게 천시했던 그 시대에 주역의 상수적 측면인 복서를 이렇게 강조하여 『주역사전』을 저술하였음은 무엇 때문인가를 생각해보자. 더욱이 『주역사전』을 다산 선생의 방대한 모든 저술 중에서 가장 중시한 이유가 무엇인가. 이는 결국 다산 선생의 실학사상에 입각하여 그 시대의 가장 실학다운 실학은 주역의 상수적 측면의 복서인 주역점이라고 생각하였을 것으로 생각된다.

다산 선생의 실학사상은, 조선시대 통치이념인 성리학 중심의 의리적 연구의 문제점과 한계점, 즉 공리공론적이고 허례허식적 폐단에 대한 대응으로 나타났다고 볼 수 있다. 즉, 공리공론적이고 허례허식적인 성리학 중심의 의리역에 대한 대안으로 구체적인 실학의 하나로 주역점을 강조한 것이 아닌가 판단된다.

그렇다면 다산 선생의 실학사상을 현대사회에서 가장 바람직하게 계승·발전시키려고 하면, 다산 선생이 가장 중시한 『주역사전』의 주역점을 연구하여 계승·발전시켜서, 국민들에게 보급하여 국민들의 생활에 구체적이고 실용적으로 문제해결에 도움을 주는 일이 진정으로 다산 선생의 실학사상을 계승하는 일이 아닌가 생각된다.

더욱이 제도권 교육학문기관에서 수십 년간 배우고 익힌 첨단서양과학기술로 해결이 불가능한 문제를 주역점으로 해결이 되었다고 하면 이것이 국민들에게 진정으로 가슴에 와 닿는 실학 중의 실학이 아닌가. 이는 단순히 문제해결의 도움을 받은 실학일 뿐만 아니라 우리의 전통과학기술인 역학역술의 위대성이 입증되는 일이며 이렇게 되면 서양문명에 짓눌려 살아왔고 서양을 쫓느라 우리 스스로마저 돌보지 않았던 우리 것의 의미와 가치를 가슴에 와 닿게 느끼게 되는 계기가 될 것이다.

그렇게 되면 우리 조상이 위대해 보이고 우리 것에 대한 자부심, 긍지를 갖게 되며 따라서 정신을 차리게 된다. 그러면서 우리가 그렇게 미신이고 비과학이라고 천시했던 역학과 역술의 의미와 가치를 피부로 느낄 수 있는 계기가 되면서 미아리철학관이 하버드보다 더 위대해 보이기 시작한다.

이토정 선생

이토정 선생과 주역에 대해 알아보자.

이토정 선생과 주역과 관련된 내용 중에서 가장 의미 있는 내용 저서는 『토정비결』이라는 책이다. 토정비결이라고 하면 우리 국민들 사이에서 가장 많이 회자되는 동양학이다. 국민들은 율곡 선생의 『천도책』과 『성학집요』, 퇴계 선생의 『계몽전의』와 『성학십도』, 다산 선생의 실학과 『주역사전』의 내용은 잘 몰라도 토정 선생의 토정비결은 모르는 국민이 없을 정도로 잘 알려진 책이다. 아마도 제도권 지도층과 식자층들뿐만 아니라 비제도권의 일반국민들 사이에서 가장 많이 알려진 우리의 전통적 책이 토정비결이다.

그런데 제도권 우리의 역사와 문화 연구를 하는 지도층과 식자층은 토정선생의 토정비결은 연구하여 국민들에게 보급할 생각은 전혀 하지 않고 있다. 그러나 비제도권의 일반국민들은 퇴계 율곡 정다산 권근 선생의 성리학과 실학에 대한 관심은 거의 없으나 토정비결에 대해서는 가장 많이 관심이 있어서 일반화된 책이다.

끝으로 풍수와 관련된 내용으로 남사고 선생과 태조 이성계와 세종대왕과 관련된 내용이 있다. 이는 다음으로 미룬다.

경북궁

우리나라 문화재 중에서 가장 국가적으로 중요한 문화재라면 조선시대 대궐이었던 경북궁이 아닌가 생각된다. 경북궁의 문화재를 이해하는 데 가장 중요한 것이 건축물, 즉 골 기와집에 얼룩덜룩 단청을 칠한 표면적인 외형적, 예술적 문화가 중요한 것이 아니고 경북궁을 건축하게 된 풍수적 내용이 이면적이고 본질적인 문화이다.

풍수를 모르면 경북궁이라는 문화재를 근본적으로 이해를 할 수 없다. 즉, 조선시대에 왜 서울의 터를 지금의 자리에 정했고, 서울 터 중에서 경북궁의 자리가 지금의 그 자리이고, 경북궁 내의 건축물의 위치와 크기 그리고 담장의 높이며 각 건축물 내의 공간배치 등을 근본적으로 이해하기 위해서는 풍수를 알아야 한다.

따라서 풍수를 모르고 경북궁을 이해하려고 하면 껍데기에 지나지 않는 예술적·장식적 문화인 외형적 모습밖에 볼 수 없다. 그러한 문화는 위에 무라야마 지준이 말한바와 같이, 그것이 아무리 화려하다고 해도 표면적인 것인 만큼 진정한 생활 이상에서 멀어진, 마치 단청을 칠한 겉옷처럼 아름답긴 해도 한낱 장식에 지나지 않는 피상적인 것들이다.

경북궁뿐만 아니라 우리 조상들의 건축물들은 거의 모두 풍수를 모르고는 그 건축의 의미와 가치를 인식할 수 없다. 심지어 아득한 수천 년 전의 우리 조상들의 무덤이었던 고인돌도 고인돌 그 자체 모습이 중요한 것이 아니고 왜 그 위치에 무덤을 썼느냐 하는 문제는 풍수를 모르면 알 수가 없다. 미개한 구석기시대의 무덤들도 모두 풍수와 관련이 있다는 것이다. 따라서 고인돌을 연구하는 데 중요한 것은 고인돌의 모양이 아니고 고인돌이 위치한 그 자리가 풍수적으로 어떤 의미가 있는가를 연구하는 것이 중요하다.

뿐만 아니라 우리의 옛 시골마을도 모두 풍수를 모르면 마을의 위치와 방향 그리고 길의 의미를 알 수가 없다. 지금은 새마을사업이다 경지정리다 해서 모두 없어진 유행가 가사에도 나왔던 '마을 앞에 버드나무 올봄도 푸르련만……' 하는 내용 중에 '버드나무'가 왜 마을 앞에 있는가는 풍수를 모르면 이해할 수 없다. 그것은 비보풍수(裨補風水)로써 마을 앞에 허하고 물이 보이는 곳을 보하고 가리기 위해 버드나무를 심어서 그렇게 했던 우리 조상들의 풍수적 생활의 지혜였다.

그런데 서구적 물질문명 물질과학이 들어오면서 경제성 편리성만을 강조하다 보니 우리 조상들의 삶의 지혜로운 유산을 미신이고 비과학이라고 하면서 마구 풍수적 자연환경을 파괴하였으니 그 후유증이 없을 수 없겠는가? 그러니 시골 인심이 예전 갖지 않고 해괴한 일들이 일어나고 하는 것이 그러한 조상들의 지혜로운 유산을 무시하고 마구 풍수적 자연환경을 파괴해서 나타난 일이 아니라고 볼 수 없다.

한글(훈민정음)

우리나라가 세계적으로 자랑할 수 있는 문화재 중에서도 가장 의미 있는 문화재가 한글이 아닌가 생각된다. 즉, 제도권 한글학자들이 항상 주장하는 바와 같이 세계에서 한글이 가장 과학적으로 만들어진 글자라고 자랑한다. 그렇다면 한글이 가장 과학적 글이라면 한글의 과학적 원리를 제시하고 이를 가르쳐서 한글을 올바르게 사용할 수 있도록 하여야 한다. 그런데 한글의 과학적 원리인 창제원리는 가르치지 않고 한글의 창제정신인 세종대왕의 '國之語音이 異乎中國하야 與不相流通(국지어음이 이호중국하여 여불상유통)……'고 쓴 내용만을 알고 있다. 그러나 이보다 더 중요한 훈민정음 창제원리를 나타낸 훈민정음해례의 제자해(制字解)를 보면 다음과 같이 주역의 원리에 의해서 만들었음을 알 수 있다.

'天地之道 一陰陽五行而己 坤復之間爲太極 而動靜之後爲陰陽 凡有生類在天之
間者 括陰陽而何之 故人之聲音 皆有陰陽之理 人不察耳 今正音之作……(하늘과
땅의 이치는 음양과 오행일 뿐이다. 곤과 복의 사이가 태극이 되고 움직임과 고요함
이 있은 뒤에 음양이 되는 것이다. 무릇 하늘과 땅 사이에 삶을 받은 무리로서 음양
을 버리고 어찌하리오? 그러므로 사람의 말소리에는 모두 음양의 이치가 있거늘 돌이
켜보건대 사람이 살피지 못했을 뿐이다. 이제 정음을 지음도…….'

윗글을 부연설명하면 하늘과 땅 사이의 이치인 도는 하나의 음양오행뿐이므
로 모든 것은 음양의 이치를 벗어날 수 없다. 따라서 한글을 만듦에 있어서도
이 이치에 의해서 만들었다고 밝히고 있다. 이는 곧 한글의 창제원리도 주역의
음양오행의 이치에 의해서 만들었음을 알 수 있다.

결국 이상의 글의 내용을 보면, 우리의 역사와 문화는 주역에서 비롯된 역학과
역술의 역사와 문화라고 해도 과언이 아닐 정도로 절대적인 학문이다. 따라서 주
역을 모르고는 우리의 역사와 문화를 근본적이고 주체적으로 이해할 수 없다. 사
실상 동양의 동양학의 대가들이 한결같이 이구동성으로 강조하는 것이 주역이
모든 동양학의 근원적 학문이고 모든 동양의 사상과 철학뿐만 아니라 과학기술
까지도 주역에서 비롯되었다는 말이고 보면 더 이상 주역이 동양의 역사와 문화
에 어떠한 위치에 있는가를 말할 필요가 없을 정도로 분명하다. 그렇다면 주역의
의미와 가치를 더 이상 사례를 들어서 설명할 필요도 없다. 다만 잘 모르는 현대
인들의 이해를 돕기 위해서 구구하게 사례를 들어서 설명하는 것이다.

그런데 우리의 역사와 문화를 연구하는 학자들이 인위적으로 이를 무시하였
다는 말이 무라야마 지준의 조선의 풍수 서문에서 지적하고 있다.

따라서 주역의 관점에서 우리의 역사와 문화를 연구하는 의미와 가치를 말하
면, 첫째, 우리나라 역사와 문화를 근본적이고 주체적으로 이해하기 위해서 주
역을 알아야 한다는 것을 강조하기 위해서 우리의 전통적 문화와 역사에서 선
택적으로 사례를 들어서 설명하였다. 그리고 그 의미와 가치도 함께 고찰하였
으며 서구적인 것과 비교하여 취사선택을 하는 연구의 자세와 태도가 중요함을
강조한다. 서구적 문화와 서구적 시각에서 우리의 문화와 역사를 연구한 기존
의 제도권 연구는 다시 새롭게 연구하여 주체적으로 취사선택을 하는 연구를

하여야 한다. 이것이 이 시대에 가장 시급한 역사와 문화의 연구라고 생각한다. 둘째, 우리의 역사와 문화를 근본적이고 주체적으로 인식하는 문제도 중요하지만 과거의 역사문화의 인식에 머물러서 과거를 회고하고 위대하다고 감상적 역사문화를 연구하는 정도에서만 끝나면 크게 의미가 없다. 즉, 그러한 연구는 과거만 있지 현재와 미래가 없다. 보다 의미 있고 가치가 있으려면 우리나라 헌법 제9조에 있는 바와 같이 우리의 전통문화의 계승·발전과 민족문화의 창달 차원에서 고려해보아야 한다. 즉, 우리의 전통문화와 민족문화적 유산 중에서 새롭고 앞선 과학기술적인 것은 계승 발전시키는 것이 무엇보다도 의미가 있다. 즉 서구적인 것보다도 새롭고 앞선 것이 있으면 계승 발전시켜 서구적 과학기술과 물질문명에 버려지고 잊힌 지난날의 동양의 사상과 지혜를 새롭게 다듬고 엮어나가는 노력이 있어야 한다.

1세기 넘어 서양과학기술문명에 짓눌려 살아왔고 서양을 쫓느라 우리 스스로마저 돌보지 않았던 동양의 정신, 동양의 지혜를 가꿔 나가는 일은 오늘날의 우리가 해야 할 가장 시급한 일이다. 그러한 일의 가장 의미 있는 일이 미아리 철학관을 근대화시켜 제도권 교육학문세계에서 흡수하여 체계적이고 과학적으로 교육 연구하는 일이며 이를 위해서 하루빨리 동양과학대학교와 동양과학기술원을 설립하여 역학역술을 연구하고 가르쳐야 한다.

21세기는 세계화 시대이며 또한 동아시아문화권시대라면서 아직도 서구적 문화에 지배종속된 서구적 시각에서의 역사연구는 시대정신에 벗어난 연구이며, 따라서 이를 지양하여야 비로소 우리는 정신을 차린 주체적 국민으로 거듭 새롭게 태어날 수 있다고 본다. 그렇게 될 때 세계화시대 서구와 맞서서 당당하게 살 수 있는 자세와 태도가 생길 수 있고 또한 잃어버린 민족혼 민족정기도 되찾을 수 있다고 본다.

제3장

서구와 현대사회의 우리 문화와 교육학문

　현대사회 우리의 문화와 학문이 서구적 문화와 학문에 지배종속을 받고 있음은 어제 오늘의 이야기가 아니다. 벌써 오래전부터 서구에 지배종속을 받고 있어서 우려의 목소리로 교육학문세계에서 부르짖던 일이 오래전부터 있어왔다. 그러나 이에 대한 뚜렷한 대안이나 교육학문적 결과가 없이 계속 공허한 목소리만이 되풀이되고 있다.

　우리는 제도권 교육학문세계에서 바람직한 교양적 지식인으로뿐만 아니라 건전한 국민적 상으로 서구의 문물을 받아들이는 바람직한 태도로서 '민족적 주체성을 가지고 취사선택을 하여야 한다'고 교육을 받아왔다. 그러나 현재 와서 생각해 보면 그러한 구체적이고 가시적인 노력의 결과가 거의 없다. 쓸데없는 허례허식적인 박물관이나 충효사상이니 예술적인 것 외에는 거의 허구적 메아리로만 들려왔다.

　사실상 현대사회 민족적 주체성이니 국적 있는 교육이니 하는 얘기는 아무 내용이 없이 빈껍데기에 지나지 않는 허구적인 내용뿐이다. 특히 제도권 지도층과 식자층들일수록 더욱 서구적 문화와 학문에 지나치게 편향되어 있다. 그러면서 국민들에게는 지도층과 지식인으로써 태를 내기 위해서 주체성과 국적 있는 교육을 입으로만 형식적으로 강조하고는 있으니 국민들이 이들을 보고 어떻게 생각할까. 오히려 비제도권의 일반 국민들은 주체성과 국적 있는 교육과 문화를 실제적으로 실천하고 있는 사람들이 많다.

　우리는 어린 시절 초등학교부터 배우고 가르치는 교육학문적 내용이 서양학문적 내용과 서구식 교육방법을 배우고 익힌다. 그래서 현대사회의 우리나라 교육학문기관인 초중등은 서양교육기관이고 대학은 서양과학대학이 되어 버렸다. 따라서 현대인들은 거의 서구적 학문으로 무장된 완전히 서구적 인간으로 변모되어 있다.

한 나라의 국민적 정신자세가 매우 중요함은 두말할 필요가 없다. 정신의 건강은 어떤 면에서 신체의 건강보다 더 중요하다. 그것은 신체상의 병만이 병이 아니요, 잘못된 사상이나 이념 또한 병이기 때문이다.

우리 주변에는 다양한 사상과 정신이 산재해 있다. 그중에서 어떤 것은 자신에게 이롭기도 하지만, 어떤 것은 자신을 파멸로 이끄는 암적 성향을 지니고 있기도 하다. 우리는 좋은 것은 취해야겠지만, 자신의 정신을 좀먹는 악성 바이러스와 같은 나쁜 것은 버릴 줄 알아야 한다.

자신의 정신을 공고히 하지 않아 정신이 튼튼하지 못하면 외부의 악성정신에 영향을 받아 갈등과 고민에 빠져 번뇌하며, 심할 경우에는 주체적 정신에 손상을 입어 대외적 정신에 저항할 힘이 없어지고, 종국에는 치유하기 힘든 정신장애를 일으키게 된다. 그렇게 되면 외부의 정신이 자신의 정신을 지배하게 되어 자신의 주체성을 상실하게 되고, 육체는 외부정신의 통제를 받게 되고 만다. 즉 정신이 나약하면 다른 정신의 침략을 받게 되고 쉽게 그 정신의 지배하에 들어가게 되는 것이다.

정신이 지배당하는 경우는 사기꾼의 거짓말에 의해서일 수도 있고, 사상가의 말에 의해서일 수도 있고, 이념에 의해서일 수도 있고, 종교의 교리에 의해일 수도 있다. 이 모두 자신의 정신에 의해서 나온 것이 아니라면 모두 외부의 정신에 속한다고 볼 수 있다. 스스로의 정신이 훌륭하지 못하거나 나약하면, 외부 정신에 지배를 당하고 있다고 할 수 있다. 만약 외부 정신이 자신을 이롭게 하고 건강하게 해준다면 다행이지만, 자신의 정신을 좀먹어 썩게 만든다면 큰일이 아닐 수 없다. 따라서 이러한 정신인 병으로부터 자신을 지키기 위해서는 자신의 정신을 튼튼하게 하지 않으면 안 된다.

선입자주(先入者主)

‘선입자주(先入者主)’라는 말이 있다. 문자 그대로 ‘먼저 들어온 것이 주인이다’라는 말이다. 우리는 초등학교부터 중·고등·대학·대학원에 이르기까지 서양식 교육과 서양적 내용의 학문을 배우고 익힌다. 그러다 보니, 서양적인 것이 주인이 되었고 우리 것인 동양학은 아주 이국적인 학문이 되어 버렸다. 그래서 자라나는 세대들뿐만 아니라 현대식 교육을 받은 모든 지성인들은 전통적인 우리 것에 대해 거의 무지를 넘어서 까막눈이 되었다. 게다가 우리 것인 동양학에 대해서 잘 알지도 못하면서 서양과학적 입장에서 미신이고 비과학적이라고 일방적으로 무시하고 폄하하는 것이 현실이다.

학문적·문화적 주체성과 관련하여 생각해보면(학문적·문화적 종속문제), 서구적 학문이 너무 일방적으로 지배 독점체제에 있어서, 우리의 수천 년 역사와 문화의 배경이 되는 동양학에 대한 주체적인 인식의 문제를 말살하고 있다. 그 결과 학문적·문화적 지배종속을 넘어서 우리 민족의 얼과 민족정기도 잃어가고 있다고 해도 과언이 아니다.

자신의 커뮤니티에 대한 독자적인 인지방식 없이 다른 사람들의 생각과 방식으로 자신의 커뮤니티에서 일어나는 현상을 인식하는 사회는 결국 다른 사람들의 사회를 위한 종속체와 기생체가 되고 만다. 이의 내용은 서구적 개념과 이론에 의존해서 자신의 문화와 생활을 설명해야 한다는 강박관념에 사로잡혀 있는 동양의 문화와 학문 연구자들에게 따끔한 일침을 가한 예라고 본다.

아직도 우리 주변에는 “동양의 문화는 동양인 스스로가 대변할 수 없으며 오직 서구에 의해서만 대변될 수 있다”고 여기는 제국주의적 시각에 세뇌당한 사람이 많으며, 한국의 지성계는 식민지적 종속에서 벗어나지 못하고 있다.

우리나라 말에 호랑이에게 물려가도 정신만 차리면 산다고 했는데, 호랑이도 아닌 똑같은 사람인데도 정신을 잃어가고 있으니 참으로 한심스럽다고 생각된다.

우리는 서양의 못된 과학기술에 지배종속이 되었다

동양의 역사를 볼 때 수천 년의 역사가 있어 왔다. 동서양을 막론하고 국가가 탄생하기 이전부터 자연현상이 있어왔고, 국가가 탄생한 이래로 정치와 경제 및 사회현상이 있어 왔다는 점에서 볼 때, 동양에서도 당연히 정치·경제·사회 그리고 자연현상이 있어 왔다.

그리고 그러한 정치·경제·사회 그리고 자연현상의 배경이 되는 학문이 있었음은 너무도 당연하다. 왜냐하면 모든 나라의 국민들의 생활과 문화 현상의 뒤에는 반드시 그 배경이 되는 학문이 있기 때문이다.

그렇다면 동양에서는 어떻게 정치와 경제 및 사회생활과 자연생활을 행하여 왔는지를 근본적으로 이해하기 위해서는 어떠한 학문적 배경을 갖고서 국가와 사회생활 그리고 자연생활을 하였는가를 고찰해 보아야 한다.

즉 동양의 고유한 사회현상과 국가문제 그리고 자연현상과 자연문제를 해석하고 해결하기 위한 학문으로 어떠한 것이 있었는가를 고찰하여야 지나간 동양의 정치·경제·사회·문화현상과 역사를 주체적이고 근본적으로 이해할 수 있다. 그것이 곧 동양학이다.

그러므로 주역학을 모르고 동양의 문화와 생활 및 역사를 연구하게 되면, 주체적이고 근본적인 연구가 되지 않고, 아무리 해도 피상적인 연구밖에 될 수 없다. 뿐만 아니라 더욱 문제인 것은, 서구적 문화와 학문에 종속된 상태에서, 우리의 문화와 역사를 연구하고 있다는 점이다.

이것은 그들의 시각에서 우리의 문화와 역사를 연구한다는 점이다. 그러니 앞에서 예를 들었던 사자의 입장에서 소를 연구하고 소의 입장에서 사자를 연구하는 격이 되어 버렸다. 이는 타당성이 없는 비과학적 연구이다. 그러므로 우리의 생활과 문화 및 역사를 주체적이고 근본적이며 과학적으로 연구하기 위해서는 동양학이 선택과목이 아니고 필수과목이다.

동양학에도 여러 분야의 학문이 있는데 동양학 중에서도 주역(周易)을 알아야 한다. 왜냐하면 거듭 말하지만 주역이 모든 동양학의 근원적인 학문이기 때문이다. 그래서 주역을 만학의 제왕이라고 한다. 주역이 동양학의 근원적인 학문이므로 동양의 역사와 문화 및 학문을 주체적이고 근본적으로 이해하는 데 필수적인 학문이다. 따라서 주역을 모르고 연구하는 동양의 역사·문화 그리고 학문은 아무리 해도 피상적인 연구를 벗어날 수 없다.

초·중등은 서양교육기관이고 대학은 서양과학대학이다

그리고 이 시대의 주역학을 연구하는 또 다른 이유와 의미는, 현대 정치와 경제 및 사회현상과 자연현상을 연구하는 데 새로운 것을 찾아보고자 하는 사람들에게 의미가 있고 가치가 있기 때문이다. 즉 지적 호기심 내지는 새로운 것에 대한 추구와 탐구정신의 일환으로 동양학이 의미가 있다.

현재 제도권의 거의 모든 학문은, 약 100여 년 전부터 서구에서 도입된 외래학문을 거의 지배적으로 연구하고 가르치다 보니, 우리나라의 교육기관은 서양교육기관이고 대학은 서양과학대학이 되어 버렸다. 그래서 이 시대의 진정으로 새로운 학문은, 제도권에서 일반화된 서구적인 것이 아니며, 비제도권에서만 주로 연구 강의되고 있는 우리의 전통학문인 동양학이다.

동양학 중에도 여러 분야가 있는데, 예를 들면 주제별로는 동양철학·사상·역사·과학기술·문학·예술·어학 등이 있으며, 경전별로는 가장 기본이 되는 사서삼경(四書三經)이 있고, 저자중심으로는 공맹사상과 노장사상, 묵가와 제자백가사상 등이 있다. 이중에서 국가적인 문제와 모든 국민들의 실제생활에 가장 가깝게 직접적인 문제해결에 도움이 되는, 실용적인 과학기술에 해당하는 학문으로는, 주역(周易)에서 비롯된 역학(易學)과 역술(易術)이 있다.

그런데 제도권에서는 우리 것인 동양학 중에서도 어학·의학·역사·예술·문학·철학·사상적인 것은 연구하고 가르치면서, 이 시대의 국민들에게 더 절실하게 실질적으로 필요한 과학기술인 역학·역술을 계승해서 연구 개발하여 보급할 생각을 하지 못하고 있다. 참으로 이해할 수 없는 기이한 현상이다.

단지 있다면 한의학 하나뿐이다. 그것도 민간사립대학에만 있고 국공립대학과 세칭 명문일류대학에는 하나도 없다. 그리고 제도권에서 한의학을 민간사립대학이나마 설립을 인정하여 가르치고 배우므로, 그 기본이 되는 한의학의 개념과 이론을, 초·중등·대학에서, 국적(國籍) 있는 교육과 국민적 건강을 위한 보편적 교양교육으로 가르치고 배워야 한다.

그런데 서양의학적 개념과 이론은 초등학교부터 대학 교양과정에 이르기까지 가르치고 배우는데, 왜 우리 것은 가르치고 배우지를 않는지 이해할 수가 없다. 이것은 우리 지도층과 식자층이 지금까지도 우리 것을 얼마나 홀대해 왔고, 지금도 얼마나 홀대하는가를 보여주는 단적인 예이다.

서구적인 것을 무비판적으로 받아들이지 말고, 민족적 주체성을 가지고 취사선택하라고 가르치면서, 실제로는 지도층과 식자층이 그렇지 않으니, 이를 어떻게 설명하여야 하는가?

원래 우리나라 교육체계와 내용은 국민들이 주체적으로 원해서 탄생한 것이 아니다. 일제시대에 일본사람들이 일방적으로 들여와서 만든 것이고, 해방 이후는 우리의 지도층들이 중심이 되어서 서구적인 교육학문체계를 일방적으로 모방 수입하여 그렇게 된 것이다.

그리고 국가적·사회적 보상체계를 서구적인 것에만 일방적으로 만들어 놓았다. 우리 것은 제도권에서 완전히 추방하고 서구적인 학문으로 대체해 버렸다. 그리고 우리 것에 대해서는 아주 멸시하고 홀대하는데 지도층들이 크게 앞장을 서왔다.

입만 열면 애국 애족하면서, 서양첨단과학보다 앞선 과학기술을, 이 지경에 이르도록 해놨으니 어떻게 국민들의 진정한 지도층이고 지식인이라고 할 수 있겠는가?

오히려 비제도권의 국민들이 우리 것을 소중히 생각하여 더 많이 연구하고 생활에 더 많이 활용한다. 더욱 이해가 되지 않는 것은, 과학기술학문의 기본이 되는 보다 근본적인 학문에 해당하는 철학과 사상은 제도권에서도 많이 연구하고 가르치는데, 철학과 사상의 실천적이고 실용적 학문인 과학기술에 해당되는 역학역술은 미신이고 비과학이라고 배척하고 있는 실정이다. 앞뒤가 맞지 않는 현상이다.

지금까지 우리는 서양과학과 서양물질문명이 지배하고 있는 사회에서 생활하다 보니까 우리 것에 대해서는 거의 무지에 가깝게 되어 버렸다. 그렇게 된 가장 큰 이유는, 제도권에서는 우리 것을 거의 배우지도 가르치지도 않았을 뿐만 아니라, 오히려 우리 것을 배우는 것을 창피하고 우습게 보기 때문에, 근대화된 지식인일수록 우리 것을 기피하는 것이 지성인으로 인정받는다는 것이다.

뿐만 아니라 뜻이 있어서 배워도 제도권의 보상체계가 거의 없을 뿐만 아니라 사회적으로도 천시하고 멸시하는 경향이 많다. 그러다 보니 자연히 우리 것에 대한 것은 거의 배우는 사람이 없어서 우리 것에 대해서는 까막눈이 되고 말았다. 그리고 지금 제도권의 교육기관과 연구소에서는 모두가 서양과학만 일방적으로 가르치고 배우고 있다.

공자가 조선에서 다시 태어났다더니,
워싱턴과 뉴턴·데카르트가 대한민국에서 다시 태어났다

우리의 역사에서 조선시대에 관련된 이야기로, 우리 조상들이 중국의 유학(儒學)을 얼마나 철저하게 모방하였는지, '공자가 조선에서 다시 탄생하였다'는 풍자적인 말이 있다. 우리 조상들이 민족적 주체성 없이 너무 지나치게 모방하는 태도를 빗대어한 이야기로 생각된다.

그런데 이러한 이야기를 듣고, 그러한 모습에 대해서 바람직하지 않게 생각하고 있는 우리 후손들은 어떤가? 우리도 그러한 역사와 다를 것 없이 똑같은 현상이 지금 이 시대에 그대로 나타나고 있지 않는가 말이다. 즉 우리는 지금 서구의 물질문명과 물질과학을 얼마나 철저히 받아들이고 모방하는지, 조선시대는 공자가 조선에서 다시 태어났다면, 현대는 워싱턴과 뉴턴·데카르트의 물질론적이고 기계론적인 정신 빠진 물질과학과 학문이 다시 한국에서 태어나는 것이 아닌가?

우리 조상들의 너무 지나친 모방을 비판하고 바람직하게 생각하지 않았던 우리가 똑같이 지금 그대로 답습하고 있으니 뭐라고 해야 좋을지 모르겠다. 역사는 순환 반복한다더니……

세상 사람들이여, 우리 5000년 역사, 아니 상고사까지 계산하면, 1만 여 년 역사의 문화민족이라면서, 이 시대에 국민들에게 가르치고 배워야 할 과학적인 지식이 하나도 없단 말인가? 과학은 서구인들의 전유물인가? 이 시대에 국민들이 배우고 가르쳐야 할 의미 있는 서구적인 과학과 학문보다 앞선 것이 하나도 없단 말인가? 별 볼일 없는 소설 같은 철학사상과 박물관에 진열된 골동품만이 우리의 유일한 자랑거리인가?

우리 민족과 조상들은 주먹구구식으로 살았단 말인가? 우리 민족은 그렇게 한심하고 보잘것없는 민족이고 문화였던가? 제발 빈다. 우리 것은 모두 미신이고 비과학적이라는 말을 하지 말자. 동양학은 서양과학보다 수준 높은 새로운 차원의 과학이고 철학이고 종교이고 점술이다.

우리는 지금 서구적인 물신(物神)에 빙의되어서 서구적인 것이라면, 주체적인 입장에서 취사선택하여 분별하지 못하고, 무조건적으로 배우고 가르치고 있지 않는가? 그렇다고 그렇게 배운 서양과학이 우리들의 모든 문제를 완전히 설명해주고 해결해주고 있는가?

> 빙의(憑依)란 쉽게 말하면, 옛날 시골에서 어른들에게 많이 들어왔던 '귀신이 씌었다'는 말을 의미한다. 다른 말로 하면 어떤 외부적 요인에 의해 비정상적인 상태가 되는 것을 빙의라고 한다. 그 외부적 요인이 무엇이든 간에 인간이 제정신이 아니게 된다면 모두 빙의된 것이라고 보는 것이다.

우리의 동양과학기술은 과학적이지 않다는 이유 때문에, 실제로는 과학적인 게 아니라 현대 첨단과학이 아직 거기까지 미치지 못한 것인데도 불구하고 마구 천대를 받고 있으니 얼마나 한심스러운가 말이다.

소는 소이고 사자는 사자다(동양은 동양이고 서양은 서양이다)

지금까지 제도권의 학문하는 사람들의 주류는, 우리 것에 대해 주체적이고 근본적인 것을 모르는 상태에서, 서구 우월주의적 시각에서, 서구적 과학기술을 도입하여 배우고 가르치며 연구하는 것과, 그들의 시각에서 우리 것을 평가하고 비판하는 학문이다. 그러다 보니, 서구에서 도입된 과학기술이, 정작 우리의 과학기술인 역학·역술보다 못한 것을 하는 경우가 종종 있고, 또한 우리의 것에 대한 인식을 객관적·과학적 그리고 주체적이고 근본적으로 보는 눈이 부족하다.

왜냐하면 우리 것의 근본적인 것을 모르는 상황에서 서구적 시각에서 일방적으로 보고 비판하고 있기 때문이다.

마치 사자가 소를 보고, '소야 너는 왜 고기는 먹지 않고 풀만 먹느냐,' 그리고 소는 사자를 보고, '너는 왜 풀을 먹지 않고 고기만 먹느냐' 하고, 상대방의 입장을 생각지 않고, 자기의 입장에서만 일방적으로 비판하는 형식이다.

진실은, 소는 소로서 풀만 먹을 수밖에 없는 사정과 체질이 있고, 사자는 사자로서 고기만 먹을 수밖에 없는 사정과 체질이 있다. 그런데 상대방의 입장과 체질을 무시하고 자기의 입장과 체질에 맞는 것을 강요한다면 그것이야말로 분별과 타당성이 없는 비과학적인 태도이다.

특히 사자의 입장에서 소를 보고 '너는 나와 같이 고기는 먹지 않고 풀만 먹느냐'고 비판했을 때, 소는 소의 입장에서 주체적으로 대응해서, 나는 풀만 먹을 수밖에 없는 이유와 근거를 말하여, 사자를 이해시키고 주체적으로 자신을 지켜야 한다.

그런데 그렇지 못하고, 소가 열등의식과 사자 말의 위세에 눌려서 무비판적으로 고기를 먹는다면, 이것이야말로 큰일 날 어리석은 일이 아닌가? 지금 우리가 소와 같은 어리석은 행동을 하고 있다고 해도 과언이 아니다. 왜냐하면 우리 것에 대해서 주체적이고 근본적인 것을 모르는 상황에서, 서구 우월주의적인 열등의식에서 벗어나지 못하고 무조건적으로 배우고 받아들이고 있기 때문이다.

공자를 앞세워 서구에 맞서다

최근에 조선일보 2011년 1월 19일자 신문에 신년특집으로 - '수퍼파워' 중국의 내면을 읽는다. 부활하는 전통사상 - 이라는 제하의 기사가 실렸다. 그리고 큰 타이틀로 '공자를 앞세워, 서구에 맞서다'를 나타내고 있다.

기사 내용의 요지는 중국 베이징대학 국학원 최고위 과정에서 "서방의 기업관리이론이 '술(術)'에 치우치고 '도(道)'가 결핍돼 중국에 적용하는 데 한계가 많았다"면서 "유교와 불교, 도교의 세 가지 전통학문인 삼지도(三智道)를 학습·실천함으로써 인생과 우주에 대한 성현(聖賢)의 통찰력을 배운다는 목표를 내세운다. 강좌 내용에는 '논어·맹자·도덕경·주역·금강경 독해는 물론 공자의 고향 산동성 취푸(曲阜)의 공자 사당을 비롯한 불교, 도교 성지를 방문하고 참선과 양생법을 배우는 현장학습도 들어 있다.

"중국의 젊은이들은 할리우드 영화는 많이 보지만 사마천이 누구인지, 굴원이 누구인지는 모른다. 그래 놓고 토플 시험에서 높은 점수를 받으면 뭐하나" 국학원장을 겸직하는 총장은 기회 있을 때마다 전통학문의 중요성을 강조한다.

21세기 '국학 열풍'의 특징은 공자와 유교뿐 아니라 불교와 도교까지 범위가 확대되고 있는 점이다. 1911년 신해혁명 이후 100년 동안 서방으로부터 마르크스주의와 자본주의를 배워온 중국이 이제 전통적 중화문명으로 유턴하고 있는 셈이다.

러우위례(樓宇烈 77세) 베이징대 국학원 교수는 유·불·도에 두루 밝은 중국철학의 대가다. 그는 "근대 이후 서양의 침략으로 중국을 비롯한 동양은 정치적 독립과 경제적 독립을 쟁취하기 위해 싸웠고, 어느 정도 목표를 달성했다. 이젠 정신·문화 분야의 독립을 회복해야 할 때다." "중국에선 신이나 물질에 대한 숭배를 막고, 사람을 천지만물 가운데 가장 중요한 위치에 놓는 가르침을 중시해 왔다. 중국 전통문화는 사람이 반성을 통해 스스로를 향상시킬 것을 주장한다." 그는 중국사회의 물질 수준은 향상됐으나 정신문명은 낙후됐기 때문에 전통에 바탕을 둔 인문정신의 회복을 통해 가치관을 회복해야 한다고 주장한다.

또한 그는 "문화적 주체성을 잃어버리면 외래문화를 따라갈 수밖에 없다. 서구문화를 부정하는 게 아니라 주체성을 회복해야 한다. 현재 중국에서 중국적인 것은 찾아볼 수 없다. 지금도 사회추세는 여전히 서구화로 향하고 있다. 젊은층은 더욱 그렇다"라고 말하면서 이제 잃어버린 주체성 회복을 위해 '공자' 중심의 동양학의 의미를 강조하고 있다.

위의 기사 내용에서 보는 바와 같이 서구로부터 중국의 정치적·경제적 독립은 어느 정도 쟁취했는데 그에 비해서 중국의 현재 문화가 서구에 지배종속을 받고 있음을 시사하고 있으며, 그런데 이는 바람직하지 못한 현상으로 생각하고 문화적·정신적 독립과 주체성 회복을 위해 공자 중심의 동양학의 의미와 필요성을 강조하고 있다.

위의 내용 중에서 서구의 술(術) 차원의 학문적 한계점과 문제점을 지적하고 도(道) 차원의 전통적 학문을 부활시켜야 한다는 내용이 있다. 술 차원의 학문이란 구체적으로 말하면, 정신물질 이원론적·물질론적·기계론적 뉴턴 역학적 과학기술을 말하고, 도 차원의 학문이라고 하면 동양학의 학문적 출발점인 기와 신의 세계인 보이지 않는 세계의 우주론적 차원의 학문을 의미한다.

특히 "현재 중국에서 중국적인 것은 찾아볼 수 없고 지금도 사회추세는 여전히 서구화로 향하고 있다. 젊은 층은 더욱 그렇다"는 대목에 대해서 생각을 해보자. 왜 중국적인 것이 점점 퇴색되어가고 서구화로 치닫는가를 그리고 젊은 층이 더욱 그러한가를 분석해 보아야 한다. 그 원인은 중국의 공산주의가 유물론을 강조하고, 또한 자본주의 시장경제체제를 도입하여 경제, 즉 물질적 가치를 추구하는 쪽으로 국가정책이 집중되다 보니 그러한 것에 가장 유효한 학문이 서양과학기술이고 따라서 서양과학기술이 중국의 교육학문세계를 지배하게 되고 그 결과 자연히 서구화로 치달을 수밖에 없다고 본다. 더욱이 감수성이 예민한 젊은 층들은 국가정책에 민감하게 대응을 하기 때문에 더욱 서구화가 더 빠르게 전파된다고 본다.

따라서 서구화로 치닫는 추세를 완화시키고 주체성과 자긍심을 갖게 하기 위해서는 모든 국민들에게 서양과학기술보다도 새롭고 앞선 전통적 과학기술을 보여주면 된다. 즉, 모든 중국인들이 한결같이 추구하는 물질적 가치를 획득하는 데 필요한 서양과학기술보다도 새롭고 앞선 전통적 과학기술을 공급해주면 서양과학기술보다 전통적 과학기술을 위대하게 보게 되고 그렇게 되면 중국적인 것의 가치와 의미를 높이 인식하게 된다. 그러면 중국적인 것의 의미와 가치를 인식하게 되고 그 결과 주체성과 자긍심을 갖지 말라 해도 갖게 된다. 그러한 과학기술이 동양의 전통적 과학기술인 주역에서 비롯된 역학과 역술이다.

중국뿐만 아니라 한국과 일본 모두 서구적 문화와 학문이 지배하여 완전히 서구화되어 서국적인 것에 지배종속을 받게 되어 주체성을 상실해 버린 것은 서양과학기술 때문이다. 즉, 서구적 문화에 지배종속된 가장 큰 주범이 서양과학기술이다. 따라서 지배종속을 벗어나 주체성을 회복하기 위해서는 주범인 서양과학기술을 대체할 수 있는 동양의 전통적 과학기술을 개발해야 한다. 그것이 주역에서 비롯된 역학과 역술이다.

그런데 중국 국학원에서 강조하는 내용은 주로 논어 중심의 윤리도덕적 내용이 아닌가 생각된다. 그것도 의미가 있지만 보다 과학기술적인 주역에서 비롯된 역학역술적 내용이 동양사상의 우수성과 주체성 회복을 위해 보다 의미가 있다고 본다. 즉, 역학역술은 우주론적 순환론적 자연의 이치 차원에서 인간의 도덕윤리와 과학기술을 함께 나타내주기 때문에 윤리도덕적 행위의 의미와 가치를 이치적으로 과학적으로 설명해주어서 논어 맹자 중심의 윤리도덕적 내용보다 설득력이 있다.

또한 러우위례 교수가 언급한 바와 같이, 중국이 현재 서구에 대해서 정치적·경제적 독립을 달성했는데 비해서 정신적·문화적으로는 서구에 지배종속되어 있음을 나타내고 있다. 이는 현대사회의 가장 큰 이슈가 정치경제적 독립을 쟁취하는 것이 아니고 문화적·정신적 독립과 주체성을 회복하는 것이 가장 시급하다는 이야기가 된다. 그러기 위해서 공자 중심의 동양사상을 역설하고 있다. 그리고 그러한 것에 대한 중국인들의 호응이 많다는 것이다.

결국 중국이 지금 서구적 문화와 정신에 지배종속된 상태에서 이를 벗어나 주체성을 회복하기 위한 노력이 나타나고 있으며 이에 대한 국민적 호응도 많은 것으로 생각된다.

이와 관련해서 우리나라도 중국에 못지않게 더 많이 서구화되어서 서구적 문화와 학문에 지배종속되어 있음은 누구나 인정하는 사실일 것이다. 그러나 중국과 다르게 문화적 민족적 독립과 주체성을 회복하기 위한 교육학문적 차원의 노력은 나타나고 있지 않다. 일인당 국민소득 5,000달러도 되지 않는 중국이 벌써 문화적 독립과 주체성을 위한 교육학문적 운동이 일어나고 있는데 비해서 2만 달러 수준의 우리는 아직도 잠을 자고 있으니 답답한 일이 아닐 수 없다.

『우리 학문 속의 미국』

서구의 우리나라의 문화적 학문적 지배종속에 관한 상황을, 학술단체협의회에서 편집 출간한『우리 학문 속의 미국』을 중심으로 고찰하고자 한다. 이 책에서는 우리 학문 속에 주류적 패러다임으로서의 서구 특히 미국적 학문패러다임에 대하여 각 분야별, 즉 미국적 패러다임의 이식과 지적 식민화과정의 역사, 사회과학과 교육학, 여성과 문화연구 그리고 철학 분야에 대한 비판적 성찰을 하고 마지막으로 주체적 학자 양성의 필요성과 방안에 대한 대안을 제시하고 있다.

사실상 현대사회 우리의 문화와 학문이 서구 특히 미국에 완전히 지배종속을 받고 있음은 너무도 분명한 사실이고 당연하게 생각하기 때문에 이를 학문적으로 서술한다는 것 자체가 새삼스러운 일이라고 생각된다. 즉, 지배종속을 거론하는 자체가 시대에 뒤떨어진 유치한 이야기로 생각 할 정도이다. 그만큼 현대사회는 전 세계적으로 서구화된 상황에서 이를 비판적으로 따지고 거론한다는 자체가 세계화 시대에 뒤떨어진 궁색한 국수주의적인 생각이라고 보기 쉽다.

뿐만 아니라 이를 비판하고 따져봐야 일반 국민들은 거의 그런가 보다 하고 학문적으로 인식할 뿐 뚜렷한 대책이나 대안을 제시하지 못하기 때문에 계속 지배종속을 자처하고 선호하고 있다. 그리고 제도권 지도층과 식자층들도 비판적인 문제제기로만 끝나고 더 이상 대안 대책을 제시하지 못하고 있다. 그래서 문화적·학문적 종속이론에 대해 문제의식에 대해 공허감을 벗어나지 못하고 있다.

왜 그럴까? 그것은 서양과학기술이 현대사회의 모든 국민들이 가장 선호하는 우리의 건강과 물질적 가치를 추구하는 데 실제적으로 도움을 주는 데 비해서 이를 대체할 수 있는 동양과학기술을 제도권 교육학문세계에서는 한의학 외에는 제공해주지 못하기 때문에 공허하게 들리는 것이다. 즉, 서양과학기술이 지배적인 상황에서 서양과학기술보다도 새롭고 앞선, 건강과 물질적 가치를 추구하는 데 도움을 주는, 동양학의 과학기술적 학문을 제공해주지 못하기 때문에 그렇다.

따라서 서구적 학문과 문화의 지배종속 문제를 근본적으로 해결하기 위해서는 서구적 학문의 장점인 서구적 과학기술을 대체할 수 있는 새롭고 앞선 과학기술을 제시해야만 계기와 가능성이 있다. 그러한 과학기술적 학문이 주역에서 비롯한 미아리철학관 중심의 역학과 역술이다.

일제시대는 일본사람들이 우리 민족문화말살정책으로 우리의 역사와 문화에 대해 비하하고 학문적인 것은 미신 비과학이라고 폄하했고 해방 이후는 서구 특히 미국중심의 과학기술이 물밀 듯이 들어오면서 우리 것에 대한 의미와 가치를 체계적으로 피부에 닿게 느낄 수 있도록 배우고 가르치지도 않았다.

그 결과 해방 이후 한국현대사를 지적·학문적 차원에서 보면, 미국적 세계관과 패러다임의 이식 지배화와 그와 동반되는 지적 '식민화(colonization)'의 과정이었다고 볼 수 있다. 해방 이후 한국에 대해 미국은 '해방자'적 이미지를 가지고 나타난 지배적인 외재적 권력이었다. 그러나 반공주의를 배경으로 이러한 외재적 권력은 내재화된 친미적 세계관으로 혹은 주류적 패러다임으로 변모해 갔다. 이러한 내재화를 향한 변모과정에서 1960년대 이후의 개발독재적 근대화 과정은 중요한 의미를 갖는다.

이러한 정착은 미국에서 훈련받은 주류지식엘리트들이 대거 한국학계에 자리 잡고, 그 결과 미국적 패러다임 재생산의 인적 메커니즘이 정비되면서 좀 더 강화된다. 이러한 인적 재정비 과정의 도움을 받으면서, 미국적 패러다임과 시각은 외재적으로 강요된 것이 아니라 점차 내재화된 시선과 시각으로 정착되어갔다.

전 세계 미국의 영향력하에 있는 많은 국가들 중 가장 미국화된, 혹은 미국적 표준에 대한 동기화(synchronization)가 빠른 나라가 바로 한국이라고 해도 과언이 아닌 상황이 나타나게 되었다. 미국의 시선으로 우리 자신을 보는, 즉 타자화된 시각이 내재화된 지적 식민화는, 심지어 특정 현실이 미국적 패러다임에 의해 분석 재정식화된 이후에 다시 한국에 유입되어 한국의 주류적 분석으로 통용되는 역설적인 현상으로 나타나기도 했다. 미국 중심의 중심부의 지적 경향이 변화하면 주변부의 지적 경향이 변화하는 지적 수입상의 슬픈 모습은 물론 한국만의 특유한 현상은 아니라고 하더라도, 한국에서 보다 극단적인 형태로 나타나는 것만은 부인할 수 없다.

더욱 심각한 것은, 이러한 현실이 대중화까지 되어갔다는 점이다. 대중적 시각에서 보더라도, 미국은 언제나 한국사회가 모방하고 따라가야 할 대상이었다. 해방 이후 미국이 자신의 헤게모니를 확립해 나갈 때, 나아가 1960년대 이후 서구식 근대화의 모델로 제시되었을 때, 한국사회에는 대중적 수준에서 세계관과 인식패러다임의 '과잉미국화'가 있었다. 즉, 미국적 패러다임은 학문세계뿐만 아니라 지식세계 일반과 대중의식 속에서도 지배적인 패러다임으로 정착되어 갔다는 것이다. 심지어 미국의 지적 유행은 곧이어 한국의 유행이 되고 미국적 소비문화의 한국화를 통해 '욕망의 미국화'까지 나타났다.

그런데 세계관과 인식의 패러다임의 '과잉미국화'는 1970년대 말~1980년대 초중반 반독재민주화운동의 대중화와 급진화 속에서 도전을 받게 되었고, 이런 과정에서 지적 식민화에 대한 성찰의 공간이 확대되었다. 즉, 지적 식민화에 대한 비판적 성찰의 공간은 1980년대에 급진적 세계관이 확산되어가는 과정에서 비로소 확보되었다. 그 과정에서 식민지론, 신식민지론, 종속론 등 다양한 입장들이 제기되고, 또한 반민주주의의 거센 물결이 몰아치는 과정에서 반미무풍지대가 반미태풍지대로 변화하게 되면서 그동안 '과잉미국화'된 세계관과 패러다임에 대한 성찰이 나타나게 되었다.

그러나 1990년대 들어서면서 '민주화와 세계화의 이중적 진행'으로 새로운 변화를 맞게 된다. 국내적 차원에서 민주화의 거대한 흐름은 과거 반공주의－개발주의적 권위주의질서 전반에 대한 개혁을 핵심적인 의제로 부각시키게 되었다. 이 과정에서 그러한 질서의 일부를 이루는 친미적 세계관과 미국적 패러다임에 대한 성찰의 공간을 대중적으로 확산시키게 된다. 반면에 세계화의 거대한 흐름은 세계화를 추동하는 지배적인 흐름으로서의 미국적 표준과 미국적 패러다임을 새롭게 부각시키고 재지배화하는 계기로 작용하게 된다. 세계화의 진행은 실제 현 세계체제의 최강국으로서의 미국적 표준에 새로운 추수(追隨) 현상을 촉발하게 되고 이는 과거와는 다른 친미적 세계관과 지적 패러다임을 복권시키는 형태를 띠고 있다.

'세계화＝미국화'로 인식하는 많은 대중들 사이에서 영어공용화론 등이 호소력을 갖게 되고 영어열풍이나 이민열풍 등의 현상이 광범하게 나타나는 역설적인 결과는 이러한 복권의 구체적 형태라고 할 수 있다. 세계화의 도전에 대한 응전이 우리 사회에서는 미국적 패러다임에 대한 보다 능동적인 수용태도로 부활하고 있음은 흥미로운 사실이다. 이는 세계화가 한국에서 미국적 세계관과 패러다임이 다시금 헤게모니적으로 확산될 수 있는 계기로 작용하고 있음을 의미한다.

이렇게 볼 때 모방의 욕망과 비판의 욕망이 공존하는 역설적인 상황이 1990년대 이후 우리의 솔직한 현실이라고 할 수 있다. 따라서 민주화와 세계화의 새로운 맥락에 직면하여 근대화와 개발독재의 맥락에서 위치하고 있었던 '우리 안의 미국'과 그에 대한 성찰적 비판이 이제 세계화의 맥락에서 새롭게 조명되고 재위치 지어져야 한다. 특별히 미국적 패러다임이 지배적인 인문사회과학의 학문세계 속에서 이러한 새로운 조명이 필요하다고 할 수 있다. 이러한 새로운 조명은 민족주의와 국가주의의 지형에서 다루어지던 미국과 반미문제의 접근방법이 달라져야 함도 내포되어 있다. 1980년대의 반미주의가 급진주의적 지향과 동시에 민족주의적 지향에 의해서 고취되었던 점을 고려한다면, 이제 세계화의 맥락에서 '우리 안의 미국'에 대한 성찰이 어떻게 위치지어지고 어떤 지형에서 접근될 것인가에 대한 고민도 필요하게 된다고 말할 수 있다.

과거 지적·학문적 식민화의 경향들이 세계화의 맥락에서 무차별적으로 복원되거나 강화되지 않고 다양한 형태의 비판적 흐름들이 제기되고 있음은 다행스러운 일이라고 할 수 있다. 또한 최근 '한류열풍'으로 표현되는 - 영화를 포함한 - 한국문화의 '수출'현상은, 미국식 학문의 수입상으로 전락해버린 한국의 인문사회과학진영에 대해서 시사하는 바가 크다. 비록 미국식 기술 패러다임에 의존하고 소재주의적 독창성에 그친다는 비판에도 불구하고, 문화 및 지식생산 주체들이 단순히 수입상이 아니라 수출상으로 전환되고 있다는 것은 미국학문의 수입상으로 '고착'해버린 우리 인문사회과학의 전환을 촉구하는 의미를 담고 있다고 하겠다. 이는 세계화의 도전에 미국적 패러다임의 복권이 아니라 좀 더 주체적이고 독립적인 학문의 정립으로 대응해야 함을 가르쳐주고 있다.

이런 점에서 한국의 인문사회과학이 지적 식민화의 오랜 질곡에서 벗어나 좀

더 주체적인 학문의 길로 나아가기 위하여 현존하는 미국적 패러다임의 이식을
비판적으로 성찰해 보는 것은 대단히 중요한 의의를 가지고 있다고 하겠다.

위의 학술단체협의회에서 연구한 우리의 학문과 문화가 미국에 지배종속되
어 있는 문제를 체계적으로 나타내면서 주체적 학자 양성의 필요성과 방안을
제시하고 있다.

여기서 문제 되는 것은 주체적 학자 양성의 방안의 경우 뚜렷한 현실적인 대안
으로 미흡하다는 점이다. 주체적 학자 양성의 방안의 내용을 보면, 서양과학적 학
문적 내용과 방법론에 입각한 국내 대학원 출신을 대학교수임용에 할당제로 충
원하자는 내용이 주된 것이다. 이것은 결국 미국적 학문의 패러다임 내의 아류
적 학자를 배출하여 충원하자는 것이므로 진정한 주체적 학자 양성에 한계가
있다. 즉, 근본적으로 주체적 학자를 양성하는 것이 아니다. 물론 학문적 관점
에서 미국적 패러다임의 학문적 내용과 방법도 학문적으로 의미가 있음은 사실
이다. 따라서 그러한 내용과 방법론에 입각한 학자를 국내 대학에서 양성하여
할당제로 충원하자는 것도 의미가 있다. 그러나 우리의 전통적 학문과 문화에
입각한 주체적인 학자 양성과는 거리가 멀다.

우리의 전통적 학문과 문화에 입각한 주체적인 학자 양성을 위해서는 우리의
전통적 학문 중에서 지금 제도권 교육학문세계의 지배적 위치에 있는 서양과학기
술적 학문에 비해서 새롭고 앞선 과학기술적 학문을 중심으로 학자를 양성해야
한다. 그러한 학문이 주역에서 비롯한 역학과 역술이다. 그런데 이러한 과학기술
을 체계적으로 연구하고 가르치는 교육학문기관이 제도권에는 한의학 외에는 거
의 없다. 따라서 현 제도권 교육학문적 시스템 내에서 전통적 과학기술인 역학과
역술을 전문적으로 연구하는 학자를 양성하는 것이 거의 불가능한 상황이다.

단지 있다면 사상철학과 윤리도덕적인 성리학 위주의 학문에 근거한 주체적
학자는 많으나 현대사회에서는 그러한 철학사상 윤리도덕적 학문보다 과학기술
적 학문이 중요한 시대인데 그러한 분야를 전문적으로 연구하고 가르치는 교육
학문기관이 한의학 외에는 거의 없다. 그러니 진정한 의미에서 주체적 학자를
양성해서 충원한다는 것은 요원한 일이다.

주역을 배우게 된 것은 학문적으로 최대의 행운이다

나는 이 시대에 학문을 하는 한 사람으로서 나에게 매우 의미 있는 귀한 행운이 두 가지가 있었다.

첫째는, 제도권에서 서구적 학문의 진수를 체계적으로 배우고 익히고 연구하고 가르친 경험이다. 즉 초등학교부터 중등, 대학, 대학원에서 서구중심의 학문을 배우고 연구하고 가르치면서 서구적인 것에 대해서 그 의미를 인식한 점이다. 특히 대학원에서 배운 근대화 국가발전론, 서양과학적 방법론, 서구적 인간론, 서구의 광범위한 사회사상 그리고 현대 첨단과학론인 시스템 분석 등을 배운 것이 나에게는 학문적으로 큰 행운이다.

둘째, 비제도권에서 주역을 배우면서 역학·역술이 동양의 역사와 문화 그리고 학문을 이해하는 데 근본적인 학문이라는 것을 난생처음으로 알게 되었다. 그리고 주역점술의 신비함과 서양과학에서 감히 상상할 수 없는 예측력과 동양적인 것의 의미와 가치를 새롭게 인식하기 시작하게 된 점이다. 그러면서 나는 두 개의 학문적 눈을 갖게 되었다. 즉 서구적 학문의 눈과 동양학적인 눈을 갖게 되었다.

동양학적 눈

여기에서 나에게 매우 의미 있고 중요한 것은, 현대인들이 거의 갖고 있지 않은, 동양학적 눈을 갖게 되었다는 점이다.

그래서 나는 동양학적 눈으로, 우리 것을 우리의 눈을 갖고, 주체적으로 의미 있게 볼 수 있는 안목이 생겼다. 그리고 더 나아가 동양학적 눈으로, 서구적인 학문과 문화를 비판할 수 있는 눈도 갖게 되었다.

지금까지 우리는 제도권에서, 서구 우월주의적 관점에서 서구적 학문을 수입하여 배우고, 그들의 시각에서 우리의 문화와 생활을 일방적으로 비판하고 평가하는 데 초점을 둔 학문을 하였다.

그리고 이에 대해서, 우리는 바보같이, 우리 것을 정당하게 옹호하고 대변하여 반격할 주체적 자세가 없이, 속수무책으로 당하기만 하였다. 왜냐하면 우리 것을 주체적이고 근본적으로 알고 있지 못하였기 때문이다. 우리나라의 속된 말로 '알아야 면장을 하지' 말이다.

다만 일부에서는 이러한 문제에 대해서 '대안 없는 문제제기'만 해왔다. 왜냐하면 그들도 우리 것의 진정한 가치와 의미를 몰라서, 대항할 수 있는 무기가 없기 때문이다. 그래서 단지 일방적으로 당하는 것에 반격으로, 대안 없는 문제제기만을 해 왔다. 즉 제도권에서 학문적·문화적 지배종속론의 연구가 여기에 해당한다.

나는 제도권에서 특히 대학원에서 서양적인 학문을 배우고 연구하는 과정을 거치면서 서구적 학문의 실체를 인식하는 데 많은 도움을 얻었다. 그리고 이러한 과정이 있었기에 동양학이 나에게는 그렇게 반갑고 의미가 있을 수밖에 없었다. 아마도 내가 동양학을 새롭고 의미 있게 인식하게 된 것은 제도권에서 서구적 학문을 배우고, 가르치고 연구하는 과정을 가졌기 때문이다.

제2부

주역과 타 동양학

주역은 동양의 모든 학문의 조종이며 근원적인 학문이다. 그래서 주역을 만학의 제왕이라고도 한다. 따라서 동양의 모든 학문은 앞에서 거듭 언급한 바와 같이 주역에서 비롯되었다고 해도 과언이 아니다. 이들 학문을 주역과 관련하여서 분류하고자 한다.

중국 청나라가 국력을 기울여 편찬한 동양 아니 세계 최대의 총서로서 선진시대부터 청대 말기까지 역대 전적 모두 79,000여 권을 망라하여 만든 『사고전서(四庫全書)』에서 첫 번째 소개한 책이 주역이다. 주역이 그만큼 중요한 책이기 때문에 제일 먼저 수록하였다. 여기에서 처음으로 역학을 '두 학파와 여섯 분파(양파육종(兩派六宗))'로 나누어 소개하였다.

'두 학파'란 역의 내용으로 구분하여 상수역파와 의리역파, 혹은 시대로 구분하여 한역(漢易)과 송역(宋易)을 가리킨다. 즉, 상수역이 가장 발달하고 성행한 시기가 한나라였고, 의리역이 가장 발달했던 때가 송나라였기 때문에, 상수역을 한역, 의리역을 송역이라고도 한다. '여섯 분파'란 상수역의 점서역(占筮易)·기상역(禨祥易)·도서역(圖書易)과 의리역의 도가역(道家易)·유가역(儒家易)·사사역(史事易)을 가리킨다.

먼저 상수역 또는 상수학으로는 동양오술인 명(命)·복(卜)·상(相)·의(醫)·산학(山學)과 천문, 기상, 역법, 병법, 율려, 음률, 서화, 무용, 수학 등이 있고 의리학으로는 유가, 도가, 묵가, 신유가인 성리학 그리고 제자백가 등이 있다.

상수학의 동양오술은 인간의 일상생활 문제들을 해결하고 극복하는데 실제적으로 도움을 주는 예측을 통한 피흉추길, 즉 흉한 것은 피하고 길한 것은 적극적으로 나아가기 위한 목적으로 만들어진 전문 응용과학기술 분야라고 할 수 있다. 의리학은 인간 생활에서 우주론적 자연의 이치인 천리에 의하여 인간에 부여된 성(性)인 오상(인례신의지)과 도에 입각한 삶을 살도록 설득하는 과학적 윤리도덕 학문이다.

여기에서는 주역과 관련하여 의리역인 유가의 기본서인 사서삼경과 도가, 성리학 그리고 상수역인 동양오술과의 관계를 보다 구체적으로 서술한다.

제4장

주역과 사서삼경

　우리 조상들이 오랜 세월 동안 배우고 중시하여, 우리 역사와 문화에 절대적인 영향을 준 유학의 경전을 말하라고 하면, 흔히 사서삼경인 칠서(七書), 즉 사서(四書)인 대학·중용·맹자·논어와 삼경(三經)인 시경·서경·역경과 조선 오백 년 동안 통치이념이었던 성리학이다.

　그런데 "왜 사서삼경이냐"하고 물으면 아는 이가 별로 없다. 사서삼경과 성리학의 관계를 나타낸 글은 많이 있으나, 왜 사서삼경을 배우는가에 대한 논리적 설명이 되어 있지 않다. 분명히 사서삼경을 배워야 할 학문적·교육적 근거가 있을 텐데 말이다. 동양학이 학문적 체계화가 되어 있지 않다는 것은 여기에서도 입증된다.

　제도권 동양학자들의 저서에서도 사서삼경에 대한 해설과 연구 논문은 있으나 왜 사서삼경을 배워야 하는지에 대한 논리적 설명을 체계적으로 해놓은 것은 발견할 수 없었다. 그냥 전해들은 이야기로 막연히 사서삼경이 우리 조상들이 오랫동안 배웠던 유학의 기본학문으로 알고 있고, 거기에 성리학이 중국으로부터 통치자의 일방적 의도로 도입되어 조선시대의 통치이념으로 작용했다고만 알고 있다.

　이에 좀 더 추가해서 천자문, 동문선습, 명심보감, 소학 등을 배웠다는 것만 알고 있지, 왜 그런 것을 배웠고 이들 학문 간의 관계가 어떤 것인지 잘 모르고 있다. 즉, 현대식으로 표현하면 사서삼경에 대한 교과과정, 즉 커리큘럼을 잘 모르고 있다.

그러나 현대인의 입장에서 볼 때, 사서삼경 각각의 학문 내용과 의미를 체계적으로 밝혀 놓아야 사서삼경의 교육학문적 의미를 이해할 수 있다. 그래야 조선시대가 아닌 현대사회에서 계승·발전시킬 수 있는 학문이 무엇인가를 생각해볼 수 있다.

내가 여기서 동양학을 접하면서 느낀 점과 문제점은 서양과학과 다르게 제도권의 동양학자들 뿐만 아니라 비제도권의 역학역술가들도 왜 사서삼경을 배워야 하는지에 대한 설명이 없다는 것이다. 단지 자신의 관심 분야에 대한 책을 문자풀이으로 해설해 놓은 내용만 열심히 나열하고 있는 것이 주류이다.

그렇다 보니 동양학의 문외한인 사람들은 단지 문장 구절 중심으로 의미와 흥미 위주로 읽는 경우가 많다. 그래서 동양학을 읽어본 많은 독자들의 대화 내용을 보면 누가 지은 어느 부문에 어떤 문장과 구절이 참 마음에 들고 의미 있다는 식으로 말한다. 동양학을 배우고 익힌 사람들도 다를 것이 없다.

이렇게 되면 소설을 읽은 사람과 학문을 한 사람 사이에 차이가 거의 없다. 그러나 소설과 학문은 근본적으로 차이가 있다. 소설은 체계성이 없고, 학문은 체계성이 있어서, 각 학문 간 그리고 개념과 이론 간의 의미와 필요성에 대한 서술이 되어 있다는 데 차이가 있다.

따라서 동양학을 단순히 한자풀이식의 해설 위주로 소개하는 것보다, 먼저 동양학 전반에 대해 거시적 관점에서 동양학 교육과정의 교육목표를 제시하고 이에 근거해서 사서삼경 각각의 학문적 의미와 필요성을 체계적으로 제시해 주어야 이해하는 데 도움을 줄 수 있다. 즉, 종합적으로 각각의 학문적 의미와 필요성에 관한 커리큘럼을 제시하고, 그런 다음 각각의 학문적 내용을 소개하여야 학문하는 맛이 난다. 즉, 학문적 성취감을 느낄 수 있다. 그래야만 전체적인 교육학문적 목표와 체계 속에서 각 전문 분야의 위치와 의미, 필요성을 조망해 볼 수 있고, 그것을 알아야 배우고자 하는 의미와 방향을 인지하게 된다. 그리고 현대사회에 계승 발전시키고자 하는 생각을 할 수가 있다. 뿐만 아니라 현대사회에서 계승 발전시켜야 하는 학문과 내용에 대한 취사선택을 할 수 있는 식견이 생길 수 있다. 그냥 조선 오백년 동안 우리 조상님들이 해온 학문이기 때문에 그리고 막연히 현대사회 위기를 극복하기 위해서 해야 한다는 식의 주장은 설득력이 없다. 왜냐하면 동양학 특히 제도권 동양학자들의 공허한 사상철학적 내용과 도덕 윤리적 내용을 들먹이면서 무슨 구세주 같은 학문으로 역설하기 때문이다. 현대는 도덕윤리를 강조하는 인본주의시대가 아니고 자본주의시대인데 화석화된 내용을 자꾸 말하고 강조하면 시대착오적인 말이다. 우리나라 말에 선비도 시속을 따르라고 했듯이 말이다.

바로 이 점이 궁금하던 차에 대산 김석진 선생님이 『주역 강의』에서 왜 사서삼경을 배워야 하는지에 대한 각각의 학문적 의미와 필요성을 일목요연하게 서술하고 있어 대단히 반가웠다. 사서삼경에 대한 커리큘럼 내용을 처음으로 들었다.

여기서는 동양학 중에서 가장 기본이 되는 텍스트였던 사서삼경의 각 핵심적 내용과 커리큘럼의 내용에 대해 고찰하고, 성리학과 어떤 관계가 있는가를 살펴보고자 한다. 그리고 주역이 동양학의 근원적인 학문이라고 했는데 주역과 사서삼경 그리고 성리학과는 어떤 관계가 있는가를 대산 김석진 선생의 말씀과 1986년도에 한국교육출판공사에서 발행한 사서오경 각 역해자들의 서문의 글을 중심으로 고찰하고자 한다.

제1절 사서삼경론

대개 한문으로 된 동양학의 기본은 사서삼경이 대표적이다. 『대학』·『중용』·『맹자』·『논어』를 사서(四書)라 하고, 『시경』·『서경』·『역경』을 삼경(三經)이라 한다. 사서는 현인이 지은 글이므로 서(書)나 전(傳)이라 하고, 삼경은 성인이 지은 글이므로 경(經)이라 한다. 이를 '성경현전(聖經賢傳)'이라고 한다. 사서인 전과 삼경인 경과 관련해서 말하면, 논불리경(論不離經)이라는 말이 있다. 즉, 논은 경을 벗어날 수 없다는 의미이며, 이는 사서보다 삼경의 글이 학문적으로 더 높은 수준에 있다는 말이다. 그래서 경은 신 앞에 내놓아도 부끄럽지 않다는 글이다.

이 사서와 삼경을 합해서 칠서(七書)라고 하는데, 이 가운데 『주역』을 최고봉의 학문이라고 한다. 그래서 주역을 만학의 제왕이라고 하며, 다른 학문을 모두 익힌 다음 마지막으로 가르친다.

첫째, 근대식 서양교육기관이 들어오기 전에 우리의 전통 교육기관은 서당이었다. 팔세가 되면 서당에 들어가 제일 먼저 배우는 것이 사서 전에 『소학(小學)』을 가르친다. 어른이 되기 전에 먼저 『천자문』·『사자소학』·『계몽편』·『동몽선습』·『통감』 등을 가르친 후에, 성인이 된 사람(15세) 중에 선별해서 사서와 삼경을 가르쳤다.

특히 뼈와 힘줄이 굳기 전에 사람의 도리를 알아야 한다는 뜻에서, 여덟 살이 되면 필수적으로 소학을 가르쳤다. 즉, "물 뿌리고, 비질하고, 예하고 대답하고, 묻는 말에 조리 있게 대답하는 것, 어른 앞에 나아가는 법, 어른에게서 물러나는 법"과 "부모를 사랑하는 것, 어른을 존경하는 것, 스승을 높이는 것, 벗을 사귀는 것"을 배움으로써, 어려서부터 사람의 도리가 몸에 배도록 한 것이다. 이것을 익힌 후 성년이 되어야 비로소 사서삼경을 배우는데, 제일 먼저 대학을 배운다.

둘째, 사서삼경 중에 『대학(大學)』을 제일 먼저 배운다.

15살이 되면 제일 먼저 사서 중에 대학을 가르친다. 대학은 옛 사람들의 학문하는 큰 방법(大方)과 학문의 처음과 끝을 전체적으로 나타낸 글이다. 여기서 학문의 처음과 끝이란 주로 인사(人事)의 도(道)에 관한 내용을 의미한다. 사서삼경은 거의 대부분 인간의 정신수련과 윤리도덕적 인사에 관한 내용이 주류이다. 현대사회의 자연과학과 같은 자연의 도에 관련된 내용은 주로 도교와 역학 역술에서 다루었다.

대학은 유가의 모든 '인사의 도'에 해당하는 학문의 뼈대를 이루고 있는 큰 틀을 제공해주고 있다고 볼 수 있다. 학문하는 방법과 큰 틀이 이루어지면, 그 방법(격물치지: 格物致知)으로 획득한 지식을 그 틀(성의·정심·수신·제가·치국·평천하)에 채워서 내용을 충실히 하면 된다. 즉, 팔조목 중 처음 두 조목인 격물치지는 학문 방법이고, 나머지 여섯 조목인 성의, 정심, 수신, 제가, 치국,

평천하는 큰 틀이 된다. 그러므로 대학 이외의 학문은 대학이 구축해 놓은 큰 틀 속에 채워지는 내용들이라고 볼 수 있다. 즉, 유학에 다양한 학문이 있지만, 그러한 학문의 내용은 인간이 수기(修己)(성의·정심·수신) 치인(治人)(제가· 치국·평천하)하기 위한 구체적인 내용들이라고 볼 수 있다.

'대학'은 '경'과 '전' 두 부분으로 되어 있으며, 경은 증자가 공자의 말씀을 기술한 것이고, 전은 증자의 견해를 그의 제자들이 기록한 것이다. 그러므로 '대학'의 핵심은 경에 있고, 그 진수는 경문 속의 삼강령 팔조목(三綱領 八條目) 에 있다.

사서 가운데 다른 책들은 때와 장소, 일에 따라 대화나 산문으로 말이 달라 지기도 하고 서로 연관이 없는 말이 이어지기도 하지만, '대학'은 삼강령 팔조 목을 기본으로 하여 질서정연하게 논리를 전개하고 있다. 여기서 '질서정연하 게 논리를 전개하다'는 의미는 체계화가 잘 되어 있다는 뜻이다. 사서삼경 중 에서 학문적 맛이 가장 많은, 즉 체계화가 잘 되어 있는 글은 대학과 중용 그 리고 주역이다. 사서 중 논어, 맹자는 주자가 말한 바와 같이 '어맹(語孟)은 수 사문답(隨事問答)하여 난견요령(難見要領)이다'. 이는 '어맹, 즉 논어 맹자는 일에 따라서 묻고 답을 하여서 요령을 알기가 어렵다'는 표현이고 이는 현대적 의미로 학문적 체계성이 없다는 것이다.

대학은 경을 체(體)로 하고, 전을 용(用)으로 하여, 유교사상의 기본구조를 밝 힘과 동시에 수기치인하는 방법을 합리적으로 가르쳐주는, 사서 가운데 가장 이론적인 책이다.

체(體)와 용(用)

여기서 체와 용이란 표현이 있는데, 이것은 앞으로 종종 사용되는 동양학의 독특한 개념으로, 체는 간단히 말하면 근본적인 것을 의미하고, 용은 근본적인 체에서 파생된 가지와 잎에 해당하는 개념이다. 자칫 이를 원인과 결과라고 오해하기 쉬운데 그것은 아니다. 예를 들면 바다가 체라면, 파도는 용처럼, 바다와 파도는 원인 결과와 같은 관계가 아니다. 왜냐하면 파도의 원인은 바람이지 바다가 아니기 때문이다.

체계적이고 현실적으로 선후본말을 분명히 하여 설명한 '대학'은 시대를 뛰어넘어 모든 이의 필독서인 것이다.

『대학』의 첫머리에 나오는 삼강령에 보면, "대학의 도는 밝은 덕을 밝히며, 백성을 새롭게 하며, 지극한 선에 그치는 데 있느니라(大學之道는 在明明德하며 在新民(경문에는 親民, 경문을 해설한 전문에는 新民으로 풀이)하며 在止於至善이니라)." 사람이 하늘로부터 타고날 때 밝은 덕을 받고 태어났지만, 욕심에 가려 묻게 되니, 그것을 닦아 본성을 회복하는 것이 공부다.

대학 삼강령의 중요한 내용 중에서 이해가 쉽지 않은 개념이 첫 번째 강령인 재명명덕의 '명덕(明德)'의 개념이다. 자신을 깨끗이 하여 새로워진 뒤에, 새로워진 것을 가지고 남을 새롭게 만들어주니, 온 세상이 깨끗해져서 지극히 선한 데 그치게 된다. 여기서 지선(至善)이란 윤리적으로 착하다는 의미라기보다는 사리의 당연한 극치, 즉 천리의 극치를 다하여 털끝만한 인욕(人慾)의 사사로움조차 없는 순수한 진리를 의미한다.

그래야 "사물에 이르러 그 사물의 이치를 알아내고, 그것으로 인해 정성스레 마음을 바로하게 되는 것(格物致知誠意正心)"이고, "마음을 바로 해 몸을 닦아서 자신을 수양하니, 집안을 다스리고 나라를 다스릴 수 있게 되어, 온 세상이 평안해짐(修身齊家治國平天下)"을 이루게 된다.

그래서 『대학』에는 「명덕(明德)·친민(親民)·지어지선(至於止善)」을 학문의 총괄적인 뿌리 또는 벼리가 된다 하여 「삼강령」이라 하고, 「격물·치지·성의·정심」

과 「수신·제가·치국·평천하」는 구체적인 수기치인의 실천적 사항으로 여덟 개의 가지 또는 조리가 되는 항목으로 「팔조목(八條目)」이라 하여 대학의 근간으로 삼고 있다.

그래서 주자는 「대학」을 수기치인이라는 유교의 이상, 즉 공자의 가르침의 골격을 깨우치는 '초보자가 덕성함양에 들어가는 문, 즉 초학입덕지문(初學入德之門)'으로 간주한다. 주희는 사서 가운데서도 '대학'을 가장 중시했고, '대학' 가운데서도 격물 두 자를 특히 중시했다.

팔조목에 대한 내용을 구체적으로 서술하면, 먼저 격물은 모든 사물에 부딪쳐보는 것으로 '이를 격(格)' 자 그대로 사물에 이른다는 뜻이다. 내가 이 세상에 살면서 온갖 사물과 마주하고 살아야 하는데, 모든 사물을 '사물은 사물이고 나는 나' 식으로 본체만체한다면 사물의 이치를 알지 못하여 답답한 사람이 된다. 그래서 그러한 이치를 알려고 접촉하는 것이다. 현대적인 과학적 방법론이 현실에 근거하여 체계적으로 관찰하고 실증적 연구를 하려고 과학적 태도와 같다고 본다. 그래서 서구인들은 격물을 investigation(관찰)이라고 번역한다.

치지(致知)는 격물한 다음 그 속에 있는 이치를 알아내는 것으로 '이를 致'와 '알 知', 곧 앎을 이루는 것이다. 서구인들은 치지를 complete knowledge라고 번역한다.

이렇게 앎을 이루었으면 성의(誠意), 곧 뜻을 성실히 가지게 된다는 것이다. 뜻을 성실히 가짐에 따라서 정심(正心), 곧 마음을 바로하게 되고, 수신(修身)은 마음을 바로해서 몸을 닦는 것이다. 따라서 수신이란 정심과 같은 내용이라고도 볼 수 있다. 즉, 몸을 닦는다는 수신은 곧 마음을 바로하는 정심을 의미하기 때문이다. 글자 그대로 수신이란 육체를 단련한다는 의미가 아니고 마음을 바로하는 것을 의미한다. 동양학에서는 마음은 몸의 주인으로 보기 때문에, 즉 '심자 신지소주야(心者 身之所主也), 심이란 몸의 주인이다'는 관점에서 볼 때 몸을 닦는다는 것은 곧 마음을 닦는 것이다.

자기 몸을 닦은 다음에는 제가(齊家), 곧 집을 가지런히 하는 것이다. 제가 이후에는 치국(治國), 곧 나라를 다스리고, 나라를 다스린 뒤에는 평천하(平天下),

즉 천하를 평치하는데 이르게 된다는 것이다.

당나라 시대에 신유학(新儒學: 朱子學) 형성의 출발점이요, 선구자적 위치에 있는 한유(韓愈)(768~827)는 「원도(原道)」란 글에서 요(堯)·순(舜)에서부터 공자, 맹자로 이어지는 유학의 전통을 논했는데, 여기서 '대학'의 팔조목 장을 끌어내어 수신으로부터 평천하에 이르는 것을 도의의 근거로 삼았다. 그리고 그러한 것들은 옛날의 이른바 정심하고 성의한다는 것은 유위(有爲)한 일을 하려는 것이다. 이러한 사상을 강조한 것은 그 당시 불가나 도가가 그 마음을 다스리면서도 공(空)과 무위(無爲)를 강조하고, 천하 국가를 도외시하고, 천륜을 거역하고 있다는 것을 비판한 것이다.

사람의 마음을 다스리는 데서 출발하기는 '대학'도 '불가'나 '도가'와 마찬가지이다. 그러나 차이점은 도의 목표가 치국평천하에 이르고, 이르지 않음에 큰 차이가 난다는 것이다. 그래서 유가는 도가나 불가와 다르게 인간세상을 경영하는 경세에 관심이 많은 학문임을 알 수 있다.

대학을 배운 다음 중용을 배운다. '대학'과 '중용'의 공부 순서에 대해서, 주자는 "'중용'은 읽기 어려운 책이므로, '대학'과 '논어' '맹자'를 보고 나서 마지막으로 '중용'을 읽으라"고 했고, 대산 김석진 선생은 "'대학'이 외적인 진리의 선(善)을 주장하고 있다면, '중용'은 내적인 정신적 수행의 의미의 성(誠)을 강조하고 있어서 서로 표리가 되므로, '대학'을 먼저 하고 그다음에 '중용'을 읽는 것이 좋다"고 견해를 달리했다.

셋째, '대학'을 배운 후 『중용(中庸)』을 배운다.

삼강령과 팔조목을 가르치는 대학을 배우다 보면, 온갖 사물의 이치를 알아내는 격물치지에만 몰두하여 자칫 정신이 산만해질 수 있다 하여, 정신을 안으로 집중되게 모으기 위해 '중용(中庸)'을 배운다.

격물치지는 인간 밖의 사물에만 관심을 두고 연구하기 때문에, 인간 내부의 마음세계에 대해서 소홀하기 쉽다는 것이다. 그렇게 되면 인식의 주체인 정신이 산만해질 우려가 있으므로, 정신을 모으고 수련하기 위한 공부가 필요하다.

특히 동양학은 정신세계에 대한 학문이다 보니, 객관의 세계인 물질세계에 대한 연구를 하는 서양과학에 비해서 정신자세가 매우 중요하다고 본다.

중용은 유교의 기본사상이 함축적·철학적으로 표현된 경전이다. 역전(易傳)과 함께 유교사상의 철학적 해명을 기도한 것으로써, 후세 성리학인 주자학을 열어준 기틀이 된 책이다. 우주론적 근거와 배경에 바탕을 두고 인간문제를 구명하는 '중용'은 성선관(性善觀)에 바탕을 두 천인합일을 그 주제로 삼고 있다.

전부 33장으로 되어 있는데, 전반은 중용, 후반은 성(誠)에 대한 내용으로 구성되어 있다. 제1장은 이 책의 전체적 조망과 내용을 압축한 유가의 인생철학, 심성철학의 요지를 짜임새 있게 해명하고 있다.

중용 첫 머릿장에 "천명지위성(天命之謂性)이요 솔성지위도(率性之謂道)요 수도지위교(修道之謂敎)니라"고 되어 있는데, 하늘이 우리에게 명해준 것이 성품이므로 곧 천명지위성이고, 하늘로부터 타고난 성품을 내가 그대로 따라가는 것이 길이므로 곧 솔성지위도이고, 그 성품을 따르는 도를 잘 닦아나가는 것, 즉 마름질하는 것이 하나의 교육적인 가르침이 되는 것이니 수도지위교이다. 해석이 성선설에 입각하여 해석한 것이라면, 성악설의 관점에서는 다르게 해석하고 있다.

성악설에 의하면 "하늘이 명(命)한 것을 식욕, 성욕, 투쟁심과 같은 본능성이라 하고, 성인이 백성들의 본능성을 통솔하는 것을 도라 하고, 성인이 도를 백성에게 넓혀 익히게 함을 교(敎)라 한다." 우리들에게 잘 알려진 해석은 전자인 주자의 것이다. 그러나 후자와 같은 독특한 해석이 있음을 간과해서는 안 된다. 해석은 늘 열려 있다. 오늘을 사는 우리에게 '중용'의 독해법이 꼭 주희의 방식 그 하나뿐이어야 할 절대적 이유는 없다.

중용의 첫머리부터 성(性)·도(道)·교(敎)를 말함으로써 도를 닦는 근본을 가르침을 나타냈다. "기뻐하고 성내고 슬퍼하고 즐거워하는 것이 드러나지 않은 것을 중(中)이라 이르고, 발해서 다 중절을 지키는 것을 화(和)라고 하니……, 중화(中和)를 이루면 천지도 본 위치를 지키며 만물이 길러진다(喜怒哀樂之未發을 謂之中이요 發而皆中絶을 謂之和니…, 致中和면 天地 ㅣ 位焉하며 萬物이 育焉이니라)"고 하여 中을 강조한 것이 '중용'이다. 정명도(鄭明度)는

"중의 이치는 지극하다. 陰만으로는 생성되지 않고 陽만으로도 생성되지 않는다. 치우치면 금수가 되고 중(中)이면 사람이 된다. 中인즉 치우치지 않음이요, 용(庸)인즉 바뀌지 않음이다. 중만으로는 그 의미를 다하기에 불충분하므로 중용이라 했다"고 말했다.

중용사상의 핵심은 물론 '중'에 있다. '중'이란 말에는 원래 사방의 중앙, 중심, 적중 등의 뜻이 있다. 그러나 앞에서 언급한 정주학파(程朱學派)의 '중'은 덮어놓고 중간을 뜻하는 것이 아니다. 일정한 두 지점 사이의 거리에 있어서 그 가장 중간되는 곳을 가리키는 곳이 아니다. 여기에서 '중'은 그러한 기계적·물리적 中이 아니다. 사람과 사람, 또는 사물과 사람 사이에 생기는 문제에 있어서 누구에게나 가장 알맞는 도리가 바로 中이다. 그렇다고 안일무사주의나 소극적인 처세관을 중이라고 하면 그것도 그릇된 생각이다. 안이한 타협이나 절충은 '중'이 될 수 없다. 이런 행위는 사이비 중용이다. 즉, 높은 윤리성과 도덕관을 전제로 한 것이 아니면 중용이라고 할 수 없다. 단순히 이것과 저것의 중간을 선택하는 것은 진정한 중용이 아니기 때문이다. 정이천의 중용에 대한 언급에서 "중은 천하의 정직(正直)이요, 용은 천하의 정리(定理)"라고 했듯이, 중용은 정직이므로 부정에 대한 저항을, 또 정리이므로 비정리에 대한 거부를 의미한다.

'중'은 시간이 바뀌고, 모든 사물이 차이가 나며, 상대적이고 변통해감에 따라 거기에 알맞는 도리를 말한다. '중'은 평범한 사위(事爲) 속에서도 변통성 있는 타당의 극치이므로 곧 지선(至善)의 경지인 것이다. '용(庸)'은 언제 어디에나 있고 영원불변하다는 뜻이다. 그렇기 때문에 중용은 일상적인 범위를 벗어나지 않으므로 얼핏 보기에 그때그때 순간적인 진리인 듯하면서도, 기실은 우주의 근본이 되는 영원무궁한 진리인 것이다. 곧 중용의 도는 가장 평범한 듯하면서도, 상당한 덕의 수양이 있어야만 그것을 올바로 행할 수 있다.

지금까지 언급한 중용 전반부의 중화사상(中和思想)은 중용을 철학적으로 다르게 표현한 것이라면, 후반부의 '誠'은 전반부의 내용과도 깊이 관련되어 있는데, 바로 우주만물의 지극히 정성스러우면서 쉼이 없는(至誠無息) 그 성실성을 문자로 표현한 것이다.

'성(誠)은 하늘의 도이며(誠者天地之道也), 성 되려고 하는 것은 사람의 도다(誠之者人之道也)'고 말하듯, 성은 천·지·인, 즉 삼재를 관통하는 원리다. 즉, 성실한 것은 우주의 원리이고, 성실하려고 노력하는 것은 인간의 도리라는 것이다. 이것은 또한 중화를 실현하려면 행동 주체면으로부터 생생불이(生生不已) — 낳고 또 낳아 그치지 아니함, 곧 현상 생성의 간단없는 원동력이 뒷받침되어야 한다. 이 원동력을 '중용'에서는 성(誠)이라 했다. 성(誠)은 부단한 노력, 한결같이 변함없는 것을 요건으로 한다. 중용은 후반부에서 "성은 하늘의 도요, 성해지려고 하는 것은 사람의 도다(誠者 天地之道也 誠之者 人之道也)"고 하여 전반부의 내용을 포괄 발전시켜 나가고 있다. 저절로 잘되어 진실무망(眞實无妄)한 것이 하늘의 도요, 참되도록 노력해야 하는 것이 사람의 도다.

성(誠)이 극치에 이를 때 하늘로부터 부여받은 본연의 성(性)이 그대로 실현되는 것이요, 그렇게 되면 사물의 성(性)도 아울러 실현될 수 있다. 이것이 곧 인간이 자신을 확립하고 천지만물의 화육(化育)을 돕는 것이다. 이와 같이 성(誠)은 우주를 움직이는 생명체요 원동력이다. 무슨 일이든지 성(誠) 없이는 시작도 할 수 없고, 따라서 성공도 기대할 수 없다. 그래서 '중용'에서는 성은 사물의 처음이요 끝이니, 성이 있지 않으면 사물은 없다(誠者 物之終始 不誠無物)고 하여, 우주와 인간의 모든 문제를 성(誠)에 귀결시키고 있다.

요컨대 오로지 성(誠)에 의해서만 미발(未發)의 中이 서고, 절(節)에 맞도록 발(發)하여 화(和)를 이룰 수 있는 것이요, 그것이 바로 하늘이 부여한 본연의 성(性)을 그대로 실현하는 것이다. 이러한 성(誠)으로 일관된 마음을 가질 때 종국에 가서는 행하는 모든 일이 저절로 법도에 맞아 어그러짐이 없어, 덕(德)의 최고 형태인 '성(聖)'의 경지에 이르게 된다는 것이다. 성(誠)의 경지에 달한 인간형인 성인이야말로 천명을 받아 세상을 다스릴 수 있는 사람이요, 그의 덕(德)으로 교화된 이상적인 사회가 바로 대동사회(大同社會)이다.

그러므로 인간은 우주의 운행원리인 성(誠)을 배우고 실천하며 체득하는 데서 인격을 완성할 수 있다. 이렇게 우주 자연과 인간이 하나로 합쳐진다는 이른바 천인합일(天人合一)의 경지나 원리는 '중용'의 핵심인 동시에 유교가 지향하는 최종적인 목표다. 이런 관점에서 볼 때 중용은 주역의 천일합일사상과 천도의 이치를 미루어 인사를 논한 가장 전형적인 글이기 때문에 소주역(小周易)이라고 한다.

성(性)·도(道)·교(敎), 여기에서 시작하는 '중용'을 공부하다 보면 안으로 정신 집중이 잘 된다는 것이다. 그래서 '중용'의 핵심을 '정성 성(誠)' 한 글자로 표현하는데, 이렇게 해서 '대학'의 선(善)과 '중용'의 성(誠)은 겉과 속이 된다(內誠外善).

넷째, '중용'을 배운 후 『맹자(孟子)』를 배운다.

'중용'만을 공부하면 속으로 육조배포(六曹配布)만 했지 밖으로 발표를 못할 우려가 있으므로, 표현력을 기르기 위해서 다음에 '맹자'를 가르친다. 맹자를 배우면 맹자의 호변이 뛰어나기에, "『맹자』칠 권을 읽은 사람은 말을 잘 하니 그 사람과는 말도 하지 말라" 는 말이 전해온다.

'맹자'는 '논어'에 나타난 공자의 가르침을 계승 확장하는 형태로 설명하고 있으며, 맹자의 언행과 사상을 기록한 7편을 각각 상하로 나누어 14편으로 만들었다.

'맹자(孟子)'의 근본정신은 '논어(論語)'가 그렇듯 책의 첫 구절(양혜왕·상)에 잘 드러나 있다. "孟子ㅣ見梁惠王하신대, 王曰 叟ㅣ不遠千里而來하시니 亦將有以利吾國乎잇가(맹자가 양혜왕을 찾아가시니까 양혜왕 하는 말이, 노인네가 천릿길을 멀다 않고 이렇게 날 찾아오셨으니, 앞으로 우리나라를 이롭게 해주시렵니까)?" 이렇게 '이로울 이(利)'를 먼저 말했습니다. 이에 대해 "孟子ㅣ對曰 王은 何必曰利잇고? 亦有仁義而已矣니이다(맹자가 답하시기를 왕은 하필 이를 말하시오? 또한 인의가 있을 뿐입니다)"고 대답하였다. 이렇게 '맹자'는 공자가 강조한 인에다 의를 덧붙여 '인의(仁義)'를 강조한다. 그리고 그 기초가 되는 성선설을 이어, 이에 입각한 '왕도정치론'을 말한다. 그리고 더불어 호연한 기운(浩然之氣, 호연지기), 즉 대자연과 합일하는 인격체를 추구할 것을 주장하고 있다.

공자의 인(仁)은 육친 사이에 나타나는 자연스러운 친애의 정을 널리 사회에 미치게 하려는 것이다. 그것은 먼 곳보다는 가깝고 친근한 곳으로 정이 더 가는 이른바 원근법적인 사랑으로서 가족제에 입각한 차별애라 할 수 있다. 맹자는 이를 계승하여 보편적인 인애의 덕을 주장하는 한편, 그 실천면에서는 현실적인 차별상에 따라 합당한 태도를 결정하는 의(義)의 덕을 내세웠다.

한편 앞서 말한 맹자의 왕도정치론은 민본주의와 혁명론을 축으로 하고 있다. 물론 맹자의 민본주의는 현대의 민주주의와 같은 개념이 아니다. 맹자의 민본주의는 선한 본성을 지닌 인간에 대한 신뢰에 바탕을 두고 있다. 맹자는 국가가 백성(民)·국토(社稷)·정치(王)의 세 요소로 구성된다고 보고, 그 가운데서도 백성이 가장 귀하고 임금이 가장 가벼운 것이라고 보았다.

군주로서의 덕성을 상실하고 백성의 지지를 받지 못하는 폭군은 한낱 지아비에 불과하다는 평가와 민의에 의한 정치적 혁명을 긍정한 혁명론은 애민(愛民)·중민(重民)사상에 기초한 맹자의 정치적 이상을 잘 보여준다. 아울러 맹자는 사람에게는 누구나 먹고 살 수 있는 최소한의 생업, 즉 항산(恒産)이 있어야 인간다움을 추구하는 도덕의식, 즉 항심(恒心)도 요구할 수 있다고 보아 다양한 경제 정책을 제시한다.

맹자는 인간의 도덕 실현의 가능 근거로서 사단(四端), 즉 인(仁)의 단서(端緒)인 측은지심(惻隱之心), 의(義)의 단서인 수오지심(羞惡之心), 예(禮)의 단서인 사양지심(辭讓之心), 지(智)의 단서인 시비지심(是非之心)을 들고 있다. 이것은 인간이 태어나면서부터 갖추고 있는 이 사단을 확충하면 인의예지(仁義禮智)의 덕성을 이룰 수 있다는 인간의 자기완성의 가능성에 절대적인 신뢰를 둔 이론이다. 맹자의 이 성선설은 순자의 성악설과 대비되며, 이후 중국사상사의 정통학설로 존중받고, 동아시아 사회의 긍정적, 낙관적 인간론을 형성하는 주요 이론이 된다.

이상의 내용에서 보는 바와 같이 맹자는 기백과 언변이 뛰어난데다, 인의의 도를 강조하고 왕도와 패도를 명확히 구분하여 호연지기, 대장부론을 짓고 사단설을 확립하였다.

다섯째, '맹자'를 배운 후 『논어(論語)』를 배운다.

‘맹자’를 배우는 데서 그치고 말면, 표현력은 길러졌지만 말만 앞세울 염려가 있으므로, 예의규범을 배워 실질 행동에 힘쓰라고 ‘논어’를 가르치게 된다.

‘논어’는 공자와 그 제자들의 언행이 담긴 어록이다. 공자와 그 제자들이 유교의 이상인 ‘대학(大學)’의 도를 어떻게 실천했는가를 살펴볼 수 있는, 이른바 유교이론의 구체적 실천이 생생하게 담긴 자료집이다. 그런데 이런 저런 이유로 해서 ‘논어’의 내용은 논리적이거나 체계적이지 않다. 즉, 공자의 개념 설명은 대화 상대가 누구냐에 따라 다르며, 그 내용의 깊이 또한 일정치 않다. 따라서 읽는 사람에 따라 다른 해석을 내릴 여지가 적지 않다.

논어에서 핵심을 이루는 사상은 우리 모두가 잘 알고 있는 인(仁)이다. 즉, 천하의 인간사가 모두 인(仁)에 의해 위로되고 결정될 수 있음을 말한다. 따라서 위정자는 인의 덕치를 베풀어 만인들이 다 같이 평등한 행복을 누리도록 애써야 함은 물론이고 백성은 위정자의 그와 같은 은혜에 심복(心服)할 것을 강조한다.

여기에서 인애사상(仁愛思想)을 말하는데 왜 정치도덕을 먼저 말하느냐 하면, 유가의 이른바 이상세계는 치자와 피치자 간의 긴밀한 결속으로 이루어지는 사회의 안정을 바탕으로 하기 때문이다. 그리고 그와 같은 궁극적인 목적을 달성하기 위한 발전적 단계로서 수기며 수신의 과정을 밟아가는 것이다. 따라서 공자의 인애사상은 어디까지나 그 주체가 인간이 된다.

인(仁)의 뜻을 알기 위해서 이와 관련된 구절을 살펴보고자 한다. 즉, 안자가 공자에게 인을 여쭈니까 극기복례(克己復禮)라고 말하였다. 이는 자기 몸의 편벽된 기질과 사사로운 욕심 때문에 인을 행할 수 없으니 이를 다 이겨내고서 하늘로부터 본래 타고난 예를 회복해야 한다고 말씀하시며, “一日克己復禮면 天下歸仁焉(하루라도 극기복례를 잘하면 천하가 인으로 돌아간다)이라”고 하였다. 공자는 이런 사람이 있다면 인을 아주 잘 하는 사람으로 인정해주겠다고 말씀하셨다.

‘논어’는 위기지학(爲己之學)으로서, 남을 위해서나 남한테 잘 보이려고, 또는 배운 것이 많음을 남한테 잘 보이려고, 또는 배운 것이 많음을 남한테 보여주려고 공부하는 것이 아니고, 남이야 뭐라 하든 나 스스로 사람이 되기 위한 공부를 하는 것이다.

'논어' 첫 대목의 세 구절에는 그 전편의 사상이 대략 압축되어 있는데, 이를 보면 "子曰 學而時習之면 不亦說乎아! 有朋이 自願方來면 不亦樂乎아! 人不知而不慍이면 不亦君子乎아!(공자 말씀에 배우고 때때로 다시 익히면 또한 기쁘지 않으랴! 나를 알아주는 벗이 먼 곳에서 오면 또한 즐겁지 않으랴! 남들이 나를 알아주지 않아도 성내지 아니하면 또한 군자가 아니랴!)" 하였다.

공자는 첫 구절 "학이(學而)……"에서 배우는 기쁨을 제일 먼저 내세우고 있음을 알 수 있다. 사람이 태어나서 사람으로서 갖출 기본 교양을 닦아 사람의 도리를 하며 사람답게 살아가는 데서 향유할 수 있는 기쁨을 제시한 것이다. 배움을 통한 자기완성은 바로 '사람이 사람으로서 바로 사는 기쁨'인 것이다.

이렇게 인간의 묻고 배움(學問)과 자기수양의 과정에서 드러나는 사람임·사람됨의 무늬(人文)는 인륜·윤리를 성립케 한다. 이어 둘째 구절 "유붕(有朋)이……"에서는 자기완성을 위해 힘쓰는 자에게는 그 뜻을 알아주고 서로 어울려 사는 모습이 있게 마련이다. '사람이 서로 무리 지어 어울려 사는 즐거움'의 무늬가 바로 친구들의 찾아듦일 것이다. 덕 있는 인간의 윤리와 덕이 있는 정치인 덕치(德治)도 여기서 성립한다. 마지막 구절인 "人不知……"는 남이 알아주지 않더라도 불만스럽게 여기지 않는다는 것이다. 이는 남의 이목 때문이 아니라 '자신을 위해서', '마땅히 해야 할 일', '가치 있는 일' 그 자체를 자신이 진정으로 원해서 함을 말한다. 하지만 그것은 누구나 가능한 것이 아니다. 그것을 초연히 해낼 수 있는 사람은 바로 '사람이 사람으로서 해야 할 가치를 추구하고 실현하는 인간'인 군자인 것이다.

그래서 이 책의 마지막은, 군자가 되기 위해서는 '하늘이 부여한 길(하늘의 뜻)'을 알아야 하며(知命), 사회에 몸을 뚜렷이 세우기 위해서는 '예'를 알아야 하며(知禮), 사람이 어떠한가를 잘 알기 위해서는(그 관계 맺음의 기본인) '말'을 알아야 한다(知言)는 글로 장식된다.

여섯째, 사서를 배우고 나면 『시경(詩經)』을 가르친다.

'논어'를 공부하면 참 점잖아지고 행동을 잘 합니다만 좀 고리타분한 데가 있다는 것이다. 본래 사람은 이성만 있는 것이 아니라 감성을 아울러 갖추고 있으므로, 흥도 제때에 풀어야 하는데 그걸 못하는 것이다. 그리고 "男女七歲不同席(남녀가 일곱 살이 되면 한자리에 앉으면 안 된다)"이라고 해서 어려서부터 이성 교제를 엄격히 규제하고, "身體髮膚는 受之父母(몸과 터럭은 모두 부모에게 받은 것이다)"라고 해서 어떻게 손톱을 깎아내고 머리털을 베어낼 수 있느냐 합니다. 그래서 이렇게 너무 고지식한 데서 탈피하고 흥을 좀 풀라고 '시경'을 가르친다.

시경은 중국 최고의 시가집으로 여기에서는 고대 중국의 각 지방에서 유행하던 민간의 토속적 노래, 조정에서 향연과 조회에 쓰던 노래, 조정에서 신과 선조들의 성덕을 기리던 노래들이 실려 있다. 이들은 내용면에서 각각 풍(風)·아(雅)·송(頌)으로 분류되는데, 당시의 사회적 배경과 정치적 여론, 일상생활에 대한 모든 상황을 반영하고 있다. 그러나 무엇보다도 시경의 근본정신은 인간의 희로애락에 대한 꾸밈없이 솔직한 감정의 표현에 있다.

풍(風)·아(雅)·송(頌) 삼백여 편의 시 내용 가운데 한마디로 시경의 성격을 포괄적으로 대변할 수 있는 문구(文句)를 찾는다면 魯頌 (駉篇)의 시구인 '사무사(思無邪)'일 것이다. 이 시는 공자보다 백오십 년 전 노나라의 僖公이 伯禽의 법에 사념이 없이 따랐다는 말이지만, 공자는 이 말 한마디가 '시경'의 모든 작품에도 통하고 있다 하여 "詩三百 一言而蔽之曰思無邪"('논어' 爲政篇) 라고 했다. 즉, 시 삼백 편의 내용은 한마디로 말하면 마음에 간사한 생각이 없다는 말이다. '시경'에는 자유 분망한 연애감정, 봉건사회에서 고통받는 민중의 증오·풍자 등이 어우러져 있으며, 그 바탕에는 순수한 인간의 본디 모습이 자리 잡고 있는 것이다.

아(雅)와 송(頌)의 작품들은 귀족계급 사이에 만들어지고 불린 것들이지만, '시경(詩經)'의 중심을 이루는 정신은 풍(風)에 있는 것이다. 풍에는 젊은 남녀들이 함께 모여 발을 구르며 춤추며 합창하는 노래가 대부분이다. 이들 노래는 가사의 의미보다는 리듬에 중점을 두고 있다. 리듬이 단조롭고 행이 짧으며 반복이 많은 것으로 보아 무도가로 보이는 점이 특이한 것이다.

남녀들은 제사 때에 모여 춤을 추거나 또는 들판에서 나물을 캐면서, 또는 나무 열매를 던지면서, 또는 동문 밖이나 강가에서 밀회하면서 사랑의 노래를 유희적으로 불렀던 것이다.

'시경'의 첫 구절에는 쌍쌍이 끼륵끼륵 울며 물가에 노니는 물수리들을 보고서 하는 말이, "關關雎鳩ㅣ 在河之洲로다. 窈窕淑女ㅣ 君子好逑로다(한번 만나 제 짝을 정하면 다시 다른 짝을 구하지 않고 늘 쌍쌍이 노니는 저 물수리처럼 요조숙녀는 군자의 좋은 배필이니 서로 만나야 한다)고 하였다." 이 시구는 주나라 文王과 그 后妃인 사씨를 두고 한 말인데, '시경'의 이 글귀에 따라 덕성과 행실이 훌륭한 여자를 요조숙녀라 하고, 그러한 남자를 군자라고 일컫는 것이다. 또 "參差荇采를 左右流之로다(마름나물을 이리저리 구하듯이 요조숙녀를 자나 깨나 찾고 구해서 결국은 만나가지고)" "窈淑女를 琴瑟友之로다(거문고 뜯고 비파 뜯어가며 서로 즐긴다)"고 하였다.

일곱째, '시경'을 배우고 난 후에 『서경(書經)』을 배운다.

이렇게 '시경'을 배우며 흥을 푸는 데만 빠지면 나라가 어떻게 되는지 또 정치가 부패하는지 나는 모른다 하고서 '흥야(興也)라 부야(賦也)라' 하며 낙관적이고 낭만적으로 놀게 됩니다. 그래서 백성과 나라를 생각하고 정치를 할 줄 알라고 '서경'을 가르친다.

서경은 다른 말로 상고의 서를 존경하고 숭상한다는 의미에서 '상서(尙書)'라고도 하며, 원래는 3천여 편이었으나, 공자께서 1백 편으로 간추렸고, 진시황 때 없어졌다가 그 후 다시 복원되었다. 서경은 요순시대부터 진나라 목공 때까지 3천여 년 동안의 정치사 및 정교를 하(夏)·은(殷)·주(周)시대의 사관이 기술한 왕도정치의 전범이다.

상고시대 중국의 조정에는 좌우이사(左右二史)가 있어 좌사(左史)는 왕의 말씀을 기록하고, 우사(右史)는 왕의 행사를 기록하여, 말씀을 기록한 것은 상서(尙書)인 서경이 되고, 행사를 기록한 것은 춘추(春秋)가 되었다.

서경은 사천 년 전, 중국의 이제 삼왕의 치천하지대경대법(治天下之大經大法), 즉 천하를 잘 다스린 요순 이제와 삼대(하·은·주)의 시조인 우임금·탕임금·

무왕 삼왕이 세상을 다스린 큰 벼리와 큰 법을 기록한 동양 최고의 경전이며, 그 내용은 치도의 근본을 밝혀 세상을 화평되게 하기 위한 정치서이다.

사마천의 사기(史記)에 보면, '역(易)'은 천지·음양·사시·오행 등을 나타낸 것이므로 '변(變)'에 장점이 있다면, '서(書)'는 선왕의 '사(事)'를 기록한 것이므로 '정(政)'에 장점이 있다고 하였다.

서경에는 성현정치가 잘 묘사되어 있다. 중국의 고대정치·제도·사회·경제·법률·도덕 등에서 대표적이고도 모범적인 것은 총망라되어 있다.

서경은 역대 중국왕조에서 치국의 귀감이 되었고, 지식인들의 사고기저가 되기도 했다. 따라서 정치도의, 정치생활의 기준인 제왕학의 원전이 되었는가 하면, 지식인 관료들의 윤리도덕의 규범인 윤리도덕관의 원조가 되었다. 전자의 경우 유교 경전의 정치관 곧 도덕정치가 여기에서 유래하거나 여기에 응결되어 있고, 후자의 경우도 유교의 윤리도덕이 여기에서 유래하거나 여기에 응결되었다.

공자는 전설적인 요·순 두 임금과 하·은·주 삼대의 우·탕·문무 삼왕이 다스리던 시대를 가장 이상적인 정치가 행해지던 성군의 시대라고 보았다. 공자가 이들을 성군이라고 떠받드는 것은 이들이 법이나 형벌보다도 덕으로써 나라를 다스렸기 때문이다. 『서경』의 첫머리 요전(堯典)에서 요임금의 공업을 서술한 대목을 보아도 거기에서 이미 유가의 학문적인 이상을 발견하게 된다.

『서경』의 첫 편인 '堯典' 첫 머리에, "曰若稽古帝堯대한 曰方勳이시니 欽明文思 安安하시며 允恭克讓하사 光被四表하시며 格于上下하시니라 克明峻德하사 以親九族하신대 九族이 旣睦이어늘 平章百姓하신대 百姓이 昭明하며 協和萬邦하신대 黎民이 於變時雍 하니라(옛 제요를 상고하건대 이르되 지극한 공훈이시니 공경하시며 환하시며 문채 나시며 생각하심이 자연스러우시며, 진실로 공순하시며 능히 사양하시어 빛이 사표에 비치시며 하늘과 땅에까지 이르시니라. 능히 큰 덕을 밝히시어 이로써 구족을 친케 하신, 즉 구족이 이미 친목하기에 백성을 고르고 밝히신, 즉 백성이 소명하며 만방을 합하여 고르게 하신 즉 예민이 오호! 변하여 이에 화하느니라)"고 하신 내용은, 위대한 덕을 잘 밝힘으로써 온 집안을 화친케 하셨고, 온 집안이 화친케 된 뒤에는 백성을 다스리어 밝게 하셨으며, 백성들이 밝아지니 만방을 화평케 하시어 만민이 변화하고 화합하게 되었다는 의미이다.

이 글을 잘 고찰해 보면 요임금이란 바로 유가에서 주장하는 수신·제가·치국·평천하의 실천자임을 알 수 있다. '위대한 덕'이란 요임금의 수신의 완성을 뜻하며, '온 집안을 화친케 하셨다'는 것은 그의 덕을 바탕으로 한 제가를 뜻하며, '백성들을 다스리어 밝게 하셨다'는 것은 그 덕을 더욱 확장시켜 치국을 완성하였음을 뜻하며, '만방을 화평케 하셨다'는 것은 최종 목표인 평천하의 달성을 뜻한다.

결론적으로 서경(書經)에서 주장하는 주안점은 어디까지나 인간의 본성에 근거하여 천하가 지속, 형성되어가는 하나의 커다란 규약으로서의 정치는, 그 수단으로 서술되어 있다. 이는 본성의 깨끗하고 착한 의지가 결여된 정치란 인민을 악의 구렁텅이로 몰아넣는 패도의 근거가 될 뿐이며, 동시에 그런 정치를 행하는 자에게는 응당 천벌이 그 몸에 내리게 된다는 것이다. 따라서 이 책에 기록된 성왕(聖王)의 치적은 그 후대인을 경각시키기 위한 하나의 지침서와 같은 역할을 한다.

여덟째, 끝으로 예측학인 『주역(周易)』을 가르친다.

서경을 공부하면 정치도 할 줄 알게 되지만, 앞일을 몰라 막상 눈뜨고 앞 못 보는 봉사나 다름없다. 정치가는 미래를 예견하고 정치를 해야 밝은 정치를 할 수 있는데, 그렇지 못하면 눈뜨고 앞 못 보는 장님이나 다름없는 눈먼 정치를 하게 된다. 그래서 멀리 내다보고 지혜로운 정치를 할 수 있도록 하고, 사람의 생을 영위하는 데도 미래를 예측해 가면서 슬기롭게 살아보라고 마지막으로 예측학인 주역을 가르친다.

주역은 우주론과 인생론 그리고 점서(占筮)로도 해석되며, 다른 모든 학문의 기본적 원리를 제공하므로 사서삼경의 수경(首經)이 되었다. 역경(易經)과 역전(易傳)을 합해서 주역이라 하고, 그 이론을 일컬어 역리라 한다. 이는 철학, 과학, 문화를 하나의 용광로에 용해한 빛나는 고전이다. 그래서 주역은 만학의 제왕이며 위정자의 학문이라고 하여 옛날에는 일반인은 가까이 하기 힘든 학문이었다.

계절의 변화, 한 나라의 흥망성쇠, 만물이 나고 죽음 등에는 모두 일정한 법칙이 있다. 주역은 이러한 일정한 법칙을 연구하여 미래를 예측하는 학문이다. 주역의 해설서인 주역 계사전에 "역이 천지와 균등하다" 하고, 천지는 한 주역이요 주역도 한 천지이다. 역은 우주 대자연의 오묘한 진리를 괘(卦)와 효(爻)로써 상징하고 문자로 엮어낸 유가의 최대 경전이며 최고의 철학서이다.

역에서는 세상의 모든 일이 음양의 관계로 설명된다. 양은 밖으로 발산팽창작용을 하고, 음은 안으로 응축수렴작용을 하는데, 이러한 음과 양의 두 운동에 따라 천지사방에 음과 양이 퍼져서 지역에 따라 많고 적음이 생긴다. 또 이렇게 분포된 음과 양은 다시 시간에 따라 한 번은 양이 성행하고 음이 쇠퇴하며, 한 번은 음이 성행하고 양이 쇠퇴하게 된다. 그리고 삼라만상은 양이 성행하냐 음이 성행하냐에 따라 생장소멸을 한다고 보는 것이다.

우주는 단순히 음과 양이 변화하며 순환운동을 함으로써, 음과 양이 많고 적은 장소를 만드는 동시에, 낮과 밤을 만들고 사계절을 만들며, 우주의 시작과 끝을 만든다. 여기에 무슨 사심이 있어서 특정한 장소나 시간에 음 또는 양을 더하고 덜어 변화를 바꾸고자 함은 없는 것이다.

그러나 만물에게는 음양이 순환하는 과정에서 각기 합당하고 합당하지 않은 자리가 있고, 자신에게 좋은 때와 좋지 않은 때가 있으며, 자신을 도와주는 환경이 있고 미워하는 환경이 있게 되므로 자신이 처한 경우에 따라 길함과 흉함이 있게 된다.

옛 사람은 바로 이 음양의 순환과정을 깨달아 낮과 밤의 운행을 알고, 사계절 24절후의 변화를 알게 되었으며, 남쪽은 따뜻하여 동물과 식물이 많고, 북쪽은 추워서 살기가 힘들다는 것도 알게 되었다. 그래서 이 예측 능력을 활용하여 자신의 생활주기에 적용시켰으며, 이러한 지혜가 바로 천지의 운행과 변화에 통하는 학문인 역으로 발전하게 된 것이다.

'건(乾)'하면 우주의 온갖 만물을 생기게 하는 하늘이 열리고, '곤(坤)'하면 온갖 만물을 실어 포용하는 땅이 열리며, 건괘 첫머리에 '원형이정(元亨利貞)'이라는 문구가 나온다. 이는 천도의 운행을 나타낸 것으로, '元'코 하면 따뜻한 봄기운에 만물이 파릇파릇 싹이 트며, '亨'코 하면 여름의 더운 기운에 만물이 무럭무럭 자라나고, '利'코 하면 가을의 서늘한 기운에 열매를 맺고, '貞'하니라 하면 겨울의 추위로 인해 밖으로는 모든 만물이 모습을 감추지만, 그 속에 봄을 기다리는 씨알을 간직한다는 내용으로 시작하는 '주역'! 이 '주역'까지 배우게 되면 유학의 최대 경전이며, 철학으로도 최고의 철학을 익히게 되어, 인격이 그 안에서 완성되는 것이고, 따라서 사서삼경의 모든 가르침도 여기에 귀착되게 된다.

이상 사서삼경의 학문체계를 요약하면, 먼저 대학으로 학문의 기본을 세우고, 중용으로 정신을 집중하고, 맹자로 논변을 익히고, 논어로 덕성과 예를 닦고, 시경으로 마음의 감흥, 즉 정서를 순화하고, 서경으로 옛 성인의 정치를 본받고, 역경으로 미래를 예측하는 지혜를 열어 인격과 학문의 완성을 마무리하는 것이다. 칠서 가운데 최고봉으로서 유학공부의 최종 관문이 바로 『주역(周易)』이다. 동양 최대의 경전이자 최고의 철학서인 역경에서부터 모든 학문이 비롯되므로, 예로부터 이 역경을 만학의 제왕이고 위정자의 학문이라는 뜻으로 제왕학이라 하였다.

지금까지 사서삼경에 대하여 개괄적으로 그 핵심 되는 내용과 커리큘럼의 내용을 살펴보았는데 이들을 단적으로 하나의 단어로 요약해서 말한다면, '대학'은 '착할 선(善)', '중용'은 '정성 성(誠)', '맹자'는 '옳을 의(義)', '논어'는 '어질 인(仁)'으로 말할 수 있다. '시경'은 사무사(思無邪: 생각에 간사함이 없음)로서 '바를 正', '서경'은 백성을 다스리는 데 중요한 '공경 경(敬)', '주역'은 음양불측(陰陽不測: 음과 양으로 헤아리지 못함)의 '귀신 신(神)', 이렇게 한 글자로 요약할 수 있다.

사서삼경에 대한 내용을 현대적인 의미로 간추려서 보면, 사서는 주로 수양과 도덕윤리 및 이지적인 교육의 내용이고, 시경은 정서적 교육을 위한 학문이며, 서경은 사회과학, 즉 정치, 사회, 경제적인 내용의 학문이다. 끝으로 주역은 자연과 인간생활의 이치에 관한 과학과 철학, 종교, 점술의 원리를 모두 종합적으로 나타내고 있으며, 여기에서 파생된 학문이 사서와 시경, 서경이라고도 볼 수 있다. 그러므로 주역은 동양문화권의 종합적인 학문이며 기초학문이라고 볼 수 있다. 그러므로 주역을 모르고는 동양의 역사와 문화 그리고 학문을 근본적으로 알 수가 없다는 것이다.

사서삼경을 주제별로 재분류하면 첫째, 주역과 중용의 일부는 우주론에 관련되어 있으며, 둘째, 논어, 맹자, 시경, 중용의 일부, 주역 그리고 대학의 일부는 인생론에 관한 내용이고, 셋째, 대학의 격물치지와 주역은 인식론과 방법론에 관한 학문이라고 볼 수 있다. 물론 이들 분류는 엄격하게 나누어지는 것이 아니므로 상호 중복된 내용이 있음은 사실이다.

동양학 중에서 현대사회에 가장 의미 있는 학문은 『주역』이다

위에서 사서삼경에 대한 커리큘럼과 핵심내용을 개괄적으로 서술하였다. 그렇다면 이 내용을 근거로 현대사회에 의미 있는 학문을 취사선택하는 것이 중요하다. 즉, 동양학 전체에 대한 학문적 내용의 의미와 가치를 비교해보고, 시대적 상황과 관련하여 현대사회에 의미 있는 학문을 계승 발전시키는 문제를 고찰해 보아야 한다.

우리가 우리의 전통학문을 모두 배우고 연구하는 것이 가장 바람직하지만, 시간과 노력을 절약하여 효율적으로 하기 위해서는 시대의 흐름에 따라서 우선순위를 정해서 취사선택하는 것이 현실적으로 매우 중요하다. 모든 학문은 시대적 필요에 의해서 의미가 있기 때문이다.

사서삼경 중에서 현대사회의 '의미 있는 학문'이라는 의미는 구체적으로 어떠한 학문이고 그 기준은 무엇인가를 먼저 고찰하여야, 이것을 근거로 사서삼경 각각의 의미와 중요성의 우선순위와 가치를 알 수 있다.

모든 학문은 그 시대의 국가적 필요와 국민들의 수요에 의해서 발전하기 때문에 먼저 시대적 배경을 고찰하여야 한다. 즉, 그 시대의 국가가 지향하는 발전 정책이 무엇이고, 발전 방향이 무엇이냐에 따라서, 이에 필요한 학문과 교육이 이뤄진다.

조선시대는 전제군주에 의해 성리학을 통치이념으로 국가발전이 추진하였다. 따라서 국민들은 이에 부응해서 성리학 위주의 도덕윤리 중심의 사서삼경을 배우고 가르쳤다. 그러나 현대는 인본주의적 조선시대가 아니라 경제와 과학기술이 주도하는 자본주의 시대이다. 그래서 인본주의적 조선시대의 성리학은 용도가 폐기된 구시대의 학문이 되었고, 물질적 가치를 중시하는 과학기술이 주도하는 자본주의 시대이다. 대한민국의 통치이념은 민주주의이고 자본주의 시대이다.

특히 현대사회는 물질적 가치를 중시하는 자본주의 시대이고, 따라서 인간의 건강과 물질적 가치를 추구하는 데 도움이 되는 서양과학기술과 서양물질문명이 주도하는 사회가 되었다. 그리고 한편으로는 물질적 가치를 추구하는 과정에서 나타난 문제점을 보완하고 극복하기 위해 새로운 가치가 대두되고 있다. 즉, 지나친 서구물질문명과 과학기술의 발달로 인해 나타난 인간성 상실과 환경파괴를 극복하기 위해 새로운 정신적 가치가 대두되고 있다.

동양학도 이러한 시대에 맞게 국민들의 학문적 수요를 충족시켜주는 내용의 학문을 공급해 주어야 한다. 그것이 수시 변역하는, 즉 시대에 맞는 학문적 태도이다. '선비도 시속을 따르라'는 우리의 옛말과 같이 말이다.

현대는 위에서 말한 바와 같이 인간의 건강과 물질적 가치 추구에 도움이 되는 지적 수요와 한편으로는 인간성 회복과 환경보호를 위한 저탄소 녹색성장을 위한 학문적 수요가 대두되고 있다. 이러한 지적 수요에 바람직한 동양학이 주역에서 비롯된 동양과학기술인 역학과 역술이다.

주역에서 비롯된 역학과 역술은 인간의 건강과 물질적 가치를 추구하는 데 도움을 주는 지적 수요를 충족시켜줄 뿐만 아니라 황폐화되고 공허해진 정신세계를 복원하고 충족시켜주며, 파괴된 자연환경을 복원하는 데 도움을 주는 과학기술이며 철학이다. 즉, 주역은 건강과 물질적 가치를 추구하고 파괴된 환경을 복원하는 데 도움을 주는 과학기술을 제공해줄 뿐만 아니라 정신세계 문제를 해결해 줄 수 있는 Mind Technology이다.

따라서 현대사회에서 가장 의미 있는 학문이 주역에서 비롯된 역학과 역술이다. 특히 서구 물질문명의 지나친 발달로 인해 나타난 현대사회의 병폐인 환경파괴와 인간성 상실 그리고 정신세계 문제를 해결하는 데 가장 의미 있는 학문이다.

그래서 제도권에서는 의학을 제외하고는 역학과 역술을 전혀 가르치고 연구를 하지 않지만 비제도권에서는 미아리철학관 중심의 사주 명리학, 풍수지리, 주역점, 제도권 한의학과 다른 의학, 즉 수지침, 오행생식 그리고 각종민간요법, 정신수련, 천문기상, 율려 등이 널리 보급되어 생활에 도움을 주고 있다.

왜 그럴까? 이 시대에 국민들의 생활에 필요한, 즉 건강과 물질적 가치를 추구하는 데 필요한 지적 수요를 제도권 교육학문이 충분히 제공해 주지 못하고 있기 때문이다. 뿐만 아니라 정신세계와 환경보호를 위한 보다 새롭고 앞선 과학기술적 학문을 제공해주기 때문이다. 따라서 현대사회의 가장 의미 있는 동양학은 사서삼경 중에서 주역임은 너무도 당연한 말이다.

동양문화의 근간은 유학의 사서삼경이지만, 사서삼경 중에서도 삼경인 시경, 서경, 역경이 주류라는 것이다. 즉, 시경이 동양문학의 조종이라면, 서경은 동양역사의 조종이며, 역경은 동양철학과학기술의 조종이라고 할 수 있다. 동양사상은 이 삼경을 바탕으로 연면히 발전되어 왔으며 삼경은 바로 동양의 성전이라고까지 말할 수 있다는 것이다.

시경에 담겨 있는 노래들이 지닌 서정, 서경에 적혀 있는 정치 이상, 역경에 담겨 있는 인생과 우주에 관한 철학과 과학기술들은 바로 우리의 의식과 사고를 형성하는 요인의 하나가 되어 왔다.

특히 주역은 천지자연의 이치를 간결하고도 질서정연한 체계에 입각해서 기술하고 있고, 항구여일이란 존재하지 않는다는 원리를 대전제로 제시해 놓고서 천지자연의 변화현상으로 인간계의 변화현상을 설명하고 있다. 주역은 길흉화복을 미리 알아보려는 염원에서 생겨난 점서임에는 틀림없다. 하지만 그것이 단순한 우연적인 요행심으로 치는 점이 아니고, 천지자연의 섭리에 입각해서 인간사를 풀이한다는 데 철학적 의미가 있다.

제2절 주역과 사서삼경론

동양의 역사와 문화의 가장 근본적이고 기본적인 학문이라고 하면 앞에서 누차 언급한 바와 같이 주역(周易)이다. 따라서 주역은 동아시아의 가장 대표적인 학문이라고 할 수 있다. 동아시아의 철학사상과 규범적 윤리도덕적 학문인 의리역과 과학기술적 학문인 상수역인 역학역술도 모두 그 근원이 주역이다.

여기서는 동아시아의 가장 기본적인 유학의 교과서적 학문인 사서삼경을 주역과 관련하여 구체적으로 고찰하고자 한다. 이 내용은 주로 대산 김석진 선생의 강의 내용과 성균관대학교 유학과 교재편찬위에서 펴낸『유학사상』그리고 충남대학교 이현중 교수의『역경과 사서』를 중심으로 살펴보았음을 밝혀 둔다.

사서삼경이 기본 텍스트인 유학의 기본구조를 간략하게 설명하면, 첫째, 철학적 기반은 역에 두고 있으며, 둘째, 현세적이고, 셋째, 지행합일을 주장하고, 넷째, 천인합일적 사유를 하였다. 그리고 유학의 근본사상은 사랑과 변화의 철학이다(최근덕 외 6인,『유학사상』).

위의 유학의 네 가지 기본구조 중에서 둘째와 셋째는 형식적 특색을 나타낸 것이고 첫째와 넷째는 유학의 학문적 내용을 나타낸 것이다. 유학의 학문적 내용의 철학적 기반을 역에 두고 있음과 천인합일적 사유뿐만 아니라 근본사상인 사랑과 변화의 철학이라는 내용은 모두 주역에서 비롯되었음을 나타내고 있다. 이는 두말할 것 없이 유학의 학문적 내용이 주역에서 비롯되었음을 분명히 밝히고 있다. 즉, 유학의 연원은 주역에서 찾아야 한다는 것이다.

유학의 근본사상인 사랑 또는 인(仁)은 불교의 자비, 기독교의 사랑과 박애와 모두 유사한 개념이다. 주역에서는 이러한 사상을 계사상전 제5장의 '生生之謂易이오', 계사하전 제1장 '天地之大德曰生이오'에서 보는 바와 같이 생(生)이라고 볼 수 있다. 즉, 주역의 생의 개념은 유학의 인과 불교의 자비 그리고 기독교의 사랑과 같은 개념으로 볼 수 있다.

오행 속성 중에서 오화(五化), 천도(天道), 오상(五常), 오계(五季)를 비교해 보면 생의 개념을 간단히 알 수 있다. 五化(생장화수장)의 생, 天道(원형이정)의 원, 五常(인예신의지)의 인 그리고 五季(춘하장하추동)의 춘은 모두 같은 속성으로 오행 중에 목(木)에 속해 있다. 즉, 생(生), 원(元), 인(仁), 춘(春)은 서로 관계가 있어서 동일하게 오행 중에 목(木)에 속해 있다. 살리는 생(生)의 의미는 최고의 덕이므로 원(元)이고 이는 사랑 인(仁)이며 이는 계절로는 봄이다. 봄이 되면 따뜻한 기운, 즉 사랑의 기운으로 만물이 살아나므로 이를 생이라 하며 이는 사덕 중에 최고의 덕인 원덕(元德)에 해당한다. 즉, 모든 것 중에서 사랑이 최고인 것은 사랑은 만물을 살리는 생(生)을 나타내기 때문이다. 생이 있어야 그다음 기르는 장(長)이 있을 수 있고 그리고 변화하는 화(化), 수렴하는 수(收), 감추고 저장하는 장(藏)이 가능하다. 만약 오화 중에서 최초의 사물의 생이 없으면 그 이후의 장화수장이 일어날 수 없다. 그러므로 일 년 사계절의 오화 중에서 봄의 생이 최고인 원덕이 되듯이 인간에게도 살리는 생의 기운인 사랑이 최고의 가치가 된다. 마치 춥고 꽁꽁 얼어붙은 대지에 봄의 따뜻한 기운에 의해서 봄눈 녹듯 서서히 풀리면서 그동안 추위에 움츠려 있던 만물이 대지를 뚫고 살아나는 현상은 따뜻한 사랑의 기운이 모든 만물을 살리는 현상과 같다.

주역에서는 이와 같이 우주론적 천지변화 이치에 근거해서 논리적으로 가치나 주장을 나타내고 있음이 과학적이라는 점에서 다른 경전과 다른 점이다.

결국 유학사상의 사랑과 변화의 철학은 주역에서 비롯되었음을 위의 설명에서 알 수 있다.

유학사상의 가장 기본이 되는 사서삼경과 주역과 관련해서 총론적인 것을 벗어나 구체적으로 살펴보고자 한다. 사서와 삼경으로 나누어서 부르는 것은 사서는 현인의 글이고 삼경은 성인의 글이기 때문이다. 이를 성경현전(聖經賢傳)이라고 한다. 그런데 사서의 내용은 삼경을 벗어날 수가 없다는 것이다 그래서 이를 논불리경(論不離經)이라고 한다.

이는 결국 사서삼경이 하나인데 학문적 난이도와 인간으로서 갖추어야 할 윤리도덕적 내용과 인간적 사회적 갖추어야 할 내용에 따라서 우선순위를 정한 것 같다. 그러나 그 내용은 하나이다. 즉, 사서삼경의 내용이 주역에서 비롯된 하나의 내용이라고 볼 수 있다.

주역을 많이 배우고 익혀 어느 경지에 다다른 사람들의 말을 들어보면 주역의 내용이 거의 사서(四書)에 다 있으며 이는 거꾸로 주역을 보다 잘 이해하기 위해서는 사서에 달통하여야 한다는 것이다. 이는 또한 주역의 사상과 철학이 사서에 의리적 관점에서 구체적으로 구현되어 나타나 있다고 볼 수 있다.

사서를 배우는 순서를 보면 사서를 먼저 배우고 그다음 삼경 중에서 시경을 배우고 그다음 서경 그리고 마지막으로 주역인 역경을 배운다. 주역을 배워야 유학의 학문적 완성을 이룬다는 것이다. 유학자가 주역을 배우지 않아서 모르면 이름만이 유학자이지 헛된 유학자라는 것이다.

최근의 중국이나 한국의 학계에서는 사서와 역경이 무관하다는 주장이 대세를 이루고 있다. 특히 공자의 말씀을 기록한 『논어』마저도 『주역』과 전혀 무관하다고 주장하고 있다. 그러나 논어를 보면 주역을 떠나서 도저히 이해될 수 없다. 논어에 나타난 역경의 내용을 살펴보면, 우선 성인과 군자의 개념을 들지 않을 수 없다. 유가철학의 이상적 인격체인 성인과 군자의 존재 특성은 역경에서부터 밝히고 있다. 주역의 중천건괘 문언전에서 "君子 行此四德者"라고 하여 인간 본래성을 자각하여 실천하는 존재가 군자로 자각한 본래성의 내용이 인의례지(仁義禮智)의 사덕이기 때문에 사덕을 실천하는 존재가 군자임을 분명하게 밝히고 있다. 『논어』 역시 군자의 사덕을 중심으로 논의가 전개되고 있다(이현중, 『역경과 사서』).

구체적으로 사서를 살펴보면 많은 부분에서 삼경의 내용을 인용하고 있는 것을 볼 수 있다. 사서의 타당함을 논증하는 증거 자료로 삼경이 인용되고 있는 것이다. 그것은 사서가 삼경을 근거로 쓰였음을 나타낸 것이다. 따라서 사서를 연구하기 위해서는 사서를 비교하여 연구하는 것은 물론 더 나아가 삼경의 바탕이 되어야 한다.

사서의 글 중에 보면 『詩經』과 『書經』을 인용한 '詩曰' '書曰'이라고 하여 그 전거를 밝히고 있다. 그러나 사서에서 '易曰'이라는 말이 나타나지 않았다. 이러한 현상을 피상적으로 이해하면 역경과 사서가 무관하다는 증거라고 생각할 수 있다. 그러나 '易曰'이라는 말은 사용하지 않았지만 사서의 도처에서 가장 빈번하게 인용되고 있는 것이 역경이다. 그 까닭은 사서는 물론 삼경을 일관하는 근본원리가 역경을 통하여 천명된 역도이기 때문에 그것을 따로 드러내지 않았던 것으로 생각된다.

역경에서 밝히고 있는 역도의 내용을 작용원리를 중심으로 나타내면 도생역성 작용과 역생도성 작용임을 알 수 있다. 그런데 도생역성 작용은 정령(政令) 작용(作用)이며, 역생도성 작용은 율려(律呂) 작용(作用)이다. 이러한 역도의 내용을 정령의 측면에서 나타낸 경전이 『書經』이며, 역경의 내용을 율려의 측면에서 나타낸 경전이 『詩經』이다. 즉, 서경은 정치적 측면에서 역사적 사건을 따라서 역경의 내용을 나타낸 것이며, 시경은 예악의 측면에서 인간의 정감을 중심으로 역경의 내용을 나타낸 것이다. 따라서 삼경의 이해는 역경을 중심으로 이해되어야 하며, 삼경을 근거로 형성된 사서 역시 역경을 중심으로 연구되어야 한다.

유가의 경전이 역경을 근거로 저작되었다는 것은 선진 유가 철학이 역학을 존재 근거로 형성되었음을 뜻한다. 그러나 동일한 역도를 근본원리로 하였을지라도 그것을 나타내는 관점은 서로 다르다. 그것은 바꾸어 말하면 역도를 여러 관점, 즉 윤리도덕적 인간의 도리, 사회정치, 예술 등에서 나타내기 위하여 다양한 유가의 경전들이 쓰인 것이라고 할 수 있다(이현중, 『역경과 사서』).

주역과 유학

유학은 "「술이부작(述而不作: 전술은 하고 창작은 하지 않았다), 신이호고(信而好古: 옛 것을 믿고 좋아하다)」"라 한 공자 자신의 말에 나타나 있듯이 공자에 의해 새로이 창시된 것이 아니라 일반적으로 전설시대라고 일컬어지는 요순시대부터 형성된 방대한 사상체계이다. 요순시대의 사상을 집대성한 책이 사서삼경 중에 서경(書經)이다. 그러므로 서경이 유학의 규범적인 근본사상의 출발점이 된다고 본다.

서경은 사천 년 전 중국의 이제 삼왕의 치천하지대경대법, 즉 천하를 잘 다스린 요순 이제와 삼대(하·은·주)의 시조인 우·탕·무왕·삼왕이 세상을 다스린 큰 벼리와 큰 법을 기록한 동양 최고의 경전이다.

서경은 중국역대왕조에서 치국의 귀감이 되었고, 지식인들의 사고기저가 되기도 했다. 따라서 정치도의 정치생활의 기준인 제왕학의 원전이 되었는가 하면 지식인 관료들의 윤리도덕의 규범인 도덕윤리관의 원조가 되었다. 전자의 경우 유교 경전의 정치관 도덕정치가 여기에서 유래되었거나 여기에 응결되어 있고, 후자의 경우도 유교의 도덕윤리가 여기에서 유래하였거나 여기에 응결되었다.

공자는 전설적인 요·순 두 임금과 하·은·주 삼대의 우·탕·문무 삼왕이 다스리던 시대를 가장 이상적인 정치가 행해지던 성군의 시대라고 보았다. 공자가 이들을 성군이라고 떠받드는 것은 이들이 법이나 형벌보다도 덕으로써 나라를 다스렸기 때문이다. 서경의 첫머리 요전(堯典)에서 요임금의 공업(功業)을 서술한 대목을 보아도 거기에서 이미 유가의 학문적인 이상을 발견하게 된다.

공자는 요순시대의 사상을 집대성하였고, 자사와 맹자가 그것을 부연하였다. 그리고 그 주된 표현형식은 그들(공자, 자사, 맹자를 비롯한 유학의 여러 사상가들)이 단편적으로 진술한 언어의 기록에 의한 것이다.

따라서 유학에는 한 시대 한 개인의 논술에 의해 기술된 사상에 비하여 논리체계가 정비되어 있지 않다. 바로 이 점이 많은 중국사상연구자들로 하여금 중국사상을 체계적으로 이해하는 것을 어렵게 하는 부분이다.

일찍이 일본의 吉川幸次郎 씨는 安田二郎 씨의 저서, 『중국근세사상연구』의 서문에서 "중국사상을 연구하는 자들에게 늘 고통스러운 것은 사상가들의 말이, 논어를 위시하여 너무나도 단편적이라는 점이다. 단편적인 결과 서로 모순되는 말이 양립되어 병기되어 있는 경우조차 드물지 않다"고 기술한 바가 있다.

이와 같이 유학은 상호 모순되는 요소를 동시에 내포하는 종합적 학문체계이기 때문에 이러한 모순성을 조화롭게 통일하는 전체적인 이해를 동반하지 않는 부분적 연구는 맹인이 코끼리를 더듬는 것과 같아서, 결국 유학사상이 갖는 단편성을 더욱 불려 놓는 결과가 되지 않을 수 없다. 유학사상 연구에 참여한 많은 학자들의 견해 차이로 인하여 유학사상사가 경전의 해석을 둘러싼 주석사적 성격을 띠게 된 것은 이러한 이유에서이다.

따라서 유학사상의 전 영역에 걸쳐 구조를 파악하는 것이 유학사상의 종합적인 이해를 위한 선결요건이다.

유학사상은 이미 전술한 바와 같이 공자에 의하여 집대성된, 요순시대부터 계승 발전되어 온 중국 전통사상인데, 그 계승 발전되어 온 내용의 중심은 중(中)을 실천하는 사상이다. 주자가 쓴 중용장구 서문에서, 천하의 대성인 요·순·우가 천하의 대사인 천자의 제위를 주고받을 때 신중히 일러준 말의 내용이 「중(中)」을 실천하는 것이었으므로, 천하의 이치는 이 「중」을 실천하는 것보다 더 중요한 것이 없다고 기술하고 있다. 이 중의 사상은 그 이후에도 계승되어 공자, 안자, 증자를 거쳐 자사에 이르러 『중용』이란 책으로 정리되었다. 어쨌든 요순 이래 계승 발전되어온 중국 전통사상, 즉 유학사상에 있어서 계승 발전되어온 내용의 중심을 이룬 것은 바로 이 중(中)의 사상이라고 말할 수 있을 것이다.

유학이 추구하는 인간사회의 궁극적인 목적은, 첫째, 안으로 향해지는 자기완성(成己)을 목적으로 하는 수기지학(修己之學)이고, 둘째, 밖으로 향해서는 각각의 단계에 있어서의 공동체(집단으로서의 가정, 국가, 세계)를 통치하여 그 구성원을 편안케 하는 것(成物)을 목적으로 하는 치인지학(治人之學)으로서이다. 그리고 이 수기(修己)와 치인(治人)의 두 끝을 조화롭게 통합하는 중용지학으로 나타나는 것이다(이기동, 『동양삼국의 주자학』).

충남대학교 이현중 교수는, 『역경과 사서』라는 저서에서 주역과 유학의 관계를 자세하고 구체적으로 나타내주고 있다.

유학은 성인에 의하여 형성되고, 군자에 의하여 실천되는 학문이다. 성인은 천지의 도가 인신, 즉 인간으로 화신된 존재로 인류 역사상에 나타나 인간의 삶의 원리인 인도와 그 존재 근거인 천지의 도를 밝혔다. 『주역』에서는 성인이 밝힌 천지의 도와 인도를 공간성을 중심으로 삼재지도로 규정하고 있다. 천지인삼재에 관통하는 근본원리를 밝혀서 나타내고 있다. 주역이 삼재지도를 밝힌 목적은 군자로 하여금 인도를 자각하여 실천하게 하려는 것이다. 이처럼 삼재지도를 밝힌 경전을 바탕으로 형성된 학문이 유학이다.

뿐만 아니라 유학의 최고 가치인 중용사상도 주역의 중정(中正)사상에서 연유된 사상이라는 것이다. 대산 선생께서는 중용이란 한쪽으로 치우치지도 않고 기울지도 않으며(불편불의: 不偏不倚) 늘 가운데인 상태, 사람이 중심이 되고 중도를 이루어 나가는 것을 말한다. 마땅히 가야 할 길을 한가운데로 가는 것은 중도로 가는 것이다.

중용이란 주역의 괘로 말하면 중정이 되는 상태를 말한다. 주역의 중정사상을 바탕으로 한 유교의 중정지도를 잇는데, 중용을 지은 자사가 중용으로 이은 것이다. 중은 앞서 말했듯이 불편불의(不偏不倚)한 것이다. 그러면 '바를 정(正)'은 '떳떳할 용(庸)'과 한가지인 셈이다. '용(庸)'은 평상, 즉 늘 그대로 한결같은 것, 떳떳한 것, 변치 않는 것을 말한다. 중을 얻었으면 그중이 늘 떳떳해야 한다. 그래서 중은 치우치지 않는 것이고, 용은 떳떳한 것이라 해서 중용이라고 한다.

중용은 주역에서 유래된 말인데, 주역 중천건괘의 문언전에서 정중자야(正中者也)에서 중(中)자를 따고, 용언지신(庸言之信) 용행지근(庸行之謹)의 용(庸)자를 취하면 결국 중용이 된다. 그래서 주역을 대주역이라 말하고, 중용은 소주역이라 말하는 것이다.

제5장

주역과 성리학 그리고 도가

제1절 주역과 성리학

중국의 전목(錢穆)은 그의 저서인 『朱子學提綱(주자학의 세계)』에서 중국사상에 대해 다음과 같이 언급하고 있다.

중국의 학술사에 있어서 가장 뚜렷한 발자취를 남긴 두 사람을 든다면 고대에 있어서는 공자(B.C. 551~B.C. 479)이고 근대에 있어서는 주자(A.D. 1130~1200)이다. 이 두 사람은 중국의 사상사나 문화사에 있어서 크게 명성을 떨쳤을 뿐만 아니라 후세에까지 계속해서 막대한 영향을 끼친 인물들이다. 이 점에 있어서 이 두 사람에게 필적할 제3의 인물을 찾기란 쉽지 않다.

공자는 춘추 이전의 학술사상을 집대성해서 유학을 개창하여 중국의 학문인 유학에 주요한 뼈대를 마련하였다. 그리고 송대에는 성리학이 일어나 유학이 새로이 각광을 받는 계기가 마련되자, 주자는 성리학을 집대성함과 아울러 공자 이래의 학술사상까지도 집대성하였다. 이 두 사람은 역사의 앞뒤에 우뚝 서서 다 같이 여러 학술사상의 흐름을 모아서 한 방향으로 흐르게 할 수가 있었다. 주자가 출현한 뒤부터 공자 이래의 유학은 성리학으로 다시 탄생하였고 그래서 성리학은 유학을 새롭게 재탄생시켰다고 하여서 신유학(Neo – Confucianism)이라고도 한다.

성리학은 송나라 때 완성되었다고 하여 ‘송학’이라고도 하고, 도(道)의 실천을 근본문제로 삼는다 하여 ‘도학’이라고도 한다. 그리고 주자가 완성하였다고 하여 주자학이라고도 하고, 유학을 새롭게 일으켰다고 하여 '신유학'이라고도 한다.

성리학이 탄생하던 송나라의 시대적 배경은, 불교와 노장사상이 널리 유행했고 유학이 상대적으로 쇠퇴한 상황에서, 불교와 노장사상의 사회정치적 폐단이 두드러지던 시대였다. 이에 송의 유학자들은 그러한 폐단을 비판하고 유학의 윤리사상을 근간으로 하여 불교와 노장사상의 이론적 성과물들을 흡수함으로써 유학의 전통을 새롭게 수립하였다. 그리고 이러한 작업은 주자에 의하여 완성되었다.

유학자들이 불교를 비판한 내용을 보면, 불교가 중국인들의 인생관과 아주 다르다는 데 초점을 맞추었다. 중국의 유학자들은 철저하게 현실적인 사람들이었다. 그들은 현실에서 설명할 수 없거나 현실에 도움이 되지 않는 것들은 모두 허구나 거짓으로 여겼다.

불교의 핵심교설인 인과응보설이나 윤회설 혹은 열반에 관한 주장은 그들에게 현실적으로 수긍할 수 없는 것으로 간주되었다. 극단적 현실주의자들이었던 그들은 불교를 비현실적인 몰역사주의적 출세간주의로 간주하고 비판하기 시작하였다.

불교를 비판한 가장 대표적인 학자의 한 사람인 한유는 『원도』라는 글에서, 요순부터 공자, 맹자로 이어지는 유학의 전통을 논했는데, 여기서 대학 팔조목의 장을 끌어내어 수신으로부터 평천하에 이르는 것을 도의(道義)의 근거로 삼았다. 그리고 "그러한 즉 옛날의 이른바 정심하고 성의한다는 것은 단순히 마음을 닦기 위한 것이 아니고 유위(有爲)한 일을 하려는 것이다. 지금은 불가나 도가들이 그 마음을 다스리려 하면서도 천하국가를 도외시하고 천륜을 거역하고 있다"고 했다. 사람의 마음을 다스리는 데서 출발하기는 대학도 불교나 도교와 마찬가지이나, 그 도표(道標)가 치국평천하에 이르고, 이르지 않음에 큰 차이가 난다는 것이다.

당 말의 유학자들이나 송대의 성리학자들 중에서 조금이나마 불교를 배우지 않은 이들은 없었던 듯하다. 그중에는 이고(李翶)나 주렴계처럼 불교를 긍정적으로 생각하는 이들도 있으나 대부분 불교에 비판적이었다. 그중에서도 구양수는 불교를 가장 극렬하게 비판하였다. 그는 한유의 『원도(原道)』를 읽고 크게 느끼는 바가 있어 불교비판에 부족하다고 느낀 점을 보충하여 『본론』을 지었다고 한다.

이 당시 불교를 비판한 내용의 중심이 되는 주제는 불효, 불충, 오랑캐 문화, 혹세무민, 타락으로 요약된다. 첫째, 불교는 무엇보다도 자신만의 안일을 위해 처자와 가정을 버리고 떠나므로 비인간적이다. 둘째, 불교는 백성된 자로서의 책무인 국가와 왕에 대한 헌신을 저버리므로 비사회적이다. 셋째, 불교는 중국의 고유하고 고귀한 문화를 파괴하고 천박한 오랑캐의 문화를 퍼뜨리므로 비문화적이다. 넷째, 불교는 윤회니 업이니 인과니 하는 비현실적이고 헛된 가르침을 퍼뜨려서 선량한 백성들을 혹세무민한다. 다섯째, 불교는 거짓된 삶을 살기 때문에 당연히 타락할 수밖에 없다는 것 등이다.

주자 당시의 송나라는 북방 이민족의 침략에 의해 사회가 혼란하고 국가가 위태로운 침체기를 맞고 있었다. 주자는 사회의 혼란과 국가의 위기가 도덕의 타락과 기강의 문란에서 비롯된 것이라고 판단했다. 그리고 이러한 도덕의 타락과 기강의 문란은 현실의 역사를 외면하는 출세간주의, 즉 불교가 원인이라고 생각했다. 주자는 쓰러져가는 조국의 국운을 되살리는 길은 타락한 도덕과 문란해진 기강을 다시 바로 세우는 길뿐이라고 확신했다. 그는 도덕과 기강을 바로 세우기 위해서는 공맹 이후로 끊어진 유교의 도통을 회복해야 한다고 생각했으며, 그것은 타락과 문란의 원인인 불교를 척결하는 데서부터 시작해야 한다고 굳게 믿었다. 주자는 이러한 신념 아래 불교 비판을 통해 유교를 새롭게 해석하고 체계화하는 과업에 착수하였으며, 그래서 완성한 학문이 성리학이다.

송대의 주자를 비롯한 성리학자들의 사상체계는 불교비판 위에서 이루어진 것이었으나, 동시에 불교로부터 많은 영향을 받기도 하였다. 혹자는 주자가 불교를 배우고 다시 불교를 비판하기도 한 점을 들어 그와 불교의 관계를 '사랑과 증오'의 관계라고 부르기도 한다.

성리학의 학문적 체계의 근거는 주역이다

주자는 중국의 가장 큰 전통사상인 유교를 재해석하여 새롭게 체계화함으로써 엄청난 학문적 업적을 이루었으며, 나아가 그의 업적은 동아시아 사람들의 삶에 오랫동안 지대한 영향을 끼쳤다.

퇴계 선생이 선조임금을 유학의 이상적인 성군이 되기를 바라는 뜻에서 성리학의 요점을 열 가지 그림으로 쉽고 간략하게 보여주려고 지은 책이 『성학십도(聖學十圖)』이다.

『성학십도』의 첫 번째 그림이 주돈이의 『태극도설』이다. 『태극도설』은 주역의 이치에 근거해서 우주의 원리와 생성과정을 설명함과 동시에 인간의 도덕원리와 표준을 제시하였다. 따라서 『태극도설』은 성리학의 가장 기본적 출발이 되는 논리적 근거가 된다. 그런데 이 『태극도설』은 주역에서 비롯된 학설이다.

주자학에서는 우주자연의 질서와 인간심성의 구조가 동일하다고 생각하였고, 그렇기 때문에 우주자연의 질서가 곧 인간사회의 당위가 된다고 믿었다. 그래서 이를 증명하기 위하여 이기론을 전개하였는데, 그 목적은 우주자연의 근본이치인 리(理)가 인간의 성(性)과 일치한다는 것을 밝히는 데 있었다.

학문적 준거는, 먼저 우주론적 질서를 주역의 이기론에 입각하여 태극과 음양오행을 근간으로 인간의 심성정(心性情)을 체계화하였고, 인간의 심성론은 중용의 성즉리(性卽理), 즉 하늘의 리가 인간의 성으로 화생되었다는 내용과 맹자의 성선설을 근거로 하였다고 본다.

음양오행의 기와 그 기의 운동법칙인 리(理)는 자연세계와 인간세계의 만물 속 어디에서나 구체적으로 존재하는 것들이다. 그렇다면 리(理)와 기(氣)의 합인 인간의 심(心) 역시 구체적으로 존재하는 어떤 물(物)이다. 그러므로 심도 여타의 물과 마찬가지로 리와 기로 구성되어 있는 것이다. 심의 리는 심의 미발(未發)이자 원리인 성(性)이 되고, 이 성이 심을 통하여 발할 때 그것이 정(情)이 된다고 한다.

이를 밝히기 위하여 이기론을 전개하였는데, 그 목적은 우주자연의 근본이치인 리가 인간의 성과 일치한다는 것을 밝히는 데 있었다. 그리고 그 방법론으로 제시된 것이 격물치지의 인식 공부와 거경(居敬)과 성(誠)의 수양 공부였고, 공부의 최종 도달점은 천명을 알고 본성을 회복하여 성인이 되는, 즉 복성성성(復性成聖)이었다. 그리고 이러한 철학적 토대에 기초하여 사회윤리학을 확립하였다. 그는 오륜 중심의 질서를 구축하고 왕도정치의 이상을 확립하여 사회 기강을 바로 잡고자 하였다.

퇴계 선생의 천명신도(天命新圖)

성리학의 구체적인 학문적 구조체계는 퇴계 선생의 천명신도를 근거로 다음과 같이 제시하였다. 주역의 천지자연의 이치를 생활에 접목, 응용한 대표적인 학파로서 의리와 상수학파가 있음을 앞에서 서술하였다. 의리역은 일체 사물의 존재이유나 사물의 이치와 원리를 연구하는 학파를 의미하고, 상수역은 인간생활의 길흉화복을 연구하는 학파를 의미한다.

상수역의 대표적인 학문으로는 점을 비롯한 동양오술이 있고, 의리역의 대표적인 학문으로는 성리학이 있다. 성리학은 주역의 천지이치, 즉 우주론적 순화론적 자연의 이치를 통해 인간의 도리를 체계화한 과학적 윤리도덕학이라고 볼 수 있다. 결국 주역의 천지자연의 이치인 태극과 음양오행론의 관점에서 인간의 사상과 도리를 연구한 학파가 의리역이고, 의리적 내용을 실제 윤리도덕 생활에 접목, 응용하여 체계화한 학문이 성리학이다.

성리학에서는 우주·인간 만물을 포함한 존재론을 우주론의 기본개념인 리·기의 개념으로 분석하고 있으며, 우주(천지)의 존재구조와 소우주인 인간의 존재구조가 상응하는 것으로 파악한다. 그래서 "천지의 태극이 인간에서 성이요, 천지의 동정·음양이 인간에서 심이요, 천지의 오행이 인간에서 오상(인의예지신)이요, 천지가 화생하는 만물은 인간에서 만사이다(天地之太極, 在人便是性, 天地之動靜陰陽, 在人便是心, 天地之金木水火土, 在人便是仁義禮智信, 天地之化生萬物, 在人便是萬事)"고 하여, 우주에서 태극·음양·오행이 인간존재에서 성·심·오상·만사로 상응하는 것임을 확인하고 있다. 여기서 태극과 성은 하나의 리요, 음양·오행·만물은 기라고 할 수 있지만, 심·만사는 그대로 기라고 할 수 없고, 리와 기가 결합된 존재, 즉 물(物)이며, 오상은 성으로서 리라 할 수 있다.

성리학은 노·불사상을 극복하기 위해 주역(周易)의 이치와 중용(中庸)의 성명론(性命論) 그리고 맹자의 사단칠정론(四端七情論)을 결합하여 본래의 유학(儒學)을 재구성함으로써 이루어진 학문이라 하여 신유학(Neo-confucianism)이라고도 한다. 주역의 이치와 중용의 성명론을 결합한 내용을 구체적으로 서술하면 다음과 같다.

성리학에서 주역의 우주론적 순환론적 자연의 이치인 천지자연의 이치를 윤리도덕 생활에 접목, 응용한 그 구체적 내용을 <그림 5-1> 퇴계 선생의 천명도를 근거로 설명해 보고자 한다.

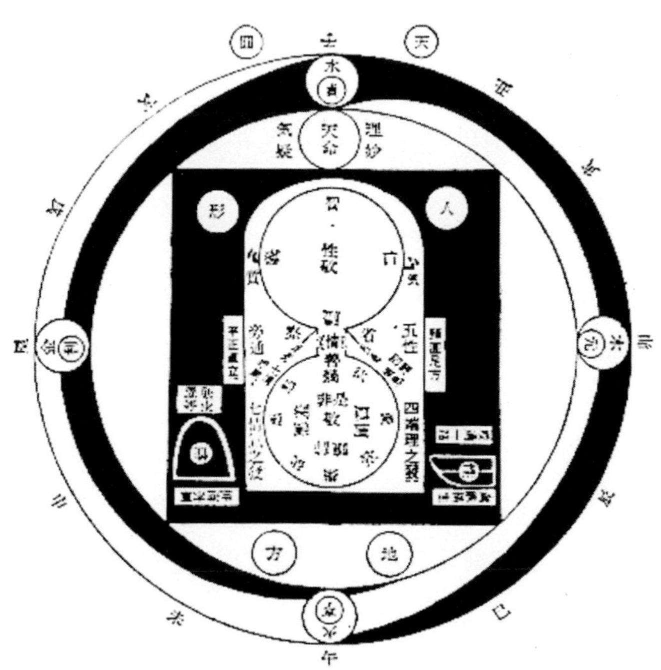

〈그림 5-1〉 퇴계 선생의 천명신도(天命新圖)

이 그림은 퇴계 선생이 주역의 천지이치인 태극과 음양오행론의 관점에서 인간의 심(心)·성(性)·정(情)의 관계를 나타낸 천명신도이다. 이 그림에 대한 자세한 내용은 생략하고, 간단히 그 내용의 구조, 즉 성리학의 구조를 살펴보고자 한다.

먼저 그림을 크게 세 가지, 즉 천지인(天地人)으로 나눠 볼 수 있다. 그림에서 제일 바깥의 원형은 하늘을 나타내는 것으로 천원(天圓)이라 했고, 가운데 네모난 검은 부분은 땅을 나타낸 것으로 이를 지방(地方)이라 했으며, 한가운데 흰색 부분은 인간을 나타낸 것으로 인형(人形)이라 표기하였다.

인간을 나타낸 인형은 천지의 기와 이치를 받고 사람이 태어났음을 암시하고 있다. 인간이라는 형태로 태어났다면, 이는 천기와 지기의 영향을 받고 태어났음을 암시하고 있다. 그래서 인간을 나타낸 인형의 모습도 육체 부분은 땅을 본받아 네모난 방형을 이루고, 머리 부분은 하늘을 본받아 둥근 모양의 원형을 이루고 있다. 이를 두원족방(頭圓足方), 머리는 둥글고 발은 네모나다고 하였다.

그림에서 천지인을 나타낸 것을 더 자세하게 서술하면 다음과 같다.

첫째, 하늘을 나타낸 바깥의 원형은 다시 두 부분인 흰색과 검은색으로 나눠져 있는데, 이는 천기의 음양의 순환을 나타낸 태극문양이다. 태극은 우주를 나타낸 문양이므로 태극문양 안에 우주론적 순환론적 자연의 이치인 원형이정과 목화금수가 짝을 이루고 있다. 그리고 제일 바깥에 12지지인 자(子)·축(丑)·인(寅)·묘(卯)·진(辰)·사(巳)·오(午)·미(未)·신(申)·유(酉)·술(戌)·해(亥)가 있다.

천기의 음양순환에서, 12지지의 '자(子)' 근처에서 음기, 그림에서는 검은색이 가장 많고, 그 이후에는 양기, 그림에서는 흰색이 점점 늘어나서 '묘(卯)'에 이르러 음양이 대등하게 존재하고, 그 이후에는 양기가 음기에 비해서 더 많아진다. 음기가 줄어들어서 '오(午)' 근처에서 양기가 가장 많고, 음기가 가장 적다. 그다음 다시 음기가 점점 많아지고 양기는 점점 줄어들어서 '유(酉)'에 이르러 다시 대등해지고, 그 이후에는 음이 점점 많아지고 양이 점점 줄어들어서 다시 원래 출발했던 '자'에 이르러 순환이 끝난다. 끝이 나면 영원히 끝나는 것이 아니고, 다시 그곳에서 시작하여 새로운 순환이 계속된다. 이를 종즉유시

(終則有始), 끝나면 시작이 있다는 원리이다. 우주의 순환원리가 종즉유시이므로 인간사도 이 원리와 마찬가지로 끝나면 다시 시작한다는 것이다. 그래서 영원히 순환 반복하는 것이다.

순환 반복하는 12지지의 변화현상을 일 년 사계절에 대입해 보면, 해자축은 음력으로 겨울인 10, 11, 12를 나타내고, 인묘진은 봄인 1, 2, 3월, 사오미는 여름 4, 5, 6월, 신유술은 가을 7, 8, 9월을 나타낸다. 12지지를 하루의 시간대와 대입하면, 하루 24시간을 2시간을 단위로 자(밤 11시)시에서 시작하여 축·인·묘·진·사·오·미·신·유·술·해(밤 10시)에 한 순환이 끝난다.

큰 원형 그림 안에 큰 동그라미가 네 방위로 네 개가 있는데, 각각의 동그라미에는 목화금수(木火金水)가 있고, 또 작은 동그라미에는 원형이정(元亨利貞)이 있다. 즉, 목과 원 그리고 12지지의 인묘진, 화와 형 그리고 사오미, 금과 리 그리고 신유술, 수와 정 그리고 해자축이 각각 짝을 이루고 있다. 이는 오행의 속성상 원과 12지지의 인묘진이 목의 성격을 갖고 있어서 목과 같이 있고, 형과 사오미는 화의 속성, 리와 신유술은 금의 속성, 정과 해자축은 수의 속성이기 때문에 각각 짝을 이루고 있다.

이상 하늘의 기운변화를 태극문양과 관련하여 음양오행과 원형이정 및 12지지를 중심으로 나타냈는데, 이들 변화는 인간에게 영향을 준다는 것이며, 이를 천명(天命)이라고 한다. 그런 의미에서 그림 맨 위의 동그라미 바로 밑에 있는 동그라미 속에 천명이라고 표기한 것으로 볼 수 있다. 천명은 다시 리와 기로 나타내고 있다. 음양을 리기(理氣)로 나타내면, 음과 양은 기를 나타낸 것이고, 음양이 변화하는 소이연(所以然), 즉 까닭에 해당하는 것은 리이다.

둘째, 땅을 나타낸 부분은, 그림의 가운데 네모난 검은색 부분을 말한다. 이를 맨 아래에 지방(地方)이라고 표현했다. 옛사람들은 땅을 평평하다고 생각했는지 네모난 땅의 모양을, 즉 지방으로 나타냈다. 하늘은 둥글다고 하여 천원이라고 하였고, 땅은 평평하게 네모나다고 생각하여 지방이라 하였으며, 이를 합쳐 한마디로 천원지방(天圓地方), 즉 하늘은 둥글고 땅은 네모난 것이라고 하였다.

그림에서 보면, 땅에 대해서는 특별한 내용이 없다. 하늘에 대해서는 많은 변화현상을 12지지와 음양오행론으로 나타내고 있는데 비해서 땅에 대해서는 뚜렷한 내용이 없다. 이는 하늘이 주(主)이고, 땅은 하늘의 변화를 받아들이는 종의 입장에 있음을 암시하고 있는 것 같다.

주역에서도 땅을 나타내는 곤괘의 단전에서도 "至哉라 坤元이여 萬物이 資生하나니 乃順承天이니(지극하도다! 곤의 원이여, 만물이 바탕하여 생하느니 이에 순히 하늘을 이으니)"에서, '내순승천(乃順承天, 이에 순히 하늘을 이으니)'이란 하늘과 땅의 관계에서 땅의 특성을 나타낸 표현이다. 즉, 땅은 순하게 하늘의 뜻을 따른다는 것을 나타낸 것이다. 결국 땅은 하늘의 변화를 그대로 순하게 받아들여서 만물을 낳고 기르고 할 뿐이지, 독자적으로 앞으로 나아가는 것이 없음을 나타내고 있다. 그래서 땅을 나타내는 곤괘를 해설한 문왕의 괘사에서도 "先하면 迷하고 後하면 得하리니 主利하니라(먼저 하면 혼미하고, 뒤에 하면 얻으리니 이로움을 주장하니라)"고 하였다. 이는 유약하고 어두운 상태인 음으로서는 마땅히 양의 부름을 기다려 화답함이 순리이니, 양보다 먼저 나아가면 아득하고 양을 앞세운 후 뒤따르면 그 결실이 있게 된다는 의미이다. 결국 땅의 이런 특성 때문에 그림에서 아무 내용도 나타내지 않은 것으로 보인다.

셋째, 인간을 나타낸 부분이 그림의 가운데 흰색 부분이다. 이를 인형(人形)으로 나타냈다. 인간은 하늘의 천기와 땅의 지기를 받고 태어났기 때문에 이를 상징적으로 나타내기 위해서 하늘의 둥근 모양과 땅의 네모난 모양을 합쳐서 두원족방(頭圓足方) 머리는 둥글고 발은 네모난 모양으로 나타냈다. 그것이 인형, 즉 인간의 형체로 나타났다고 표현하였다. 따라서 인간인 인형(人形)은 하늘의 천기와 땅의 지기의 영향을 받고 태어났으므로 당연히 리도 함께 부여받았다. 왜냐하면 모든 만물은 천지기운에 의해서 태어나 형체를 갖추게 되는데 거기에는 또한 반드시 리도 함께 부여되기 때문이다. 즉, 형체는 기에 의해서 이뤄지고 그 형체에는 반드시 기의 리가 함께 부여된다.

그림의 흰색 부분인 인형을 보면, 위아래에 둥근 원이 두 개가 있다.

먼저 위의 둥근 원에는 원내의 네 곳에 인례의지(仁禮義智)가 있고, 가운데 성(性)과 경(敬)이 있으며, 心字가 원의 좌우에 분리되어 쓰여 있다. 그리고 위의 둥근 원과 아래의 둥근 원 사이에 정(情)이 있다. 아래 원에는 선기(善幾)와 사단(측은(惻隱)·사양(辭讓)·수오(羞惡)·시비(是非)) 그리고 칠정인 희노애구애오욕(喜怒哀懼愛惡欲)이 있다. 그리고 가운데 경(敬)이 있다.

위의 인례의지는 성(性)이고, 이는 마음이 사물에 감촉되지 않은 상태, 즉 심의 미발(未發)을 나타낸 것, 다른 말로 발현되지 않은 것이고, 마음이 사물에 이미 감촉된 상태, 이발, 즉 발현된 상태를 정(情)이라고 한다. 결국 미발의 성이 발한 것이 정이며, 사단과 칠정은 모두 정에 속한다. 선기(善幾)는 성선설의 기미를 의미하는 것으로 보인다. 맹자 성선설의 구체적인 내용을 사단으로 나타낸 것으로 보인다.

경(敬)은 다른 말로 주일무적(主一無適)이라는 의미로, 이는 글자 그대로 하나에 집중하여 나아가지 말라는 의미이다. 현대적 의미로 정신을 차리고 항상 깨어 있으라는 의미와 유사하다. 인간의 본성인 도심(道心)인 인의예지를 항상 간직하고, 이에서 벗어나지 말라는 의미이다. 왜냐하면 인간은 사사로운 감정과 인욕의 사사로움, 즉 인심(人心)에 현혹되어 도심인 인의예지의 성을 이탈하기 쉬우므로, 그렇게 되지 않도록 정신을 차리고 항상 깨어 있으라는 의미인 것 같다.

인례의지는 또한 오행으로 볼 때 목화금수이며, 그래서 각각의 배열도 목화금수의 배열과 같이 짝을 이루게 하였다. 즉, 인은 목의 방향으로 배열하였으며, 례는 화, 의는 금, 지는 수의 방향으로 배열하였다. 그리고 사단의 경우에도 동일한 원리로, 측은·사양·수오·시비도 인례의지의 단서이므로 같은 방향으로 배열하였다. 즉, 측은은 인의 단서이므로 오행의 목의 방향으로 배열하였고, 사양은 례의 단서이므로 화의 방향, 수오는 의의 단서이므로 금의 방향, 시비는 지의 단서이므로 수의 방향으로 동일하게 배열하였다. 여기서 잠깐 주의 깊게 살펴보면, 그림의 가운데 인형부분의 둥근 두 개의 원 사이에 오른쪽 중간에 오성(五性)이라는 말이 있다. 인례의지(仁禮義智)에 신(信)을 추가하여 오성이라고 한다.

사실상 하늘의 순환 이치는 음양과 오행으로 표현하면 오행에 맞는 오성을 제시하여야 맞는다. 그런데 그림에서는 원형이정과 짝을 맞추기 위해서 그렇게 했는지 모르지만, 오행 중 목화금수만을 나타내고 토를 나타내고 있지 않다. 그런데 오행에 맞게 성을 제시하면 오성, 즉 인례의지신(仁禮義智信)를 제시하여야 한다. 아마도 주역의 하늘을 나타내는 중천건괘에 대한 문왕의 괘사인 '원형이정(元亨利貞)'과 짝을 맞추기 위해서 오성 중 토에 해당하는 신(信)을 생략한 것으로 보인다. 아니면 원래는 천지이치인 원형이정에 맞게 사성(四性)인 인의예지를 사용하다가, 그 이후에 오행이 나타나면서 오성(仁禮信義智)으로 발전했는지도 모른다. 그러나 다른 문헌에 보면 오행에 맞게 오성을 쓰는 경우가 일반화되어 있다.

이상은 퇴계 선생의 천명신도를 보고 천의 천원과 지의 지방 그리고 인의 인형의 관계를 개괄적으로 설명하였다. 결론적으로 인간은 하늘과 땅의 음양오행의 리기(理氣)의 천명을 받고, 인형으로서의 형체와 성을 받고 태어났음을 알 수 있다. 즉, 천지의 기를 받아서 형체가 되었고, 그와 동시에 천지의 리를 받아서 성을 부여받았다고 볼 수 있다. 성은 심의 미발인 잠재적인 본성을 나타내고, 이 미발된 성이 사물에 감촉하여 나타나면 정이 된다. 즉, 인은 측은지심으로 나타나고, 예는 사양지심으로 나타나고, 의는 수오지심으로 나타나고, 지는 시비지심으로 나타난다는 것이다.

결국 인간은 천지의 이치인 음양오행의 천명을 받고 태어났으므로, 인간은 평생 동안 이를 벗어나지 말고 바르게 살아야 한다는 도리를 제시한 것이다. 즉, 하늘은 인간에게 천명의 리(理)로서 오성인 인의예지신을 부여했으니, 성경(誠敬)한 태도로, 즉 한순간도 이를 이탈하지 말고 정성을 다하여 진실무망하게 옳게 살라는 의미이다.

이상과 같은 성리학의 인간의 도리에 대한 내용을 주역의 설괘전 제1장에서는 '궁리진성(窮理盡性)하야 이지어명(以至於命)하니라'로 나타내고 있다. 즉, 천지의 이치를 궁구하여 성을 다 함으로써 명에 이른다. 천지의 이치를 궁구하여 인간의 성품을 다 밝힌다는 것은 천지이치가 인간에 부여한 성품임을 깨달아, 그 성품대로 사는 것이 하늘이 인간에 부여한 천명대로 사는 것이라고 볼 수 있다.

천지의 리와 기의 천명에 의한 인간의 형체와 성의 관계는 중용의 제1장에도 다음과 같이 잘 나타나 있다.

앞글은 주자가 구체적으로 주해한 내용을 중심으로 살펴보면 다음과 같다.

명은 령(令)과 같고, 성즉리(性卽理), 성은 리이다. 하늘이 음양오행으로서 만물을 화생하여 기로 형체를 이루고, 그리고 또한 거기에 리를 부여하였으니, 이것이 곧 하늘이 명령하는 것과 같다. 이에 사람과 물건이 태어남에 각기 부여받은 바의 리를 얻음으로 인하여 건순 오상의 덕을 삼으니, 이른바 성이다.

성즉리(性卽理)에서 리는, 퇴계 선생의 천명신도에서 천지자연의 이치인 음양오행과 주역 중천건괘의 원형이정을 말하며, 성은 인의예지신 오성을 말한다. 천지 이치인 음양오행으로써 만물을 화생, 또는 낳을 때, 기로써 형체를 이루고 그리고 또한 거기에 리, 인간에게는 오성인 인의례지신을 부여하였으니 이것이 하늘, 즉 하느님이 명령하는 것과 같다.

결국 성리학은, 주역의 우주론적 순환론적 자연의 이치인 태극과 음양오행론의 관점에서, 인간의 심·성·정의 관계를 체계화하여 인간의 도리를 제시한 과학적 윤리도덕학이라고 볼 수 있다.

성리학의 학문적 성격의 특징을 몇 가지로 나타낼 수 있다.

첫째, 주역의 천인합일사상에 근거하고 있음을 알 수 있다. 그런데 천지는 주이고, 인간은 천지에 지배종속된 종의 위치에 있다. 따라서 천지의 이치에 또는 변화질서에 맞게 사는 것을 이상적 인간으로 보았다. 즉, 천지는 대우주, 인간은 소우주이며, 소우주는 대우주에 종속되어 있으므로, 소우주인 인간은 대우주의 이치에 맞게 사는 것이 가장 타당한 삶으로 보았다. 여기서 우리가 생각해야 할 것이 대우주인 천지이치는 다른 말로 하느님의 의지 또는 말씀과 같다. 자칫 가까운 객관적 사실에 근거한 소소한 인간의 능력으로 조작할 수 있는 과학적 이론 또는 원리와 같은 서양과학적 이치가 아님을 유의해야 한다.

둘째, 성리학의 출발점 또는 근거가 성즉리, 즉 천지의 '리'가 인간에 부여한 것이 '성'이라는 원리를 대전제로 하고 있다. 여기서 하늘이 인간에게 부여한 성의 해석에 대해서 생각해 보아야 한다. 성리학에서는 성을 성선설에 근거해서 인간의 도리를 오성, 즉 인의예지신인 도심(道心)의 관점에서 제시했지만, 성악설에서는 인간의 본능적 성인 인심(人心)적 측면을 강조하여 전혀 다르게 보고 있으므로, 이에 대해서도 고려해 보아야 한다. 인간이 천지의 기를 받고 태어났는데, 거기에는 이치로서 음양의 이치가 있으므로 인간의 성도 음양적 측면을 벗어날 수 없다고 본다. 따라서 인간의 성에도 음적인 성, 즉 성악적 측면과, 양적인 성, 즉 성선적 성 둘이 있다고 볼 수 있다. 서양에서도 인간을 야누스적으로 보는 것은 인간의 양면성을 인정하는 좋은 예라고 볼 수 있다.

셋째, 동양학이 천도를 미루어 인사를 밝혔다는 관점에서 생각해보고자 한다. 천도란 글자 그대로 하늘의 이치를 말하고, 이는 기의 작용과 변화이치인 음양오행론을 말한다. 하늘의 변화이치인 음양오행론은 곧 인간의 모든 인사의 준칙이 된다. 준칙인 음양오행론은 다른 말로 하면 천명에 해당하는 것이며, 이는 곧 하느님의 뜻이기도 하다. 따라서 인간의 윤리도덕도 인사의 하나이므로 당연히 하늘의 이치인 천도에 입각하여 준칙을 제시한 것이다. 그것이 곧 천명이고 하느님의 말씀이다. 동양학은 하느님의 뜻을 이치적으로 학문적으로 나타내고 있음을 알 수 있다.

제2절 주역과 도가 그리고 도교

한국도교학회장이었던 도광순은 『도교와 과학』의 서문에서 유교와 도교를 비교 설명하면서 도교의 학문적 성격을 다음과 같이 서술하였다.

유교와 도교는 동양의 양대 문화로서 그 성격이 대조적이다. 전자가 윤리적,

정치적인 문화라면, 후자는 철학적, 과학적, 종교적인 문화이다. 유교가 현실사회의 봉건적 질서 유지를 위해서 스콜라적 지식에 매달려 있었다면, 도교는 이러한 테두리에서 벗어나서 자연의 경험적, 실험적 연구에 관심을 집중시키고 있었으며, 대자연 속에 살면서 자연의 법칙과 기밀을 알아내어 이것을 인간에 이용함으로써 인간 생명의 불멸, 즉 불로장생의 꿈을 실현하고자 하였다. 여기에 도교가 과학기술의 개발과 연결되는 필연성이 있다. 도교는 대자연과 인간의 혼연융합을 기도하는 점에서 신비주의적이고 주술적인 성격이 강하다.

도교가 인간과 자연의 관계에서 불로장생의 꿈을 실현하고자 인간 생명에 대한 과학기술의 개발에 노력하였다는 점에서 오늘날 우리가 관심을 갖게 된다. 유가가 주로 인간의 도덕적 수양적 관점에 초점을 두었다면, 도교가 자연과 인간과의 관점에 초점을 둔 자연과학기술적 내용이, 과학기술이 중요한 현대사회에 더 의미가 있을 수 있기 때문이다. 즉, 인간의 건강을 위한 양생 또는 건강관리와 질병치료를 목적으로 도교의 과학기술을 현대적으로 계승 발전시키는 것이 중요하다.

도교의 자연과 인간의 관계에서 장생불사를 위한 과학기술적 내용을 구체적으로 살펴보면, 거의 도와 기, 태극, 음양오행론적 주역적 내용이 주된 것이다. 뿐만 아니라 도교의 우주적 자연관을 보면 천인합일적 또는 천인감응적 사상이며, 또한 이들 천지인의 상호관계를 나타낸 구체적인 이론체계도 거의 기와 도, 음양오행론적인 주역의 내용이 주류를 이루고 있다. 이런 점에서 주역의 학문적 내용을 도교에서도 많이 차용하여 발전시키고 있음을 알 수 있다.

도교는 오로지 인간의 생리적 욕망에 영합해서 불로장생을 위한 정신과 신체를 단련하기 위한 각종 과학기술, 종교적 주술, 부적, 그리고 신에 대한 의식을 통해서 구체적으로 생존문제를 해결하고자 하였다. 인간은 누구나 생존에 대한 욕구와 아울러 죽음에 대한 공포에서 벗어나기 위해 장생불사와 우화등선을 애오라지 희구하고, 악귀를 쫓아내고 행복한 삶을 영위하기를 바라기 때문에 도교의 이론과 신의 계보·의식·방법 등을 신봉할 수 있었다.

결론적으로 유교는 인간세계의 인간 간의 윤리도덕과 사회질서와 수양에 관한 인사의 도를 강조하였다면, 도교는 불로장생을 위한 자연과 인간의 관계를 강조한 자연의 도를 탐구하였다고 볼 수 있다. 그 자연의 도의 내용은 거의 주역의 이론들이 주류를 이루고 있다.

도가와 도교의 관계를 구별해 보면, 도가도 도교와 같이 자연의 법칙을 탐구하되 자연의 법칙을 자연의 법칙으로서 탐구하려 했다는 점에서 동일하다. 그것은 인간의 의지나 인간에 의한 규범의식이나 윤리관념에서 떠나서 자연을 자연현상으로만 보는 입장이다. 다시 말하면 그것은 반 인간중심주의적인 자연관이고, 자연현상을 인과법칙에 의해서 탐구하는 입장인 동시에, 자연을 목적론적으로 보는 견해를 거부하는 입장이다. 다만 도교는 도가의 자연법칙을 존중하면서 신과 종교적 주술적인 것을 응용 접목하여 인간의 생존 욕구를 해결하고자 하는 종교적 철학적 과학기술적 성격이 도가와 다른 특징이다. 또한 도교의 근본은 도가의 노자나 장자가 주장하는 것과 같이 정신적 초월에 있지 않고, 오히려 현실세계에 살면서 더 나은 삶을 영위하고자 하는 인간들의 심리적 욕망과 현실적인 여러 가지 문제들을 해결하려는 데 있는 것이다.

결국 도교와 도가의 유사점과 차이점은, 도가와 도교가 자연의 법칙을 탐구하여 무위자연적 자연 법칙에 따르려고 하는 데는 유사점이 있으나, 도교는 그러한 자연의 법칙에 근거하여 인간의 생존욕망인 불로장생을 이루기 위해 주술적, 종교적, 신적인 요소를 가미하였다는 점에서 종교적 색채가 강하다. 그리고 도가가 초세간적 인간세계와 초월적 입장인데 비해서, 도교는 현실적인 인간의 욕구를 해결해주고 노력했다는 점에서 현실적이다.

이상에서 유가와 도가 그리고 도교의 관계를 개괄적으로 살펴보았다. 이들 세 학파의 내용을 살펴보면 공통점을 찾아볼 수 있다. 그것은 세 학파 모두 주역의 이론과 사상에 영향을 받았다는 것이다. 특히 도가와 도교의 천인합일적, 우주적 자연관은 주역의 우주론적 자연관과 동일하고, 도교의 과학기술적 내용인 도, 기, 태극, 음양오행론은 주역의 내용과 일치하는 것을 보면 뚜렷하게 알 수 있다.

주역은 유가의 사상체계뿐 아니라 도가에도 영향을 미쳐 도가에서도 존중되었다. 유가와 도가 두 학파는 주역의 일정한 부분을 나름대로 발전시켜 각자 독특한 사상체계를 이루었다.

도가는 부드러운 가운데 강함이 있고 고요한 가운데 미동이 있다. 유가는 주역의 이치에 의해서 사회조직단체를 중시하고 도가는 자연과 개체를 중시한다. 그러므로 유가는 사회윤리도덕을 중요시하여 사회와 인간관계에서의 수양을 강조하고, 도가는 인간의 수련을 인간과 우주자연의 관계로써 강조한다.

중국문화대학 고희민 교수에 의하면, 공자와 노자로 대표되는 유가, 도가의 양대 철학은 학설의 강조점과 가르침을 행하는 방식에는 차이가 있지만, 그 철학적 근원과 이론적 방향은 다 같이 『주역』의 철학을 계승하고 있다고 한다. 다만 다른 방향과 입장에서 이야기하고 있을 뿐이다. 그러므로 구별하여 말하면 유가와 도가 두 학파이지만, 합하여 말하면 실은 역학이라는 일파이다.

대산 김석진 선생은 주역과 노장철학에 대해서 다음과 같이 차이점을 말하고 있다.

노자철학이 '무'의 철학이며, 그 사상의 핵심은 무위자연(無爲自然: 하지 않아도 스스로 그러한 것)의 세계로 복귀하는 데 있다. 이 무위자연의 세계는 또한 '무위이무불위(無爲而無不爲: 하지 않아도 하지 못함이 없다)'하다는 것인데, 주역 계사전에서의 '감이수통 천하지고(感而遂通 天下之故: 느껴서 천하의 연고에 통하게 된다), 부질이속(不疾而速: 빨리 아니해도 빠르다), 불행이지(不行而至: 행동하지 않아도 도달한다)'와도 일치한다고 볼 수 있다. 이렇게 무위의 경지까지 가는 방법에서는 대동소이하다고 말할 수 있다.

그러나 주역이 덕행과 사업을 펴나감으로써 천하를 다스리는 데 뜻을 두고 있다면, 노자는 덕행과 사업에 의해 천하를 경영하고자 하는 뜻이 없고, 다만 천하 만물이 스스로 생기고 변화함을 방해하지 않는다는, 지극히 방임적이고 소극적인 정치관을 갖고 있다는 데 차이가 있다.

주역과 노장사상(도덕경)

광범위하고도 심오한 『주역』의 학문은 제자백가들에게서 존중되었다. 역학은 유가의 사상체계뿐 아니라 도가에도 영향을 미쳐 도가에서도 존중되었다. 동아시아 문화권의 오랜 동안 문화와 역사에 영향을 끼친 가장 대표적인 사상이라고 하면 유가와 도가이다. 그런데 유가와 도가의 두 학파의 사상은 주역의 일정한 부분을 나름대로 발전시켜 각자의 독특한 사상체계를 이룬 것에 지나지 않는다. 유가에서는 공자와 맹자의 사상을 중심으로 하는『논어』와『맹자』를, 도가에서는 노자와 장자의 사상을 중심으로 하는『노자』와『장자』를 대표작으로 꼽을 수 있다. 공자, 맹자, 노자, 장자의 네 성인은 중국의 문화사에서 四傑이 되었다. 이들이 중국의 문화에 미친 영향은 실로 엄청나다. 그러나 그 사상의 근원은 주역에서 비롯된 것이다.

사상적 측면에서 볼 때 易은 儒家의 원조로서 유가사상은 역에 근원을 두고 있다. 유가는 역을 德의 준거로 삼아, 역의 의미에 마음을 쏟았다. 유가의 도덕윤리적 내용은 기본적으로 '천도를 미루어 인사를 밝힌' 주역의 내용과 다른바가 없다. 周易大全은 공자의 작품이라고 전한다. 유가의 대표적 내용이 중용중화사상인데 중용의 '중'의 내용은 주역의 태극과 유사하다. 중용의 곳곳의 내용을 보면 거의 모두 천도를 먼저 말하고 이에 근거하여 인간의 행동규범과 도리를 제시하고 있다. 이것은 천도를 미루어 인사를 밝힌 주역과 다를 바가 없다고 본다. 그래서 주역을 반 주역 또는 소 주역이라고도 한다.

道家의 으뜸 경전인 老子 역시 易을 기본으로 삼았다. 道德經의 일정 부분은 곧 易經의 주석이라 할 수 있다. 老子의 유명한 구절인, "도는 하나를 낳고, 하나는 둘을 낳고 , 둘은 셋을 낳고, 셋은 만물을 낳는다(道生一 一生二 二生三 三生萬物)"는 말은 곧 易經의 "낳고 또 낳는 것을 일러 역이라 한다(生生之謂易)"는 말에서 잉태된 것이며, 老子의 나머지 5,000자 또한 역을 존중하지 않은 것이 없다.

이외에도, 노자에서는 역경의 곤과 감의 두 괘를 중요시하고 그 유순한 의미를 취함으로써 부드러운 것이 강한 것을 이긴다는 이론을 제시하여 "천하에서 물만큼 연약한 것은 없다. 그러나 강한 것을 공격하는데 이것을 이길 것이 없다"고 하였다. 주역의 음양, 동정, 강유 중에서 도가는 음, 정, 유의 측면을 이어받아서 이를 발전시켰으며, 유가는 양, 동, 강의 측면을 이어받아서 발전시킨 사상이다.

유가와 도가의 학문을 비교한다면, 유가는 역의 乾卦의 강건한 陽의 움직임을 따른 것으로, 도가는 역의 坤卦의 유순한 陰의 고요함을 본받은 것으로 볼 수 있으며 그렇기 때문에 유가, 도가는 각기 역의 다른 宗旨를 발전시켰다고 할 수 있다. 그래서 유가가 有爲의 사상이라고 하면 도가는 無爲 守靜사상의 근원이 된다. 墨家思想도 역에 근본 했다. 그 근본사상 가운데 하나인 消長과 盛衰가 우주만물 발전의 필연적 규율이라는 주장은 역의 變易의 개념과 일맥상통한다. 이상에서 중국학술사상의 3대 유파가 모두 역에서 근원했음을 아주 간략하게 핵심적으로만 설명했다. 중국문화에 깊게 영향을 미친 책으로서 주역과 비교할 수 있는 것은 없을 것이다(양력, 『주역과 중국의학』(상)).

일반적으로 유가는 쟁론과 진보를 주로하고, 도가는 소극적이라고 하는데, 사실은 유가는 공세적이고 도가는 수비로써 공세를 취한 경향이 있다. 실제적으로 도가는 부드러운 가운데 강함이 있고 고요한 가운데 미동이 있다. 유가는 국가사회조직 생활을 중시하고, 도가는 자연과 개체를 중시한다. 그러므로 유가는 사회윤리도덕을 중요시하여 사회와 인간관계에서의 수양을 강조하고, 도가는 인간의 수련을 인간과 우주자연의 관계로써 강조한다. 유가에서 인류사회관계학을 강조한다면, 도가는 인류우주관계학을 강조한다고 할 수 있다. 이 때문에 공맹의 유가의 도는 중국인의 윤리도덕에 상당한 영향을 미쳤으며, 노장의 우주유물관점은 중국인의 사상에 영향을 미쳤다. 유가의 대표적인 학문의 가장 기본이 되고 初終的 체계를 나타낸 것이 대학이다. 즉 격물, 치지, 성의, 정심, 수신, 제가, 치국, 평천하의 팔조목은, 격물치지의 학문의 방법론, 성의정심수신의 修己와 제가치국평천하의 治人을 나타내는 내용만을 보아도, 현세적인 삶을 추구하는 것을 이상으로 하고 있음을 뚜렷이 알 수 있다. 즉 격물치지 성의 정심수신도 결국은 현실적인 삶인 제가치국평천하를 위한 것이라고 볼 수 있다.

유교와 도교는 중국의 양대 문화로서 그 성격이 대조적이다. 이들을 종합적으로 비교하면, 유교가 윤리적이고 정치적 문화라면, 도교는 철학적, 종교적이며, 전자가 현실적이고 합리적이라면, 후자는 초월적 신비적인 문화이며, 전자가 체제 옹호적 보수적인 문화라면 후자는 비판적 혁명적 문화이고, 전자가 사회적인 문화라면 후자는 자연적인 문화이다. 따라서 전자가 권력적, 계급적, 남성적인 특성의 문화라면 후자는 순종적, 평등적, 여성적인 특성의 문화라고 할 수 있을 것이다(도광순, 『도교와 과학』 3).

유교는 중국의 상류지배층의 문화로서 그것은 다분히 봉건사회를 지지하는 일부 귀족이나 지식인층의 소유물이었으며, 그것의 주요 특성은 '인간의 도'를 추구하는 데 있었다. 그러나 이와는 달리 도교는 집권계급에서 소외된 민중에 그 지지세력을 둔 반유교적인 사상문화로서 반봉건적 진보주의적인 특징을 갖고 있었다. 그리고 그들의 주요 관심은 인간사회를 초월한 외계로서의 '자연의 도'를 탐구하는 데 있었다.

유교가 인간을 지배하는 규범적, 권력적인 문화라 한다면 도교는 자연을 지배하는 존재법칙을 탐구하여 그 법칙에 순응하려는 자연적인 문화라 할 수 있다. 유교가 현실사회의 봉건적 질서유지를 위해서 스콜라적 지식에 매달려 있었다면, 도교는 이러한 테두리에서 벗어나서 자연의 경험적, 실험적 연구에 관심을 집중시키고 있었으며, 유교 도가 궁정이나 권력가를 추종하여 관직과 권력과 부의 획득에 연연할 때 도교 도는 권력사회를 멀리 떠나서 대자연 속에 살면서 자연의 법칙과 기밀을 알아내어 이것을 인간에 이용함으로써 인간생명의 불멸을 기약하고자 했던 것이다. 여기에 도교가 과학기술의 개발과 연결되는 필연성이 있다. 도교는 대자연과 인간과의 혼연융합을 기도하는 점에서 신비주의적이고 주술적인 성격이 강하다고 하겠으나, 한편 자연법칙을 가치 초월적인 것으로 인식하는 동시에 그것을 경험적, 실험적으로 탐구한 점에서 과학기술적인 탐구의 새로운 세계의 지평을 열었다고 할 것이다(도광순, 서문).

그런데 우리나라의 이조시대를 비롯해서 동아시아 문화권에서는 자연과학적인 도가보다는 인문사회학적인 유가가 지배적인 위치를 차지하면서 인사에 관한 철학사상은 풍부하게 발달하였으나 자연과학적 학문의 발전은 그렇지 못하였다. 즉 동양의 유가 특히 성리학적 숭문사상 때문에 자연과학적 과학기술의 발전이 이뤄질 수 없었다. 『중국의 과학과 문명』을 저술한 조셉 니담도 그의 저서의 서문에서, 도가의 자연에 대한 사색이나 통찰은 아리스토텔레스 이전의 그리스 사상과 완전히 같았었고 모든 중국 과학의 기초가 된 것이었다. 그런데 유가가 제도권의 권력과 학문세계를 지배하면서 도가를 불구대천의 원수로 생각하여 배척하였고, 그 결과 유가가 과학에 대한 공헌은 거의 완전한 마이너스였다고 하였다(『중국의 과학과 문명』Ⅱ : 1). 우리나라의 경우도 이조시대에 공맹사상 외 다른 사상을 하면 사문난적이라고 하여 엄격히 통제하였다고 한다. 그래서 도가를 연구하는 사람들은 비밀리에 산중에서 연구하고 전수하였다는 것이다.

漢代의 저작인 『淮南子』에서는 "자연을 알되 인간을 알지 못하면 세속사회에서 살아가기가 어렵고, 인간을 알되 자연을 알지 못하면 진리의 세계에서 노닐 수 없다"고 한다. 『회남자』의 내용이 대체로 諸家 사상의 종합 혹은 융합의 성격을 갖는 것인 만큼 이 구절은 이전 사상에 대한 비판의 성격을 띤다고 할 수 있다. 흔히 도가의 莊周는 "자연을 알았으나 인간을 알지 못하였다"고, 유가의 荀卿은 "인간을 알았으나 자연을 알지 못하였다"고 평가되기 때문이다. 따라서 회남자의 이 글은 유가사상과 도가사상이 지양하는 내용을 가장 대비적으로 나타낸 것이라고 할 수 있다(『주역의 현대적 조명』, 한국주역학회편).

이상의 내용을 종합하면, 유가와 도가는 모두 『주역』에 연원을 두고 있다. 이들은 서로 연관이 있으며 동시에 대립적인 관계에 있다. 이들은 고대 중국철학의 발전에 있어서 대치적인 국면을 취하였다. 비록 한 대 이후에는 유가만 존중되었지만, 도가학파도 몰락하지는 않았다. 도가와 유가는 중국철학과 문화형성과 발전에 뛰어난 공헌을 하였다(양력, 『주역과 중국의학』).

제6장

주역과 동양오술

주역학의 기본개념과 이론인 기와 음양오행론에 입각하여 인간의 여러 가지 실제적인 생활에 접목·응용하여 도움을 줄 수 있는 학문인 소위 응용학문으로서 상수학과 의리학이 있다. 상수학으로는 동양오술인 명(命)·복(卜)·상(相)·의(醫)·산학(山學)과 천문, 기상, 역법, 병법, 율려, 음률, 서화, 무용, 수학 등이 있다.

이들 학문은 주역학의 가장 기본적인 개념과 이론 및 사상을 인간의 실제생활에 접목하고 응용하여 구체적인 문제들에 대처하기 위해 만들어진 응용학 분야라고 볼 수 있다. 특히 상수학의 동양오술은 인간의 일상생활 문제들을 해결하고 극복하는 데 실제적으로 도움을 주는 예측을 통한 피흉추길, 즉 흉한 것은 피하고 길한 것은 적극적으로 나아가기 위한 목적으로 만들어진 전문 응용과학기술 분야라고 할 수 있다.

동양학의 관념적이고 추상적인 철학사상이 최종적으로 인간생활에 구체적이고 실용적으로 실제생활에 어떻게 도움을 주고 있는가를 이해하기 위해서는, 동양오술인 응용과학기술을 실제 습득하고 생활에서 구체적으로 어떻게 활용되고 있는가를 경험하고 체험하여야 그 학문적 의미와 가치를 실감할 수 있다. 그리고 현대사회의 서양과학기술과 비교하여 그 가치와 의미를 새롭게 인식 할 수 있다. 그렇게 되면 서양과학기술의 최고 메카인 하버드·예일보다 동양과학기술의 최고의 메카인 미아리철학관이 더 위대하다는 것을 저절로 알 수가 있다. 그러면서 무궁무진한 학문적 의미와 가치 그리고 배우고 연구할 내용에 가슴 뛰는 흥분을 느낀다.

고 김우제 선생의 동양오술에 대해 다음과 같이 나타내고 있다. 동양오술은 인류가 더 행복한 삶을 추구하기 위해 구체적으로 설계한 피흉추길(避凶趨吉)의 기술, 즉 응용과학기술로서 명(命)·복(卜)·의(醫)·상(相)·산(山) 다섯 가지의 술수로 이뤄져 있다. 이 오술을 정면에서 보면 매우 독특한 성질을 갖춘 술법이며, 이것을 측면에서 살펴보면 오술은 저마다 매우 밀접하고 미묘한 횡적인 연고 관계가 있다. 여기서 횡적인 연고 관계란 주역의 기와 음양오행론으로 일관되게 체계화되어 있음을 말한다. 이러한 동양오술에 대해 간단하게 서술하고자 한다.

제1절 명리학

명리학(命理學)이란 인간이 타고난 명의 이치를 연월일시의 사주팔자를 오운육기를 근거로 음양오행의 이치에 의해서 밝혀서 변화하는 시간, 즉 운에 따라서 그 사람의 미래에 펼쳐질 일을 예측하고 가늠해서 피흉추길, 즉 흉한 것은 피하고, 길한 것은 적극적으로 추구하기 위한 역술의 한 분야이다. 불확실한 삶을 살고 있는 현대인에게 가장 필요한 지혜로운 학문이고, 현대 서양과학의 학문적 목적과도 일치한다.

명리학에는 네 가지 주요개념이 있다. 즉, 명, 운, 운명, 그리고 피흉추길이 그것이다. 네 가지 개념 간의 관계는 앞에서 언급한 바와 같다.

첫째, 인간은 태어나면서 명을 하늘로부터 받는다(천명)는 공간적인 현상이 있다.

둘째, 운이라는 시간적인 변화현상이 있다. 운이란 고정되어 있는 것이 아니고, 시간이 흐르면서 항시 변화하고 변한다는 의미이다. 그래서 시간과 운은 밀접한 관계가 있다. 명은 일정한데 운은 시간과 함께 변화한다는 의미이다. 우리나라 말에 '쥐구멍에도 볕 뜰 날이 있다'는 말이 있다. 쥐구멍은 공간적인 명을 나타낸 것이고, 볕 뜰 날은 시간적 운의 변화를 나타낸 것으로 볼 수 있다. 시간의 변화, 즉 운이 변하면서 그늘진 공간인 쥐구멍에도 볕이 들어 좋은 운이 올 때가 있다는 것이다. 이것은 인간사를 비롯해서 모든 만물만사는 영원한 음지도 영원한 양지도 없고, 시간의 변화에 따라서 좋고 나쁜 일이 순환한다는 의미이다.

셋째, 운명이란 다른 말로 명운이라고도 하는데, 명과 운이 상호작용하면서 나타난 현상을 말한다. 즉, 변화하는 운에 인간의 명이 어떻게 대응하느냐에 따라서 그 사람의 미래가 펼쳐진다는 것을 의미한다. 타고난 명은 일정한데 운이 변하므로, 그 변화하는 운이 나의 명에 좋을 때가 길하고, 나쁠 때는 흉하다. '운명의 장난'이란 말은 명과 운의 상호작용으로 나타난 결과가 바람직하지 않을 때 빗대어 하는 말이며, '운명론'이란 운과 명의 상호작용으로 모든 것이 결정된다는 학설을 표현한 말이다.

넷째, 피흉추길(避凶趨吉)은 자신의 미래를 미리 예측하여 대비하고자 하는 것을 의미한다. 즉, 흉한 일은 피하고, 길한 일은 적극적으로 취하는 행위를 말한다. 이 네 가지를 더 자세하게 고찰해 보고자 한다.

제2절 주역점

동양의 사상, 철학, 과학기술이 모두 『주역』에서 비롯되었다고 앞에서 여러 번 언급하였다. 특히 과학기술인 역학과 역술은 전적으로 주역에서 비롯되었다. 그런데 역학, 역술은 주역의 원리를 응용하여 주역과 독립된 전문분야로 발전하였기 때문에, 주역 원본만을 이해해서는 역술을 응용하여 생활에 구체적으로 실용화할 수가 없다. 따라서 주역을 배우고 별도로 전문분야인 역술을 다시 배우고 익혀야 생활에 실용적으로 활용할 수 있다. 그런데 예외적으로 주역만 익혀도 생활에 구체적이고 실용적으로 활용할 수 있는 분야가 주역점술 분야이다. 동양과학기술(역학, 역술)의 하나인 주역점은 인간의 관심사항에 대한 예측을 통해 피흉추길(避凶趨吉)하는 데 있다. 주역점은 주역을 구성하고 있는 상(象)·수(數)·리(理)·점(占) 네 가지 중의 하나로서 예측을 위한 술법을 말한다. 즉, 주역은 예측학의 비조이며, 역경의 괘사 효사는 점사(占辭)의 성격을 띤다.

주역의 64개의 괘사와 384개의 효사는 여러 정보가 축적되어 있는 창고로서, 인간의 모든 길흉화복과 변화소장의 상태를 나타내 주고 있다. 그러므로 인간의 어떤 일도 64卦(괘)와 384爻(효)에서는 벗어나지 못한다는 것이며, 반드시 64괘 중 어느 한 괘의 상태에 해당된다. 그러면 인간이 궁금하게 생각하는 사항의 미래가 과연 64괘 384효 중 어느 것에 해당하는가를 예측해 보는 방법이 占을 치는 것이다.

결국 占이란, 인간이 궁금하게 생각하는 것을 예지해 보려는 노력으로써, 우주자연의 원리와 이치에 입각하여 인간이 궁금하게 생각하는 문제를 판단하기 위해 행하는 행위가 占이라는 것이다. 그런데 판단에 있어서 신에게 물어보아 판단하는 것이 소위 말하는 주역 占이다. 이런 占은 원래는 사사로운 개인의 이기적 목적을 위하여 사용된 것이 아니고 백성을 위해 자연의 변화이치에 맞게 올바른 정치를 하기 위해 백성 앞에 내놓고 정당하게 하였던 것이다.

그런데 이렇게 좋은 점이 왜 우리 사회에서 왜곡되어 있는지 반성해 볼 필요가 있다. 주역에서 말하는 占을 친다는 것은 성인의 말씀에 따른다는 뜻이다. 성인은 천지와 더불어 그 덕을 합하였기(與天地合其德) 때문에 성인의 말씀이 천지이치와 어긋날 수가 없다. 그런데 요즘 세상에서는 占을 통해 성인의 말씀에 귀 기울이려 노력하기보다는 자기 욕심을 실현하려는 도구로 이용하고 있다. 이처럼 점이란 어떤 의미에서 신성한 일인데, 占이 인간의 욕심에 의해 오염되고 있다는 데 심각한 문제가 있다.

제3절 동양의학

동양의학의 최고 경전이며 그 근원은 『황제내경』이며, 현대사회의 각종 동양의학에 관한 책들의 내용을 보면 거의 이 책을 근거로 해서 현대적 의미로 서술한 것이다.

동양의학의 이론체계의 가장 핵심적인 내용은 장상론(臟象論)과 경락학설
(經絡學說) 그리고 음양오행론이다.

장상경락학설이 바로 동양의학이론의 핵심이다. 장상(臟象)은 육장육부계통의
생리병리기능 상태의 표현이며, 경락은 「황제내경」의 靈樞 經脈에서 "經脈者,
所以決死生, 處百病, 調虛實, 不可不通(경맥에 의해 생사가 결정되고 백병이
치료되며, 허실이 조화되므로 반드시 그 이치를 알아야 한다)"의 생명 메커니즘
으로, 그 주요 작용은 정보전달이며, 기혈(氣血)은 정보운반체이다.

인간의 몸에는 생리적으로 기혈의 통로인 경락이 존재하고, 경락에 의해서
육장육부 간의 상호관계가 있고, 장부와 신체조직 및 기관과의 상호 유기적인
관계가 있다. 그래서 장부에 문제가 있으면 경락을 통해서 신체조직과 각 기관
에 증상이 나타나는데, 이를 연구하는 분야를 장상론이라 한다. 그리고 장부 간
의 관계와 신체의 각 기관 간의 상호관계를 나타낸 구체적인 이론체계가 음양
오행론이다.

동양의학의 특징을 더 구체적으로 살펴보면, 첫째, 인간의 신체적, 정신적 모
든 질병과 건강상태를 장부와 관련하여 전체적, 종합적으로 본다는 데 있다. 예
를 들면 신체기관의 일부인 코에 병이 있다고 하면, 우선 코라는 신체기관에
병적 증상이 우선적으로 나타나지만, 콧병의 근본문제는 코를 주관하는 장부인
폐와 대장에서 찾고 있다. 그래서 코의 질병을 치료하는 증상치료를 표치(標治)
라고 하고, 콧병과 관련된 폐와 대장의 음양·허실·한열을 조절하여 기능
을 조화시키는 치료를 본치(本治)라고 한다. 그래서 증상치료인 표치만 하여 코

의 기능이 원활하게 되었다고 해도, 그와 관련된 장부의 기능을 조절하는 본치를 하지 않아 장부의 기능이 조절되지 않았다면, 근본적인 치료가 되었다고 보지 않는다. 그렇게 되면 다시 재발한다. 장부 간의 관계는 독립적인 것이 아니고 기능적으로 상호 밀접한 관계가 있다. 따라서 동양의학은 장부와 신체 각 조직 및 기관을 상호 유기적으로 연계해서 보는 장부 중심의 의학이며, 또한 종합적, 전체적으로 인간의 질병과 건강을 본다는 데 특징이 있다.

둘째, 인간의 몸에는 생리적 메커니즘으로 경락학설을 강조하고 있다. 즉 4,600여 년 전 「황제내경」 이후 인간의 신체에는 12개의 경맥(經脈)과 15개의 낙맥(絡脈)이 있으며, 또한 8개의 기경(寄經) 및 360여 개의 경혈(經穴)이 있다. 경락이란 전신에 두루 퍼져 있는데, 인체의 기(氣)·혈·진액(津液)이 운행하는 주요 통로이며, 인체의 각 부분이 서로 연결되게 하는 것이다. 따라서 경락은 전신으로 기혈을 나르며, 장부지절(臟腑肢節)을 연결하고, 상하내외를 소통시키는 통로이다. 예컨대 난경에서 "經脈者, 行血氣, 通陰陽, 以營于身者也(경맥은 혈과 氣를 운행시키고, 음양을 통하게 하여 몸에 영양을 공급하게 한다)"라고 한 것과 같다. 그러므로 인체의 모든 장부·기관·공규(孔竅)·근육·골격 등의 조직은 경락(經絡)의 교통과 연결에 의하여 하나의 통일체로 이루어진다.

셋째, 인간의 질병과 건강의 중심인 육장육부의 관계를, 동양사상의 가장 기본이 되는 음양오행론의 틀로써 이해하고 설명하고 있다. 인체는 유기적 정체(整體)이면서 자연계와 통일성을 유지한다. 인간은 자연계에서 태어나 자연조건에 의존하여 생존하므로 인간의 생명활동은 자연환경의 제약과 영향을 받고, 유기체는 자연환경의 영향에 대해 필연적으로 상응하는 반응을 하게 된다. 그래서 동양의학의 장상학은 오행학설을 응용하여 자연계의 5方·5時·5氣·5化 등을 인체의 5대 기능계통과 긴밀하게 연결 지음으로써 내외가 상응하는 정체적 도식을 제시하였다. 따라서 사람과 자연계를 관련시키고, 음양오행설과 결합시켜 예방원칙을 확립해서, 병상변화와 시간을 선정해서, 예방과 치료방법을 동시에 고려한다는 것은, 모두 동양의학에서 사람과 천지의 상응이라는 천인합일의 전체적 관념의 구체적 실천인 것이다. 즉, 음양오행설은 고대 천인합일의 자연관으로서 동양의학에서는 이를 생명체 관찰의 이론적 방법으로 삼고 있다.

결국 동양의학에서는 인간의 건강과 질병을, 장부를 중심으로 본다는 데서 특징을 찾아볼 수 있다. 생리적 메커니즘으로는 경락학설을 전제로 하며, 장부 간의 관계는 동양의 자연관인 음양오행론으로 설명하고 있다. 그리고 인간의 건강과 질병을 천인합일설에 의해서 천지자연과 유기적인 관계로 종합적으로 보고 있다.

동양의학에서는 인간의 성격과 행태적 특징을 동양의학의 이론체계에 입각해서 장부와 관련하여 이해하고, 설명하는 것이 특징이다. 즉, 신체적 질병과 건강을 장부와 연관하여 이해하고, 설명하는 것처럼 성격과 행태적 특징도 장부와 연관하여 이해하며 설명하고 있다. 이런 예는 일상생활 속에서 통용되는 말 속에서도 쉽게 찾아볼 수 있다. 예를 들면 "간 큰 남자, 담이 센 사람, 쓸개 빠진 사람, 간이 뒤집혔다, 오장육부가 그렇게 생겨 먹었다" 하는 말들은 모두 인간의 행태적 특징을 장부와 관련하여 기술하고 있는 예들이다. 그러므로 사실상 우리들은 일상생활 속에서 동양의학적 관점에서 인간행태를 이해·설명하고 있다. 그러나 우리가 일상적으로 이렇게 이야기하면서도, 왜 그렇게 말하는지에 대해서는 의문을 갖지 않고, 관례적으로 전해오는 대로 사용하는 것이 사실이다.

제4절 상학(풍수지리)

지금까지 명리학이 인간이 태어난 생년월일을 근거로 하고, 점술은 인간이 궁금하다고 생각되는 사안에 대해 판단하는 동양과학기술이라면, 상학(相學)이란 눈에 보이는 물체, 즉 상(相)을 보고 판단하는 학문을 말한다. 상의 술법에는 인상(印相)·명상(名相)·인상(人相)·수상(手相)·가상(家相)·묘상(墓相)이 있다. 인상(印相)은 개인이 소지하고 있는 세칭 도장에 개인 이름의 모양을 어떻게 하느냐에 대한 술법을 말한다. 명상(名相)은 이름을 어떻게 짓느냐에 따라 인간의 길흉화복에 영향을 준다는 것을 연구하는 술법을 말한다. 인상(人相)은 소위 관상학을 말한다. 사람 얼굴의 모습을 보고 그 사람의 길흉화복을 판단하는 술법을 의미한다. 수상(手相)은 사람의 손의 선(손금) 모양을 보고 그 사람의 여러 가지를 판단하는 술법을 말한다. 끝으로 가상과 묘상이 풍수에 관한 학문이다. 가상은 집의 위치와 방향, 모양 등에 관한 풍수이고, 묘상은 돌아가신 망인의 묘의 위치와 방향 등에 관한 풍수를 의미한다.

이상의 상학 중에서 가상과 묘상에 관한 학문인 풍수지리만 설명하고자 한다. 나머지 인상(印相), 명상(名相), 수상(手相), 인상(人相)은 다음으로 미루고자 한다.

풍수는 작게는 개인의 길흉과 크게는 국가의 흥망성쇠를 가늠한다고 믿었기에 옛날부터 논쟁을 하면서 발전하여 왔다. 즉, 개인이 발흥하는 것은 사는 집과 조상의 산소가 풍수적으로 좋아야 하고, 나라가 번영하려면 수도나 궁궐이 명당과 길지(吉地)에 제대로 들어서야 한다.

전해오는 우리나라 말 중에, '탈신공 개천명(奪神工 改天命), 인걸은 지령(地靈)이다, 좌청룡 우백호, 삼대 적덕을 해야 동대문의 남향집에 살 수 있다, 먹는 것은 아무것이나 가리지 말고 먹어도 잠자리는 가려서 자야 한다. 집짓고 삼년 들고 삼년 나고 삼년 아무 일이 없어야 한다'는 말들은 모두 풍수와 관련된 말들이다.

'탈신공 개천명'이란 신의 조화를 차지해서 천명을 바꾼다는 말이다. 천명을 바꾼다는 말은 다른 말로 하면 팔자를 바꾼다는 말이다. 팔자를 바꾼다는 것은 자신의 운명을 바꿀 수 있다는 것이다. 이만큼 풍수의 위력이 대단하다는 이야기이다.

"인걸은 지령이다"란 말은 위대한 인물은 땅의 영기(靈氣)를 받지 않고는 태어나지 못한다는 말이다. 인간의 인물 됨됨이와 능력은 땅의 영기를 받고서 태어난다는 말이다. 그만큼 풍수의 영향력이 인간에게 크다는 말이다.

"삼대적덕을 해야 동대문의 남향집에 살 수 있다"는 말은 풍수와 적덕과의 관계를 나타낸 말이다. 풍수의 양택풍수에서 가장 바람직한 명당 주택은 풍수적 이치에 맞게 동쪽 대문의 남향집을 최고의 명당으로 친다. 그런데 단순히 돈이 많아서 구하고 싶어도 인연이 닿지 않으면 그런 집을 구하기가 쉽지 않다는 것이다. 여기서 인연이란 어떤 인연이냐가 중요하다. 즉, 삼대적덕을 한 사람이라야 인연이 되어 명당에 집을 마련할 수 있다는 것이다. 적덕과 풍수의 명당의 관계를 나타낸 말이다. 정신물질 일원론적인 의미를 표현한 내용이다.

'집짓고 삼년, 들고 삼년, 나고 삼년'이란 말이 있다. 이는 집을 새로 짓고서 삼년 동안, 그리고 '나고 삼년'이란 조상이 돌아가신 후 산소를 쓰고 삼년 동안 아무 일, 특히 흉한 일이 없어야 한다는 말이다. 그래야만 풍수적으로 문제가 없다는 의미이다. 그리고 '들고 삼년'이란 옛날 대가족시대에 그 집안에 들어오는 며느리가 어떤 사람이냐가 매우 중요하던 시대에, 새로 들어 온 며느리로 인해서 삼년동안 집안에 불화가 없어야 문제가 없다는 것을 표현한 말이다.

'풍수(風水)'라는 말은 장풍(藏風)과 득수(得水)라는 말을 줄인 것이다. 장풍이란 바람을 잠재우고, 득수란 물이 있어야 한다는 의미이다. 풍수학에서는 돌아가신 망자의 좋은 자리, 즉 묘지를 '음택(陰宅)'이라 하고, 살아 있는 사람이 살면서 생활하는 공간, 즉 집터를 양택(陽宅)이라고 한다. 풍수학은 바람직한, 즉 명당에 음택과 양택을 정하기 위해 연구하는 학문이다.

동양학에서는 이 우주에 꽉 찬 가장 기본적인 구성인자를 기(氣)라고 한다. 기는 앞에서 자세히 기술한 바와 같이 모든 것의 가장 기본적인 구성인자이고 모든 인간과 사물에 영향을 주고받는 인자이다. 이런 점에서 동양학은 기 하나의 개념으로 모든 것을 설명하고 있다. 풍수도 예외가 아니어서 기의 관점에서 발달한 학문이다.

이 세상의 인간을 비롯한 만물만사는 기의 작용과 변화원리에 의해서 생장소멸한다. 즉, 기가 모이면 생명이 태어나고, 흩어지면 생명이 끊어진다. 결국 생과 사는 기의 취산(聚散), 즉 모으고 흩어짐의 결과이다. 이와 같이 생과 사의 핵심을 쥐고 있는 것이 우주 속에 꽉 차 있는 기의 작용이니, 이것이 생명의 본체라고 볼 수 있다. 그런데 이런 기운을 흩어지게 하는 작용을 하는 것이 바람이기 때문에 풍수에 있어서 가장 기피하는 것이 바로 바람이다.

이와 같이 우주의 본체는 바로 기로 형성되어 있기 때문에 그 기가 흩어지지 않는 곳, 또 기가 많이 모일 뿐만 아니라 가장 바람직하게 흐르는 곳을 찾는 방법론이 풍수학인 것이다.

일반인들은 기(氣)를 눈으로 볼 수 없고, 현대 첨단 과학적 장비로도 측정이 불가능하기 때문에 주변 환경의 형상을 보고 알 수가 있다. 즉, 기는 형체(꼴)에 따라 유동되기 때문에 주변의 자연환경인 산세의 형태나 모양, 세력들을 보아 기의 강약과 장단을 인식할 수 있다.

득수(得水)란 풍수적으로 생기를 얻는다는 말을 의미한다. 풍수에서 물이란 생기의 본체를 의미하기 때문이다. 우주 간에 기가 없다면 물은 존재하지 못한다. 왜냐하면 기는 바로 물의 근본이 되기 때문이다. 이렇게 물의 근본이 되는 기의 유행을 정당하게 얻는 방법을 바로 득수라고 한다.

결국 풍수란 인간이 우주에 꽉 찬 기(氣)를 어떻게 잘 활용하는가에 대한 학문으로서 가장 핵심적인 방법론이 장풍과 득수이다. 장풍과 득수가 잘 된 지형이 가장 바람직한 묘지와 사람이 생활하는 집터가 되는 명당이라고 한다.

풍수는 글자 그대로 풍(風)과 수(水)라고 하는 바람과 물을 의미하는 두 개의 단어로 이루어진 용어이다. 왜 그러면 풍수에서 바람과 물이 중요하며, 그리고 바람과 물이 기와는 어떤 관계에 있는가? 이것이 풍수의 가장 기본이 되는 핵심 내용이라고 볼 수 있다.

바람과 물은 지구의 곳곳을 흐르고 움직이며 순환하는 두 개의 자연 요소이다. 또한 그것은 인간이 살아가는 데 있어서 필요한 기본 요소이기도 하다. 바람 또는 공기는 사람이 숨을 쉬는 것과 같다. 우리는 호흡하지 않으면 곧 죽고 만다. 그리고 물은 생명수에 해당한다. 바람과 마찬가지로 물이 없다면 우리는 며칠 안에 목이 말라 죽게 될 것이다. 이처럼 바람과 물이 적절하게 결합하여 기후를 결정하고, 나아가 식량 공급에 지대한 영향을 미친다. 결국에는 생활 스타일, 건강, 에너지, 분위기에도 영향을 주게 된다. 그래서 사회 곳곳에도 큰 영향을 미칠 수 있다.

그러나 풍수의 본질은 기이다. 바람과 물은 본래의 흐르는 특성대로 기의 운반자 역할을 한다. 그러므로 풍수에서는 바람과 물은 형식적 개념이고, 본질적인 개념은 기이다. 기는 보이지 않는 실체이므로 일반적인 인간의 감각으로는 파악이 어렵다. 따라서 기를 파악할 수 있는 간접적인 방법으로 바람과 물을 보고 판단하는 것이다. 즉, 장풍과 득수가 잘 된 곳이 좋은 기가 잘 모여 있는 혈처(穴處)라고 판단하는 것이다.

장풍과 득수가 잘 된 곳을 판단하는 기준은, 눈에 보이는 산세와 평야 등과 같은 지형지물의 모양과 위치, 방향 등, 그리고 물의 존재 여부와 흐름 등을 보고서 판단한다. 그것은 곧 최종적으로 그 지역의 기가 어떠한가를 판단하는 객관적 기준이 되는 것이다. 그리고 그 기가 어떠한가를 근거로 최종적으로 명당이냐 흉지냐를 판단한다. 이 말은 아무리 장풍 득수가 잘 되어도 최종적으로 그 지역의 기가 바람직하지 않다면 의미가 없다는 뜻이다. 반대로 장풍 득수에 문제가 있어도 바람직한 기운이 있다면 그것은 바람직한 곳이다.

그래서 진짜 명당자리는 산의 겉모양을 보고서 잡는 것이 아니라 땅의 기운이 뭉친 혈 자리를 찾아야 하는데, 이런 신묘한 이치는 글로써 표현하기가 어렵다. 그러므로 옛날 현철들은 한결같이 '천문은 오히려 쉽거니와 지리는 정말 어렵다'고 일러 왔던 것이다. 이렇게 어렵다는 지리는 오로지 심안(心眼)으로 통하고 직관으로 인지하는 것이지, 결코 이론으로 성취하는 분야가 아니라는 것이다. 그래서 '선무당 사람 잡고 반풍수 집안 망친다'는 말이 나왔다고 볼 수 있다. 풍수를 알려면 완벽하게 알아야지 섣불리 알아서 잘못하면 큰일 난다는 말이다.

이것은 매우 중요하다. 풍수에서 본질적인 개념은 기이고, 장풍득수는 기를 판단하기 위한 형식적인 개념이기 때문이다. 형식에 지나치게 집착하여 본질을 잃어버리면 주객이 전도되는 오류를 범할 수 있다. 따라서 만약 땅속의 기를 정확하게 측정할 수 있는 기계가 개발되어서 곳곳의 기를 정확하게 측정할 수 있다면 어렵고 힘든 풍수문제는 해결이 된다. 그렇게 되면 모든 사람들이 어렵지 않게 명당에서 살 수 있고 조상을 모실 수 있다.

제5절 산학

산학(山學)이란 육체와 정신수련에 의해 몸과 마음을 굳세게 하여 인간완성을 목적으로 하는 술법이다. 즉, 인간의 삶에 대한 궁극적 의미와 가치를 알고자 깨달음의 경지에 도달하기 위한 접근방법을 의미한다. 옛날에는 산에 가서 수련하였기 때문에 산학이라고 불렀다.

깨달음이란 무엇인가? 실로 삶의 의미를 찾던 모든 이들이 태고적부터 지금까지 단 한 번도 쉬지 않고 우리에게 던졌던 질문이다. 깨달음에 대한 이해가 자신에게 너무나 값지고, 자신의 행복에 너무도 소중했기에, 사람들은 시공을 넘어서 온갖 고난과 역경을 무릅쓰고, 심지어는 사회적인 추방까지도 감수하면서 전력을 다해 그 해답을 발견하려고 애를 썼다. 그들을 이끈 힘은 자기 자신을 알려는 충동이었다.

'나는 누구인가?', '나는 어디서 왔는가', '나는 지금 왜 여기 이 자리에 있는가?', '나는 지금 어디로 가고 있는 것일까?', '인생이란 대체 무엇인가?', '인간의 삶의 궁극적 의미는 무엇인가?' 이 모든 의문의 맨 밑바닥에 하나의 명제가 도사리고 있으니, 그것이 바로 '깨달음이란 무엇인가?'이다.

오늘날엔 더 많은 사람들이 그 길을 찾아가고 있다. 해답도 명쾌하지 않고, 행복이란 것도 시원하게 안겨 주지 않는 현상계에 끊임없이 불평을 터뜨리면서도 사람들은 그 길을 가고 있다. 의식의 본질을 연구하는 과학자들이나 소위 깨달음의 진정한 가치를 막연하지만 흥미롭게 받아들이는 호기심어린 사람들까지도 바로 이 유서 깊은 질문을 던지고 있는 것이다. 그리하여 깨달음의 이해에 관련된 단체나 사람들도 역사상 처음으로 사업적인 성공을 구가하고 있는 실정이다. 말하자면 깨달음이 거대한 사업거리가 된 셈이다. 사람들과 격리된 고독한 산중에서 수십 년에 걸쳐 자기 자신과 싸우던 진지한 수행의 모습도, 넘실거리는 광고의 물결에 싸여 이제 찾을래야 찾을 길이 없게 되었다. 바야흐로 깨달음이 모든 사람을 위한 시대가 된 셈이다(존 화이트, 『깨달음이란 무엇인가』).

한국정신과학연구원 박병운 박사의 정신수련법을 근거로 하여 깨달음에 이르는 수행법에 대하여 다음과 같이 설명하고자 한다.

동양사상의 가장 큰 특징은 모든 것은 그 근원이 하나라는 사상이다. 모든 만물은 하나인 태극에서 비롯되었으며, 아무리 분리되어 있다고 하더라도 그 근본은 결국 하나이기 때문에, 모든 만물은 공통적인 그 '하나'를 다 가지고 있다고 생각한다.

현재까지 전해져 오는 동양사상들, 천부경, 주역, 노장사상, 유교, 불교 등은 이와 같이 현재 서양과학사상과는 완전히 다른 우주관을 표현하고 있다. 따라서 동양의 전반적인 과학은 이 사상에 기반을 두고 있기 때문에 이들의 이해는 필수적이며 물질과학과는 전혀 다른 정신과학의 기초를 다지는 역할을 할 것이다.

그렇다면 수련이란 무엇인가? 수련이란 인간이 대우주와 같이 닮아가는 과정이다. 다시 말해 육체는 좁은 몸속에서도 대우주와 같이 기혈순환에 아무 장애 없이 유동할 수 있도록 만들고, 정신은 사심과 욕심의 감정에서 벗어나 대우주의 정신과 같이 무욕이면서 공심이 되도록 만드는 과정이 수련인 것이다(고남준, 『청산선사』).

이것이 바로 수신련성(修身煉性)이고 다른 말로는 성명쌍수(性命雙修)라고 하는 것이다.

이를 위한 접근방법에는 크게 정신수련에 의한 직접접근법과 학문적인 연구에 의한 간접접근법의 두 가지가 있다.

첫째, 직접접근법을 다른 말로 하면 시사규례(施事規例)라고 하며, 이는 논리나 이성에 근거한 학문적인 것을 떠나서, 정신수행을 통해서 인간의 본성에 직접 다가가 견성에 이르는 깨달음의 경지에서 직관적으로 사물의 이치를 그대로 인식하는 접근방법이다.

둘째, 간접적 접근법인 학문적 연구는 육사이화(六司理化)라고도 하며, 각각의 다양한 분야를 이성적, 논리적인 학문으로 연구하고, 이해함으로써, 근원에 접근하여 깨달음에 이르는 방법이다.

동양의 학문은 정신적인 깨달음에 의해 형성되어 각 분야에 응용된 것이기 때문에, 그의 학문적 접근은 마치 나뭇가지의 끝에서 줄기를 따라 뿌리에 접근하는 것과 같다. 이 두 가지 접근방법에 대하여 간단하게 논술하여 본다.

주역은 궁극적 깨달음의 경지에 이른 성인들이 우주삼라만상의 변화이치를 학문적으로 체계화해 놓은 글이다. 앞에서 깨달은 성인, 현인들은 그 깨달음의 경지에 다다른 위치에서 인간에게 진리를 설파하고 제시하지만, 주역은 학문적으로 체계적으로 나타내준다는 점에서 다르다. 그 학문적 체계의 근본이치가 태극과 음양오행론이다. 따라서 태극 음양오행론은 우주의 궁극적 섭리이며 이는 다른 말로 하면 하느님의 섭리이다.

다음은 위의 성인과 수행자들이 궁극적 깨달음에 이른 마음 상태인 우주의식의 특징과 주역의 깨달음의 궁극적 단계에 이른 학문적 특징을 비교함으로써 이들이 동일함을 나타내고자 한다.

첫째, 궁극적인 깨달음인 우주의식에 도달한 성자, 고승 그리고 수행자들의 일관된 말씀이 '우주는 하나다'라는 것이다. 이는 주역의 천인합일 또는 우아일체사상과 같은 내용이다. 이는 우주가 탄생하기 이전의 단계가 태극 일기이며, 이에서 출발하여 우주삼라만상이 나타났으므로, 이는 하나의 기인 태극에서 분화된 것으로 설명이 된다. 이렇게 우주삼라만상은 기라는 하나의 실체로 이루어졌으므로 우주는 하나라는 말이 사실이다. 또한 이원성의 통합과 모든 대립의 조화라는 표현은, 주역 음양론의 대합일사상과 같은 내용이다. 그리고 다양성의 귀일은 만법귀일이라는 태극의 이치를 나타낸 표현이다.

이런 점에서 주역은 궁극적 깨달음의 경지에 이른 성인이, 깨닫지 못한 일반인들이 이해할 수 있도록 알기 쉽게 만들어 놓은 우주삼라만상에 대한 최고의 철학이고 과학이다. 다시 말해 주역은 최고의 성인들이 만들어 놓은 궁극적이며 영원한 철학이고 과학이라고 할 수 있다.

현재 지배적 위치에 있는 현대철학과 과학은 완성된 철학과 과학이 아니고, 궁극적 진리를 찾아가는 과정 속에 있는 학문이다. 그 추구하는 과정이 끝나는 궁극적 단계가 주역의 철학과 과학이라고 볼 수 있다. 이런 점에서 현대철학과 과학이 찾고자 하는 궁극적이고 영원한 철학과 과학적 진리가 『주역』의 이치라고 할 수 있다.

이미 우리가 찾고자 제도권 교육연구기관에서 수많은 사람들이 수많은 시간과 노력을 들여 배우고 연구하고 있는 궁극적 진리가 비제도권의 주역에 있는데, 이를 모르고 먼 데, 즉 서구에서 찾고 있으니 등잔 밑이 어둡다고 아니 말할 수 없다.

존 화이트가 앞에서 언급한 내용 중에서 깨달음을 나타내는 상징의 하나로 도교에서 말하는 '음양의 순환고리'를 들고 있는 것은 이를 나타낸 표현이라고 볼 수 있다. 즉, 음양의 순환고리는 주역의 이치를 말하고, 이는 우주삼라만상의 궁극적 자연의 이치를 나타낸 최고의 진리라고 볼 수 있다.

둘째, 깨달음의 경지에 다다른 즉 '우주의식'에 들어가면, 우주는 죽은 기계가 아니고 살아있는 유기체적 존재라는 것이다. 이는 주역의 우주관과 동일한 내용이다.

주역의 천지인 삼재간의 관계는 상호 영향을 주고받는 정신물질 일원론적 유기체적 관계에 있음을 나타내주고 있다. 주역의 천지인은 종적인 관계뿐만 아니라 횡적인 모든 관계도 상호 영향을 주고받는 유기체적 관계이다. 여기서 유기체적 관계란 물질현상뿐만 아니라 정신세계까지도 영향을 주고받는 관계를 의미한다. 즉, 정신·물질 일원론적 관점에서의 유기체론이다. 이는 정신세계가 물질세계에 영향을 주고, 물질세계가 또한 정신세계에 영향을 준다는 의미의 유기체론이다.

독일의 주역 연구가 리하르트 빌헬름이 주역의 세계관을, '인간의식의 세계로부터 무의식의 세계에 이르기까지 그리고 우주와 영혼의 체험에 대한 통일적 이미지를 제공해준다'고 한 것은, 물질세계와 정신세계가 상호작용하는 유기체론적 우주관을 나타낸 표현이라고 볼 수 있다.

셋째, 우주는 무한히 선하다. 우주의식을 경험한 사람들이 느낀 우주에 대한 내용은 우주의 질서는 확실히 모든 것이 각자와 전체의 선을 위해서 함께 협력하며, 이 세상을 떠받치는 원리는 사랑이라는 것이다.

세계 3대 경전이라고 하면, 불교의 불경, 기독교의 성경, 동아시아의 역경이 있다. 그런데 불교처럼 세상을 고통스러운 곳으로 보거나, 기독교처럼 생명을 죄악시하는 태도는 전혀 찾아볼 수 없다. 역학은 삶이 선하다는 것을 긍정하며, 생명의 존재를 직시하고, 생명의 의미를 예찬하는 철학이다.

역경은 불경, 성경과 다른 점이 있다. 세계적인 역 철학의 대가 대만의 고희민 교수는, 동양학의 근원적 학문인 주역이 다른 경전과 비교해서 확실하게 느낄 수 있는 다른 점은, 삶의 즐거움이 문장 구석구석에 넘쳐흐르고 있다는 것이다.

예를 들면 주역의 건괘(하늘을 나타낸 괘) 단전에, 대재건원 만물자시(大哉乾元 萬物資始: 크도다 건원이여! 만물이 이것에 의하여 시작되는구나), 곤괘(땅을 나타낸 괘) 단전에, 지재곤원 만물자생(至哉坤元 萬物資生: 지극하도다 곤원이여! 만물이 이것에 의하여 생겨나는구나). 건원(하늘)이 만물의 '시초'를 여는 것과 곤원(땅)이 만물을 '낳는' 것은 역 철학사상의 출발점이다. 공자가 건·곤 두 괘의 「단전(彖傳)」에서 붓을 들자마자 건원의 덕을 '크도다' 하고, 곤원의 덕을 '지극하도다' 하여 극찬하였는데 역학의 생명에 대한 중시를 여기서 볼 수 있다. 그래서 공자가 썼다는 주역의 계사전에도 역을 생생지위역(生生之謂易: 낳고 또 낳는 것을 역이라고 한다)이라 하고, 천지지대덕왈생(天地之大德曰生: 천지의 큰 덕을 생이라 한다)이라고 하였다.

공자는 '생'의 의미에 대해서 말할 때마다 항상 '천지'를 언급하는데, 이것은 사람이나 만물이 모두 '천지'의 큰 '생' 안에서 존재함으로 사람과 사물은 각각 작은 생명이요, 우주는 큰 생명이기 때문이다.

주역의 생(生)은 다른 말로 하면, 유학의 인(仁)과 선(善), 기독교의 사랑(愛) 그리고 불교의 자비와 유사한 개념이다. 이런 점에서 유학의 인(仁)과 성선설은 주역의 우주의식에서 나온 것이며 단지 개인의 단순한 인위적인 인생관이 아니다. 즉, 우주론적 천지 이치에 근거해서 인과 성선설이 나타났다고 볼 수 있다.

넷째, 죽음을 넘어서 영속적이다. 이는 주역의 종즉유시(終則有始)와 같은 내용이다. 주역에서는 처음과 끝이 직선적인 것이 아니고 무한히 순환 반복한다는 것을 나타내고 있다. 우주론적 순환론적 자연의 이치가 계속 쉬지 않고 순환 반복하는 것처럼 만물만사도 영원히 순환 반복한다는 것이다. 그 순환반복 원리를 나타낸 것이 주역의 일음일양지위도(一陰一陽之謂道)이다. 한번 음이 되고, 한번 양이 되는 것을 일러 도라고 한다. 즉, 음양이 순환 반복하면서 이 우주는 영속적으로 변화해 간다. 마치 낮이 가면 밤이 오고, 밤이 가면 낮이 오고, 또한 봄여름이 가면 가을 겨울이 오고, 가을 겨울이 가면 다시 봄여름이 오는 것이 자연의 이치인 것처럼 모든 것이 그렇다는 것이다. 그래서 주역에서는 자연의 변화이치를 처음부터 끝을 나타낸 시종(始終)이라고 하지 않고, 끝나면 다시 그것이 새로운 시작을 의미한다는 종시(終始)로 나타낸다. 즉, 밤이 깊으면, 그것은 종이 아니라 새벽이 나타나듯 새로운 시작을 의미한다. 또한 사계절의 변화를 보더라도 겨울이 깊어도 영원히 겨울이 아니고 다시 봄이 나타나듯, 끝나면 다시 시작을 의미하기 때문에 이를 종시(終始)라고 표현한다. 이렇듯 인간도 죽으면 그것으로 끝나지 않고, 영혼의 세계가 있어서 새로운 생을 영위하게 된다는 것을 암시하고 있다.

다섯째, 우주의식에 들어가면 인간은 배움과 행동 모두에 대한 엄청난 능력을 갖게 된다는 의미도, 주역에 달통하면 귀신도 부릴 수 있는 등의 초능력이 생긴다는 의미와 유사하다. 그리고 풍운조화와 미래에 대한 예지력도 생긴다는 것이다. 특히 미래에 대한 예지력은 주역에 달통한 옛 선인들의 신출귀몰한 사례는 전해오는 이야기를 들어서 우리가 익히 알고 있는 사실이다. 현대 학문으로 상상할 수 없는 예지력의 측면에서 대단한 능력을 많이 듣고 있다.

결국 『주역』의 학문관과 우주의식에 도달한 성인들의 의식상태가 매우 유사함을 알 수 있다. 이는 무엇을 의미하는가? 이것은 우주의식, 즉 궁극적 깨달음의 경지에 도달한 성인이 우주삼라만상의 변화이치를, 범인들이 배우고, 연구하여 이해할 수 있도록, 학문적으로 체계화 해놓은 학문이 곧 『주역』이라고 볼 수 있다.

제1부에서 주역이 우리의 역사 문화에서의 의미와 위치를 구체적으로 예를 들어가면서 고찰하였다. 제2부에서는 우리의 역사 문화의 배경이 되는 모든 학문을 주역과 관련해서 고찰하였다. 결론적으로 우리의 역사 문화뿐만 아니라 역사 문화의 배경이 되는 학문에 이르기까지 주역에 근거하여 발달한 학문이고

역사 문화라는 것이 밝혀졌다.

　이런 점에서 우리의 역사 문화와 학문 모든 것이 주역을 떠나서는 근본적이
고 주체적으로 이해 설명이 될 수 없음을 알 수 있다.

<u>제3부</u>

주역과 서구

의식의 탐구 분야에서 세계적인 명성을 얻고 있는 저술가이자 편집자이며 인
간의 잠재능력과 천체 연구단체인 <Institute of Noetic Science>의 교육 담당과
<Alpha Logics>의 회장을 맡고 있는 존 화이트(John White)는 그의 편저인
'깨달음이란 무엇인가(What is Enlightenment)'에서 동양과 서양과의 관계를 다
음과 같이 표현하고 있다.

동양과 서양은 지금 초월세계에서 서로 만나고 있다. 많은 결실을 바로 눈앞
에 두고 있으며, 계속 뻗어나가고 있는 중이다. 물질과학과 객관세계 및 외부세
계를 강조하는 서양의 흐름이 영적과학과 주관세계 및 내면세계를 강조하는 동
양의 흐름과 섞이고 있는 것이다. 그리하여 의식과 우주의 관계에 관한 유용한
정보가 하나하나 결실을 맺어가고 있는 중이다. 현대의 의식탐구자들은 동양과
서양의 전통 모두에 대한 탄탄한 기반 덕분에 그 의식과 우주의 관계를 더욱
상세하고 정밀하게 밝혀내고 있다. 의식을 이끄는 초창기 지도들이 현대생활과
의 관련하에서 다시 언급되고 있는 한편으로 새로운 지도들도 계속해서 제작되
고 있는 중이다.

우리나라의 정신세계에 관한 책을 전문적으로 발간하는 출판사인 정신세계
사의 '정신과학 총서를 발간하며'에서 다음과 같이 동양과 서양이 만나고 있음
을 나타내고 있다.

이제까지 상반된 길을 걸어왔던 동양과 서양의 만남이 급속도로 이루어지고
있다. '마음'의 세계로 대표되던 동양의 정신과 '물질'로 대표되던 서양의 과학

이 서로 만나 오랫동안 헤어져 있던 아쉬움과 반가움을 나누고 있다. 눈에 보이지 않는 세계와 보이는 세계가 만나고, 초월적 직관의 세계와 과학적 이성의 세계가 서로 통하는 시점에 이르렀다. 그래서 이제는 선사(禪師)의 선문답을 물리학자가 이해하고, 물리학자의 골치 아픈 설명을 선사가 이해하게 되었다고 해도 지나친 말이 아니다.

정신과학이 추구하는 과학은 고지식하고 폐쇄적인 실험실의 학문을 뛰어넘어 모든 사람의 의식을 새로운 차원으로 인도하는 과학, 조각난 인식의 파편들을 모으고 엮어 전체적인 모습을 회복시키는 과학이다.

세계관 사이의 오랜 분열이 극복되고, 자연과 문명의 조화로운 공존이 모색되고 있는 오늘날 우리는 자기중심적이고 이원론적인 세계관에서 벗어나 모든 존재와 생명이 한 울타리 안에서 긴밀하게 연결되어 있다는 전체적이고 통일적인 세계관 쪽으로 눈을 돌리지 않으면 안 된다.

서양이 탐내는 '마음을 변화시키는 기술(Mind Technology)'

『하버드에서 화계사까지』 책의 저자인 미국인 현각 스님의 강연에서 미국사회의 다음과 같은 변화를 알 수 있다.

"한국의 젊은이들 특히 신세대들은, 서양식으로 변화해 가는데 비해서, 미국의 신세대는, 전부는 아니지만 무척 많은 사람들이 동양으로 갑니다. 요가, 도가철학, 불교, 뉴에이지 스타일을 많이 따릅니다. 대체 무슨 까닭일까요?
새천년의 수련문화를 알기 위해서는 동양적인 것을 찾는 미국사람들의 변화에 대해 먼저 생각해 보아야 한다. 미국이나 유럽은 돈이 아주 많은 나라들이다. 자유도 많고, 젊은 시절 성관계도 자유롭게 할 수 있고, 여행도 자유롭게 하고, 원하는 대로 자유롭게 살 수 있다.

그런데 이렇게 팔자 좋은 서양 사람들에게 요즘 아주 큰 허무감이 생겼다. 돈으로 만족할 수 없는 그런 허무감 말이다. 자유가 많아도, 열린사회가 있어도, 비약적인 과학기술의 발전으로도 채울 수 없는 내면적 공허감 말이다.

서양에서 최근에 이루어진 기술의 역사를 보면 모두 바깥세상의 일이었다. 물질과 제도를 변화시키는 기술을 개발하여 세상에 전했다. 라디오, 텔레비전, 반도체 등의 여러 기술이 모두 그런 것이다. 이에 비해 동양에서는 우리 안을 다스리는 기술, 즉 '마음을 변화시키는 기술(mind technology)'을 발전시켰습니다. 요즘 들어 서양의 시인도 철학자도 동양적인 것에 관심을 쏟는 추세인데, 바로 이 '마음을 변화시키는 기술'을 배우고 싶어 그러는 것이다.

그럼 과연 마음을 변화시키는 기술, 바깥세상의 물질이 아니라 우리 내면의 세계를 변화시키는 기술은 어떤 것일까? 참선이나 요가, 혹은 태극권이나 국선도, 단학 등이 그 방법이다. 또 우리 세대, 예를 들어 저와 함께 예일 대학에서 공부했던 동기들이나 선배 후배 가운데 지금 한약, 침, 한방을 공부하는 사람이 많다.

이것은 아주 특별한 변화이다. 동양적인 것을 공부하는 사람이 급격히 늘어나는 현상 말이다. 아주 갑자기, 그것도 지난 이십 년 동안 집중적으로 일어난 일들 말이다. 이전에는 상상하기 어려운 일이었다.

미국은 이런 급작스런 변화를 아주 합리적으로 받아들이고 있다. 여태까지 없었던 이런 식의 사회의 흐름을 개방적인 방식으로 수용하는 편이다.

저명한 역사학자인 아놀드 토인비가 1964년, 돌아가시기 바로 전에 어느 기자한테 질문을 받았습니다. 앞으로 백 년이 지나고 이백 년이 지난 후, 이십 세기를 회고하는 세계사를 쓸 때 가장 중요한 사건이 무엇이겠느냐는 질문이었습니다. 이에 대해 토인비는, '이십 세기 인류 문명의 가장 획기적인 사건은 세계 대전도 아니고, 과학기술의 발전도 아니며, 동양의 종교와 정신이 서양으로 유입되는 현상'이라고 대답했습니다.

새천년의 영성은 바로 그것입니다.

행복하지 않았던 과거에 집착하지 말고, 잘 알지 못하는 미래를 염려하지도 말고, 지금 현재 바로 여기서 필요한 일을 기쁘게 하는 것, 마음을 열고 함께 공부하며 서로 배우는 것, 바로 그것일 뿐입니다."

현각 스님의 강연의 요지는 미국에서 급작스럽게 동양의 정신세계에 관한 것에 대해서 관심이 많아지고 있다는 내용이다. 강연의 마지막 부분에서 변화의 흐름을 받아들이는 미국인들의 태도가 매우 인상적이고 시사하는 바가 크다. 즉, 미국의 동양학, 특히 주역에 대한 지적 수요의 변화를 이단시하거나 미신이고 비과학시하는 것이 아니고, 합리적이고 개방적으로 받아들인다는 점이다.

합리적이고 개방적으로 받아들인다는 의미를 생각해 보자. 합리적이란 의미는 현대 서양과학기술과 물질문명의 한계점과 문제점을 보완하고 극복하기 위해서 동양학을 마땅히 받아들여야 할 뿐만 아니라 현대 서양과학기술보다도 새롭고 앞선 과학기술이기 때문에 당연히 받아들이는 것이 과학적으로 합리적이라고 생각할 수 있다.

개방적이라는 의미는 새롭고 앞선 과학기술은 인종적, 국가적 편견을 벗어나서 받아들인다는 의미로 볼 수 있다. 과학기술은 새롭고 앞선 것일수록 시공을 초월해서 언제나 받아들이는 것이 과학적이기 때문이다. 즉, 과학기술을 인종적, 민족적, 국가적 편견으로 판단하는 것이 잘못된 것이다.

그런데 우리는 어떠한가? 우리나라의 제도권 교육학문세계는 미국 중심의 서구과학기술만 과학이고, 우리 코앞에 있는 전통과학기술은 미신이고 비과학이라는 편견을 벗어나지 못하고 있다. 최고의 지성을 자랑하는 대학의 교수들일수록 미국 중심의 서구과학기술만 과학이지, 우리의 전통과학기술은 무조건 미신이고 비과학이라는 편향된 인식을 벗어나지 못하는, 지극히 비과학적이고 비지성적 판단에서 벗어나지 못하고 있는 실정이다.

그래서 대학의 교육학문세계는 순수하고 자유로우며 개방적인 학문의 전당이라기보다는, 서양과학기술에 빙의된 서양과학기술 중심의 학문적 이익집단으로 전락하고 말았다. 이것은 다른 말로 하면 대학 본래의 의미인 진리탐구를 위한 순수한 학문의 전당이라기보다는 영혼을 잃어버린 대학이 되고 말았다. 얼마나 서구에 지배종속을 받고 있는지 서구의 최고의 교육학문기관을 대변하는 하버드 노벨상을 거의 신격화시켜 놨다고 해도 과언이 아니다.

이것은 오늘의 우리의 교육학문세계가 미국 중심의 서양과학기술을 지나치게 우월시하다 보니 서양과학기술 중심의 학문적 독재체제를 형성되어있고 그 결과 교육학문적으로 부패해 가고 있다고 해도 과언이 아니다. 즉, 절대 권력은 절대적으로 부패하는 것과 같이 절대학문도 절대적으로 부패할 수밖에 없다고 말할 수 있다. 그 결과 제도권의 지도층과 식자층일수록 서양과학 우민화 현상이 초래되고 있음을 종종 볼 수 있다. 참으로 아이러니하고 어처구니없는 일이라고 말하지 않을 수 없다.

언제 제정신을 차릴 날이 올지, 그런 날이 하루 빨리 올 때 비로소 우리는 물질적, 정신적으로 몇 단계 업그레이드된 새로운 세상을 맞을 것이라고 생각된다. 현대사회가 교육학문적으로 궁극적 깨달음의 세계로 가기 위해서는 주역을 배우고 연구할 수밖에 없다.

위의 서구의 두 사람의 글에서 현대사회 동양과 서양이 정신적 학문적으로 상호 교류가 일어나고 있음을 알 수 있다. 동양은 서구적인 것에 온통 물들어서 정신을 못 차리고 있는데 비해서 서구는 자신들의 정신적, 학문적 한계로 인해서 문제점을 극복하기 위해서 동양으로 눈을 돌리고 있는 것이 아주 대비된다.

특히 세계적 역사학자인 아놀드 토인비가 20세기 최대의 역사적 사건을 '동양의 종교와 정신이 서양으로 유입되는 현상'이라고 말한 바에서 시사하는 바가 크다.

따라서 서구와 주역과 관련하여 고찰한다는 것은 현대와 같이 세계화시대에 매우 의미 있는 일이라고 본다. 즉, 동양의 문화와 역사 그리고 학문의 가장 근원적이고 대표적인 주역과 서구와의 관계를 연구한다는 것은 동양과 서구문화를 근본적으로 비교 연구하는 것과 같다고 볼 수 있다. 뿐만 아니라 현대와 같이 동서양 모두 서양과학기술문명이 주도하고 지배하고 있는 상황에서 서양과학기술문명의 한계점과 문제점을 인식하고 이를 극복하기 위해서 동양학, 특히 주역의 의미와 가치를 그들을 통해서 새롭게 알 수가 있다.

우리나라 격언에 동쪽을 정확하게 알기 위해서는 서쪽에서 보아야 하고 서쪽을 정확하게 보기 위해서는 동쪽에서 보아야 한다는 말과 같이 동서양의 문화와 역사 그리고 학문을 정확하게 인식하기 위해서는 동서양의 학문을 비교 고찰하는 것이 매우 의미 있는 일이다. 특히 지금과 같이 세계화시대에 서구 일방적인 무분별한 세계화시대에 동서양의 상호 분별있는 인식을 통해서 이해와 협조 및 화해를 위해서도 매우 의미 있는 일이다. 뿐만 아니라 동서양의 문화적 학문적 통합을 통해서 새로운 문명 문화의 발전 가능성을 탐구해 볼 수 있다.

따라서 현대와 같이 세계화시대에 동서양이 하나로 통합되어가는 시대에 상호 분별 있게 주체적이고 합리적으로 통합되기 위해서 가장 시급한 일이 동서양의 문화를 비교 고찰하는 일이며, 문화를 보다 근본적이고 주체적으로 과학적으로 인식하고 고찰하기 위해서는 동서양 문화의 배경이 되는 가장 기본적인 동서양의 학문을 상호 비교 고찰하는 일이라고 본다.

상반상성(相反相成)의 법칙

베르너 하이젠베르크(Werner Heisenberg)에 의하면 서로 다른 학문과 사상의 필요성을 다음과 같이 말하고 있다.

"인류의 사상사에 있어서, 두 개의 다른 사상의 조류가 만나는 그러한 지점에서 가장 풍요로운 발전이 자주 이루어진다는 것은 아마도 거의 전적으로 타당한 얘기일 것이다. 이러한 사상적 조류들은 인류 문화의 전혀 다른 분야에, 상이한 시대와 상이한 문화 환경과 상이한 종교적 전통에 그 근원을 두고 있을 것이다. 그리하여 그들 둘이 실제로 만나는 일이 이루어진다면, 행여 그처럼 긴밀히 서로 연결을 맺어 하나의 진정한 상호 작용이 일어날 수만 있다면 우리는 그곳에서 새롭고도 흥미진진한 발전이 곧 뒤따라 전개될 것이라고 기대해도 좋으리라."

또한 서양과학의 지배적 현상은 주역의 음양론의 관점에서 보아도, 지금 양의 위치에 있는 서양과학 자체의 발전을 위해서도 바람직하지 않으며, 서양과학 독점적 체제하에서는 더욱 바람직하지 않다. 즉 음의 위치에 있는 주역학과 상호 역동적 평형과 경쟁관계에 있을 때 발전적 계기와 분위기가 조성된다. 지금 제도권의 학문은 서양과학 중심의 학문적 독재체제를 이루고 있다.

그런데 서구에서는 이미 오래 전부터 자신들의 학문과 문명의 문제점과 한계점을 극복하고 보완하기 위한 돌파구로 주역학을 더 많이 연구하고 있다는 것이다.

덴마크의 노벨상을 수상한 양자물리학자인 닐스 보어는, 양자이론은 사실 '철학의 보고'이며, 지혜의 보석이 묻혀 있는 새로운 과학이라고 했다. 그러면서 비서구 문명의 전통이라는 또 다른 보고도 언급하였다. 그는 1920년대 말 양자가 입자와 파동의 성질을 동시에 보이고 있다는 역설을 설명할 방법을 찾던 중 '상보성'이란 용어를 만들어냈다. 즉 고전물리학을 지배하고 있는 '이것이냐 저것이냐'식의 이분법적인 이원론을 배격하면서, 서로 다른 두 물질이 짝을 이뤄 의지하고 있다는 '이것도 저것도 모두'라는 그리고 '반대적인 것은 상호보완적이다(Contraria Sunt Complementa)'는 상보성 이론을 주장한 것이다.

동양학 특히 주역에서는 이를 상반상성(相反相成)의 법칙이라고 한다. 즉 서로 반대되는 또는 상호 모순적인 관계를 상호 배척적인 관계로 보는 것이 아니라 상호 성취의 관계, 더 나아가 운동의 추동력의 근거로 본다.

보어가 부딪혔던 문제는 문화적인 선입관을 뚫고 새로운 이해로 나아가기가 얼마나 지난한 일인가 하는 문제를 상기하게 만든다. 그 당시 양자택일적 사고가 오랫동안 지배했기 때문에 상반된 것이 결합해 전체를 이룬다는 생각을 하기가 몹시 어려운 것이다.

보어는 서로 상반된 다른 문화의 철학이 이 거울을 투시할 수 있게끔 도와준다는 사실을 알았다. 20세기의 가장 혁신적인 과학적 정신이 비서구 문화로부터 개념적 영감을 얻었다는 사실은 중요하다. 이런 사람들로는 슈바이처, 샤르댕, 화이트헤드, 칼 융, 아인슈타인, 하이젠베르크, 휠러, 아이즐리, 베이트슨, 데이비드 봄, 프리고진, 매클린톡, 카프라, 셸드레이크를 들 수 있다(존 부룸필드, 『지식의 다른 길』).

이처럼 다른 문화들의 배경이 되는 학문적 고찰은 우리 문화를 새로운 눈으로 바라볼 수 있는 시각의 변화를 제공한다. 그러므로 서양학과 주역학이 상호 보완하면서 경쟁적 관계로 연구하고 가르치는 것이 서로의 발전을 위해서 절대적으로 필요하다.

제7장

주역과 서양철학의 비교연구

제1절 주역과 서양철학

서양철학의 여러 분야 중에서 우주본체론과 우주변화론과 관련해서만 고 한동석 선생의 역저인 『우주변화의 원리』에 근거해서 주역철학과 비고 고찰하고자 한다.

1. 서양철학의 세계관 비판

고 한동석 선생은 주역과 서양철학을 비교 고찰하면서 서양철학의 세계관에 대한 비판을 다음과 같이 언급하고 있다.

우주변화원리란 변화하는 본체(substance)가 무엇이며 또는 그 본체가 어떻게 움직여서 현상계를 형성하는가, 하는 우주변화의 현실과 그 본질을 연구하는 원리를 말하는 것이다. 그러므로 그것은 과거나 현재를 통해서 진리를 탐구하려는 사람들의 일대 숙제였던 것이다.

그리하여 인간의 지혜는 이와 같은 신비를 알아내려고 총동원되었을 뿐 아니라 이것으로써 인간된 의무를 다하는 것으로 생각하게 되었다. 이와 같은 인간의 고상한 탐구욕은 동서양을 막론하고 우주의 본체는 무엇이며 또는 그 본체는 어떠한 작용으로 인하여 화려한 현상계를 나타내는가 하는 문제를 목표로 연구를 거듭하였던 것이다.

동양에서는 음양의 체(본체)·용(작용)관계로써 상수학 원리를 세웠고 서양에서는 본체론과 우주론으로써 이 문제를 연구하였던 것이다.

1) 본체론 비판

서양철학은 본체를 연구함에 있어서 양적 고찰과 질적 고찰을 하였다.

먼저 양적 고찰부터 보면 우주의 본체를 단원이라고 주장하는 학파와 다원이라고 주장하는 학파가 있다.

단원론(singlarism)을 주장하는 학파로는 우주의 본질을 <물>이라고 본 탈레스(Thales), <무제한자>로 본 아낙시만드로스(Anaximandros), <공기>로 본 아낙시메네스(Anaximenes), <불>로 본 헤라클레이토스(Herakleitos), <유>로 본 파르메니토스(Parmenides), 유출설을 주장한 플로티노스(Plotinos), 자기원인으로 본 스피노자(Spinoza) 등이 있다.

주역과 관련해서 비교해보면 탈레스가 주장한 물이 가장 의미 있는 학설이다. 주역의 괘의 순서를 보면 천지가 있은 연후에 가장 먼저 나타나는 괘가 수뢰둔괘 그리고 산수몽괘 수천수 천수송으로 이어지는데 각 괘에 모두 수(水)를 나타내는 감괘(☵)가 포함되어 있다. 오행 중에서도 제일 먼저 우선시하는 것이 一曰 수(水)이며 그다음 화목금토로 이어진다. 그리고 주역의 최초의 단서가 된 하도와 낙서에서도 보면 제일 먼저 출발이 되는 아래 부분에 일(一)·육(六) 수(水)가 있다. 이는 우주가 탄생한 연후에 수가 제일 먼저 나타나고 이곳에서부터 출발하여 만물이 시작하는 것으로 생각해서 그렇게 제일 먼저 우선적으로 제시한 것 같다. 따라서 탈레스가 물을 본체론으로 본 것은 주역의 오행에서 수를 제일 먼저 놓은 것과 일치한다.

그다음 플로티노스의 유출설에서는 본체는 <一>이고 그 <一>에서 이성－영혼－물질이 되어서 유출한다고 한 것이다. 탈레스처럼 골간만 세운 것이 아니고 <一>에서 이성－영혼－물질로 발전한다고 구체적으로 나타내고 있다. 그러나 어떻게 하여서 그렇게 발전하는 것인지, 그 과정을 설명해 놓지 않았다.

스피노자는 우주의 본체를 자기원인이라고 설명하고, 이어서 현상계가 나타나는 것은 소위 자기원인, 즉 능산적 자연(natura naturans)이므로 일체의 만물은 그 능산적 자연의 속성인 소산적 자연(natura naturata)이라고 하였다. 그러나 그것도 역시 능산적 자연인 자기원인이 어떻게 변모되어서 만물로 되는가, 하는 점을 설명하지 못하였다.

위와 같은 문제점 때문에 대두하게 된 학설이 다원론(pluralism)이다.

다원론자들은 단원론으로서는 단원인 본체에서 현상계가 어떻게 이루어질 것인지를 생각할 수 없기 때문에 현상계의 다양한 것을 중심으로 본체를 생각하기 시작하게 되었던 것이다. 다원론자의 대표적인 학자가 우주의 본체를 넷으로 본 엠페도클레스(Empedokles), 원자로 본 데모크리토스(Demokritos) 등이 대표자라고 할 것이다.

이들이 주장하는 다원론은 분석적인 면과 개별적인 면에 치중하였기 때문에 진정한 의미의 본체와는 점점 거리가 멀어지게 되었다.

첫째, 본체라는 개념 자체에서 나타나는 모순이다. 즉 본체라는 개념은 변화하는 다양적인 현상이 산출되는 기본, 즉 스피노자가 말한바 능산적 자연과 같은 것이다. 그런즉 만물 발생의 근원이 바로 본체일 것인데 근본인 본체가 다원일 수 있을 것인가, 하는 점이다. 다시 말하면 본(本)이란 것은 만물의 시초이며 조종이므로 만사의 종말과 다양성은 모두 단원인 본체에서 전개되는 것이다. 그럼에도 불구하고 근본은 다원이라고 한다면 그것은 이미 본체일 수 없고 지체(支體)일 뿐인 것이다. 그런즉 여기서 말하는 소위 다원적 본체라는 것은 그 개념 자체에서부터 이미 이율배반적 모순이 되는 것이다. 그러므로 다원이라는 개념 속에는 이미 단원을 내포하고 있다.

둘째, 다원을 본체로 인정한다고 할지라도 서로 독립된 다원이 어떻게 분열과 통일을 조화하면서 병행할 수 있는가, 하는 점이다. 세계는 상부상조와 모순대립으로써 이루어지는 세계인즉 반드시 다원적 본체가 이 문제를 조화시킬 수 있는 이론적 근거를 발견하여야 할 것이다. 그러므로 이를 해결하기 위하여 엠페도클레스가 애와 증오로써 통일을 설명하려고 하였지만 그것으로써 자연 전체의 모습을 설명해낼 수는 없었다. 또한 원자론자들이 다원의 본체가 일원의 공간 내에서 운동한다고 하는 것도 공간이 일원인 한 다원의 본체가 될 수는 없는 것이다. 따라서 그들이 본체란 성질상 동일한 무차별의 세계인 원자 자체의 기계적 운동이라고 하는 점으로 보면 이것은 본체가 단원이라는 의미를 내포하고 있는 것이기 때문에 다원일 수는 없다. 뿐만 아니라 원자가 우주의 본체라고 하는 한 이것으로써 일월성신의 운행, 춘하추동의 성립, 주야의 교대, 만물의 생사 등의 제반 철학적 문제를 해명할 수 있어야만 할 것이나 원자론으로써는 이를 할 수가 없다. 그러나 주역의 상수학에서는 이와 같은 신비에 대한 법칙적인 해명을 할 수 있다.

이상 단원론과 다원론을 요약해 보면 다원론은 다원이란 개념 자체부터 인정하기 곤란하다. 그렇지만 탈레스가 제창한, 우주의 본질을 물로 본 單元론은 가장 특출한 내용이다.

그다음에는 단자론(monadologie)이 있는데 이것은 쿠자누스(Cusanus) 라이프니쯔(Leibniz) 브르노(Bruno) 등에 의해서 제창된 학설이다. 이 학파에서는 우주의 본체를 단자라고 주장하는 것이다. 브르노는 '다의 세계는 신(神)인 일(一)에서 나온 양면적 현상'이라고 한다. 즉, 물질이 극미로 분화되어서 또다시 분화할 수 없게 되면 그것이 바로 단자인바 단자는 물심(物心)의 양면성을 띠고 있다고 하는 것이다.

여기서 브르노의 '다의 세계는 신인 일에서 나온 양면적 현상'이라는 표현의 주역의 태극에서 양의, 즉 음양이 분화되는 내용과 유사하다. 그리고 단자의 '물심 양면성'의 성질은 주역의 기(氣)의 개념과 동일한 내용이다.

단자론의 내용이 주역의 태극과 음양 그리고 기의 개념과 유사하거나 동일한 것으로 보이나 주역과 다른 것은 이들의 작용과 변화원리를 나타낸 구체적인 법칙적인 논리를 제시하지는 못하고 있다.

이상의 내용을 요약 고찰하여 보면 탈레스의 본체론에는 법칙적인 내용이 없고 플로티노스나 스피노자도 그들이 설명한 바의 현상적 이론이 미흡하였기 때문에 겨우 본체의 일면을 제시함에 불과하였고, 브르노와 라이프니츠도 구체적인 이론적 설명을 나타내고 있지 못하다. 이와 같은 결과는 오로지 본체론적이며 또한 우주론적인 법칙이 결여된 서양철학 자체가 지닌바의 모순에서부터 이루어진 고질이었던 것이다.

질적 고찰에서는 유심론과 유물론이 주류가 된다.

유심론(spiritualism)은 우주의 본체는 정신이고 자연의 모든 현상은 정신의 표현이므로 물질을 정신의 산물로 보는 것이다. 그러므로 물질은 독립적인 존재가 될 수 없고 정신의 파생물이거나 혹은 정신에 예속되는 현상에 불과하다고 보는 것이다. 그러므로 유심론자들은 만물은 항상 주관적인 인식의 제약을 받는다고 생각하는 것이다.

유심론을 반대하는 학자들은 다음 몇 가지 점에서 비판하고 있다. 첫째, 정신에서 이질적인 물질이 어떻게 생길 수 있는가? 둘째, 인간정신을 주로하고 거기에서 유추함으로써 우주정신을 합리화할 수 있는 이론적 근거는 무엇인가? 셋째, 만물이 인간의 생리적 혹은 환경적 상태 여하에 따라서 인식되는 현상이 달라진다고 하는 사실만으로써 과연 만물은 인간 정신의 제약을 받는다고 할 수 있겠는가? 이러한 문제에 대하여 확실한 답을 주지 못하고 있다.

이와 같이 유심론이 정신을 우주의 본체라고 함으로써 반대에 봉착하게 된 것은, 첫째, 이 학파에서 우주변화의 법칙을 납득하지 못한 데 큰 원인이 있었고, 둘째, 정신의 개념을 구명하지 못하고 다만 전제에서 정신을 본체로 정하여 버렸다는 데 큰 결점이 있었던 것이다.

유물론(materialism)에서는 형이상학적 유물론과 변증법적 유물론의 두 가지가 있다. 이들은 모두 물질이 우주의 본체이고 정신은 그의 예속물이라고 보는 것이다.

그러므로 정신은 공간을 점령하고 있는 물질, 즉 에테르의 활동이거나 혹은 원자의 양자 전자운동이라고 보는 것이다.

그런데 형이상학적 유물론을 주장하는 학파로서는 고대의 스토아학파에서 시작하여 근세의 홉즈(Hobbes)에 이르러서 가장 저명하였다. 그다음으로 독일과 불란서 등에서 많은 유물론자들이 나와서 더욱 발전시킨 것은 사실이나 유심론이 반드시 진리가 아니었던 것처럼 유물론도 반드시 진리일 수는 없었던 것이다. 이와 같은 학설의 난무는 학설의 증산에만 공헌하였을 뿐이고 반면 모순을 점증하게 되었던 것이다.

첫째, 정신은 물질에서 파생되는 것이므로 정신은 물질 자체라고 하는 점이다. 물론 정신과 물질은 불가분리의 호근관계를 가지고 있는 것이므로 그의 변화과정을 설명함에 있어서 물질에서 정신의 기원을 유도해 낼 수는 있다(유심론의 경우도 마찬가지다). 그러나 법칙이 없는 유물론의 주먹구구식 사고방식이나 과학적 실험수단만으로써 만일 어떠한 체계를 세웠다고 할지라도 그것은 어디까지나 물질일변도의 반쪽 체계일 뿐이고 결코 그것이 우주 본체의 설명으로 될 수는 없을 것이다. 왜냐하면 주역의 관점에서 볼 때 우주에는 정신과 물질이 호근운동을 하면서 계속 이어지는 일사불란한 진리로서의 법칙적인 본체가 엄존하기 때문이다.

둘째, 물질의 운동을 원자나 에델의 운동으로 볼 수는 있지만 그렇다고 그것이 바로 정신일 수는 없기 때문이다. 예를 든다면 인간이 정자와 난자의 결합으로 인하여 탄생된다고 하여서 정자와 난자가 곧 사람이라고 우겨대는 것과 같은 난센스에 불과하기 때문이다.

그다음에는 변증법적 유물론을 주장하는 학파로서 데보링(Deborin) 포이에르바하(Feuerbach) 등이 나와서 자연을 객관화된 정신이라고 보는 헤겔 학설을 뒤집어서 정신을 외화된 자연이라고 하여 헤겔의 관념적 변증법을 유물적 변증법으로 고쳐놓았고, 마르크스(Marx)와 엥겔스(Engels)에 의하여 양적 변화가 질적 변화를 일으키는 것이며 운동하는 물질의 모순대립은 비약과정에서 통일된다고 하는 학설로서 변증법적 유물론은 더욱 발전시켜 놓았던 것이다. 그뿐만 아니라 사적 유물론을 저술하여서 변증법적 유물론의 원리를 사회현상과 사적 발전에 적용시키면서 물질적 우위를 설명했고, 또 그것으로써 우주의 본체라고 규정하였던 것이다.

2) 우주론(cosmologie) 비판

우주론이란 본체가 어떠한 존재냐 하는 것을 묻는 것이 아니라 우주삼라만상은 어떻게 변화하느냐 하는 변화현상을 연구하는 학문이다. 다시 말하면 인간과 만물만사의 생장소멸작용이 어떠한 원리에서 일어나는 것이며 또한 어떠한 법칙에 의하여 동정하는가, 하는 것을 연구하는 것이다.

우주론은 이와 같은 변화과정을 설명하는 데 있어서 시간적 계기와 필연적 관계라는 두 개의 조건을 가지고 설명하고 있다. 그런데 이러한 만물의 변화는 인과적이냐, 목적적이냐?

먼저 인과의 법칙으로 인과율이 있다. 즉, 어떠한 결과는 반드시 그 결과 이전에 원인이 있다고 하는 것이다. 그런데 이 인과관계는 필연적 법칙 아래서 이루어진다고 보아서 이것을 인과율이라고 한다. 흄(Hume)은 이것을 객관적 신앙이라고 하였다. 그 까닭은 두 개의 현상이 서로 관련이 있는 것은 알 수 있지만 거기에 필연적 관계가 있다는 것을 인정할 수 없는 까닭이라고 말하였다.

칸트는 인과율을 선험적 오성의 형식에서 구하였다. 그러므로 그는 인과율이라는 것은 경험을 통일하며 성립시키는 범주의 하나라고 말하였다. 빈델반트는 인과개념의 필연적이며 종합적인 근거로서 이것을 시간적 계기의 일반성이라고 하였다.

여기서 주의할 것은 인과율이 자연법칙에서 생긴 것이냐 혹은 인위적인 법칙이냐, 하는 것이다. 만일 이것이 인위적이라면 인간의 인식은 부정확한 것이므로 그 법칙의 진리성을 믿기 곤란할 것이고 이것이 자연법칙 그대로라고 하면 인간이 이것을 일일이 입증하여야 한다. 그렇지만 철학은 아직 이것을 증명하지 못하고 있는 듯하다. 현대사회 모든 학문들, 즉 철학 과학도 편파적인 일면적 관찰만 하였기 때문에 인간의 정체를 완전히 투시할 수 없었던 것이다.

그러나 동양의 의학은 그의 출발부터 우주변화에 근거한 상수학에 의해서 발달한 학문이기 때문에 우주의 본체 규정에 있어서나 그의 변화작용의 관찰에 있어서 자연법칙적인 엄격한 규범을 세워놓고 출발하였다. 그뿐만 아니라 세계의 삼라만상도 동일한 자연법칙하에서 동정하는 것이므로 예외는 있을 수 없다. 그러므로 자연법칙이 곧 우주의 법칙이며 인간과 만물의 법칙이다.

　인과율이란 시간적 계승의 일반적 필연성인 것이다. 그런데 인과율이 기계관으로 흐른 후에 이것이 과학의 발전에 기여한 것은 사실이나, 그렇다고 이것이 유물론이나 과학만의 법칙은 아니고 철학 자체의 법칙인 것이다. 그런즉 인과율이란 인위적 법칙이 아니고 우주 자체의 운동법칙인 것이다.

　이와 같이 인과율이 우주 자체의 운동법칙인 한 우리는 이것을 알아내야 할 의무가 있으며 또한 변화원리를 연구하는 목적도 바로 여기에 있거니와 진실로 우주의 운동은 인과적인 법칙에 의한 것인데 이것이 바로 오운과 육기의 운동이며 또한 자유창조의 법칙인 것이다.

　다음은 서양철학의 목적관을 살펴보고자 한다. 목적률은 우주의 만상은 어떠한 목적하에서 움직이는 것이라고 보는 데서 일어난 것이다. 그런데 여기에는 신이나 혹은 외부에서 부여된 목적에 의하여 만물이 생장된다고 하는 초월적 목적관(종교적 우주관 같은 것)과 목적이 외부에서 오는 것이 아니라 만물 자체 속에 내재한다고 하는 내재적 목적관(범신론과 같은 것)의 두 가지가 있다.

　그런데 목적관을 세계해석에 최초로 도입시킨 학자는 아낙사고라스(Anaxagoras)였다. 그 뒤에 플라톤과 아리스토텔레스는 인과는 목적에 종속된다고 하였고, 칸트는 자연계를 기계관으로 보고 정신계는 목적관으로 보았다.

　현대에 이르러서 베르그송(Bergson)은 우주의 창조적 진화는 생명의 비약은 순간순간 그 내면에 존재하는 목적을 달성하기 위한 것이라고 주장하였다.

　특히 칸트는 자연계를 기계관으로 보고 정신계는 목적관으로 본 점은 가장 의미 있는 시각이다. 우주의 변화현상을 대별하면 자연계는 다만 인과적 법칙에 의하여 기계적으로 움직이는 것이다. 이것들은 다만 계절의 변화에 따라서 생장소멸의 규칙적 반복을 되풀이하는 것뿐이고, 개별적인 자기의지는 전혀 개입하지 못하는 것이다. 그러나 반면 정신계는 자연계와 마찬가지로 기후의 영향을 받는 것도 절대적 요건이기는 하지만 그것보다도 더욱 중요한 것은 자기의지, 즉 정신의 작용이 가장 중요한 역할을 하면서 생을 유지하는 것이다. 다시 말하면 인간이나 동물은 육체와 정신의 2대 형상으로써 생을 영위하는 것이다.

　무릇 형상을 보유하고 생활하는 인간이나 동물은 끊임없이 형상 간에 모순과 대립을 나타내면서 자기를 보존하는 것이니 이것이 바로 육체와 정신의 공공체적 사회생활이다.

그런데 이러한 육체와 정신의 공공생활 과정에서 필연적으로 감정과 욕심이 생기게 되는 것이다. 만일 인간이나 동물이 육체와 정신의 이원적 조직체가 아니라고 가정한다면 여기에서는 욕심이 생길 수 없는 것이다. 왜냐하면 사욕의 주체이므로 무욕인 정신과 항상 도전하려고 한다. 그리하여 욕심은 목적의 원인이 되고 목적은 욕심의 결과가 되는 것이다. 그런즉 자연계는 형상을 갖추고 있지 않기 때문에 단순히 기계적 운동만을 할 수밖에 없는 것이다. 여기에서 자연계는 기계적으로 정신계는 목적적으로 움직인다고 본 칸트의 위대성이다.

이렇게 생각할 때 인과율과 목적률은 별개의 개념이 아니라 전일개념이면서 다만 적용되는 대상에 차이가 있는 데 불과한 것이다. 다시 말하면 인간이나 동물은 형상을 구유하기 때문에 인과율과 목적률이 병행되는 것이고 자연계는 형체만의 존재이기 때문에 인과율만이 적용되는 것이다.

이상의 서양철학의 본체론의 내용을 보면 맹목적이고 무법칙적이기 때문에 본체를 구명할 수가 없었고 다만 이론의 대립과 모순의 역사만을 남기고 말았다. 그러므로 본체의 변화현상을 연구하는 우주론에 있어서도 변화하는 바의 실상을 해부해 내지는 못하고 다만 우주의 변화는 인과적이냐, 그렇지 않으면 목적적이냐 하는 피상에서만 헤매고 있다. 우주론이란 우주의 생성변화관계를 연구하는 것인데, 서양철학의 우주론에서 고찰한 바에 의하면 그 논설의 옳고 그름을 차치하더라도 그 내용을 따져보면 우주의 변화는 인과적이냐, 그렇지 않으면 목적적이냐 하는 정도였다. 그렇다면 그것을 가지고 과연 변화현상을 설명할 수 있을 것인가 하는 것은 문제점이 아닐 수 없다.

2 주역철학의 우주관

1) 우주 본체론

주역에서는 우주의 본체를 무엇으로 보느냐에 따라서 다양한 학설이 주장되고 있다. 일반적으로 기(氣), 기(器), 심, 신, 도, 리로 볼 수 있으나 종합하여 기(氣) 하나의 개념으로 말할 수 있다. 즉, 주역에서는 우주 삼라만상의 가장 궁극적인 실체를 기(氣)라고 보았다. 기는 정신 물질 일원론적 개념으로써 인간을 비롯한 우주와 만물만사의 가장 본질적인 실체를 기라는 것이다.

2) 우주 변화론

우주가 변화하는 현상을 나타내는 근본적인 개념과 이론으로는 태극이 있으며 이를 보다 구체적으로 나타내면 음양오행론이다. 우주 삼라만상이 무궁한 변화를 일으키고 있는 것은 음과 양이라는 이질적인 두 기운의 작용으로 인하여 모순과 대립이 나타남으로써 일어나는 현상을 변화라고 하는 것이니, 주역 계사전에서 일음일양지위도라고 한 것은 바로 이것을 말하는 것이다.

뿐만 아니라 우주변화론인 음양론에 근거하여 구체적이고 실용적인 과학기술적인 학문이 오운육기학, 간단하게 말하면 운기학이 있으며, 또한 이를 바탕으로 발달한 각종 과학기술적 학문인 역학역술이 있다.

3. 주역과 서양철학의 비교고찰

지금까지 서양철학의 우주론과 주역의 우주론을 매우 개괄적으로 고찰해 보았으며 상호 비교해 보면 다음 몇 가지로 나타낼 수 있다.

첫째, 우주의 본체에 있어서 서양철학에서는 학자에 따라서 다양한 학설을 주장하고 있으나 주역에서는 기(氣)라는 하나의 개념으로 나타낼 수 있다. 물론 주역에서도 다양한 본체론을 주장하지만 기라는 하나의 개념으로 통합하여 설명할 수 있다.

둘째, 우주의 변화론에서 서양철학은 뚜렷한 이론체계가 보이지 않는다. 앞에서 서술한 바와 같이 단지 인과율과 목적률 정도로 나타낼 뿐이다. 그러나 주역에서는 구체적인 우주 변화현상을 나타내는 구체적인 개념과 이론으로 태극과 음양오행론이 있다.

황제내경 운기편에서 음양오행의 운동법칙은 우주의 변화법칙이며 만물의 생사법칙이며 정신의 생성법칙이므로 우주의 모든 변화가 이 법칙 밖에서 일어날 수는 없다는 것이다. 특히 정신의 생성법칙까지도 음양오행의 이론으로 설명할 수 있다는 점에서 주역이 정신 물질 일원론적으로 모든 사물을 나타내는 근본적인 학문임을 알 수 있다.

셋째, 서양철학은 우주의 본체와 변화론에 입각하여 구체적이고 실용적인 생활에 도움이 되는 과학기술적 학문이 뚜렷이 보이지 않는다. 그러나 주역에서는 우주의 본체와 변화론인 기와 음양오행론을 생활에 접목 응용한 구체적이고 실용적인 과학기술적 학문인 역학역술이 있다. 이 점이 주역철학이 서양철학보다 위대한 철학이라고 볼 수 있다.

어느 학문이고 철학과 사상이 있으면 이를 구체적으로 실천하는 실용적 학문으로 과학기술이 있어야만 학문적 체계가 제대로 형성됐다고 본다. 원래 동양학은 사상철학과 윤리도덕적 규범 그리고 과학기술 간에 모두 일관되게 우주론적 순환론적 자연의 개념과 이치인 기와 음양오행론에 의해서 상호 체계적으로 연관되어 있다. 이런 점에서 사상철학과 과학기술 그리고 윤리도덕적 규범이 매우 밀접한 관계가 있다.

더욱이 철학과 사상이 과학기술적으로 구체화되어서 현실생활에 실용성과 실천성이 있을 때 그 사상과 철학은 현실적인 생명력이 있다. 그렇지 않고 현실적으로 실용성과 실천성이 없는 사상과 철학은 아무리 훌륭한 내용이라도 단지 소설 같은 공허한 내용일 뿐이다. 그러한 학문은 현학적인 지적 유희에 지나지 않는다.

뿐만 아니라 이것이 현실적인 문제들을 해결해주는데 기존의 제도권의 서양 과학기술에 비해서 보다 앞서고 바람직하며 상호보완 관계에 있을 때 더욱 의미가 있으며 생명력이 있으며 빛이 난다.

주역은 우주의 본체인 기와 우주변화론으로써 기의 작용과 변화원리인 음양오행론으로 철학사상뿐만 아니라 과학기술적 학문인 역학과 역술로 구체화하고 실용적으로 체계화하여 발달하였다. 뿐만 아니라 동양과학기술인 역학역술은 현대 서양과학기술보다도 새롭고 앞선 과학기술이라는 점에서 더욱 시대적으로 의미와 가치가 있다. 이에 비해서 서양철학은 우주의 본체에 대한 학설도 분분하고 이를 하나로 통합하여 나타낸 개념도 없어서 혼란스럽다. 또한 각각의 본체론의 개념에 입각한 우주의 변화현상을 설명한 개념과 이론도 뚜렷한 것이 없다. 뿐만 아니라 본체론과 변화론에 입각한 구체적이고 실용적인 과학기술적 학문도 보이지 않는다. 따라서 단편적인 개념과 이론을 인식하는 정도이다.

주역은 동양의 모든 학문, 즉 윤리도덕, 철학사상, 문학예술 그리고 과학기술의 근원적인 학문이다. 따라서 동양문화의 종합적 학문이며 가장 기초적인 학문이다. 종합적 학문이란 동양의 철학사상, 윤리도덕, 문학예술 그리고 과학기술적 길흉화복에 관련된 내용을 모두 포함하고 있다는 의미이다. 기초적인 학문이란 모든 학문의 준거 기준이 되는 근원적인 학문이기 때문이다. 그래서 주역은 모든 동양철학·사상뿐만 아니라 과학기술적 학문의 종지(宗旨)가 된다. 따라서 주역을 모르고 동양의 학문과 역사 문화를 근본적으로 이해할 수 없다는 것은 바로 이 때문이다.

동양사상을 표현하는 언어는 비록 여러 가지일지 모르나, 그 흐름은 전혀 갈라지지 않고 하나의 흐름을 유지해 왔다. 그러나 서양의 철학사상을 접했을 때 머리에 통증을 느끼는 이유 중의 하나가 수많은 철학자들이 백가쟁명식으로 다양한 설을 내세우며 나름대로 그럴듯한 논리를 전개하기 때문이다. 서양철학사를 보면 수많은 철학자들이 나와서 나름대로 철학이론을 펼치는데 하나하나 보면 다 그럴듯하지만 책을 덮고 나면 어지럽다. 왜 그럴까? 그것은 철학자들에 따라서 각각 서로 다른 논리를 내세우기 때문이다.

다시 말해 칸트의 철학과 베르그송의 철학 그리고 존 듀이의 철학은 서로 체계가 다르기 때문이다. 최근에는 푸코의 철학이 어떻고, 드릴즈의 철학이 어떻다고 하는 식의 수없는 논리와 창의적인 관점을 가지고 백가쟁명식으로 내세우고 있다. 그들 나름으로 모두 의미 있고 일리 있는 내용이지만, 적어도 서양의 모든 철학자들이 일관된 체계를 갖고 사상을 전개해 나간 것이 아니라는 것은 분명하다.

그러나 동양의 철인들은 달랐다. 동양에도 수많은 사상가와 유학자들이 있고 각기 나름대로 독특한 학설을 내세우고 있지만, 그들의 사상을 관통하는 하나의 맥이 분명히 존재하고 있다. 그것이 바로 주역의 '음양'이다(김구연, 『동양학 아카데미』).

동양의 철학사상들은 하나의 종지(宗旨), 즉 주역의 태극음양론을 준거기준으로 일관되게 전개하고 있다는 점이다. 이에 비해서 서양의 철학사상은 거의 철학사상가의 개인적 아이디어 내지 관점에 근거하고 있지 않나 생각된다. 그래서 백가쟁명식의 철학사상들이라고 볼 수 있다.

뿐만 아니라 주역의 철학사상은 우주론적 관점에서 정신물질 일원론적 학문이다 보니 영원하고 궁극적 철학이며 뿐만 아니라 그 철학사상을 생활에 접목 응용하여 구체적으로 실용화한 과학기술적 내용이 있다.

제2절 주역과 뉴턴·데카르트적 자연철학 그리고 신과학

동서양을 말론하고 현대사회 지배적인 위치에 있는 제도권 교육학문세계의 서양과학기술은 한마디로 말하면 뉴턴·데카르트적 자연철학에 근거한 물질론적 기계론적이며 이원론적, 분석적 환원주의적 학문이다. 그리고 현대 물리학이 발달하면서 새롭게 대두되는 과학기술적 과학관과 세계관이 양자물리학자들 중심의 신과학이론이다. 이 내용은 프리초프 카프라(Fritjof Capra)의 『새로운 과학과 문명의 전환(The Turning Point)』, 『현대 물리학과 동양사상(The Tao of Physics)』 그리고 방건웅 박사의 저서 『신과학이 세상을 바꾼다』를 중심으로 서술하였음을 밝혀 둔다.

1. 뉴턴·데카르트적 자연철학

　뉴턴·데카르트적 자연철학관은 현대사회 거의 모든 사람들의 문화의 기초가 되어 있고, 이는 16세기 및 17세기에 본질적인 형태가 형성되었다. 1500년과 1700년 사이에 인간의 세계관과 사고방식에 극적인 변화가 있었다. 이 우주에 대한 새로운 인식과 개념은 우리 서구문명의 현대적 특질을 형성하게 되었다. 이것이 과거 300년 간 우리 문화를 지배한 기초적 모형이 된 것이다.

　1500년 이전에 유럽의 지배적 세계관은 대부분의 다른 문명과 같이 유기적인 것이었다. 사람들은 소형의 친밀한 집단에서 생활했으며 유기적 상관관계를 가지고 자연을 경험하고 있었다. 정신적 현상과 물질적 현상이 상호 의존적이었으며 개인의 필요는 집단의 필요에 종속되는 것이 이 시기의 특징이었다. 이 유기적 세계관의 과학적 기본구조는 아리스토텔레스와 교회라는 두 개의 권위에 의존했다. 중세 과학의 본질은 지금의 과학의 본질과는 아주 달랐다. 중세 과학은 이성과 신앙 두 가지 위에 기초하고 있었고, 그 주 목적은 사물의 예측과 통제보다는 그 의미와 중요성을 이해하는 것이었다.

　중세의 견해는 16세기 및 17세기에 근본적인 변화를 일으켰다. 유기체적이고 생명체적이며 정신적인 우주의 기본 개념은 기계론적 세계관으로 대치되었으며, 이 기계론적 세계관이 현대의 지배적 사상이 된 것이다. 이 발전은 코페르니쿠스, 갈릴레오 및 뉴턴의 업적으로 결실된 물리학과 천문학의 혁명적 변화로 이룩되었다. 17세기 과학은 프란시스 베이컨이 강력히 주장한 새로운 탐구방법에 기반을 두고 있는데, 그 새로운 방법에는 자연의 수학적 기술과 데카르트의 천재로 발상된 추리방법이 내포되어 있다. 이러한 광범위한 변화를 초래한 과학의 결정적인 역할을 감안하여 사학자들은 16~17세기를 과학혁명의 시대라고 불렀다.

　과학혁명이 진행됨에 따라 유기체적 자연관이 기계론적 자연관으로 대치되어 완전히 소멸되고 말았다. 서구 문명의 발전에 있어서 압도적인 중요성을 띠게 된 이 대치는 17세기의 두 거물인 뉴턴·데카르트에 의해 시작되고 완성되게 된 것이다.

데카르트의 비전은 과학적 지식의 확실성에 대한 확신을 심어주었으며, 그의 생의 사명은 모든 학문에서 오류로부터 진리를 가려내는 것이라 믿게 되었다. '모든 과학은 확실(cleanity)하고 분명한(distinction) 지식'이라고 그는 썼다. '단순히 가능성을 가진 모든 지식을 배척하며 완전히 알려지고 아무런 의심도 있을 수 없는 것만을 믿어야 한다' 데카르트적 확실성은 그 본질적 성질에 있어서 수학적인 것이다. 데카르트는 우주의 열쇠는 우주의 수학적 구조에 있다고 믿었으며, 그의 마음속에는 과학이란 수학과 동의어라 확신했다. 그래서 그는 수학적 증명의 명료성을 가지고 연역되지 않는 것은 진리로 인정할 수 없다고 했다. 이 점에서 갈릴레오와 마찬가지로 데카르트 역시 자연의 언어 – 우리 눈앞에 언제나 펼쳐 있는 위대한 책 – 는 수학이며, 자연을 수학적으로 기술하고자 한 그의 희망에 따라 그는 가장 훌륭한 발견을 이루게 된 것이다. 그래서 그는 '나의 모든 물리학은 오직 기하학일 뿐이다'라고 자랑스럽게 말하였다.

그의 방법론의 핵심은 철저한 회의(懷疑)이다. 그는 의심할 수 있는 모든 것을 의심하다가 더 이상 의심할 수 없는 것에 도달한다. 즉, 생각하는 사람으로서의 자신의 존재! 그리하여 그의 유명한 'Cogito, ergo sum', '나는 생각한다, 고로 나는 존재한다'에 도달한다. 이로부터 데카르트는 인간성의 본질은 사색에 있고 우리들이 명확하고 분명하게 생각하는 모든 것은 진실이라고 추론한다.

뿐만 아니라 자연을 마음과 물질이라는 독립적이고 실체적인 두 영역으로 분리시킨 17세기 르네 데카르트의 철학사상은 마침내 근대 이후의 인간들로 하여금 자연계를 자신들의 마음과는 완전 분리된 죽어 있는 물질세계로 바라보게 했으며, 거대한 기계론적 조립체계로 이해하는 실체를 가진 원자 물리적 군집세계로 이해했다. 기계적 조직으로 보는 데카르트적 우주관은 서구 문화의 특성이 되는 자연의 조종과 착취를 위한 '과학적' 승인을 부여한 것이다. 사실 데카르트 자신도, 과학의 목적은 자연의 지배와 조종이며 과학적 지식은 우리로 하여금 자연의 주인이며 소유자가 되게 한다는 베이컨과 같은 의견을 가졌었다. 이러한 철학사상은 뉴턴의 기계론적 역학 우주관을 형성하게 했고, 오늘날까지 대부분의 사람의 세계관의 기초로서 작용한다.

데카르트는 17세기에 과학의 개념적 기본구조를 만들어내었지만, 정확한 수학적 법칙에 의해 지배되는 완전한 기계라는 그의 자연관은 그의 일생 동안 하나의 비전으로만 남아 있어야 했다. 그는 자연현상에 대한 그의 이론의 개요를 스케치하는 것 이상의 일을 하지 못했다.

데카르트의 꿈을 실현시키고 과학 혁명을 완성한 사람은 갈릴레오가 사망한 1642년에 영국에서 태어난 아이작 뉴턴이었다. 뉴턴은 기계론적 자연관의 완전한 수식화를 발전시켰으며, 이로써 코페르니쿠스와 케플러, 베이컨, 갈릴레오 및 데카르트의 업적을 총 집대성하게 된 것이다. 17세기 과학의 기념비적 업적인 뉴턴 물리학은 일관성 있는 수학적 세계관을 수립하였으며, 이 이론이 20세기에 이르기까지 과학사상의 견고한 기초가 되어 온 것이다.

케플러는 천체 도표를 연구함으로써 위성운동의 실험적 법칙을 유도했으며, 갈릴레오는 천재적인 실험으로 낙하체의 법칙을 발견하였다. 뉴턴은 이 두 발견을 결합하여 돌에서부터 위성에 이르는 태양계의 모든 물체를 지배하는 일반 운동법칙을 공식화한 것이다.

뉴턴은 사과가 나무에서 떨어지는 것을 보고 순간적인 영감으로 중력을 발견했으며 중력의 영향을 받는 모든 물체의 정확한 운동법칙을 설명하기 위해 그의 새로운 수학적 방법을 사용한 것이다. 이 법칙들은 모든 것에 적용된다는 데 그 중요성이 있는 것이다. 뉴턴의 우주관은 정확한 수학법칙에 따라 작용하고 있는 하나의 거대한 기계적 조직이었다. 이와 같이 기계론적 자연관은 거대한 우주 기계가 완전히 인과적이며 결정적인 엄격한 결정론과 밀접히 연관되어 있다. 뉴턴은 세계에 대한 그의 이론을 『자연철학의 수학적 원리(Mathematical Principles of Natural Philosophy)』 속에 상세히 제시하였다.

18세기에 기계적 세계관이 확고하게 수립됨과 더불어 물리학은 모든 과학의 기초가 되었다. 만약 세계가 정말 하나의 기계라고 한다면, 이것이 어떻게 작용하는가를 발견하는 최상의 길은 뉴턴 역학에 의존하는 것이다. 그리하여 18~19세기의 과학들이 뉴턴 물리학의 모델을 따른 것은 데카르트적 세계관의 필연적 결과였다. 사실 데카르트는 그의 자연관에서의 물리학의 기본적 역할을 잘 알고 있었다. "모든 철학은 하나의 나무와 같다. 뿌리는 형이상학이요, 줄기는 물리학이며 가지는 여타의 각종 과학이다"라고 그는 기술했다.

데카르트 자신이 물리학, 천문학, 생물학, 심리학 및 의학에 대한 기계론적 접근을 시도한 바 있다. 19세기 사상가들은 인간성과 인간 사회에 대한 과학에 뉴턴 역학을 적용함으로 해서 이 계획을 진전시켰다. 새로 만들어진 사회과학은 큰 열광을 가져 왔고, 사회과학의 일부 옹호자들은 '사회물리학'을 발견했다고 주장하기에 이르렀다. 뉴턴의 우주론과 인간 문제에 대한 이론적 접근의 확신은 18세기의 중류계급에 급속히 확산되어 갔으므로, 이 시대가 소위 '계몽기'가 된 것이다. 이 발전의 가장 지배적인 인물은 철학자 존 록크(John Locke)였다.

뉴턴 물리학을 본받아 로크는 개인을 기본구성체로 하는 원자론적 사회관을 개발하였다. 물리학자가 기체의 성질을 원자나 분자의 운동으로 환원하였듯이, 로크는 사회에서 관찰되는 형태들을 개인의 행동으로 환원하고자 하였다. 그리하여 먼저 인간 개인의 본질을 연구하고, 이 인간 본질의 원칙을 경제 및 정치적 문제에 적용하고자 시도하였다.

로크가 그의 인간 본질 이론을 사회 현상에 적용했을 때 그는 물리학적 우주를 지배하고 있는 것과 동일한, 사회현상을 지배하고 있는 자연법칙이 있다는 신념을 갖고 있었던 것이다. 기체 속의 원자가 평형상태를 이루듯이, 인간 개인도 한 사회 내에서 '자연상태'에서 안정된 것이다.

로크의 사상은 계몽시대의 가치체계의 기초가 되었으며, 현대의 정치, 경제 사상의 발전에 강한 영향을 주었다. 모두 로크에로 소급될 수 있는 개인주의, 사유재산권, 자유시장, 대의정부 등의 이념은 미국의 독립선언과 헌법에 반영되어 있다.

19세기 과학자들은 물리학, 화학, 생물학, 심리학 및 사회과학에서 기계론적 우주 모형을 계속해서 정교하게 다듬었다. 그 결과 뉴턴의 세계 – 기계는 훨씬 더 복잡하고 미묘한 구조를 갖게 되었다. 동시에 새로운 발견과 새로운 사고방식이 뉴턴 모델의 한계성을 노출시켰고, 20세기의 과학 혁명에의 길을 마련하게 된 것이다.

20세기 새로운 과학혁명의 구체적 내용은 미카엘 패러데이(Michael Faraday)에 의해 취해졌고, 크라크 맥스웰(Clerk Maxwell)에 의해 완성된 전자 및 자기현상의 발견과 연구였다. 그리고 장 바티스트 라마르크(Jean Baptiste Lamarck)와 차알스 다아윈(Chaeles Darwin)의 진화론과 열역학 제2법칙인 엔트로피 개념 등이 있다. 그럼에도 불구하고 모든 자연현상을 충분히 설명할 수는 없다 하더라도 뉴턴 물리학에 깔려 있는 기본사상은 여전히 정당한 것이라고 믿어지고 있었다.

뉴턴·데카르트적 자연철학의 공과 과

이러한 데카르트적 정신물질 이원론적 실체론과 뉴턴적 기계론에 입각한 우주관은 17~20세기 간의 기계론적 기술문명의 발달과 자연자원의 개발에 큰 공헌을 하였고, 인간의 서양과학적 합리적, 기술적 이성에 큰 진전을 이룩하였다. 그 결과 현대사회 물질문명의 발전에 큰 공헌을 하였고 그 결과 엄청나게 물질적으로 풍요롭고 편리한 생활을 하고 있음은 주지의 사실이다. 이것은 뉴턴·데카르트적 과학기술에 의한 혜택임은 분명하다. 그러나 동시에 다음 몇 가지 점에서 위의 우주관과 세계관은 큰 잘못을 저질러 오늘날 문화에 부작용과 역기능으로 작용하는 근본적 원인이 되었다.

첫 번째 부작용은 인간의 이성을 기술적, 분석적 이성으로 국한시켜 사물의 기계론적 합리적 구조와 그 분석 실험 실증에만 관심하게 함으로써 사물의 존재론적 깊이와 비판적 이성 기능, 심미적-종교적 영적 직관 능력을 거세시켰다. 자연이 가지고 있는 풍요로운 상호관통, 상호의존 속에서 살아있는 춤추는 자연으로 보지 못하게 하였다. 자연을 정복하고 탐구할 대상으로만 보게 했고, 자신이 포함된 유기적 상관구조로서 생태학적 삶의 집이요 존재론적으로 연결 연속된 통일적 전일(全一)임을 깨닫지 못하게 했다.

두 번째 부작용은 인간에 맞서 있는 자연을 인간과 별개의 사물과 사건의 집합체로 본다는 것은 궁극적으로 존재를 분열된 개체적 단위로 보는 것이며, 자기 자신과 사회까지를 서로 대립적이고 분할·분열된 무연관적인 집단 및 세력들의 충돌로서 보는 것이다. 오늘 현대사회 이론과 문명론의 비극적 갈등은 자연·우주·인간·사회가 전일성과 상호 유기적, 역동적 상호작용 속에서만 존재할 수 있고 또 현재 존재하고 있다는 새로운 실재관의 결여에 기초하고 있다. 오늘날 세계를 지배하는 이기적인 개인주의, 인종주의, 국가주의, 계급주의는 새로운 20세기의 실재관에 의하면 어울리지 않는 전시대의 유물이며, 새로운 실재관에 의한 철저한 의식혁명을 거쳐야 생존할 수 있는 과제를 안고 있다(김경재, 『과정철학과 과정신학』 119).

2. 신과학 운동 대두

1) 새로운 물리학(The New Physics)

19세기 말에 이르러 뉴턴 역학은 자연현상의 기본적 이론으로서의 역할을 상실하게 되었다. 우주는 데카르트와 뉴턴의 모델을 훨씬 넘어선 개념을 포함하고 있었으며, 우주는 데카르트와 뉴턴이 상상했던 것보다 훨씬 더 복잡한 것임을 알려주고 있다. 그럼에도 불구하고, 모든 자연현상을 충분히 설명할 수 없다 하더라도 뉴턴 물리학의 밑바닥에 깔려 있는 기본사상은 여전히 정당한 것이라고 믿어지고 있었다. 그러나 20세기 초기 30년간은 이 상황을 전적으로 바꾸어 놓았다. 상대성이론과 양자이론을 가져 온 물리학의 두 개의 발전은 데카르트적 세계관과 뉴턴 역학의 모든 기본개념들을 완전히 부수어 버렸다.

코페르니쿠스(Copernicus)와 다윈(Darwin)의 혁명과 같은 것이 우주에 대한 일반 관념에 심대한 변화를 초래했고 이 변화는 많은 사람들에게 충격을 주었으나, 새로운 개념 자체를 이해하는 것은 어려운 일은 아니었다. 그러나 물리학자들은 20세기에 처음으로 우주를 이해하는 그들의 능력에 대해 심각한 도전을 받게 된 것이다. 원자실험을 통해 자연에게 질문을 던질 때마다 자연은 역설로서 이에 응답했고 그 상황을 밝히려고 애쓰면 애쓸수록 그 역설은 더 예리해졌다. 이 새로운 실재를 파악하고자 노력하는 가운데서 과학자들은 그들의 기본개념, 언어, 그들의 전 사고방식이 원자현상을 기술하기에는 부적합하다는 사실을 고통스럽게 인식하기에 이르렀다.

새로운 물리학인 양자역학은 공간, 시간, 물질, 객체, 인과 등의 관념의 심각한 변화를 필요하게 했으며, 이 관념들은 우리들이 세계를 경험하는 방법에 있어 너무나 근본적인 것이었기 때문에 그들의 변형은 엄청난 충격을 가져왔다.

뉴턴·데카르트의 기계론적 세계관과는 대조적으로 현대 물리학에서 나오는 세계관은 유기적, 전일적 그리고 상대적이란 용어로 그 특성을 말할 수 있다. 이것은 일반시스템이론의 의미에서 시스템관이라고도 부를 수 있을 것이다. 이제는 우주를 무수한 물체로 만들어진 기계로 보지 않으며 하나의 분할할 수 없는 역동적인 전체로서, 그 부분들은 근본적으로 상호 연결되어 있으며 우주의 과정의 패턴으로만 이해될 수 있는 것으로 생각해야 한다.

현대 물리학의 이러한 세계관이 신비적 전통, 특히 동양의 신비주의가 갖고 있는 세계관과 어떻게 유사한가를 F. Capra는 『현대 물리학과 동양사상』 'The Tao of Physics'에서 상세하게 보여준 바 있다. 신비주의란 애매하고 불가사의하며 고도로 비과학적인 것으로 취급하는 전통 속에서 카프라와 마찬가지로 자라온 많은 물리학자들에게는 그들의 생각이 신비주의에 비교된다는 것은 충격적이었다. 다행스럽게도 이제 이 태도는 변하고 있다. 동양사상이 많은 사람들의 흥미를 끌게 되고 명상이 결코 조롱거리이거나 수상한 것이 아니라고 생각하게 됨에 따라 신비주의가 과학계 내에서도 중요하게 취급되기에 이르렀다.

20세기 초에 원자에 대한 실험적 연구는 깜짝 놀랄 전혀 이외의 결과를 초래하였다. 물질의 이 아원자적 단위는 양면성을 갖고 있는 대단히 추상적인 실체이다. 우리가 보는 관점에 따라 때로는 입자로, 때로는 파동으로 나타나며, 이 양면성은 빛에서도 나타나는데 전자기 '파동'의 형태를 취하기도 하고 '입자'의 형태를 취하기도 한다.

'입자'나 '파동'이란 고전적 개념의 용어가 원자 현상을 설명하기에는 완전히 적합하지 못하다는 사실이 인정될 때까지 이 상황은 거의 절망적인 역설처럼 보였다. 전자는 입자도 파동도 아니며 어떤 상황에서는 입자처럼 보이고 다른 상황에서는 파동처럼 보일 수 있는 것이다. 이것은 전자나 기타 원자적 실체가 환경과 무관한 고유한 성질을 가지고 있지 않다는 것을 의미한다. 그것이 보여 주는 입자성이나 파동성의 특질은 실험의 상황, 즉 그것이 상호작용해야 하는 기구에 달려 있다.

고전적 개념의 이 양면성의 상관관계를 더 잘 이해하기 위해서 닐스 보어(Niels Bohr)는 상보성(相補性)이란 개념을 도입하였다. 그는 입자상과 파동상은 같은 실재의 두 가지 상보적 기술(記述)로서, 각자는 오직 부분적으로만 정확하고 적용의 한계성을 갖고 있다고 보았다. 원자적 실재의 전체를 충분히 설명하기 위해서는 두 가지가 다 필요하되 둘 다 불확정성 원리에 의해 규정된 한계 내에서만 적용되어야 한다. 중국의 주역의 음양론을 개관할 때 우리는 이미 상보성이라는 말을 많이 썼는데 그것은 대립적인 음과 양이라는 하나의 극 속에 상보적으로 상호 연관되어 있기 때문이다. 상보성이란 현대적 개념은 분명히 고대 중국사상에 반영되어 있으며, 이 사실이 닐스 보아에게 깊은 인상을 주었다.

아원자적 수준에서의 물질은 일정한 장소에 확실하게 존재하는 것이 아니라 차라리 '존재하려는 경향'을 보이는 것이며, 원자적 사건은 일정한 시간에 일정한 방법으로 확실하게 일어나는 것이 아니라 차라리 '일어나려는 경향'을 보이는 것이다. 양자 역학의 수학적 형식에서는 이들 경향은 확률로 표현되며 파동의 형태의 양과 관계가 있다. 원자 물리학의 모든 법칙은 이 확률로써 표현된다. 원자적 사건을 우리는 확실하게 예언할 수 없으며, 일어날 그 가능성을 예측할 수 있을 뿐이다.

물질의 양면성의 발견과 확률의 기본적 역할은 물질이 고형체(固形體)란 고전적 개념을 뒤엎어 버렸다. 아원자 수준에서는 고전물리학의 견고한 물질체는 파동과 같은 확률 패턴으로 용해된다. 그뿐만 아니라 이 패턴은 물체의 확률이 아니라 상호관계의 확률을 나타내는 것이다. 원자 물리학에서의 관찰 과정을 주의 깊게 분석해 보면 아원자적 입자는 독립된 실체로서는 의미가 없고, 관찰과 측정의 여러 과정 사이의 상호관계 또는 상관관계로서만 이해될 수 있다는 것을 보여 준다. 닐스 보아의 표현에 의하면, "독립된 물체 입자란 추상적인 것으로서 이들의 속성은 다른 체계와의 상호 작용을 통해서만 정의될 수 있고 관찰될 수 있는 것이다.”

그러면 아원자적 입자는 ‘물체’가 아니라 ‘물체들’ 사이의 상호 연결이며, 이 ‘물체들’도 다시 다른 ‘물체들’ 사이의 상호 연결이며, 등등의 식으로 연결된다. 양자론에서는 ‘물체’로 끝나는 일이 없고 언제나 상호 연관을 취급하게 되는 것이다.

이것이 현대 물리학이 어떻게 우주가 기본적으로 하나인가를 보여 주는 것이다. 그것은 세계가 독립적인 최소 단위로 분해될 수 없음을 보여 준다. 우리들이 물질의 내부를 뚫고 들어갈수록 자연은 기본적 구성체로 구성된 것이 아니라 통일된 전체의 여러 가지 부분 상호간의 복잡한 관계의 그물임을 보여 준다.

객체로부터 관계로의 변화는 과학 전체에 큰 영향을 주었다. 그레고리 베이트슨(Gregory Bateson)은 상관관계는 국민학교 학생에게도 가르쳐야 한다고 말하였다. 어떤 것도 그것 자체가 무엇이냐가 아니라 다른 것과의 관계로 정의되어야 한다고 그는 믿었다.

양자론에서 원자 현상이 전체에 대한 그들의 연결성에 의해 결정된다는 사실은 확률의 근본적 역할과 밀접한 연관이 있다. 확률에 영향을 주는 세부적인 사항을 국소적 변수(local variables)라고 부른다. 국소적 변수는 입자와 입자의 망처럼 공간적으로 떨어져 있는 사건들이 신호에 의한 연결로 대표되는 것이며, 그것들은 공간 분리의 통상적인 법칙을 따른다. 그러나 이들 국소적 관계를 넘어선 다른 비국소적 연결이 있는데, 그것들은 동시적이며 현재로선 정확한 수학적 방법으로 예측할 수 없다. 이러한 비국소적 관계가 양자적 실재의 본질이다. 각각의 사건은 전 우주에 의해 영향을 받으며, 이 영향을 상세히 기술할 수는 없지만 통계적 법칙으로 표현할 수 있는 어떤 질서를 우리는 알고 있다.

그래서 확률은 고전물리학과 양자물리학에서 같은 이유로 다 같이 사용되는 것이다. 두 가지 경우 모두 우리에게 알려지지 않은 ‘감추어진’ 변수가 있으며, 이것을 모르기 때문에 우리가 정확한 예측을 할 수 없는 것이다. 그러나 결정적인 차이점이 있다. 즉 고전물리학에서의 ‘감추어진’ 변수는 국소적 구조인 데 반해서, 양자물리학의 그것은 비국소적인 것이다. 즉 전체로서의 우주와 동시적 관계인 것이다.

고전물리학은 세계를 부분으로 분석하고 이 부분을 인과법칙에 의해 배열하는 데카르트적 방법에 의해 구축되었었다. 그 결과에 의한 결정론적 우주관은 시계와 같은 우주상과 밀접한 관련이 있었다. 원자물리학에서는 이러한 기계론적, 결정론적 우주관은 더 이상 불가능하다. 양자론은 세계가 독립적으로 존재하는 고립된 요소로 분석할 수 없음을 우리에게 보여 준다. 양자론에서는 개별적 사건은 언제나 확실한 원인을 가지는 것이 아니다. 원자적 사건이 국소적 원인에 의해 발생하는 것이 아니라는 것을 의미할 뿐이다. 어떤 부분의 행동도 전체에 대한 비국소적 연결에 의해 결정되는 것이며, 우리가 이 연결을 정확히 모르기 때문에 좁은 고전적 인과개념을 통계적 인과율의 넓은 개념으로 대치해야 한다. 원자물리학의 법칙은 통계적인 법칙이며, 전체 시스템의 역학이 이 법칙에 따라 원자 사건의 확률을 결정하는 것이다. 고전적 물리학에서는 부분의 성질과 행동이 전체의 성질과 행동을 결정하는 데 반해, 양자론에서는 그 상황이 반대가 되는 것으로, 부분의 행동을 결정하는 것은 전체인 것이다.

물질의 구조와 정신의 구조 사이의 명료한 유사성은 우리를 크게 놀라게 하지 않는다. 왜냐하면 인간의 의식이 관찰과정에서 결정적 역할을 수행하며, 원자물리학에서는 상당한 정도로 관찰된 현상의 특성을 결정하기 때문이다. 원자물리학에서는 관찰된 현상은 관찰과 측정의 여러 가지 과정 사이의 상관관계로서만 이해될 수 있는 것이며, 이 과정의 끝에는 항상 인간 관찰자의 의식이 놓여 있는 것이다. 관찰자는 원자 현상의 성질을 관찰하기 위해 필요할 뿐 아니라, 이 성질을 초래토록 하기 위해서도 필요하다는 것은 양자론의 중요한 특성인 것이다. 말하자면, 하나의 전자를 어떻게 관찰할 것이냐 하는 나의 의식적 결정이 어느 정도 전자의 성질을 결정하는 것이다. 내가 만약 입자 질문을 하게 되면 입자 해답을 나에게 줄 것이고, 파동 질문을 하면 파동 해답을 줄 것이다. 전자는 나의 마음과 관계가 없는 객관적 성질을 가지고 있는 게 아니다. 원자 물리학에서는 정신과 물질, 관찰자와 피관찰자 간의 예리한 데카르트적 분리가 더 이상 유지되지 않는다.

우주를 상호 관련된 관계망으로 보는 관념은 현대 물리학 전반에 걸쳐 되풀이되는 두 개의 논제 중의 하나이다. 또 하나의 논제는 이 우주적 망은 본질적으로 역동적이라는 것을 깨닫는 것이다. 물질의 역동적인 면은 아원자 입자의 파동적 속성의 결과로서 양자론에서 발생했지만, 상대성 이론의 중심적 개념이 된다. 상대성 이론은 물질의 존재는 그들의 활동으로부터 분리될 수 없다는 것을 보여주었다. 물질의 기초적 모형 즉 아원자 입자의 성질은 운동, 상호관계 및 변형과 같은 역동적 관계에서만 이해될 수 있다.

양자론에 의하면 물질은 쉬거나 고요하게 있는 것이 아니다. 물질이 작은 구성체-분자, 원자 및 입자-로 되어 있다고 보는 한, 이 구성체들은 계속적인 운동의 상태에 있는 것이다. 이리하여, 현대 물리학은 물질이 수동적이고 비활성적인 것이 결코 아니라 지속적인 무도(舞蹈)와 진동운동을 하고 있다고 보는 것이며, 이 무도와 진동운동의 율동적 모형은 분자, 원자 및 핵의 형태에 의해 결정된다고 보는 것이다. 자연에는 정적인 구조가 존재하지 않는다는 사실을 우리는 깨닫게 된 것이다. 자연 속에는 안정성이 있다. 그러나 그 안정은 그 역동적 평형 속의 안정이다. 아원자 입자의 성질과 상호작용을 이해하기 위해서는 양자론뿐 아니라 상대성 이론을 포함하는 이론체계가 필요한 것이며 물질의 역동적 성질을 최대한으로 나타내주는 것은 상대성 이론인 것이다.

현대 물리학의 두 개의 기본이론은 이리하여 데카르트적 세계관과 뉴턴 물리학의 근본적인 면을 초월하였다. 양자론은, 아원자 입자는 독립된 낱알이 아니라 확률의 모형이며 분리될 수 없는 우주적 그물 속의 상호 연결이고, 이 그물 속에는 인간 관찰자와 그의 의식도 포함되어 있다는 것을 말하고 있다. 상대성 원리는 이 우주의 그물이 본래적으로 역동적이며, 이 활동성이 그 존재의 본질 자체라는 것을 보여줌으로써, 이 우주의 그물에, 말하자면 생명을 부여한 것이다. 현대 물리학은 우주가 분해될 수 없고 역동적인 전체이며, 이 전체의 각 부분은 본질적으로 상호 관련되어 있고 우주적 과정의 모형으로서만 이해될 수 있다고 하는 견해에 의해서 기계적 우주상을 초월한 것이다. 아원자 수준에서는 전체의 부분 상호 간의 관련성과 상호 작용은 각 부분 자체보다 더 근본적이다.

20세기에 들어와 새로운 물리학이 발전하고 있음에도 불구하고, 데카르트적 세계관과 뉴턴적 물리학의 원칙은 서구 과학사상에 계속 강한 영향을 끼치고 있으며, 물리학자들은 이것을 넘어섰음에도 불구하고 오늘날에도 많은 과학자들이 아직도 기계론적인 모형에 집착하고 있다. 그러나 현대 물리학에서 나온 우주에 대한 새로운 개념이 뉴턴 물리학은 그릇된 것이고, 양자 이론이나 상대성 이론이 옳다는 것을 의미하는 것은 아니다. 모든 과학적 이론은 실재의 진정한 본질에 대한 어림셈이며, 각 이론은 특정한 범위의 현상에 대해서만 유효하다는 것을 현대 과학은 깨닫게 된 것이다. 이 범위를 넘어서면 각 이론은 자연에 대한 만족할 만한 기술을 더 이상 할 수 없게 되어서 낡은 것은 대치할 새로운 이론이 발견되어야 하거나 어림셈을 개선해서 이를 확대 적용해야 한다. 이와 같이 과학자들은 일련의 한정된 '어림셈 이론(approximate theories)' 또는 '모델'을 세우는 것인데, 각 모델은 전 것보다는 정확하나 어느 것도 자연 현상을 완전하고 최종적으로 기술하는 것은 아니다.

현대 물리학의 세계관은 시스템(system)관이며, 비록 연구되는 현상이 일반적으로 특성이 상이하고, 또한 상이한 개념을 요구하더라도 이것은 지금 각 분야에서 대두되고 있는 시스템적 접근과 일치하고 있다.

2) 뉴 에이지 신과학운동

1960년대 신과학이라는 개념과 더불어 신과학운동(new age science movement)이 등장하게 된 배경에는, 금세기까지 세계의 과학기술계를 지배해온 서양의 뉴턴·데카르트적 물질론적 기계론적 이원론에 바탕을 둔 사고체계가 마침내 한계에 이르고 말았다는 심각한 상황에 놓여 있다. 이제 이러한 사고체계에 바탕을 둔 과학기술로는 생태계 파괴, 환경오염, 자원 고갈 등과 같은 지구적인 위기에 더하여 기술의 비인간화, 사회에서의 인간소외, 인성 파괴 등과 같은 인류적인 위기를 극복할 수 없다는 것을 많은 사람들이 절감하고 있다. 그러한 사고체계가 야기한 문제는 과학기술의 영역뿐만 아니라 정치, 경제, 사회, 문화

등 인간과 관련된 모든 분야에 걸쳐 있기 때문에, 상황은 가히 총체적 위기라 할 만하다.

이 무렵, 과학기술자들 사이에서는 양자물리학에 의한 세계관의 변화가 일어나고 있었다. 이제 세계는 더 이상 우리 눈에 보이는 것과 같은 단순한 3차원 구조의 물질세계가 아니었다. 입자들이 허공에서 생겼다가 사라지는 등 이전에는 듣도 보도 못한 현상들과, 시간과 공간이 뒤틀려 있다는 등의 새로운 개념들은 사람들을 더욱 혼란스럽게 만들고 있었다. 그러다가 동양의 가르침, 즉 인도의 힌두교와 불교 그리고 동아시아의 주역과 양자물리학이라는 두 개의 이질적인 세계가 같은 내용을 이야기하는 것이 아닌가 하는 통찰아래 양쪽을 연결 짓고자 하는 시도가 생겨나, 1970년대에 프리초프 카프라(Fritjof Capra)의 『현대 물리학과 동양사상(The Tao of Physics)』과 게리 쥬커브(Gary Zukav)의 『춤추는 물리(The Dancing Wu Li Masters)』 등이 출간되면서 이러한 식의 접근이 불붙게 되었다.

이후 이와 관련된 서적들이 여러 종 출간되고 국내에도 이러한 책들이 비교적 일찍 소개되어 이른바 '신과학 운동'이라는 용어가 낯설지만은 않게 되었다. 이 분야의 책들이 대부분 양자물리 현상을 바탕으로 새로운 우주관을 서술하면서 동양적인 가르침을 도입하는 방식을 취하고 있어, 일반 독자들로서는 어렵고도 앞뒤가 안 맞는 듯한 동양사상이 현대 물리학에 의해 증명되나 보다 하고 흥미를 끌고 있다.

돌이켜보면 갈릴레오, 뉴턴, 데카르트에 의해 확립된 과학철학이 단순히 철학으로 끝나지 않고 오늘날의 문명세계가 이룩되는데 실질적이고도 절대적인 영향력을 발휘했음은 누구도 부인하지 못할 것이다. 그러나 오늘날과 같은 위기상황을 볼 때, 더 이상 낡은 사고체계를 붙들고 있어서는 이러한 위기에서 헤어나지 못하게 될 것이다. 늦기 전에 새로운 사고체계를 수용하여 자연과 함께 더불어 살아가는 공존의 길을 모색하여야 할 시기가 되었다.

이러한 문제의식에서 1994년 한국의 대덕연구단지의 젊은 첨단자연과학자들이 주도하여 만든 학회가 한국정신과학회이다. 한국정신과학회 설립취지에 보면 동양학, 특히 주역에서 비롯된 역학역술의 의미를 강조하고 있다.

위의 설립취지문의 내용의 핵심은 현대과학, 즉 뉴턴·데카르트적 과학관과 자본주의에 야기된 현대사회 문제점은 자연파괴와 인간성 상실이라는 결과를 초래했고 이를 극복하기 위한 대안으로서 심신일원론적인 전체론적 세계관이 필요하다는 것이다. 그런데 전체론적 세계관은 이미 동양에서 수천 년 전부터 보편화되어 온 사고체계이다. 심신일원론적이며 전체론적 세계관이 주역에서 비롯된 역학과 역술의 의미와 필요성을 강조한 내용이라고 볼 수 있다.

3. 비교고찰

위에서 서술한 뉴턴·데카르트적 과학관 내지는 세계관과 현대 물리학의 세계관을 주역의 세계관과 구체적으로 비교해 보고자 한다. 언뜻 보아도 뉴턴·데카르트적 자연철학은 주역의 철학관과 확연하게 차이가 나고 현대 물리학과는 매우 유사한 특성을 인지할 수 있다.

1) 주역과 뉴턴·데카르트적 세계관

먼저 주역의 세계관과 뉴턴·데카르트적 과학관 내지는 세계관과 가장 확연한 차이점은, 첫째, 모든 과학은 확실하고 분명한 지식이라는 시각 그래서 과학이란 수학과 동의어로 확신하였다는 점에서 주역이 정신 물질 일원론적 관점에서 괘라는 상으로 상징적이고 모호하게 표현하였다는 점과 비교할 때 뚜렷한 차이가 있다. 주역은 직관적 마음으로 통하고 영적인 직관력에 의해서 사물을 인지하는 것을 강조한다는 점에서 수학과 같이 확실하고 정확한 이성적 인식과는 거리가 멀다.

중국의 송나라의 정자가 쓴 역설강령(易說綱領)에 보면 주역의 인식방법으로, '易은 須時默識心通이니 只窮文義면 徒費力이니라(주역은 모름지기 말없이 알고 마음으로 통해야 하니, 다만 글의 뜻만을 궁리하면 힘만 소비할 뿐이다)'와 주역 계사상전 12장에, 子曰 "書不盡言 言不盡意 然則聖人之意 其不可見乎? 子曰 聖人立象以盡意, 設卦以盡情僞(공자가 말하기를, '글로는 말을 다하지 못하며 말로는 뜻을 다하지 못하니, 그렇다면 성인의 뜻을 그 가히 보지 못하는 것인가!' 공자 말씀하시되 '성인의 상을 세움으로써 뜻을 다하며, 괘를 베풂으로써 참과 거짓을 다하며……')"에서 보는 바와 같이 언어문자로 사물의 실정과 거짓을 말로 표현하기가 어렵다는 것이다. 그래서 괘라는 상으로 상징적으로 나타내었다는 의미이다.

사실상 주역이 나타내고자 하는 인식의 범위가, 주역 연구의 세계적인 대가인 독일의 리하르트 빌헬름(Richard Wilhelm)이, 역경의 철학이 "인간의 의식적인 삶에서부터 무의식적인 영역으로까지 더욱 깊이 파고 들어가…… 우주-영혼의 체험에 대한 통일적 이미지를 전달해준다"고 말한바와 같이 다차원세계를 종합적으로 나타낸 것이다. 이 세계를 말로써 문자로써 직접 표현하기가 어렵거나 불가능하기 때문에 괘라는 부호를 가지고 상징적으로 나타내었다고 볼 수 있다. 따라서 뉴턴·데카르트적인 확실하고 분명한 수학적 이성으로 표현한다는 것은 주역의 인식방법과는 아주 다르다. 뉴턴·데카르트적인 수학적으로 확실하고 분명히 표현할 수 있는 세계는 보이는 물질세계(器)의 기계론적 현상에 대한 것에 타당한 표현방식이다. 그러나 현실세계는 그렇게 물질적인 기계론적 형식으로 표현할 수 없는 더 복잡하고 다양한 보이지 않는 세계가 있다. 그래서 주역은 보이는 물질론적 기계론적 세계뿐만 아니라 보이지 않는 다양하고 복잡한 세계를 보두 포괄하여 종합적으로 나타내고자 하였다는 점에서 뉴턴·데 카르트적 세계관과 아주 다르다. 이 점에 대해서 프리초프 카프라(F. Capra)가 비교한 내용을 다음과 같이 소개한다.

> "동양적 신비주의는 실재의 본질 속으로 꿰뚫고 들어가는 직접적인 직관 위에 기초하고 있고, 물리학은 과학적 실험을 통한 자연현상의 관찰에 기반을 두고 있다. 양쪽 다 그 관찰은 해석되고 이 해석은 자주 언어에 의해 소통된다. 언어란 언제나 추상적이고 실재의 근사한 지도에 불과하기 때문에 과학적 실험이나 신비적 직관을 언어로 해석하는 것은 필연적으로 애매하고 불완전하게 마련이다. 현대 물리학자들과 동양학의 신비사상가들은 피차 이 점을 잘 인식하고 있다.
> 물리학에 있어서는 실험의 해석을 모형이나 이론이라고 부르며, 모든 모형이나 이론들이 근사치란 사실을 깨닫는 것이 현대 과학 연구의 근저를 이룬다. 그래서 아인슈타인(Einstein, A.)도 이런 경구(驚句)를 말했다. "수학의 법칙들이 실재에 관해 언급하는 한 그것은 확실하지 않고, 그것들이 확실하다면 실재를 가리키지 않는다." 물리학자들은 그들의 분석방법과 논리적인 추론이 자연현상의 전 영역을 당장 해명할 수 없다는 것을 알 수 있으며, 그래서 그들은 현상의 특정한 일군을 뽑아내어 그 일군을 설명할 수 있는 모형을 세우려 하는 것이다. 그렇게 하는 과정에서 그들은 다른 현상을 무시하게 되고, 따라서 그 모형은 실제상황에 대한 완전한 기술을 하지 못한다. 따라서 모든 이론이나 모형들은 현상의 어떤 범위에만 타당한 근사치일 따름이다. 따라서 뉴턴의 '고전적' 기계론도 현상의 특정한 일군, 특히 고체의 운동에만 적용될 수 있는 불완전한 이론이다."

둘째, 고전물리학에서는 자연을 마음과 물질이라는 두 개의 독립된 실체로 분리하여 보았는데 비해서 주역에서는 정신물질 일원론적으로 사물을 보았다. 즉 뉴턴·데카르트적 과학관은 마음과 같은 주관적 세계와 보이지 않는 정신 세계 영혼의 세계는 속임수이고 거짓이라고 하여 연구의 대상에서 배제시켰는데 비해서 주역은 이 세계와 보이는 세계를 포괄하여 종합적 고찰하였다.

셋째, 뉴턴·데카르트적 학문은 개개의 사물에 근거하여 개별적 환원주의적 연구방법으로 사물을 보는데 비해서 주역은 우주론적인 관점에서 전체론적으로 개개의 사물을 고찰하였다. 즉 뉴턴·데카르트적 학문은 개개의 사물에 근거한 Bottom Up 학문이라면 주역은 우주론적 순환론적 자연의 이치에 근거한 Top Down 학문이다.

넷째, 주역은 우주 삼라만상을 상호 영향을 주고받는 유기체적이며 생명체적인 우주관인데 비해서 뉴턴·데카르트는 죽은 기계로서 우주를 보았다. 뉴턴 이론의 요점은 하늘의 모든 천체가 일정한 법칙에 따라 움직이고 있으며 따라서 수치로 계산이 가능하다는 것이다. 즉 태양계에 아무 행성이나 골라 법칙에 따라 계산하면 행성의 위치와 운동방식 등을 정확히 예측할 수 있다는 것이다. 즉, 우리는 예측 가능한 물질우주에서 엄격하고 변함없는 법칙에 지배를 받는 완벽한 기계라는 논리의 학문임.

2) 주역과 현대 물리학의 세계관

주역의 세계관과 새로운 물리학인 현대 물리학과는 차이점보다는 유사점이 더 뚜렷하게 나타난다. 그 하나하나를 짚어가면서 설명한다.

첫째, 현대 물리학의 세계관은 유기적, 전일적 그리고 상대적이란 용어로 그 특성을 말할 수 있다. 이는 주역이 우주론적 순환론적 자연의 이치의 관점에서 사물을 고찰하는 과학관과 아주 일치한다. 유기적이란 주역에서 기(氣)라는 실체에 의해서 우주삼라만상이 유기적으로 상호작용하는 현상을 나타낸 것과 같은 내용이다. 전일적이란 우주론적 관점에서 개개의 사물을 고찰한다는 점에서 전일적이다. 즉 우주론적 Top Down 학문이다. 그리고 상대적이란 주역의 음양론적 사고와 같은 말이다.

둘째, 현대 물리학이 우주를 하나의 분할할 수 없는 역동적인 전체로서 그 부분들은 상호 연결되어 있으며 우주의 과정의 패턴으로만 이해될 수 있는 것으로 생각한다. 이는 주역이 우주를 하나의 살아있는 우아일체(宇我一體)의 유기적 생명체로서 역동적으로 변화하는 것으로 보는 우주관과 같은 내용이다. 뿐만 아니라 현대 물리학이 '우주의 과정의 패턴'이라는 표현은 주역에서 우주론적 순환론적 자연의 이치의 일정한 변화의 규칙성이 있음을 나타낸 것이고 이는 구체적으로 음양오행론이다. 주역에는 우주의 과정의 패턴을 구체적으로 나타내는 개념과 이론 모형이 있는 데 비해서 현대 물리학에서는 그러한 현상이 있다는 표현을 했을 뿐 그것을 나타낸 구체적인 개념과 이론이 없다.

셋째, 물질의 아원자적 단위는 양면성을 갖고 있는 대단히 추상적인 실체이다. 즉, 우리가 보는 관점에 따라 때로는 입자로, 때로는 파동으로 나타난다. 이는 환경과 무관한 고유의 성질을 가지고 있지 않다는 의미이다. 닐스 보어는 이 양면성의 상관관계를 더 잘 이해하기 위해서 상보성(相補性)이란 개념을 도입하였다. 이는 주역에서 음양의 상대적 개념과 상호작용하는 현상과 같은 내용이다. 그래서 닐스 보어는 자신의 상보성의 개념이 분명히 이미 수천 년 전에 중국의 주역에 이미 반영되어 있어서 깊은 인상을 받았다는 것이다.

넷째, 인간의 의식과 물질과의 관계에서 양자물리학에서는 인간의 의식이 물질세계에 영향을 준다는 것이다. 양자물리학에서 관찰자는 원자 현상의 성질을 관찰하기 위해 필요할 뿐 아니라, 이 성질을 초래토록 하기 위해서도 필요하다는 것은 양자론의 중요한 특성인 것이다. 말하자면, 하나의 전자를 어떻게 관찰할 것이냐 하는 나의 의식적 결정이 어느 정도 전자의 성질을 결정하는 것이다. 내가 만약 입자 질문을 하게 되면 입자 해답을 나에게 줄 것이고, 파동 질문을 하면 파동 해답을 줄 것이다. 전자는 나의 마음과 관계가 없는 객관적 성질을 가지고 있는 게 아니다. 원자 물리학에서는 정신과 물질, 관찰자와 피관찰자 간의 예리한 데카르트적 분리가 더 이상 유지되지 않는다. 이는 주역에서 정신물질일원론적인 세계관과 같은 내용이다. 주역에서는 정신과 물질이 별개가 아니고 하나로 본다. 즉, 기(氣)라는 하나의 개념으로 정신과 물질세계를 모두 구성하고 있으며 물질과 물질, 물질과 정신, 정신과 정신을 상호작용케 하는 매체도 기(氣)로서 모두 설명이 가능하다.

다섯째, 양자론에 의하면 물질은 쉬거나 고요하게 있는 것이 아니다. 물질이 작은 구성체 - 분자, 원자 및 입자 - 로 되어 있다고 보는 한, 이 구성체들은 계속적인 운동의 상태에 있는 것이다. 자연에는 정적인 구조가 존재하지 않는다는 사실을 우리는 깨닫게 된 것이다. 자연 속에는 안정성이 있다. 그러나 그 안정은 그 역동적 평형 속의 안정이다. 아원자 입자의 성질과 상호 작용을 이해하기 위해서는 양자론뿐 아니라 상대성 이론을 포함하는 이론 체계가 필요한 것이며 물질의 역동적 성질을 최대한으로 나타내 주는 것은 상대성 이론인 것이다. 이는 주역의 태극 음양론을 그대로 표현한 것과 같은 내용이다. 주역학에서 태극운동이란 쉼 없이 계속 음양 간의 상호작용하면서 변화하는 역동성을 나타내주고 있다. 그래서 태극의 문양을 S자로 해서 음과 양을 나타낸 것이다. 뿐만 아니라 음양을 더 구체화한 오행의 행(行)자도 계속 변화하는 현상을 나타내주고 있다. 즉 음양론에서 음과 양이 계속 쉬지 않고 상호작용하면서 변화를 일으키기 때문에 음양론을 더 구체화한 오행도 계속 쉬지 않고 목·화·토·금·수간에 상호작용을 하기 때문에 행(行)자로 한 것이다. 그리고 음양론과 오행론에서 가장 바람직한 현상인 도(道)의 상태를 음양 간에 그리고 오행 간의 역동적 평형을 이룬 상태를 의미한다.

주역의 의미

위의 뉴턴·데카르트적 자연관과 새로운 물리학인 현대 물리학의 관점에서 주역의 의미와 가치를 종합적으로 말하면 다음 몇 가지로 말할 수 있다.

첫째, 현대사회 지배적 뉴턴·데카르트적 과학관이 모든 교육학문세계에 획일적으로 주류의 학문으로 주도하고 있다는 데 크나큰 문제이다. 자연과학의 세계인 동식물의 세계의 일부와 기계공학적 세계에 접근방법으로 타당한 뉴턴·데카르트적 정신 물질 이원론적 물질론적 기계론적 자연관과 과학관을 유기체론적 동식물 세계와 정신세계의 인간세계에 관련된 인문 사회과학에 까지 획일적으로 적용이 되고 있음은 비합리적이고 타당치 못한 연구방법이다. 즉, 물질론적 기계론적 이원론적 자연과학적 연구방법이 인문 사회과학에 그대로 사용되고 활용됨은 타당치 못하다는 의미이다. 과학사에서 이점에 대해서 논쟁이 되었던 내용을 소개하면 다음과 같다.

원래 서양에서 인간과 사회현상에 대한 과학적 연구는 자연세계에 대한 과학적 연구가 성공적으로 정착된 이후에 시작되었다. 인문 사회과학이 성공을 거두기 위해서는 자연과학에서 사용된 방법을 그대로 따라야 한다는 주장이 제기되었다. 금세기가 시작되기 전 딜타이와 독일 서남학파의 신칸트주의자들은 자연과학적 연구방법은 인간현상을 연구하는데 부적당하기 때문에 인간 현상을 탐구하기 위해서는 다른 방법이 필요하다고 주장했다. 지식에 대한 두 가지 접근법, 즉 자연세계와 인간현상에 대한 접근법이 필요하다는 생각은 딜타이의 저술 이후 100여 년 동안 끊임없이 거론되어 왔다. 그러나 자연에 대한 연구에서 처음으로 제기된 "과학에는 오직 하나의 접근법이 있을 뿐이다"라는 주장은 딜타이의 제안을 누르고 완벽한 승리를 거두었다. 그래서 심리학, 사회학, 경제학 그리고 인류학은 자발적으로 자연과학의 방법을 채택했다. 학술잡지, 교과서, 논문에는 단일과학적 관점의 승리가 반영되어 있다(폴킹 혼, 『사회과학 방법론』).

둘째, 신과학인 현대 물리학인 상대성이론과 양자역학에서는 고전물리학적 자연관 세계관과 전혀 다른 개념과 이론 및 법칙적인 것을 제시하고 새로운 우주관과 과학관을 나타내고 있다. 그러나 현대 물리학이 아원자 세계에 대한 관찰한 결과를 근거로 새로운 세계관 과학관을 주장은 하고 있지만 그러한 세계관 과학관에 입각한 구체적이고 실용적인 뚜렷한 과학기술적 내용이 보이고 있지 않다. 특히 자연과학 분야는 모르지만 인문사회과학분야에는 거의 보이지를 않는다. 그러나 동양에서는 현대 물리학적 세계관과 과학관에 입각한 학문인 주역이라는 학문이 수천 년 전부터 존재해 오고 있다. 뿐만 아니라 주역의 세계관과 과학관에 입각하여 구체화하고 실용화한 과학기술적 내용인 역학과 역술이 있다는 점에서 주역학의 의미와 위대성이 있다. 역학역술은 현대 물리학적 세계관과 과학간의 입장에서 자연현상 사회현상 인문현상을 모두 나타내 주고 있다.

제3절 주역과 화이트헤드의 과정철학

서양철학 중에서 동양의 전통적 사상철학과 가장 유사한 사상으로서 화이트헤드(Alfred North Whitehead, 1861~1947)의 과정철학을 가장 많이 거론하고 있다. 그는 과정철학을 "유기체 철학"이라고 부르기를 더 좋아했으며 그는 그의 철학이 서양에서보다는 동양에서 더 고향 같은 느낌을 가질 수 있다고 했다. 따라서 동양의 전통적 사상철학이라고 하면 당연히 그 근원이 주역이기 때문에 주역과 과정 철학을 비교 고찰하는 것은 가장 타당한 의미 있는 일이라고 본다.

화이트헤드는 동서의 철학전통이 만날 수 있는 가교의 건설자로서 동시대의 그 어느 철학자보다 높이 평가됨직하다. 그 이유는 화이트헤드의 철학이 서양의 2대 철학전통인 플라톤주의와 그리스도교사상을 가장 건실하게 창조적으로 계승하고 있을 뿐 아니라 현대의 과학적 세계상을 잘 반영하고 있으며 그러면서도 동양철학과 상통되는 많은 특징을 포함하고 있기 때문이다(안형관, 『화이트헤드 철학의 이해』)

1. 주역철학

역은 자연을 그대로 본받은 학문이므로, 자연의 운행질서 및 인류사회의 근본원리를 모두 포함하고 있다. 대자연에서는 모든 것이 상호작용을 한다. 하늘(天)의 기운은 땅에 영향을 주고, 땅(地)은 하늘의 기운에 영향을 받아 자신을 변화시키는 동시에 하늘에 영향을 주어 변화시킨다. 하늘은 이것을 받아들여 변화하고, 그 변화를 다시 땅에게 주는 순환의 연속이며, 그 가운데 사람(人)으로 대표되는 만물이 하늘과 땅의 교감작용에 영향을 받고, 다시 자연에 그 영향을 미치게 된다. 이러한 상호교감작용을 끊임없이 되풀이하는 것이 자연의 도이며, 그 과정을 64괘라는 틀 속에 넣은 것이 주역이므로, 주역 안에 우주삼라만상의 변화가 존재하는 것이다. 우주 속에 벌어지는 자연현상을 한마디로 한다면, 한 번 양하고 한 번 음하는 과정의 순환[일음일양지위도(一陰一陽之謂道)]라고 할 수 있다. 하루로 치면 낮이 가면 밤이 되는 것이고, 사람으로 치면 번성기가 가면 쇠퇴기가 오는 것이다. 이러한 변화를 연구하여 과거와 현재 그리고 미래에 통하여 변함으로써, 우주와 서로 돕는 관계로 병립하고자 하는 것이 주역을 배우는 목적이다(김석진, 『주역강해』 15)

간단히 말하면, 사고전서 총목제요에 밝힌 바와 같이 주역은 천도를 미루어 인사를 밝힌 학문이다(易之爲書 推天道以明人事者也: 역의 글됨이 천도를 미루어 인사를 밝힌 학문이다). 즉, 천도는 대우주의 변화 이치이고 인사는 소우주 인간의 일들을 의미한다. 천도인 대우주는 소우주인 인사를 지배하고 있기 때문에 주역에서는 천도의 시각에서 인사를 밝힌 학문이다. 인사란 구체적으로 말하면 인간의 건강과 길흉화복에 관한 상수역과 인간의 삶에 관한 철학사상과 도리적인 의리역을 말한다고 볼 수 있다.

위의 내용을 요약해서 말하면, 첫째, 주역은 천지인 간의 상호작용을 나타낸 우주론적 전체론적 학문이고, 둘째, 천지인 간에 상호작용 하게 하는 구체적인 실체는 기운이라고 하며, 셋째, 주역의 기본이론은 음양론이고, 음양론의 변화 이치는 일음일양지위도이며, 넷째, 주역의 학문적 목적은 우주와 서로 돕는 관계를 병립하고자 하는데 있다.

주역에서는 우주삼라만상의 가장 기본적인 실체를 기(氣)로 보았으며 기의 작용과 변화 원리를 나타낸 구체적인 개념과 이론을 음양오행론으로 나타내고 있다. 그리고 사물의 접근 방법이 우주론적이다.

주역에서는 우주를 구성하고 있는 궁극적인 실체적 개념을 기(氣)라고 말할 수 있다. 기(氣)는 기(器)와 신(神) 그리고 심(心)의 실체적 구성 인자이고, 기의 작용과 변화 원리는 도와 리라고 볼 수 있다. 그래서 氣 일원론적으로 모든 설명이 가능하다. 즉, 기의 작용과 변화원리인 도와 리로 기적(器的)인 사물을 이해 설명하고, 법칙적인 도와 리로 설명이 안되는 묘한 현상은 신의 작용으로 본다(신화론). 그리고 인간의 생각과 의식인 심이 기(氣)와 기(器) 그리고 인격적 신(有神論)에게 영향을 주고, 반대로 이들에 의해, 기를 매체로 해서, 인간의 의식에 영향을 준다고 볼 수 있다. 이런 점에서 기는 실체적 개념일 뿐만 아니라 영향을 주고받는 기능적 매체이기도 하다.

결론적으로 주역은 기 하나의 개념으로 모든 사물을 이해 설명하는 기 일원론적 학문이라고 할 수 있다. 즉, 기는 모든 물질세계와 정신세계의 가장 기본적인 구성인자일 뿐만 아니라 상호작용을 가능케 하는 기능적 매체이기도 하다.

그런데 주역에서는 보이지 않는 세계인 기와 신의 세계를 더 중시한다.

동양과학의 기본개념 간의 관계를 설명한 것에 근거해서 보면 객관적 사물의 세계인 기(器)의 세계와 객관적으로 파악이 어려운 기(氣)와 신의 세계 그리고 주관적인 심의 세계로 볼 수 있는데 주역에서는 보이지 않는 기(氣)와 신의 세계를 더 중시하고 강조하였다. 즉, 보이지 않는 기(氣)와 신의 세계가 보이는 객관적 사물의 세계인 기(器)의 세계를 지배하는 것으로 보고 기(氣)와 신의 세계의 작용과 변화원리의 관점에서 모든 기적(器的)인 객관적 사물의 현상을 고찰하고자 하였다.

세계적인 주역 연구가인 독일의 리하르트 빌헬름이 쓴 주역강의의 서문에서, "역경(易經)의 철학이 인간의 의식적인 삶에서부터 무의식적인 영역으로까지 더욱 깊이 파고 들어가…… 우주 - 령혼의 체험에 대한 통일적 이미지를 전달해 준다고 하였다. 즉, 역경의 체계는 다차원세계의 표상이며 이 세계 내에는 불변하면서 규칙적으로 변화하는 패턴이 있는 것이다". 그 패턴을 구체적으로 나타낸 개념과 이론을 태극음양오행론이라고 할 수 있다. 여기에서 보면, 의식적 무의식적 세계는 인간의 주관적 심의 세계이고, 우주는 천지자연의 기(氣)와 기(器)의 세계이며, 영혼은 신의 세계를 나타낸 것으로 볼 수 있다. 이런 점에서 주역은 기(氣)·기(器)·심·신의 다차원의 세계를 종합적으로 나타낸 학문으로 볼 수 있다. 즉, 주역은 보이는 세계인 기(器)의 세계, 보이지 않는 기(氣)와 신의 세계, 그리고 주관적인 인간의 심의 세계 간의 상호작용을 나타낸 학문으로 볼 수 있다.

기(氣)와 신 그리고 심의 작용과 변화 원리를 구체적으로 나타낸 개념과 이론이 음양오행론이다.

주역의 인식론적 체계를 간단하게 그림으로 나타내면 다음 쪽에 있는 <그림 7 - 1>과 같다.

먼저 인간을 중심으로 고찰하면, 인간에 영향을 주는 모든 우주삼라만상의 큰 변수로는 천기·지기·기(器: 만물, 만사)·신(상제, 하느님, 샤머니즘적 신)으로 크게 나눠볼 수 있다. 인간은 더 구체적으로 영(靈)·심·육 세 가지의 구성체로 볼 수 있다.

인간을 비롯한 천기·지기·기(器)·신 모두의 가장 기본적인 구성체는 기(氣)라고 볼 수 있다. 그리고 인간을 비롯한 우주삼라만상은 서로 독립된 것들이 아니고, 유기적으로 상호 밀접하게 영향을 주고받는 의존관계에 있다. 그런데 그 구체적인 영향을 주고받는 의존관계를 가능케 하는 실질적인 매개체는 기(氣)라고 볼 수 있다. 그러므로 동양학에서 우주삼라만상의 인식모형은 거듭 말하지만 기(氣) 일원론이라고 할 수 있다. 따라서 기의 관점에서 볼 때 인간과 만물만사는 하나이면서 전체(single whole)이다.

여기서 기일원론이라는 표현이 단순히 인간을 비롯한 우주삼라만상을 표현하기 위해서 동양학자들이 임의로 비과학적으로 묘사한 것이 아니고 과학적 근거가 있는 내용이다. 이 점은 양자역학이 발달하면서 입증되고 있다.[1]

<그림 7-1>에서 구체적인 변수들 간의 관계를 나타낸 기(氣)의 작용과 변화원리를 도와 리라고 볼 수 있다. 도와 리에 해당되는, 우주삼라만상의 구성원리와 변화원리 및 작용을 나타낸, 소위 과학적 모형(scientific model)이 태극과 음양오행론이다. 이를 구체적으로 말하면, 태극, 음양, 사상, 팔괘, 육십사괘 그리고 천간지지와 오행론이다.

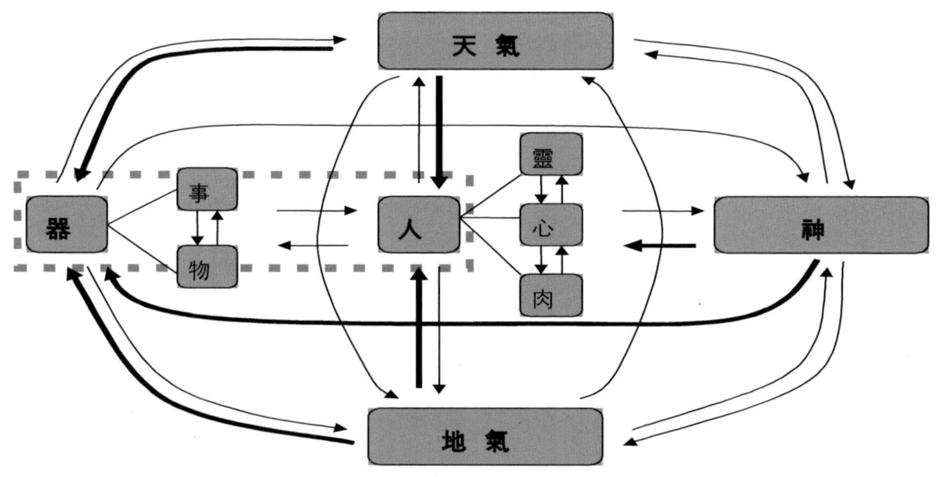

〈그림 7-1〉 주역학의 우아일체적(宇我一體的)(universal unitary whole) 우주학의 인식모형

---

1) 양자역학자들은 우주삼라만상을 에너지 일원론으로 나타내고 있다. 그래서 현대 물리학자들의 주장도 우주삼라만상은 모두 분리된 것이 아니고 하나라는 것이다(w. hiramid. kr의 양자역학과 마음DVD). 양자역학의 에너지 개념과 동양학의 기 개념은 매우 유사하다. 이것은 동일한 개념을 용어를 다르게 표현한 것뿐이라고 생각된다.

위의 그림에서 '우아일체적 학문의 인식모형'이란 개념이 있다. 이는 동양학의 학문적 접근이 우주론적이며, 우주와 내가 하나라는 의미를 나타낸 것이다. 우주론적이란, 미시적인 서양과학과 대비되며, 이는 우주론적 큰 틀에서 인간과 사물을 고찰하는 학문을 의미한다.

우주삼라만상과 인간이 하나라는 것은, 앞에서 거듭 설명한 바와 같이 모든 것이 태극 일기(一氣)에서 비롯되었으므로 당연히 하나이다. 우주와 내가 하나인데 이를 구체적으로 대별해서 관계를 나타내 보면, 우주는 대우주이고 인간과 사물은 소우주라는 것이다. 그래서 대우주인 천지자연과 소우주인 인간은 하나이기 때문에 상호 영향을 주고받는 관계에 있다는 의미이다.

대우주인 자연과 소우주인 인간과 하나라는 의미는, 각각의 구성체가 기라는 하나의 실체로 이뤄져 있고 또한 인간과 자연은 기라는 실체를 매체로 해서 상호 영향을 주고받는 관계에 있다는 것을 의미한다. 이것이 주역의 우주관이고 세계관이다. 상호 영향을 주고받는 구체적인 관계를 나타낸 개념과 이론이 음양오행론이다.

<그림 7-1>에서 각 구성요소 간에 상호작용을 나타낸 화살표 중에서 더 굵게 표시한 것과 그렇지 않은 것이 있다. 더 굵게 표시한 것은 더 많은 영향을 준다는 것을 나타낸 것이다. 즉, 모든 구성요소들은 어느 것이고 독립적으로 존재하는 것은 없고, 모두 상호 영향을 주고받는 관계에 있는데, 인간과 사물인 기(器)는 하늘과 땅의 기(氣) 그리고 신의 영향을 더 많이 받고 있다는 것을 나타낸 것이다. 즉, 인간과 사물인 기(器)는 천기·지기·신에 대해 종속변수적 위치에 있고, 천기·지기·신은 독립변수적 위치에 있다는 것이다.

2. 화이트헤드의 과정철학

과정철학의 내용은 김경재·김상일 편 『과정철학과 과정신학(1988)』을 중심으로 서술하였음을 밝혀 둔다.

서양 철학사에 나타난 여러 철학들 가운데 화이트헤드(A. N. Whitehead, 1861~

1947)의 "과정철학"(process philosophy)은 가장 서양철학답지 않은 철학이라고 할 수 있다. 가장 일반적 의미에서 서양철학의 성격을 한마디로 정의한다고 하면 아마도 그 말은 "본체적"(substantial)이라는 말일 것이다.

전통 서양철학은 본체를 본체론적으로 파악함으로써 "필연적 존재"와 "우연적 존재", "신"과 "세계"의 이원론적 균열을 초래했던 것이다. 그리고 필연적이고 절대적인 존재는 "제1원인"(the first cause)으로서 만물은 이 제1원인자로부터 시원되어(oriental) 있다. 그러나 과정철학은 이러한 제1원인자를 부인한다. 모든 존재는 자기 원인적(causa sui)이다. 이런 점에서 라이프니츠의 본체관과 같다. 그러나 라이프니츠의 단자(monad)는 그 창문이 닫혀 있지만 화이트헤드의 사실체(actual entity)는 창문이 열려 다른 사실체와 유기적 연계를 맺고 서로 "파지"(prehension)한다.

이러한 화이트헤드의 과정철학은 서양철학사에서 거의 전혀 들어보지 못하던 내용들이다. 이러한 철학사의 대전환은 사실상 화이트헤드 자신의 독창적이라기보다는 그 당대의 물리학과 수학으로부터 그 덕을 입 바가 크다고 할 수 있다. 현대 물리학의 상대성 이론, 상보성 이론, 불확정성 이론 같은 것들이 그의 철학을 가능케 하는 배경이 되고 있다. 또한 19세기 말에서 20세기 초반에 이르는 사상 조류로서 짐멜, 베르그송, 딜타이, 윌리엄 제임스의 "생의 철학"의 영향을 크게 받았다.

"생의 철학"은 계몽주의와 합리주의가 지닌 이성과 지성의 굳어진 형식주의를 비판하고 나온 것이다. "생의 철학"은 삶과 존재를 생동하는 삶 그 자체로서 파악하고 직관하려 했다. 생동적인 삶은 기계적이라기보다 유기체적이며, 지성과 명석한 판별능력에 의해 이해되기보다 직관에 의해 체험되고 느껴질 것이었다. 사물은 정지되어 있거나 단절되어 있는 모래알 같은 집합체가 아닌 "유동적인 흐름"이며 "지속적"인 그 무엇이었다. 기계론적 생명관과 본체관을 극복하는 것, 그것이 "생의 철학"의 1차 목적이었다.

화이트헤드 자신은 과정철학이라는 말 대신에 "유기체의 철학"이라는 말을 더 좋아했다. 그리고 그는 그의 철학이 서양에서 보다는 동양에서 더 고향 같은 느낌을 가질 수 있다고 했다.

그의 유기체 철학(philosophy of organism)은 우주를 하나의 살아 있는 생명체로 보며, 또한 본체를 정적 개념인 존재(being)로서가 아니라 동적개념인 형성(becoming)으로 보는 과정 형이상학(process metaphysics)이다(유기종).

화이트헤드의 과정철학은 우리 동양문화 전통에 전혀 새로운 것도 낯선 것도 아니다. 우리의 周易的인 사고와 사상철학의 관점에서 보면 과정철학은 너무도 오랫동안 우리나라를 비롯해서 동양의 사상과 문화에 전해 오고 있는 철학과 사상인데 주역에서 비롯된 우리의 사상과 문화를 주역을 배우지 않아서 모르고 있는 사상철학이다. 주역철학이 유기체적 통일성과 전체성을 중시하여 자연과 인간, 자연과 이념, 주체와 객체 등을 분리시켜 생각하지 않는 것과 마찬가지로 화이트헤드는 이분법적 사고를 엄격히 배격하고 통일적인 관점에서 세계를 전체론적(holistic)이고 유기체적으로 파악하고 있다.

화이트헤드가 과정철학을 발전시킨 배경은 그 시대의 사조가 점점 실증주의적(positivistic)으로 되어 가자, 그는 이런 조류에 역행하여 그의 생애 후기에 와서는 포괄적이고 조화된 세계관, 즉 우주관을 형성시키는 데 주력했었다.

그의 철학적 목표는, 첫째, 제1차 세계대전의 비극을 배경으로 팽배하던 과학만능의 사상에 대한 반성과 서구 문화가 직면하고 있는 위기에 대하여 새로운 지표를 제시하려고 하는 데 있었다. 그다음으로, 데카르트 이후의 물질과 정신의 이원론적 분열 사상에 반대하고 지금까지 무시당한 감성적 경험을 존중하는 가운데서 새로운 통일적인 세계관을 세우려는 데 있었다.

화이트헤드에 의하면, 모든 사상(事象)은 추상성(abstraction)을 떠날 수 없다. 그러나 추상적인 것은 유용한 점이 있는 반면에 위험성도 있다. 일단 추상화되고 나면 교조화되고, 추상적인 관념을 마치 구체적인 실재로 오인하는, 이른바 “구체성을 잘못 놓은 오류”(fallacy of misplaced concreteness)를 범하게 되기 때문이다.

화이트헤드는 이미 언급한 바와 같이 그의 형이상학을 “유기체의 철학”이라고 부른다. 그 이유는 전통적인 본체(substance)의 개념을 존재 범주로 인정하지 않기 때문이다. 「과학과 근대 세계」에서 화이트헤드는, 물리적 실체의 시공적 위치변화를 가지고 자연의 기초적 기술이라고 보는 사고방식을 가리켜 과학적 유물론(scientific materialism)이라고 부르면서, 이는 위에서 말한 구체적인 것과 추상적인 것의 위치를 전도시킨 오류를 범한 것으로 통렬히 비판하고 있다.

그러면 어째서 이와 같은 오류를 범하게 되는가? 그것은 한 사물을 다른 사물 즉, 그 환경과의 관계, 연관에 있어서 보지 아니하고 고립적으로 그 환경에서 잇대어 봄으로써 그 사물의 본질을 파괴하게 되기 때문이다. 요컨대, 전체적 관련에 있어서의 상호 반영을 떠나서 물자체를 운운함은 사유의 추상에 불과한 것이다. 그리하여 화이트헤드가 통찰하는 자연은 발전하는 여러 과정(process)의 조직이다. 실재는 과정이다.

화이트헤드는 세계의 궁극적 요소를, 또는 직접 경험의 내용을 지금 이곳에서 일어나고 있는 "사건(event)" 혹은 "사건적 계기"(occasion)라고 보았으며, 이를 "현실적 존재"(actual entity) 또는 현실적 계기(actual occasion)라고도 명명하였다. 이는 전통적인 의미의 "본체"개념을 부정하고, 이에 대치되는 역동적이며 상호관계에 있어서만 존립하는 유기체적 존재 개념이라고 할 수 있다.

이처럼 "현실적 존재"가 서로 작용하여 관계하는 방식을 화이트헤드는 "prehension"(파악)이라는 개념을 이끌어 들여 설명한다. 실현시키는 쪽에서 보면 그것은 "주체화" (subjectification)가 되며, 실현되는 쪽에서 보면 "객체화"(objectification)가 될 것이다. 이처럼 주체화와 객체화를 통해서 "현실적 존재"는 "생성"한다. 그러기에 "현실적 존재"는 항상 "과정"(process)이다. 그것은 "흐름"이며, 언제나 "새롭고" "창조적"이며, 따라서 그 하나하나를 "획기적 사건"(epochal occasion)이라고 본다. 여기서 "현실적 존재"는 자신의 과거를 반영하고 미래를 반영하며 현재를 지각함과 동시에 과거를 기억하고 미래를 예견하며 따라서 자신의 "생애의 역사"를 보유하는 동시에 자기의 "동시대자"(contemporaries)를 동반한다. 따라서 "현실적 존재"는 단순한 물질적인 것이 아니고 어디까지나 "유기적"(organic)이다. 따라서 세계는 유기적인 "현실적 존재"의 완전한 상호 의존적인 사건 내지 과정의 조직체에 지나지 않게 된다.

자연을 구성하는 최종 인자인 "현실적 존재"와 인간의 사물 경험 사건에서만이 아니라, 화이트헤드의 자연은 전체 우주가 서로 통해 있고 유기적으로 관계되어 있다. 하나의 개별 사건은 전체 우주의 사건 관계와 연관된 사건이며, 한 그루의 나무, 한 개의 바위, 분자 한 개의 합성과 분해도 그것만의 단독적 고립 형태나 고립 존재가 불가능하다. 화이트헤드의 유기체의 철학은 "생의 철학"에 크게 빚지고 있음을 부정할 수 없다. 화이트헤드의 유기체의 철학에서 만물은 생성적 과정이며, 유기적 관계이며, 생동적 힘의 체험이며, 상호 직관적 침투이고, 상호 형성이다.

화이트헤드의 자연의 유기체설에서 다음과 같은 중요한 귀결이 나온다. 즉 유기적 자연의 밑바닥에 무한한 창조력(creativity) 내지 창조성(creativeness)이 꿰뚫고 있다는 점을 규정한다는 것이다. 이 사실은 두 가지 점에서 분명해진다. 즉 그 하나는, 그가 모든 사건을 항상 새롭게 발현(emerge)하는 획기적 사건이라고 한 점이다. 여기에 세계는 "진전하는 과정(evolving process)으로 나타날 것이다. 또 하나는, 그것이 비단 시간적일 뿐 아니라 공간적이라는 점이다. 즉 한 사건은 다른 사건을 반영함과 동시에 다른 사건에 의해 반영되면서 거기에 자기를 발현시킴으로써 그 구성 분자가 되며, 또 그런 형태로 한 사건은 다른 무수한 사건과 서로 중첩되며 변천해 간다. 이러한 진전하는 과정과 전개적 확장(a process of expansive development)의 두 성격은 바로 자연의 밑바닥에 다름 아닌 무한한 창조력 내지 창조성이 꿰뚫고 있다는 것을 말한다.

화이트헤드의 과정 철학을 "현실적 존재", 즉 사건으로서의 존재자의 이론으로만 그치는 것이 아니고 "영원적 객체"(eternal object)와 얽혀 있다는 데 있다. 영원적 객체는 플라톤의 "이데아"처럼 보편자요(universal) "가능 존재"(potential or possible entities)를 말한다.

이상의 내용을 집약하면, 첫째 사건으로서의 존재자의 밑바닥에는 무한한 창조력 내지 실질적인 활동성이 꿰뚫고 있다는 것, 즉 무수한 창조력의 개별화가 사건으로서의 존재자라는 것이었으며, 둘째는 보편자로서의 영원적 존재자가 있다는 것이었다. 이상의 두 가지 계기만으로는 질서 있는 우주는 성립될 수 없는 것이다. 여기서 화이트헤드는 그 실현의 매개자로서의 독특한 신의 개념을 제시하게 된다. 즉 한편에서는 시간적인 사건으로서의 현실적 존재자와 마찬가지로 현실적이면서, 또 한편으로는 영원한 가능적 존재자와 마찬가지로 비시간적 존재자, 즉 현실적이면서 비시간적인 존재자가 곧 신이다.

신을 통해서 질서 있는 우주는 성립되는 것이다. 세계는 신의 선택에 의해서 구체화되며 신은 세계의 "구체화의 원리"(principle of concretion)이다. 그렇다면 그러한 신은 어째서 존재하며 또 어떠한 이유에서 세계를 창조하였는가? 이에 대한 화이트헤드의 대답은, 어떠한 이유도 제시할 수 없다는 것이다. 왜냐하면 이유를 밝힌다는 것은 어떤 한정의 유래를 밝힌다는 뜻이 되겠는데, 신은 왜라고 근거를 밝힐 수 없는 전제로서, 요컨대 궁극적 비합리성(the ultimate irrationlity)이기 때문이라는 것이다.

신은 세계에 내재적임과 동시에 초월적이다. 신은 모든 존재 속에서 현재하는 한에서 내재적이며, 하나하나의 현실적 존재가 다른 현실적 존재를 초월해 있는 것과 마찬가지로 초월적이다. 그러므로 아무리 사소한 현상일지라도 거기에는 언제나 이 존재가 관여하고 있지만, 화이트헤드에 의하면 정통파 신학에서 잘못 생각하고 있는 것과 같은 어떤 전능자의 작용은 아니라는 것이다. 화이트헤드는 세계의 현실적인 진전은 신뿐만 아니라 삶의 창조 충동(creativity)에 의해서도 규정된다고 보았으며, 신의 전능이라는 전통적인 신학적 개념은 인간의 권력의지를 도착적인 형태로 신에 투영된 것이라고 비판하였다. 이렇게 볼 때 화이트헤드의 신관은, 우주에 편재하는 이법(理法, law) 그 자체를 신으로 보고자 했던 아인슈타인의 신관과 일맥상통하는 바가 있다고 할 수 있다.

"현실적 계기"(actual occasion)라는 형이상학적인 기본 개념의 지지를 받고 있는 화이트헤드의 신관은 요컨대 우주의 생성을 인과적으로 해명하려는 신 개념이었다. 왜냐하면 인과를 떠난 현실적 계기는 무의미하기 때문이다.

요컨대 화이트헤드에 있어서 우주의 질서는 결코 우연한 사건이 될 수 없으며, 그 조화와 생성 발전을 이룩하고 있는 모든 현실적 계기를 통일 주재하는 것은 어디까지나 신의 보편적 내재성이었으며, 여기서 우리는 이 우주에 편재하는 내재적 이법 그 자체, 조화 그 자체를 굳게 믿으려는 아인슈타인의 신관과 상통된다는 점을 발견할 수 있었다. 그것은 어디까지나 현실적 계기의 생성 발전과 질서를 주재하는 에너지적 활동의 프로세스요 창조성이었다.

3. 비교고찰

위에서 <주역>과 화이트헤드의 과정철학을 개괄적으로 고찰하여 보았으며 이를 비교해서 유사점과 차이점을 살펴보고자 한다.

1) 유사점

첫째, 주역이 사물의 실재를 변화하는 과정 속에서 보려고 하는 학문적 성격과 화이트헤드의 과정철학의 과정과 실재에 있어서 실재(reality)보다 과정(process)을 중시하였다는 것은 易의 변화적 속성, 즉 變易과 유사하다. 세계의 실재를 형성(becoming)과 과정으로 이해한 화이트의 실재관은 주역이 세계를 변화과정 속에 사물을 보는 변역의 관점과 유사하다.

둘째, 화이트헤드의 과정철학에 있어서는 적어도 네 가지 궁극적 구성 요소 및 구성 원리가 있다. 즉, 현실적 존재, 영원한 대상(eternal object), 신, 창조성이 바로 그것이다. 이들을 주역과 비교하면 주역의 가장 기본적 본체적 개념인 기(氣)의 개념과 과정철학의 현실적 존재(actual entity)의 개념과 유사한 점이 많다. 현실적 존재들은 그것들로써 세계가 만들어지는 궁극적 참 실재들이다. 현실적 존재들은 화이트헤드의 형이상학 체계를 구성하는, 그렇기 때문에 실제로 그가 말하는 '이 우주 자연을 구성하는 가장 작은 최소 단위 실재, 기초 기본 실재이다'라는 말은 주역에서 우주의 가장 기본적인 실체인 기의 개념과 같다. 뿐만 아니라 현실적 존재는 본질적으로 물질적이고 정신적인 양면성으로 구성된 양극성적 실재(dispolar entity)이다. 이는 기의 정신물질 일원론적이고 음양론의 상대적 속성과 유사하다. 또한 영원한 대상, 신의 근원적 본성, 창조성 등은 주역의 道와 理의 속성과 유사하다. 과정철학의 신의 근원적 본성은 주역의 성선설을 의미하는 것 같고, 창조성은 주역의 '生生之謂易'의 내용과 유사하다. 영원한 대상은 주역에서 최고의 신인 天과 上帝의 개념과 유사하다.

셋째, 주역과 과정철학의 우주관이 모두 정신물질 일원론적이며 살아 있는 생명체로서 만물만사가 상호 영향을 주고받는 관계로 본 유기체적이며 신까지 포괄하는 전체론적이라는 점에서 동일하다. 즉, 신까지를 포함한 모든 실재를 심성적 면과 물리적 면의 양극성으로 보고 이 세계의 진행을 무수한 현실재들의 연쇄적인 상호 작용의 진행 과정으로 보는 화이헤드의 유기체 사상은, 우주의 전 과정을 궁극적인 생성(창조)원리인 기(氣)의 태극 – 음양의 상호 작용으로 이해하는 주역과 매우 유사함을 보이고 있다(류기종).

넷째, 주역의 道와 理적 신의 개념과 과정철학의 리법으로서의 신의 개념과 유사하다. 또한 신을 "창조성"으로서 만유 안에 내재하는 형성적 요소로 보며 그리고 세계와의 상호관계성으로 보는 화이트헤드의 범재신론은 "도"를 근본적인 창조 원리로 보며 또한 만유 안에 내재하는 궁극적 실재로 보는 주역의 도의 개념과 유사성이 있다고 보인다.

다섯째, 주역과 과정철학이 창조성을 시사하고 있다는 점에서 동일하다.

2) 차이점

첫째, 연구방법에 있어서 화이트헤드의 과정철학의 연구방법과 주역의 연구방법을 비교함으로써 그 연구결과에 대한 신뢰성과 타당성을 비교해 볼 수 있다. 그렇게 함으로써 그 연구결과의 의미와 가치 그리고 신뢰성을 평가할 수 있다.

먼저 화이트헤드의 과정철학의 연구방법을 살펴보면 화이트헤드가 20세기의 물리학, 수학, 생물학, 문화사학 및 문학과 미학까지를 섭렵하고 20세기에 획득한 자연과학의 제반성과들과 지식을 완전히 통달하고 분석적 방법과 실재론 및 과학에 높은 평가를 주는 영국의 경험론 전통과, 플라톤으로부터 흘러 내려오는 대륙의 관념론 전통과, 17~18세기 계몽주의의 주지적 합리주의 정신을 놀라운 엄밀성과 통일성을 가지고 종합하면서 20세기와 그 이후 시대 인간들의 자기 이해를 위해 새로운 자연철학 곧 신실재론이라 일컫는 형이상학을 체계화하였다. 그의 형이상학 저술의 특징은 존재의 합리적 측면(rational side)과 경험적 측면(empirical side)을 동시에 충족시키려는 끈질긴 노력이다. 서양철학사를 수놓아 온 중세의 실재론(realism), 대륙의 관념론(idealism), 영국의 경험론(empiricism)을 그의 자연철학 체계에 웅장하게 융합시키려고 시도하고 있다. 화이트헤드는 그의 자연철학을 전개해 가면서 끊임없이 플라톤, 데카르트, 라이프니츠, 흄, 존 로크, 칸트, 스피노자와 대화를 하고 있다.

주역의 연구방법은 주역 계사하전의 제2장과 계사상전 제4장에 다음과 같이 잘 나타나 있다.

"古者包犧氏之王天下也에 仰則觀象於天하고 俯則觀法於地하며 觀鳥獸之文과 與地之宜하며 近取諸身하고 遠取諸物하야 於是에 始作八卦하야 以通神明之德하며 以類萬物之情하니(옛적에 포희씨가 천하에 왕을 할 적에 우러러서는 하늘의 형상을 보고, 구부려서는 땅의 법을 보며, 새와 짐승의 무늬와 땅의 마땅함을 보며, 가까이는 저 몸에서 취하고 멀리는 저 물건에서 취하여, 이에 비로소 팔괘를 지음으로써 신명의 덕을 통하여 만물의 실정을 같이하니)"

"易이 與天地準이라 故로 能彌綸天地之道하나니 仰以觀於天文하고 俯以察於地理라 是故로 知幽明之故하며…… 精氣爲物이오 游魂爲變이라 是故로 知鬼神之情狀하나니라(역이 천지와 더불어 같으니, 그러므로 능히 천지의 도가 씨와 날로 베 짜듯 다 들어 있다. 우러러서는 천문을 보고, 구부려서는 지리를 살피니라. 이런 까닭에 그윽하고 밝은 연고를 알며…… 정과 기가 물건이 되고 혼이 놀아서 변이 됨이라. 이런 까닭에 귀신의 정상을 아느니라)"

위 두 글의 내용을 보면 주역을 지을 때, 주역이 근거한 고찰 대상이 하늘(天)과 땅(地), 새와 짐승, 인간의 몸, 그리고 모든 사물을 보고 '관찰' 하여 주역의 가장 기본인 팔괘를 그렸음을 나타내고 있다. 태극과 음양에서 출발하여 만들어진 팔괘는, 우주삼라만상을 나타낸 주역의 가장 기본이 되는 이론체계이며 모형이다. 그런데 팔괘를 그리기 위한 인식의 범위가, 멀리는 천지우주이며, 가까이는 새와 짐승, 인간의 몸, 모든 사물 그리고 보이지 않는 신의 세계까지 통하여 귀신 세계의 실정 까지 관찰하고 포괄하여 종합적으로 나타낸 이론이고 모형이라는 것이다. 주역의 학문적 근거는 우주적 차원의 삼라만상에 근거하고 있다.

위에서 화이트헤드의 연구방법과 주역의 연구방법을 살펴보았다. 이것을 비교해 보면 화이트헤드는 기존의 연구결과물인 철학 과학서를 섭렵하여 분석을 통하여 문제점과 한계점을 인식하고 이에 대한 비판과 함께 자신이 관찰하고 생각하고 있는 새로운 아이디어와 관점을 보완하고 종합하여 과정철학을 완성하였다고 보인다. 즉, 현대사회 제도권 교육학문세계에서 일반화된 연구방법에 의해서 이뤄진 철학이다. 이는 통찰력과 글 쓰는 재주만 있으면 누구나 쓸 수 있는 것들이다. 이에 비해서 주역은 천문과 지리 그리고 모든 사물과 자신의 몸을 관찰하고 또한 보이지 않는 신명의 세계까지 통하여 완성된 순수 과학적 학문이다. 신명의 세계에 통하였다고 하는 것은 직관적 인식을 의미한다고 볼 수 있다. 원래 주역의 단초가 된 하도 낙서의 출현은 신의 계시로 성인이 이를 측지하여 주역의 가장 기본적인 팔괘를 완성하였다. 팔괘는 신의 계시를 인간이 측지하여 완성한 우주의 가장 기본적인 과학적 모형이다. 따라서 과정철학은 인간의 수준에서 이뤄진 자연철학이라면 주역은 성인의 수준에서 완성된 학문이다. 인간의 수준에서 이뤄진 학문은 아무리 해도 성인의 수준에서 이뤄진 학문을 따라갈 수가 없다. 성인의 수준이라고 하면 거의 신의 경지에 도달한 사람으로 인간의 천재 수재의 수준을 넘어서 있는 존재로 보기 때문이다. 동양학에서는 성인에 의한 학문은 '경'으로 표현을 하고 인간의 수준인 현인의 글은 '전'이라고 한다. 이를 '성경현전(聖經賢傳)'이라고 한다. 그런데 전은 경을 벗어날 수가 없다는 의미에서 '論不離經'이라고 한다.

결국 주역과 과정철학은 앞에서 서술한 바와 같이 여러 면에서 유사한 철학이고 학문이라는 점은 동의를 하나 주역은 이미 동양에서 수천 년 전에 우주삼라만상과 신명의 세계를 근거로 성인에 의해 완성된 학문이고, 과정철학은 현대에 화이트라는 철학자에 의해서 기존의 학자들의 연구결과물을 근거로 인위적으로 만들어진 희망적인 학문이다. 주역과 같이 우주대자연과 삼라만상 그리고 신명의 세계를 관찰하고 통해서 만들어진 순수 과학적 학문이 아니다. 따라서 화이트헤드의 과정철학은 주역을 넘어선 학문이 아니고 주역에 접근 발전해 가고 있는 미완성된 인위적인 희망적인 학문이다. 인위적이고 희망적이란 인간의 주관적인 의지와 관계없는 자연 본래의 이치가 아닐 수 있다는 점이다. 따라서 인위적 희망적 학설은 개인의 가치가 개입된 주관적으로 조작된 학문이지 객관적 사실에 근거한 순수한 자연 본연의 양태를 나타낸 순수 과학적 성격이 아니다.

직설적으로 표현하면 과정철학보다 주역이 훨씬 앞선 위대한 완성된 자연본래에 대한 순수 과학적 학문이라는 말이다. 따라서 주역이 과정철학보다 신뢰성과 타당성을 가진 학문이라고 할 수 있다.

둘째, 과정철학을 구성하고 있는 기본개념인 현실적 존재, 영원한 대상들, 신 그리고 창조성에 대한 개념들에 대한 내용이 막연하고 모호하다는 점이다. 주역에서는 기와 음양오행론의 뚜렷한 개념과 이론에 의해서 일관되게 천지 이치를 밝혀주고 있지만 과정철학에서는 각각의 개념이 모호하고 막연하고 상호관계를 뚜렷하게 나타내 주고 있지 않다. 뿐만 아니라 주역에서는 기라는 실체와 이의 작용과 변화원리인 음양오행론으로 우주 삼라만상의 변화이치를 나타내 주는 체계화된 학문인 역경이 있다. 그러나 과정철학은 과정철학을 구성하고 있는 개념들만 있지 이들 간의 상호관계를 나타낸 구체적인 이론 또는 법칙에 의해 실제 사물의 세계를 설명해 놓은 뚜렷한 체계화된 학문이 보이지를 않는다. 단지 이렇다 저렇다 식의 막연한 방향제시적인 개념해설 정도의 내용이다. 즉, 과정철학의 개념과 이론에 입각한 구체적인 사물을 설명해주는 체계화된 구체적인 학문이 없다. 단지 원론 내지는 총론수준의 개념과 이론의 내용이 주요 내용이다. 주역은 기와 음양오행론의 개념과 이론에 의해서 64괘라는 우주 삼라만상의 변화 이치의 모형을 제시하고 그것에 의하여 모든 사물의 변화이치와 정보를 구체적으로 제공해 준다.

주역의 위대성

셋째, 주역과 과정철학의 가장 뚜렷한 차이점이라고 하면 주역은 종교철학적 차원의 체계화된 학문이면서 과학기술적 학문이라는 점이다. 즉, 주역은 종교가

가 보면 종교요, 철학자가 보면 철학이요, 과학자가 보면 과학이요, 점술가가 보면 점술이라는 학문이다. 과정철학은 신의 개념까지 포괄하는 철학이므로 종교적 성격도 있는 철학이라고 할 수 있다. 그러나 주역과 다르게 과학과 점술과 같은 구체적이고 실용적인 과학기술적 내용이 보이지 않는다. 원래는 있는데 국내에 소개가 되지 않아서 내가 모르고 있는 것인지 몰라도. 뿐만 아니라 주역은 주역의 기와 음양오행론의 개념과 이론을 생활에 접목 응용한 구체적이고 실용적인 과학기술적 학문으로써 역학역술이 발달되어 비제도권 일반국민들에게 널리 보급되어 있다. 그러나 과정철학은 철학사상적 차원의 학문적 수준에 머물러 있는 것 같다. 철학사상적 수준의 학문으로 머물러 총론적인 학문은 관념적 추상적인 성격으로 인해서 실제생활에 실용성이 없으면 아무리 훌륭한 내용이래도 공허감을 벗어날 수 없다. 나는 수많은 동·서양의 철학사상가들의 학문을 접하면 물론 각각의 내용들은 일리는 있지만 구체적으로 무슨 의미와 가치가 있는가 하고 생각이 든다. 그것도 연원한 궁극적 철학사상도 아니고 각 철학자들의 관점과 아이디어적 내용을 보면, 물론 일리는 있지만, 그 내용이 생활에 과학기술적으로 구체적이고 실용화 되지 않아 실제생활에 도움을 주지 않으면 단지 몽중철학자의 공허한 내용일 뿐이다.

아마도 서양의 수많은 철학사상 중에서 현대 제도권 교육학문세계의 지배적인 뉴턴·데카르트의 물질론적, 기계론적, 환원주의적 과학철학사상 외에는 거의 추상적 관념적 수준의 철학사상의 수준을 벗어나지 못하고 있다고 볼 수 있다.

시대적으로 철학사상이 보다 의미가 있고 가치가 있으면 그 철학사상을 구체적으로 실용화한 과학기술적으로 발전하여 기존의 지배적 위치에 있는 제도권 과학기술보다 새롭고 앞섰을 때 그 과학기술을 의미 있게 받아들이게 되면 그 과학기술의 배경이 되는 그 철학과 사상이 의미가 있고 생명력이 있으며 또한 빛이 난다. 그러한 철학사상이 주역 철학이다. 그러나 과정철학은 아직은 그렇지 못한 것 같다. 따라서 <주역>이 과정철학보다 위대한 철학사상일 뿐만 아니라 시대적으로 의미와 가치가 있으며 또한 생명력이 있고 빛이 나는 철학사상이다. 어떤 의미에서 과정철학이 하고자 하는 학문을 완성한 학문이 주역이라고 볼 수 있다. 과정철학은 주역과 비교하면 아직은 걸음마 단계의 총론적인 학문이라고 볼 수 있다.

넷째, 미국의 드루 대학의 신학교수인 이정용 교수는 그의 『역의 신학』에서 과정철학과 주역의 차이점을 다음과 같이 진술하였다. 주역의 변화론은 동일한 과정을 순환 반복하는 창조적 과정을 나타내는데 과정철학은 더욱 높은 실존의 영역을 향하여 끊임없이 진화 발전해 가는 과정을 전제한다. 화이트헤드의 기본적인 이상은 새로움에로의 창조적인 침투이다. 화이트헤드에게서 의미는 앞으로 향하는 발전적인 운동 가운데 존재하는 것이지, 시간의 순환적인 운동 속에 있는 것이 아니다. 즉, 과정철학은 시간의 직선적 개념을 전제하는 반면에, 주역은 시간의 순환적 개념을 전제한다.

또한 "과정"이라는 말의 범주를 다르게 사용한다는 점이다. 과정철학에서 과정은 창조성을 전제하는 것으로 궁극적 실재로 여겨진다. 하지만 주역에서의 창조성은 궁극적 실재로서 변화 혹은 역을 전제한다. 궁극적 실재로서 역은 창조성뿐만 아니라 수용성도 포함한다. 따라서 과정철학의 "과정"이라는 용어는 궁극적 실재의 범주로서 "역" 혹은 변화의 개념보다 덜 포괄적이다.

주역과 과정철학이 가지는 더욱 근원적인 차이는 그 논리에 있다. 과정철학이 탄생하게 된 배경이 그 당시 지배적 위치에 있던 뉴턴·데카르트적 물질론적 기계론적 세계관과 배타적이고 절대적 성격을 특징으로 하는 서구의 과학에 대한 문제의식에서 출발하였다. 이는 아리스토텔레스의 논리와 유클리드 기하학 그리고 뉴턴의 물리학에 기초한 것으로, 서구의 사상사와 맥을 같이 하여 왔다. 아리스토텔레스의 논리는 "이것이냐 저것이냐"(Either–or) 논리로서 절대적이고 이원론적 세계관을 전제하는바, 이는 상호 의존의 개념과는 반대되는 개념이다. 이러한 이분법적 구조로 사유하는 서구의 성향은 과정철학에서조차 쉽게 사라지지 않는다. 실재를 그 전체성이나 통전성(holistic) 안에서 파악하지 않고, 오히려 과학적 세계에서 사용되어온 분석적인 방법을 사용하였다. 분석적인 방법은 배타적 사유 양식을 전제하기에, 화이트헤드가 "이것이냐 저것이냐"의 사유에서 완전히 자유로웠다고 보기는 어렵다. 만일 궁극적 실재가 주객의 분열을 넘어서는 것이라면, "이것이냐 저것이냐"의 논리를 가지고 궁극적 실재를 표현하는 것은 불가능하게 된다. 신학에서 아리스토텔레스적인 "이것이냐 저것이냐"의 논리를 배제하는 것은 궁극적 진리가 "이것이냐 저것이냐"로서가 아니라 "이것뿐만 아니라 저것도"의 논리로 표현될 수 있다는 사유방식을 받아들이는 것이다. 아리스토텔레스의 "이것이냐 저것이냐"의 논리를 초월하는 신은 "되어감"(becoming)으로서의 신일 뿐 아니라 "있음"(being)으로서의 신이다. 신은 되어감이면서 있음이고, 유기적이면서 비유기적이다. 창조적이면서 파괴적이고 발생적이면서 퇴화적이다. "이것뿐 아니라 저것도" 혹은 "이것과 저것 모두"의 포괄적인 원리가 역의 신학의 근간을 이루며 이 점이 과정신학과 구별된다. 주역의 궁극적 실재로서의 역에 대한 개념은 포괄적인 사유의 방법의 빛에서 이해되어야 한다. 달리 말하면, 궁극적 실재로서 역은 언제나 변역이면서 동시에 불역으로 이해된다. 따라서 생성의 과정이 존재의 상태를 전제한다. 어느 하나가 다른 하나를 대치할 수는 없고 이 둘은 언제나 공존한다. 우리에게 궁극적 실재의 특성으로 "존재"와 "생성"을 포괄하는 대안적인 철학이 필요하다. 궁극적 의미에서 실재란 "이것이냐 저것이냐"의 논리로 표현되지 않고, "이것도 저것도 모두"(both – and)의 논리 속에 파악된다. "이것도 저것도 모두"의 철학은 음과 양을 낳은 역의 개념에 기초한 것이다. 음은 쉼이고 양은 운동이다. 음은 존재이고 양은 생성이다. 음은 수용이고 양은 창조이다. 만일 창조성이 과정철학의 궁극의 특성이라면, 수용성은 실체론의 궁극의 특성된다. 만일 양이 과정철학의 중심사상이라면, 음은 실체론 또는 본체론의 중심사상이다. 그러나 주역은 음과 양, 수용성과 창조성, 존재와 생성 이 둘 다를 포괄한다. 왜냐하면 역은 이 둘의 근원이기 때문이다. 따라서 역은 과거와 현재와 미래에 존재하는 모든 것의 총체다. 때문에 존재와 생성 모두를 궁극의 실재로 여기는 주역은 우리가 지향해야 할 포괄적 철학이다. 과정철학이란 서구의 본체론에서 동양의 주역철학으로 향하는 길목에 서 있는 철학이다.

다섯째, 주역의 철학과 사상은 동양사회에 수 천 년 전부터 보편적으로 전해오는 일상적인 내용이다. 이런 점에서 동양인의 관점에서는 새롭고 신기한 것도 아니고 당연시하는 사상과 철학이다. 그래서 우리들의 매일매일 생활속에서 보편적으로 알게 모르게 사용하고 있으면서 다만 그 의미와 가치를 모르고 있을 뿐이다. 왜냐하면 주역에 대해 배우고 가르치지를 않아서 학문적 의미와 가치를 인식하지 못하기 때문이다. 그런데 서양의 화이트헤드의 과정철학은 매우 의미 있게 배우고 연구를 하는 것을 보면 매우 신기한 현상이다. 왜냐하면 우리나라를 비롯한 동양사회에서는 너무도 일상화된 내용을 의미 있게 학문적으로 배우고 연구한다는 것은 동어반복적인 쓸데없는 낭비적 연구라고 생각된다.

제8장

주역과 서양과학의 비교고찰

    동양과 서양을 비교 고찰하는데 가장 기본적인 비교의 출발점을 무엇으로 하느냐에 따라서 그 내용과 결과가 다르다.

    주역(周易)에서는 모든 학문적 개념과 이론의 논리적 근거를 우주론적인 관점에서 출발하는데, 동양과 서양은 우주론적으로 볼 때 정반대적 경향을 보인다. 즉, 우주론적으로 동양은 해가 뜨는 곳이고, 서양은 해가 지는 곳이므로, 동양은 근본적인 것을 강조하고, 서양은 지엽적이고 결과를 중시한다. 그래서 동양과 서양을 비교할 때 동도서기(東道西器)라는 말이 나왔다. 뿐만 아니라 학문 외에도 거의 모든 면에서 동양과 서양은 정반대적 성향을 갖고 있다.

1. 주역학은 우주론적 순환론적 자연의 이치와 보이지 않는 세계를 중시한다

    학문도 그 영향을 받아서 동양학은 처음부터 배우는 것이 천자문(千字文)인데, 천자문 첫째 말이 하늘 천(天), 따 지(地), 검을 현(玄), 누를 황(黃), 집 우(宇), 집 주(宙)로 시작한다. 이것은 동양학이 우주론적 근원학문이므로 그와 관련된 것으로 천지현황(天地玄黃)으로 시작한다. 서양과학은 처음 학교에 입학하면 배우는 것이, 바둑이, 철수, 송아지와 같은 실증적이며 객관적이고 생활에 가까운 기적(器的)인 것들이다.

주역학은 우주론적 Top Down 학문이고 서양과학기술은 개개의 사물에 근거한 Bottom Up 학문이다.

뿐만 아니라 주역학과 서양과학의 가장 근본적인 패러다임(paradigm)적 차이는 우주삼라만상의 현상을 기술하고 설명하는 개념과 이론체계임은 말할 것도 없지만, 더 근본적인 차이는 인식론적 출발점인 접근방법에 있다. 즉, 주역은 우주론적 순환론적 자연의 관점에서 개개의 사물을 고찰하는 학문이기 때문에 우주론적 Top Down적 학문이라고 할 수 있다. 즉 우주학이다. 주역은 사상철학과 과학기술 그리고 윤리도덕적 내용도 일관되게 종합적으로 나타내는 학문이기 때문에 우주론적 Top Down과학기술, 우주론적 Top Down철학, 우주론적 Top Down윤리도덕학이라고 할 수 있다. 이에 비해서 서양과학이 바둑이 철수와 같은 개개의 사물을 근거로 분석적 또는 요소환원주의적으로 연구하여 내용의 범위를 넓혀가기 때문에 바둑이, 철수와 같은 개개의 사물 중심의 Bottom Up학문이라고 볼 수 있다.

주역학에서는 우주론적 순환론적 자연의 관점에서 기(氣)·신(神)·기(器)·심(心)의 종합적인 작용과 변화원리에 입각하여 개개의 사물(器)을 이해하고 설명하는 개념과 이론으로 체계화되어 있다. 이것은 객관적으로 파악이 가능한, 보이는 세계인 기(器)의 세계와 보이지 않는 기와 신의 세계 그리고 인간의 주관적인 의식과 상호작용을 통해 사물을 종합적으로 고찰하고자 하였다고 볼 수 있다. 다른 말로 하면 주객의 상호작용 속에서 사물을 고찰하였다고 볼 수 있다. 이 점이 서양과학이 객관적인 개개의 사물인 기적(器的)인 것에만 근거하여 주객을 분리하여 귀납적, 연역적 방법으로 부분적이고 단편적으로 체계화한 학문이라는 점에서 근본적으로 다르다.

주역학의 여러 개념과 이론들은 서양과학적 연구방법을 도입하여 연구하면 연구해야 할 양과 소재가 엄청나게 많다.

주역은 다차원 세계의 표상

세계적인 주역 연구가인 독일의 리하르트 빌헬름(Richard Wilhelm)이 쓴

『주역강의』에서 보면, 동양과학인 주역은, 기(氣)·신(神)·기(器)·심(心)의 상호작용에 의해서 나타나는 우주삼라만상의 다차원적 세계를 포괄적인 방법으로 고찰하여 체계화한 학문임을 나타내고 있다. 즉, 그는 그의『주역강의』서문에서, 동양과학의 최고 경전인 역경(易經)의 학문적 성격을 나타낸 내용을 보면, 주역은 '인간의 의식적인 삶에서부터 무의식적인 영역으로 더욱 깊이 파고 들어가 ···· 우주－영혼의 체험에 대한 통일적 이미지를 전달해준다'고 표현하고 있다. '우주－영혼의 체험'이란 직관적 체험에 의한 인식이라고 볼 수 있다. 여기서 의식, 무의식의 세계는 인간의 심(心)의 세계를 나타낸 것이고, 우주는 기(氣)와 기(器)의 세계, 영혼은 신(神)의 세계를 나타낸 것이라고 볼 수 있다. 따라서 역경이 나타내고자 하는 세계는, 앞에서 언급한 기(氣), 기(器), 신(神), 심(心)의 세계의 상호작용을 나타낸 다차원 세계의 표상이라고 볼 수 있다.

리하르트 빌헬름의 아들인 헬무트 빌헬름도 역경의 심원한 철학적 의미를 알아내기 위해 애써왔고, "역경의 체계는 다차원 세계의 표상이다"라는 결론을 내렸다. 이 세계, 즉 다차원 세계 내에는, 불변하면서 규칙적으로 변화하는 패턴이 있다는 것이다. 그 패턴이 있기 때문에 학문적으로 표현이 가능하고, 그것을 구체적으로 나타낸 학문이 주역이다.

그러므로 단지 보이는 세계인 뉴턴·데카르트적 물질론적 기계론적 논리에 의한 바둑이 철수와 같은 개개의 사물인 기(器)의 차원에서 객관적 자료에 근거해서 체계화된 서양과학에 비해서 그 학문적 포괄성과 깊이를 비교할 수 없다. 그래서 서양과학적 시각에서 역학을 보면 전혀 이해가 되지 않을 뿐만 아니라 황당무계한 학문으로 오해하기 쉽다. 물론 서양과학에 비해서 객관성과 실증성이 떨어지는 것은 사실이다. 그러나 동양과학이 전제로 하는 개념과 이론의 입증은 어렵다고 해도, 그러한 개념과 이론체계를 사실이라고 받아들이고(assume), 이를 실제상황에 적용하여 고찰해보면, 예상했던 결과가 나오고 그 예측에 입각하여 피흉추길(避凶趨吉)하는 처방을 하여 인간생활에 도움을 주는 것도 사실이다.

이러한 학문적 의미가 있기 때문에 오랜 세월이 지난 이 시대에도 여전히 없어지지 않고 존속하고 있는 것이다. 이런 의미에서 전통학문 중에서 현대과학에 의해서 인정은 받지 못해도 수백 수천 년간 존속되어 온 모든 학문은 현대과학이 입증할 수 없는 과학적 근거가 있는 것이다.

또한 주역점을 칠 때 하느님에게 물어보고 서죽을 가르는 주술적 사고는, 제대로만 한다면 논리적, 수학적 사고만큼이나 진실한 것이다. 역경의 사고체계는 원시적인 것이 아니라 지금은 서양에서 사라진 원초적 사고의 특정한 기초를 포착해서 발전시켜온 것이다. 이는 동양과학인 역학과 역술의 개념과 이론이 객관성 실증성은 떨어져도 더 중요한 적실성이 있음을 나타내는 증거이기도 하다.

동양학자들은 서양과학적 연구방법을 가볍게 보았다

이런 점에서 볼 때 주역은 사실상 객관적으로 파악이 어려운 기(氣)와 신(神)의 작용과 변화 원리에 입각하여 우주론적 다차원의 세계로부터 포괄적으로, 보이는 객관의 세계인 기(器)의 세계를 구성하고 있는 개개의 사물을 주관적인 심(心)의 관점에서 고찰하는데 가장 큰 특징이 있다.

따라서 객관적 사실에 근거한 기적(器的)인 것만을 과학이라고 생각하는 서양과학자들에게는 이해가 안 되고, 신비하고, 황당한 미신으로 오해받기가 쉽다.

그런데 동양과학을 연구한 동양학자들은, 현대 서양과학적 연구방법인 객관적 사실에 근거한 개념화, 이론화를 가볍게 보았으며, 근본적인 연구가 되지 않는다고 이를 무시하였다는 것에 우리가 유의할 필요가 있다. 왜냐하면 동양과학자들이 지금의 서양과학적 연구방법의 필요성을 몰라서 하지 않은 것이 아니고, 그러한 연구가 피상적이고, 지엽적인 것이므로 중요하지 않고 근본적인 연구가 되지 않기 때문에, 이를 무시하고 발전시키지 않았다고 볼 수 있기 때문이다.

오히려 우리 조상들은 보이지 않는 기(氣)와 신(神)의 세계가 보이는 객관의 세계인 기(器)의 세계를 지배하는 것으로 보고, 더 근본적이고 근원적이며 범인들에게 보이지 않고 볼 수 없는 기(氣))와 신(神)의 세계에서 보이는 기적(器的)인 객관의 세계를 고찰하여 학문을 발전시켰다.

그런데 우리 조상들이 가볍게 보고 무시했던 연구방법에 의해 성립된 서양과학이 제도권의 안방격인 대학과 연구소에 주인자리를 차지하고 있으며, 우리 조상들이 중시한 동양과학은 제도권에서 완전히 밀려나 경멸하고 혐오스럽게 생각하는 철학관에서만 연구, 강의하고 있음은 잘못되어도 엄청나게 잘못된 현상이다.

우리는 우리 선인들이 가볍게 보고 무시했던 보이는 세계의 학문인 서양과학을 엄청난 것인 양 수많은 천재, 수재들이 오늘도 밤낮으로 머리를 싸매고 엄청난 돈과 노력을 쏟아 붓고 있다. 동양학적 관점에서 보면 어처구니없는 한심스러운 학문이다. 그리고 오만스럽게 우리 선인들의 보이지 않는 세계를 대상으로 연구해서 체계화해 놓은 동양과학을 미신이고 비과학이라고 홀대하고 귀양을 보내서 감옥에 가둬두고 있으니 참으로 어처구니없는 일이 아닌가?

억울하게 귀양 보내고 감옥에 가둬놓은 동양과학을 소송해서 풀려나게 해야 하지 않는가? 이것이 우리 후손들이 해야 할 가장 시급한 문제가 아닌가? 그런데 소송을 어디에다 해야 하느냐 하면 우리한테 해야 한다는 것이 또한 재미있는 현상이다. 왜냐하면 그 범인이 우리이기 때문이다. 우리 스스로 서구사람들 말만 믿고 그렇게 했으니 참으로 뭐라고 말을 해야 좋을지 모르겠다. 이것은 우리가 우리 것을 제대로 알지도 못하면서 서구우월주의에 편승해서 스스로 자기비하하고 있음은 가슴 아픈 일이며, 엄청나게 민족적 자존심을 망가뜨린 결과라고 볼 수 있다.

2. 서구에서도 보이지 않는 세계를 과학으로 인정한다

'양자역학과 마음 DVD'라는 동영상에서는 양자물리학자들의 과학관과 세계관을 설명하는 과정에서, 과학에는 두 단계가 존재한다고 말하고 있다. 즉 신비의 문 속으로 들어가는 무모한 부분과 또 다른 단계는 엄격하고 정밀하게 그런 생각의 무모함을 점검해 보는 것이다.

신비의 문 속으로 깊이 그리고 더 멀리 들어가려고 하는 것은, 본질에 대해 더 멀리 더 깊이 알고자 하는 지적 노력이고, 그런 연구를 객관적으로 검증하려고 하는 것은 모두에게 인정받기 위한 노력이다. 과거에는 몇몇 초능력자들이 인식한 신비의 세계를 입증 못해서 인정받지 못하다가, 최근에는 첨단과학 기술이 발달하면서 오히려 서구에서 인정받는 경우가 나타나고 있다.

현대과학은 보이는 것과 객관적으로 측정이 가능한 것만을 대상으로 한다. 하지만 실제세계는, 보이지 않는 세계와 보이는 세계가 공존하면서 끊임없이 영향을 주고받으며 나타난 현상들이다. 흔히 보이지 않는 세계인 초과학적 세계는 현대과학의 수준으로 고찰할 수 없기 때문에 비과학적이라고 여겨지고 있다.

그런데 과학의 종주국인 서구에서도 감각적으로 측정이 안 되고 객관화할 수 없다고 항상 비과학이라고 하지는 않는다. 예를 들면 미국에서는 이미 19세기 중반에 영혼의 세계가 실재한다고 인정하고, 이를 체계적으로 연구하는 심령과학회가 창설되었다. 서구에서는 영혼의 존속에 대한 과학적 검증을 이미 끝냈으며, 따라서 이 세계를 체계적으로 연구하여, 법칙 내지 이론을 개발하여 인간생활에 도움을 주기 위해 심령과학회가 19세기 중엽에 창설되었다.

우리의 전통문화와 역사에서 신과 관련된 내용이 많이 있다. 그래서 신의 이야기를 빼놓고는 우리의 역사와 문화를 이해할 수 없다. 그만큼 우리 민족은 신과 관련된 내용이 많이 있다. 그래서 우리 문화를 어떤 사람은 신교문화(神敎文化)라고도 한다.

지금도 모든 국민들이 조상을 숭배하는 제사를 지내는 가정사가 대대로 이어지고 있다. 뿐만 아니라 각 동리마다 성황당이 있어서 매년 산신제를 지내고, 또 이사하거나 집을 지을 때 토지신(土地神)에 대한 제사로서 고사문화 등이 있다.

이러한 신에 대한 의식을 단순히 미개한 야만인들의 야만적 행위로 보거나 미신행위로 보아서는 안 된다. 왜냐하면 신의 세계가 엄연히 존재하고 그 세계가 인간생활에 크고 작게 영향을 주는 객관화할 수 없는 변수이며 실체(reality)이기 때문이다. 이는 첨단과학이 따라올 수 없는 우리 조상들의 소중한 지혜이다. 따라서 영혼의 세계를 체계적으로 연구하여 인간의 영적인 문제를 해결하는 데 도움을 줄 수 있도록 하여야 한다.

아마도 우리 문화에서 신에 대한 이런 의식은, 현대 서구의 심령과학회가 연구하고자 하는 것을, 우리 조상들이 수천 년 전에 이미 체계적으로 연구하여 법칙 내지 이론을 개발하고, 이에 입각하여 만들어 놓은 의식 내지 제례라고 볼 수 있다.

하지만 과거에 과학이 측정할 수 없는 영역이라고 무시하였다가, 과학이 발달하면서 측정이 가능해져서 인정하는 경우가 종종 나타나는 것이 사실이다. 뿐만 아니라 현대 최첨단 과학도 측정할 수 없는 것을 사람은 측정할 수 있는 경우가 많이 있다. 사람이 보이지 않는 세계를 느낄 수 있는 능력은 기계가 따를 수 없이 민감해서, 보이지 않는 세계를 재현하여 측정할 수 있다. 예를 들면 주변에서 쉽게 접할 수 있는 대표적인 예가 수맥을 측정하는 경우라고 할 수 있을 것이다. 수맥의 에너지는 매우 미약해서 현대과학의 수준으로 측정이 어렵지만, L-로드나 추와 같이 사람의 몸을 회로의 일부분으로 사용할 경우 수맥을 쉽게 측정할 수 있다.

미국의 운동역학(Kinesiology)

엘 로드와 비슷한 방법으로 보이지 않는 세계를 측정하는 기법으로 운동역학(kinesiology)이라는 기술이 미국에서도 개발되어 과학적 검증을 받았다. 여기서 운동역학이란 신체의 조건에 따라 적용되는 근육과 그 움직임에 대한 학문을 의미한다. 이것은 오늘날 우리나라의 비제도권에서도 많이 사용되는 보이지 않는 세계인 기의 세계에 관한 측정기법의 하나인 오링테스트나 엘로드기법과 유사하다.

운동역학은 20세기 후반에 이르러, 조지 굿하트(George Goodheart) 박사의 연구에 의해 처음으로 과학적인 조명을 받았다. 그는 몸에 좋은 영양물질에 의한 자극에는 근육의 힘이 증가하는 반면, 인체에 해로운 물질의 자극에는 근육의 반응이 현저히 약해진다는 사실을 처음으로 발견하고, 이를 특별히 '응용운동역학'이라 명명했다. 그의 이 실험은, 표면 의식에서는 거의 알 수 없는 경우에도 인체의 근육은 어떤 것이 몸에 좋고 나쁜지를 '이미 알고 있음'을 암시했다. 이 실험 이후 널리 알려진 대표적인 사례로는 인공 감미료를 들 수 있다.

인공 감미료는 예외 없이 근육을 약화시켰고, 이에 반해 몸에 좋은 천연성분들은 근육을 강화시켰던 것이다.

1970년대 말 존 다이아몬드(John Diamond) 박사는 '응용 운동역학'을 행동 운동역학(Behavioral Kinesioogy)으로 발전시켰다. 그는 물질적인 자극뿐만 아니라 감정적이고 지적인 자극에도 근육이 강화되거나 약화된다는 놀라운 사실을 발견했다. 미소는 근육을 강화시키고, '나는 너를 미워한다'는 말은 근육을 약화시켰다.

운동역학은 지금은 본격적으로 제자리를 잡은 공인된 과학으로서, 자극에 대한 근육의 반응에 기초를 두고 있다. 긍정적인 자극은 근육에 강한 반응을 초래하고, 부정적인 자극은 현저히 약한 반응을 가져온다. 운동역학적인 근육 테스트는 지난 25년 동안 진단을 내리는데 유용한 한 가지 테크닉으로서 그 과학적 정당성을 널리 인정받아 왔다.

굿하트가 처음 연구를 시작했지만 일반에게 널리 알려진 것은 존 다이아몬드 박사의 저서를 통해서이다. 다이아몬드 박사는 이러한 긍정적, 부정적 반응이 물리적 자극뿐만 아니라 정신적인 자극에도 똑같이 나타난다는 것을 확인했다.

과거 과학이 발달하지 않았을 때는 사람의 몸을 센서로 이용해서 보이지 않는 세계를 측정하는 것이 당연한 것으로 이해되었다. 하지만 과학의 발전에도 불구하고 현대과학이 보이지 않는 세계를 측정할 수 없기 때문에, 사람의 몸은 분명히 느낄 수 있는데도 기계가 측정할 수 없었기 때문에 이런 영역이 비과학적으로 여겨지게 된 것이다. 이것은 잘못된 비과학적 판단이다.

기(氣) 측정방법

우리 조상들은 보이지 않는 세계를 기라고 표현하였고, 기라는 단어를 빼면 얘기가 되지 않을 정도로 기는 우리 삶 곳곳에 스며들어있다. 그런데 그러한 실체를 인식할 수 있었던 것은 우리 조상들은 기를 몸으로 체험할 수 있었기 때문이다.

최근 현대과학이 무시하고 단순히 비과학적으로만 여겼던 기라는 초과학적 세계가 다시 태어나고 있다. 현대과학이 점차 발전하면서 이런 보이지 않는 세계가 어느 정도 측정이 가능하게 된 것이다.

특히 자본주의세계의 물질적인 세계관에 물들지 않았던 러시아의 과학자들에 의해서, 이런 보이지 않는 세계가 토션장 혹은 스핀장이라는 이름하에 많이 연구되어 왔다. 그런데 그 연구결과를 보면 우리의 기 개념과 매우 유사함을 볼 수 있다. 이것은 서로 다른 곳에서 동일한 실체인 기를 연구하여 나타난 결과라고 볼 수 있다.

최근에는 러시아뿐 아니라 미국과 유럽의 많은 학자들에 의해서도 연구되고 있으며, 토션장의 원리를 이용한 구체적인 제품들도 이미 나와 있는 실정이다. 뿐만 아니라 독일에서는 우리 몸의 기의 통로인 경혈점을 찾는 기계인 메리디안이 발명되어 국내에 수입되어 시판되고 있다. 이 기계에 의해서 찾은 경혈점과 우리 조상이 신체에서 발견해낸 한의학의 경혈점이 거의 일치한다. 이것은 과학적으로 한의학의 경혈점을 입증한 것이 아닌가? 우리는 아직도 한의학의 경락학설을 인정하지 않고 있는데, 독일에서는 경혈을 찾는 기계를 발명하였다는 것은 무엇을 의미하는가?

'선무당 사람 잡고 반풍수 집안 망친다'는 말이 생각난다. 과학도 제대로 알지 못하는 주제에 우리 것은 미신이고 비과학이라 하고 있으니 뭐가 잘못되어도 엄청나게 잘못되었다. 그러는 사이에 과학의 종주국인 서구에서는 우리 것을 가져가서 현대과학으로 밝히고자 연구하고 있으니 우리는 뭘 하고 있는지 모르겠다. 이래도 우리 것은 비과학이고 미신인가?

산업혁명에서 뒤졌기 때문에 현재까지도 동양이 서양에 열세를 면치 못하고 있다. 동양의 직관적인 사고는 현대과학의 사고로 해결할 수 없었던 많은 문제에 해답을 줄 수 있다. 앞으로 전개될 새로운 패러다임의 과학에서 동양은 앞서나갈 수 있는 가능성을 갖고 있다. 하지만 보이는 세계만을 대상으로 하는, 뒤늦게 배운 현재의 서양학문이 모든 것을 해결하는 진리라고 생각한다면, 다가오는 세상에서 우리는 또 한 번 뒤질 수밖에 없을 것이다.

3. 주역학과 일반체계론(General System Theory)

최근에 현대 학문이 극도로 분화되고 전문화되면서 개별 학문 간의 상호 교류를 위한 커뮤니케이션이 거의 불가능한 상태여서, 학문적 발전에 문제가 많다는 것을 인식하게 되었다. 그래서 학제 간 학문적 교류와 협조를 위한 통합적 연구의 필요로 나타난 이론이 일반체계론(general system theory)이다. 그러나 일반체계론이 앞에서 언급한 문제의식에서 출발했지만 현실적으로 구체적인 해결방안을 제시해 주지는 못하고 있다.

현대 일반체계론이 하고자 하는 목적으로 탄생한 것이 동양학의 음양오행론이다. 그리고 현실적으로 많은 문제를 이해, 설명하고 나름대로 문제해결을 위한 처방도 제시해 주고 있다. 즉, 음양오행론은 천문(天文)과 지리(地理) 및 인사(人事)의 질서뿐만 아니라 물질세계와 정신세계를 종합적이고 체계적으로 상호 연관하여 이해, 서술, 설명하고 있다.

미국의 경제학자인 보올딩(Kenneth Boulding)은 그의 일반체계이론에서 시스템의 관점에서 모든 현상의 시스템을 분류하였는데, 시스템을 복잡성의 정도에 따라서 9단계로 나누고, 그중에서 마지막 계층인 제9단계 수준을 초상적(超常的) 시스템(transcendental system)이라고 하였다.

보올딩의 초상적 시스템이란 지구차원에서 환경시스템을 의미한다고 볼 수 있다. 모든 시스템은 환경시스템을 고려하지 않고는 시스템을 완전히 이해할 수가 없다. 지구라는 차원의 시스템의 관점에서 볼 때 환경시스템은 우주이다. 즉, 지구라는 시스템은 우주라는 환경시스템에 의해서 영향을 받고 있다. 따라서 지구차원의 모든 것을 이해하기 위해서는 환경시스템인 우주에 대한 원리와 법칙 그리고 질서를 알아야 한다.

동양학에서는 천지는 대우주이고, 인간은 소우주로 본다. 그런데 소우주인 인간은 대우주인 천지에 지배, 종속되고 있음을 전제로 출발한다. 따라서 소우주인 인간의 모든 것을 이해하기 위해서는 환경시스템인 대우주의 변화원리와 질서 및 법칙을 알아야 한다는 것이다.

보올딩은 제9층에 해당하는 초상적 시스템이 그 이하의 다른 시스템보다 훨씬 중요하다는 것을 대단히 강조하였다. 즉, 시스템의 구조를 완성하기 위해서는, 비록 이 시점에서 구름 속에 바벨탑을 짓는다고 비난받을지라도, 마지막 초상적 시스템을 추가하여야 한다고 강조하고 있다. 초상적 시스템은 궁극적(ultimate)이고 절대적(absolute)이며, 피할 수 없을(inescapable) 정도로 중요하지만, 불행하게도 알 수 없는(unknowable) 시스템이라는 것이다.

그런데 동양학에서 우주론적 자연의 관점에서 보이지 않는 기(氣)와 신(神)의 작용과 변화 원리에 입각하여 모든 사물을 이해 설명하기 위하여 우주론적으로 접근하였다는 것은, 보올딩이 제9층의 초상적 시스템을 가장 중시한 것과 동일한 것으로 볼 수 있다. 즉, 동양학에서 중요시한 접근법과 보올딩이 가장 중시한 초상적 시스템이 일치한다는 점에서 매우 흥미 있는 일이다.

다만 차이점은, 보올딩은 초상적 시스템의 작용을 알 수가 없다고 하였는데(unknowable) 비해서, 동양과학에서는 그 세계를 나타내는 체계화된 학문이 이미 수천 년 전부터 개발되어 지금까지 전해오고 있다는 데 있다.

아마도 보올딩에게 초상적 시스템에 대한 체계화된 학문이 우리나라에 있다고 하면, 보올딩은 그것을 배우려 우리나라에 유학 오려고 할 것이다. 왜냐하면 모든 시스템에서 초상적 시스템이 제일 근본적이고 가장 궁극적인 시스템이기 때문에 시스템 연구를 완성하기 위해서는, 지구 차원의 환경시스템인 우주론적 동양학을 해야 하기 때문이다. 초상적 시스템을 모르고 그 이하의 시스템만 알면 그것은 지엽적이고 피상적인 인식을 벗어나기가 어렵기 때문이다.

현대과학의 종주국인 서구인들이 자신의 첨단과학보다 동양에 더 앞선 학문이 있음을 알고 그것을 배우기 위해서 우리나라에 유학 온다고 하면, 그것은 이 시대에 대단한 의미가 있을 것이다. 학문적 의미뿐만 아니라 국민적 주체성과 자부심을 갖게 하는 데도 매우 의미가 있을 것으로 생각된다. 즉, 우리는 매일 서구 것을 정신을 잃을 정도로 배우고 연구하는 데 여념이 없는데, 그들이 우리 것을 배우기 위해 온다면, 그들을 통해서 우리 것에 대해서 다시 되돌아보는 계기가 될 것이다. 그리고 더 나아가 우리 것에 대한 의미를 재인식할 수 있는 계기가 되고, 그렇게 되면 잃어버린 주체성과 정신을 다시 찾는 좋은 계기가 될 것이다.

내가 이 책에서 중간 중간에 동양과학대학을 설립하자고 한 것도 이런 관점에서 보면 독자들께서도 결코 황당한 이야기만은 아니라고 여길 것이다.

서구도 초상적 시스템 인정

보올딩이 시스템 구조의 제9단계의 중요성을 강조한 근본적인 이유는, 아마도 자신이 서양과학적 접근법에 의한 객관적 자료인 기적(器的) 차원에 근거한 개념과 이론에 입각하여 현상을 설명하고 예측하려고 하여도, 기대했던 만큼 정확하게 나타나지 않고, 오히려 의외의 결과가 나타나는 것을 많이 경험했기 때문일 것이다.

그러한 경험이 반복되면서 인간의 지혜, 즉 서양과학적 지식으로 알 수 없는 초상적 시스템의 존재를 막연하게나마 인식하게 되었고, 그래서 그러한 존재를 서양과학적 지식이 강조하는 기적(器的)인 차원의 변수보다 더 궁극적이고 절대적이며 피할 수 없는 것이라고 표현했다고 볼 수 있다.

그리고 보올딩은 끝으로 이러한 초상적 시스템에 대한 연구가 마치 구름 속에 바벨탑을 쌓는 것같이 어리석은 일이라고 비난을 받을지라도 이를 연구해야 한다고 강조하고 있다. 이러한 연구가 미신이고 비과학이라고 하여 연구하는 것을 포기하거나 허용하지 않는다면, 그때가 인간에게는 슬픈 날이 된다는 것이라고 말했다. 그만큼 이 세계에 대한 연구의 중요성을 강조한 표현이라고 본다.

이상의 설명에서 보는 바와 같이 동양과학이 서양과학과 여러 면에서 다르다는 점을 살펴보았으며, 따라서 동양과학을 이해하기 위해서는 동양과학적 시각과 접근법(동양과학적 마인드)을 근본적으로 이해하고 그 바탕 위에서 판단을 하여야 한다.

동서양의 학술정신은 분명히 다르고 자기의 학설을 천명하는 각각의 타당한 방식이 있을 것이다. 따라서 서양인의 학술연구방식으로 동양학술을 정리하려는 것은, 비록 20세기 이래의 보편적인 방식이지만 여전히 그 대상을 분명히 구별하여 결정하여야 한다.

예를 들면 인과율보다는 동시성(同時性)(synchronicity)의 원리가 있다. 죠셉 니담은 이를 상관성 사고(correlative thinking)라고 표현하였다. 이를 구체적으로 표현하면, 물체의 특정행위는 그 전의 행동이나 다른 물체의 충동이 반드시 있어서가 아니고, 영원히 움직이는 우주의 순환 속에서 그들의 위치가 그렇게 하지 않으면 안 되는 본래의 특성이 주어졌기 때문에 발생한다. 만약 특정 방법으로 행동하지 않으면 전체 속에서의 관계의 위치(이것이 그들을 그들이 되게 하는 것)를 상실하게 될 것이며, 그들이 아닌 다른 것으로 변화시켜 버린다.

4. 학문적 성격의 차이

주역학과 서양과학을 비교하는 기준의 하나로서, 동양학은 종합적이고 서양과학은 분석적인 학문이고, 동양학은 근본적인 학문이고 서양과학은 피상적인 학문이라고 볼 수 있다.

분석적이라면 사물을 부분적으로 나누어서 그들 간의 상호관계를 논리적으로 일관되게 배열(arrangement)하는 연구방법을 말한다. 종합적이라고 하면 부분적인 것에 한정하지 않고 부분적인 것들을 모두 통합하여 전체적으로 사물을 통찰하는 연구방법을 의미한다.

분석적인 학문이 논리적으로 정연하고 이치적으로 정밀하여 그 부분에서는 타당성이 높다는 장점이 있지만, 너무 부분적인 것에 치우치다 보니 그 연구하는 범위 내에서는 타당하나, 그 범위를 넘어서면 현실적인 타당성이 떨어지고 적합하지 않은 경우가 많다. 그런 점에서 분석적 연구결과는 현실적합성, 즉 적실성(relevancy) 면에서 타당하지 않은 경우가 종종 있다.

그러다 보니 분석적 연구를, 현실을 떠난 실험실 내에서의 통제(control)되고 제한된(limited) 실험 장치와 범위 내에서의 학문이라고도 한다. 그래서 통제된 실험 장치와 적용범위를 벗어난 현실, 즉 실제세계에 적용하면 맞지 않는 경우가 많다.

물론 통제되고 제한된 실험 장치와 범위가 똑같은 현실세계가 있다면 현실적으로 정확하게 맞는 결과가 나오겠지만, 그런 경우가 얼마나 되겠는가? 그래서 서양과학은 속된 말로 학문적으로 아는 것은 많은데, 현실적으로 써먹을 수 있는 실용성, 적실성은 별로이다.

우리는 부분적으로 알고 부분적으로 예언하니 온전한 것이 올 때에는 부분적으로 하던 것이 폐하리라(성경의 고린도전서 제13장 9, 10절)

반면에 주역학은 종합적으로 보기 때문에 논리적으로 정밀하지 못하고 체계성이 부족하여 황당무계한 학문으로 오해받기도 하지만 현실 적합성 면에서는 매우 우수하다. 즉, 현실세계를 보는 눈이 더 정확하다. 왜냐하면 동양학은 모든 부분들이 상호작용하면서 나타난 것들을 최종적이고 종합적으로 보기 때문이다.

현실적인 모든 사물들은, 여러 변수들이 복잡하게 상호작용하면서 나타난 현상이기 때문에, 최종적으로 나타난 현상을 종합적으로 판단하는 것이, 가장 현실적으로 정확한 연구방법이다. 아무리 부분적인 것을 분석적으로, 정밀하고 논리정연하고 객관적으로 연구해도 그것이 현실에 맞지 않으면 실용성, 적실성이 떨어진다. 그렇게 되면 현실적인 문제해결에 크게 도움을 주지 못한다.

물론 서양과학도 종합적으로 연구하는 학문이 많이 있다. 그런데 그 종합성의 범위가 동양학과는 비교가 되지 않는다. 즉 서양과학은 보이는 세계인 기적(器的)인 세계만을 대상으로 종합적으로 보는 학문이라면, 동양학은 우주론적으로 보이는 기(器)와 보이지 않는 기(氣)와 신(神)의 세계를 모두 포괄하는 종합적이고 거시적인 학문이다. 이런 점에서 볼 때 서양과학이 감히 접근할 수 없는 부분까지 접근하여 종합한 학문이므로, 그 학문적 수준과 질적인 면에서 서양과학이 따라올 수 없는 학문이다.

그런데 그러한 학문을 수준 낮은 서양과학의 기준으로 이해를 못한다고 미신이니 비과학이니 하고 있으니, 참으로 어처구니없는 말이다.

서양과학은 피상적이고 동양학은 근본적인 학문이란, 서양과학은 보이는 사실에 근거해서 개념화 이론화해서 체계화한 학문이기 때문에 보이는 사실의 원인적이고 근본적인 것은 간과하는 경향이 있다. 동양학은 보이지 않는 세계를 중시하고 이를 근거로 출발한 학문이기 때문에 근본적인 학문이다. 즉 사물의 결과보다는 그러한 결과를 초래한 보이지 않는 세계의 원인적인 것에 더 많은 관심을 둔다.

우리는 조상들의 엄청난 학문적 업적을 올바르게 인식하여, 서구사람들이 우리 것을 비하하고 홀대해도, 이에 맞서서 그렇지 않다고 적극적으로 대항하고 설득시키고, 더 나아가 서양과학보다 더 앞서고 더 과학적이라고, 서양 사람들이 이를 받아들이게 하여야 한다. 그것은 곧 이 시대에 조상의 얼을 빛나게 하는 후손들의 바람직한 행위이고 더 나아가 국위를 선양하는 행위이다. 따라서 서양 사람들이 이를 배우도록 하여야 하는데 그렇지 못하다는 것은 조상들께 부끄러운 일이 아닌가?

21세기 학문은 I Ching(주역)이다. 21세기가 디지털 문명의 시대라면, 디지털 학문이 음양학이고, 음양학이 곧 주역이다

주역의 학문적 특성을 알면 동양학의 종합적인 성격을 이해하는 데 도움이 될 수 있다고 본다. 중국의 송대(宋代)에 주자가 썼다고 하는 주역 서문에 보면, 주역의 성격에 대해서 다음과 같이 언급하고 있다.

> 산지재리즉유만수하고 통지재도즉무이치니 소이역유태극하니 시생양의라. 태극자는 도야요 양의자는 음양야니 음양은 일도야요 태극은 무극야라. 만물지생이 부음이포양하야 막불유태극하며 막불유양의하니 인온교감에 변화불궁이라
> ▶ 散之在理則有萬殊하고 統之在道則無二致니 所以易有太極하니 是生兩儀라. 太極者는 道也요 兩儀者는 陰陽也니 陰陽은 一道也요 太極은 無極也라. 萬物之生이 負陰而抱陽하야 莫不有太極하며 莫不有兩儀하니 絪縕交感에 變化不窮이라: 흩어서 이치로 보면 만 가지로 다르고, 통합해서 도로 보면 두 가지가 아니니, 그렇기 때문에 역에 태극이 있으니 이것이 양의를 낸다. 태극은 도이고, 양의는 음과 양이니. 음양은 한 도이며 태극은 무극이다. 만물의 생겨남이 음을 (뒤에) 지고 양을 (앞으로) 안아서, 태극이 있지 않음이 없으며, 양의가 있지 않음이 없으니, 인온하여 사귀어 느낌에 변화가 무궁하다.

위 글에서 보면 '흩어서 이치로 보면 만 가지로 다르고, 통합해서 도(道)로 보면 두 가지가 아니니, 그렇기 때문에 역에 태극이 있으니……'라는 말이 있다. 부분적인 이치로 보면 수만 가지의 이치가 있다는 것은, 지금의 서양분석과학이 연구하는 내용을 나타낸 것이라고 볼 수 있다. 각각 수많은 전문분야 별로 수많은 이론과 개념이 있으니 이들 이치, 즉 이론이 만 가지나 된다는 것을 나타낸 것이다.

다른 말로 하면, 나누어서 모든 사물을 부분적으로 보면 수많은 이론과 개념들이 혼란스럽게 많이 있다는 말이다. 그런데 이들 수많은 이론들을 통합해서 종합적으로 보면 두 가지가 아니고, 하나의 도(道)일 뿐이라는 것이다. 이들을 종합적으로 표현한 도가 태극이고, 태극이 음양이고, 음양을 더 구체적으로 나타내면 오행이다. 이 도를 연구하는 학문이 동양학이다.

더 구체적으로 표현하면 동양학은 태극과 음양오행으로 모든 것을 나타내는 학문이다. 극미의 세계로부터 극대의 세계에 이르기까지, 보이는 세계로부터 보이지 않는 세계로까지 그리고 이들 간의 관계에 이르기까지 나타내는 개념과 이론이 오직 하나의 도인 태극과 음양오행이다.

우주삼라만상이 복잡다단하나 그 속에 숨어 있는 이치는 하나이니, 이를 이일분수(理一分殊)라고 한다. 그 하나의 이치 또는 도는 태극이고 더 구체적으로 음양오행이라는 말이다.

태극의 도를 실제 세계의 현상과 연관하여 구체적으로 나타낸 말이 '만물의 생겨남이 음을 뒤에 지고 양을 앞으로 안아서 나타난다. 그러므로 태극 아닌 것이 없고 음양 아닌 것이 없다'는 것이다. 여기서 만물이란 만사를 포괄하는 의미이다. 동양학에서 만물이라고 해서 단지 물질적인 것을 나타내는 것이 아니고, 만사까지를 포함한 의미이다. 그러므로 만물이란 정확하게 표현하면 만물만사를 의미한다.

만물만사는 일태극(一太極)

'만물만사는 태극 아닌 것이 없고 음양 아닌 것이 없다'는 말은 구체적으로 무엇을 말하는가?

예를 들어 긍정적인 것을 양이라 하고, 부정적인 것을 음으로 한정해서 음양론을 적용하면, 모든 사물은 부정적인 것과 긍정적인 것이 동시에 존재한다는 의미이다. 만약 음양론의 크고 작은 것에 음양론을 적용하면, 모든 사물은 크고 작은 것이 동시에 존재한다는 것이다. 우리나라 말에 '천석꾼은 천 가지 걱정 만석꾼은 만 가지 걱정'이라는 말이 있는데 이는 음양론을 나타낸 대표적인 말이다.

여기에서 '천석꾼과 만석꾼'은 물질적 부를 나타낸 것으로 인간에게 긍정적인 측면이므로 양(陽)적인 측면을 의미하고, '천 가지 걱정 만 가지 걱정'은 인간의 걱정거리이므로 부정적인 음(陰)적인 측면을 나타낸 것이다. 이것은 양적인 것에 비례해서 음적인 것도 같이 존재한다는 것을 의미한다. 마치 언덕 한 쪽에 양지가 있으면 그것에 비례해서 똑같은 크기의 그늘진 곳이 있는 것과 같은 자연의 이치와 같이 말이다. 이에 따르면 물질적으로 잘 산다고 뽐낼 것도 없고, 반대로 가난하게 산다고 실망할 필요가 없다는 것이다. 물질적으로 부유하면 그에 비례하여 걱정거리가 많아서 정신적으로 괴롭고, 반대로 가난하면 그에 비례하여 걱정거리가 적어서 정신적으로 편안하다는 것이다.

그래서 옛말에, 춥고 배고프면 도심(道心)이 생기고, 반대로 등 따습고 배부르면 음심(淫心)이 생겨서 문제를 일으킨다는 것이다. 음양론의 이치를 깨달으면 인간사 모두 평등하고 불평, 불만할 필요가 그만큼 적어진다.

음양론은 구체적으로 어디에 적용하느냐에 따라서 음양의 구체적인 내용이 다르지만, 종합적으로 모든 사물은 음양이 동시에 작용한다는 의미이다. 이는 만물 중에 태극 아닌 것이 없고, 음양오행 아닌 것이 없다는 것을 말해주고 있다.

그러므로 음양으로 모든 사물을 종합적으로 고찰하는 것이 가능하다. 흔히 복잡한 현대 분석과학을 하는데 익숙한 사람들에게 간단하게 설명하면 오히려 무시하고 믿지 않으려는 경향이 있다. 그만큼 우리는 복잡한 서양분석과학을 하는 데 습관이 되어서 간단한 것도 복잡하게 설명해야 믿으려고 한다. 그런데 간단한 진리를, 복잡하게 설명해야 믿으려고 한다면, 그때가 말세라는 것이다.

원래 대법은 간단한 것이고, 발달된 학문과 과학기술일수록 간단하고 쉬운

법인데, 의심이 많고 따지기 좋아하는 현대 분석적 학문의 입장에서 보면, 믿어지지가 않는다. 그만큼 우리는 어떤 의미에서 본질을 잃어버리고 지엽적인 것에 너무 치중하다 그렇게 되지 않았나 생각이 든다. 그래서 현대인들은 눈앞에 자잘한 지엽적인 것에 관심을 많이 갖다보니 큰 것을 잊어버리는 우를 범하기가 쉽다는 것이다. 이렇게 되도록 조장한 학문이 현 제도권의 서양분석과학이라고 볼 수 있다.

주역은 디지털 컴퓨터 학문

음양으로 모든 사물을 서술하는 것이 가능하다는 단적인 예가 컴퓨터를 들어서 말할 수 있다. 즉, 컴퓨터로 모든 복잡한 자연과 사회현상의 표현이 가능하다. 컴퓨터로 표현이 불가능한 것이 거의 없을 정도로 컴퓨터는 현대사회의 최첨단 만능기계이다. 그런데 그 컴퓨터의 원리는 아주 간단한 이진법이다. 즉, 음양의 원리이다. 그러니까 컴퓨터는 음양학인 주역이다. 그래서 21세기 학문은 주역이라고 말해도 무리가 없다.

이렇게 간단한 개념과 이론으로 우주삼라만상을 종합적으로 나타낸 것이 서양과학에는 어디 있는가? 이를 위한 서구 사람들의 학문적 노력으로 나타난 것이 일반체계이론이다. 그러나 그 내용 면에서는 아직 구체적인 것이 없다. 그러나 동양학에서는 천·지·인 간의 세계를 체계적으로 완성해 놓았고, 구체적이며 실용적인 내용도 있다.

카프라는『새로운 과학과 문명의 전환(The Turning Point)』이라는 책에서, 음양론이 서구에서 일반시스템론이 하고자 하는 것을 나타낸 것이라는 점에서 매우 의미가 있다고 다음과 같이 언급하고 있다.

"음양이란 용어는 넓은 생태적 견해를 가지고 문화의 불균형을 분석하는 데 특히 유용한 용어이다. 생태적 견해는 일반시스템이론의 뜻에서 시스템관의 견해라고 부를 수도 있다. 살아 있는 조직체 사회 및 생태계는 모두 시스템이다.

고대 중국의 음양사상이 서구과학이 최근에야 연구하게 된 자연시스템의 본질적 성질과 관련이 있다는 것을 알게 되는 것은 매혹적인 일이다."

5. 서구인들의 동양학에 대한 인식 태도

위에서 서술한 바와 같이 동양학도 서양과학 못지않게 학문적 체계를 갖추고 있으며, 과학적 특성을 가지고 있음은 두말할 필요가 없는데도, 우리는 여태껏 우리 것에 대해서 잘 알지도 못하면서 서양과학적 시각에서 일방적으로 미신이니 비과학적이니 하고 매도 내지 폄하해 왔다고 볼 수 있다. 그러는 동안에 서양과학자들은 동양학에 대한 인식을 우리와 반대로 더 바람직하게 하고 있으며 이를 구체적으로 살펴보면 다음과 같다.

동양의 전통과학에 대한 서양과학자들의 시각을, 과학사 연구의 권위자인 한국외국어대학교 박성래 교수는 다음과 같이 세 가지 유형으로 나타내고 있다.

첫째 유형으로는, 니담(Joseph Needham)처럼 동양의 과학기술 전통을 예찬하고 그것이 현대의 과학기술 발달에 크게 이바지했다고 강조하는 경우를 들 수 있다. 중국으로 대표되는 동양의 과학기술은 한 줄기 큰 강물처럼 유유히 그러나 끊임없이 흘러왔고, 그것이 17세기 이후 크게 발달한 서양과학이 도달한 '보편적인 세계과학', 즉 현대과학이라는 바다에 도달했다. 니담은 현대과학의 보편성을 강조하고, 중국의 전통과학이 얼마나 서양에 많이 전파되어 서양과학의 발달에 기여했는가를 보여준다. 그는 『중국의 과학과 문명』이라는 대작을 통해 중국과학이 얼마나 위대한 전통을 가졌으며, 그것이 16세기까지 서양보다 얼마나 앞서 있었으며, 또 얼마나 많은 영향을 주었던가를 보여주고 있다.

둘째 유형은, 17세기 이후 서양의 근대과학이 동양에 전파되면서 19세기까지 일어난 일들에 초점을 맞춘 주장이다. 이 주장에 의하면 동양에는 인도와 중국 등 훌륭한 과학전통이 있었는데도 불구하고 그것이 그대로 전개될 수 있게 내버려두지 않았기 때문에, 동양의 위대한 전통은 파괴되고, 지금은 좋지 못한 서양과학이 지구를 지배하게 되었다는 것이다. 이런 결과를 가져온 것은 서양의 식민주의가 서양과학의 우월성을 지나치게 강조했고, 또 동양의 지식층이 이에 눈먼 체 추종하였던 때문이라는 것이다. 제국주의적 역사해석이 과학사에도 원용된 셈이라 하겠다.

셋째 유형은, 현대 과학문명의 위기를 동양적 지혜로 극복할 수 있다는 주장이다. 지난 300년 동안 인류는 기계론적인 세계관과 정신물질 이원론적이고, 결정론적인 합리적 지식만 강조되는 과학기술의 세계를 살아 왔다. 그러나 인류는 조화와 협조가 소중하게 여겨지는 유기체론적인 세계관과 정신물질 일원론의 중요성을 인식하게 되었고, 직관적인 지혜의 소중함을 절감하게 되었다. 카프라(F. Capra) 같은 현대 물리학자는 지금까지 서양의 과학이 낳은 가치관을 남성적이라고 하면서, 앞으로는 여성적인 가치가 존중되는 세상이 될 것을 예고하기도 한다. 또 소립자(素粒子) 물리학 등에서 어떤 한계상황을 느낀 과학자들, 특히 현대 물리학자들은 동양의 전통적 자연관에서 어떤 돌파구를 찾으려는 운동을 보이기도 한다. 소위 신과학운동은 바로 이런 경향들의 종합된 표현이라 생각된다.

이상 세 유형의 반응은 그 초점이 과거·현재·미래로 서로 다른 시간에 맞춰져 있다는 차이를 보여준다. 즉, 첫째 유형은 동양과학이 옛날에 얼마나 위대한 전통을 가졌던가를 강조한 것이라면, 둘째 유형은 근대에 있어서 동양 전통과 서양 근대과학의 만남에 초점을 둔 반응이다. 그런가 하면, 셋째 유형은 곧 인류의 미래과학의 가능성을 모색하는 태도로 구분되는 것이다. 세계사의 전개에서 동양이 차지하는 위치가 날로 높아지고 있는 만큼, 이런 유형의 해석은 앞으로도 더욱더 많은 지지를 받으며 전개될 것으로 보인다.

세계적인 신과학(新科學) 운동 정신에 입각하여 우리나라에서도 젊은 첨단 자연과학자들이 주도가 되어 94년도에 한국정신과학회가 설립되었다.

6. 주역학자와 서양과학자의 행태적 비교 고찰

주역학과 서양과학의 학문적 특성으로 인해서 그런 교육을 받은 사람들의 행태적 성격도 다르게 나타난다고 볼 수 있다. 인간은 사회화 과정에서 학습한 내용이 무엇이냐에 따라서 인간의 성격이 결정되기 때문이다.

인간의 사회화 과정에 영향을 주는 중요한 변수는, 가정, 학교 교육, 동료집단

(peer group), 직장 그리고 사회적 환경 등이 있지만, 특히 학교의 교육내용이 인간의 사회화과정에 가장 많은 영향을 준다고 볼 수 있다.

주역학과 서양과학의 학문적 특성을 비교하면, 그런 학문을 학습한 사람들의 행태적 특성을 유추해서 비교해 볼 수 있다. 왜냐하면 학문적 내용에 따라서 그것을 배운 인간 의식의 특성이 결정되고, 의식의 특성에 따라서 행태적 특성도 결정되기 때문이다.

특히 지금과 같이 물질적 가치를 추구하기 위해 온갖 과학기술이 주도해 가는 현대 자본주의 시대에 가장 중요한 인간 의식의 변화에 영향을 주는 가장 강력한 요인은 과학기술이다. 1967년 마샬 맥루언이 경고한, '우리는 우리의 도구를 만들고, 그 이후에는 우리의 도구가 우리를 만든다'는 말과 같이 말이다.

인간은 자신이 처한 환경과의 상호작용을 통해 그리고 기술을 통해 인간다워진다. 기술이 변화하면 행동이 변화하고, 그리하여 결국에는 자의식과 사회의식도 변한다. 새로운 행동과 새로운 자기의식은 새로운 기술에 의해 가능하거나 강요되는데 둘 다인 경우, 새로운 기술이 가능케 한 행동은 기존의 가치관과 규칙들에 도전하게 되고, 따라서 사회는 변화한다(제임스 데이터, 『다가오는 미래 Advancing Future』).

결국 현대사회의 문제와 병리현상도 제도권의 과학기술적 교육내용에 따라서 나타난 현상이라고 미루어 유추해 볼 수 있다. 그러므로 현대사회의 위기와 문제점을 근본적으로 극복하고 해결하고자 한다면 인간의 의식부터 변화시켜야 한다. 그러기 위해서는 인간의식 형성에 영향을 준 교육내용, 즉 과학기술적 내용의 개혁부터 이루어져야 한다.

그런데 현대사회의 문제와 위기를 초래한 근본적인 요인인 교육내용을 개혁하지 않고, 단순히 제도나 법에 의한 규제 간섭은, 근본적인 문제를 해결할 수 없고 임시방편적인 미봉책에 지나지 않을 수밖에 없다. 그러면 동양학과 서양과학의 학문적 특성을 비교해 보고자 한다.

주역학의 학문적 특성은 여러 가지가 있겠으나 간단히 말해서 주역학은 원시안적이고 종합적·포괄적이며, 정신물질 일원론적인 근본적인 학문이다. 이에 비해서 서양과학은 근시안적이고, 분석적·부분적이며, 피상적인 정신물질 이원론적인 학문이다.

주역학은 형식적인 면에서 주관적이고, 객관성이 부족하며 분명하지 않고, 자칫 황당무계한 면이 있다. 그러나 내용 면에서는 적실성이 커서 인간의 생활에 더 의미가 있고 실용적이고 더 과학적이다. 여기서 과학적이라는 의미는 문제나 현상을, 보이지 않는 사실에 근거하고 있기 때문에, 사물을 보다 근본적으로 인식하고자 한다는 것을 말한다. 이에 비해 서양과학은 형식면에서는 보이는 사실에 근거하기 때문에 객관적이고, 분명하고, 정밀해서, 현실적으로 이해하기가 용이하다. 그러나 내용이 부족하고, 형식적이며, 적실성이 부족하고, 비과학적이다. 비과학적이라는 말은 연구자의 편이성에 입각해서 보이는 사실만 한정해서 현상을 이해하려고 한다는 점에서, 더 중요한 변수인 보이지 않는 변수를 인위적으로 무시한다는 점을 의미한다.

학문적으로 추구하는 궁극적인 가치 면에서 볼 때, 서양과학은 물질적 가치의 극대화에 있다. 이를 구체적으로 실현하기 위해 최근에 나타난 것이 세계화이고, 이의 구체적인 내용인 소위 글로벌 스탠더드(global standard)는 물질적 가치를 극대화하기 위한 표준으로 경쟁성, 투명성, 문화성 그리고 시장성 등이다. 이에 비해서 동양학이 추구하는 궁극적인 가치는 정신적 가치의 극대화에 있다. 정신적 가치의 구체적인 실현 내용이 유니버설 스탠더드(universal standard)이고, 이를 나타낸 것이 생(生)과 인(仁)이며, 이를 실현하기 위한 구체적인 표준으로 사랑, 화합, 협동, 포용력, 그리고 자강불식 등이 있다.

이런 학문적 특성으로 인해서 서양과학 교육을 받은 현대인들은 눈앞의 이익에 급급한 근시안적이고, 편협하고, 겉치레적이며, 피상적인 삶을 살고 있다. 아마도 이런 삶을 살도록 한 것은 제도권의 교육내용인 서양과학이 그렇기 때문이라고 볼 수 있다. 그러나 동양학자들은 원시안적이고, 두루두루 포용력이 있으며, 본질적인 삶을 추구한다.

현대인들은 자본주의 사회의 특성에 의해서 물질적으로는 풍요롭고 생활이 편리한 반면, 말초적이고 피상적 감각을 충족하며, 순간순간 본능적 물질적 욕구충족에 급급한 삶을 산다고 볼 수 있다. 이러한 삶은 겉으로는 화려하고 풍요로워 보이나, 삶의 의미를 찾지 못하여 정신적으로 공허하고 허무감을 벗어나지 못하고 있으며, 정신적으로는 황폐화되어 있다. 이를 더 구체적으로 나타내면 다음 몇 가지로 나타낼 수 있다.

첫째, 현대인들이 근시안적이라는 의미는 현대 학문이 눈앞에 보이는 객관적 사실만을 진리라는 식으로 가르치고 배워서 나타난 결과이다.

둘째, 편협하다는 것은 현대 학문이 너무 전문화되어 있고, 연구방법이 분석적이다 보니, 사물을 포괄적이고 종합적으로 보는 식견이 부족하기 때문에 나타난 현상이다.

셋째, 피상적이라는 말은, 보이는 사실에 근거해서 연구하고 배우기 때문에 학문적 내용 면에서 깊이가 없고 형식적이기 때문에 본질적인 것을 간과하기 쉽다.

넷째, 물질적 가치를 우선적으로 추구하는 정신물질 이원론적인 기계론적 학문이다 보니 정신적 요인보다도 객관적 물질적 세계를 강조하게 되었고, 그 결과 인간의 본질적인 보이지 않는 세계인 기와 신의 세계를 부정하면서 윤리도덕과 정신세계가 황폐화 될 수밖에 없다.

다섯째, 분석과학의 학문적 특성으로 인해서 현대인들은 자잘한 것을 따지는 사람을 영리한 사람으로 인정을 한다. 그래서 대범하고 큰 스케일을 가진 천인합일적 호연지기(浩然之氣)를 즐길 수 있는 생활의 멋을 모른다. 이런 현상은 서양과학이 전문화되고 세분화된데다 가 연구방법이 분석적이어서 인과율적으로 논리적으로 그리고 이분법적 흑백논리로 콩이니 팥이니 하면서 따지는 데 습관화되어 속된말로 밴댕이 속 알 딱지로 만들어 놓아서 나타난 현상이다. 그래서 현대인들은 기계론적으로 따지는 습관이 체질화되어, 인간 간에 그리고 조직 간에 자잘한 문제로 끝없는 갈등과 불화를 조장하고 있다.

그러나 주역의 음양론적 관점에서 볼 때, 이 우주삼라만상은 '모순'과 '역설(逆說)'을 본질적으로 안고 있는 것이 정상이다. 그러니까 음양론이 존재하고, 우주가 존재할 수 있다. 그러므로 서양과학적 이분법적 흑백논리로 분명하게 모든 것을 따지고 판단하려고 하는 것 자체가 의미가 없다. 왜냐하면 우주론적 학문인 주역의 음양론은 '이것도 저것도 모두'를 포용하는 모순을 현실적으로 인정하기 때문이다. 그래서 주역은 우주의 본질을 근본적으로 나타낸 우주학이라고도 한다.

서양과학이 '이것이냐 저것이냐' 하고 모순을 없애려고 따지는 그 자체가 사실은 얼마나 형식적이고 실제 현상의 본질과는 동떨어진 것인지를 알 수가 있다. 동양학적 관점에서 보면 이분법적으로 따지면서 모순을 완전히 없애려고 하는 것이 유치하고 초등학문과 같이 보이기까지 한다.

제9장

주역과 고전물리학 현대 물리학

나는 주역을 비롯한 역학과 역술 중심으로 동양학을 배우고 연구하고 직접 대학원에서 가르치면서 동양학의 맛과 멋, 즉 서양과학에서 느끼지 못하는 거대한 우주론적 스케일과 깊고 오묘한 신비스러움, 그러면서도 형식 논리적 공허한 학문이 아니고, 실제생활에 도움이 되는 적실성 있는 철학사상과 과학기술을 직접 체험도 하고, 아직 확실하게 입증이나 체험을 하지 못한 것은 간접적으로 미루어 희미하게 그 과학적 적실성을 느끼면서, 그동안 제도권에서 수십 년간 배우고, 연구하고, 가르쳐온 서양과학기술의 여러 분야와 비교하게 되었다. 그러면서 내가 내린 최종 결론은, 서양과학기술 여러 분야 중에서도 물리학이 가장 학문적 의미와 가치 그리고 매력이 있고 위대한 학문이라고 뒤늦게 생각하게 되었다.

현대 저명한 과학 저술가의 한 사람으로서 잉글랜드의 뉴캐슬어폰타인 대학교의 이론 물리학 교수인 폴 데이비스(Paul Davies)는 그의 '자연의 대통일 이론을 찾아서(The search for a grand unified theory of nature)'라는 부제의 『초힘(Superforce)』 저서 서문에서, "과학 중에서도 유독 물리학은 전 우주를 다루는 주제로서 모든 것을 포함하는 학문임을 주장한다. 물리학을 통해 원자 내의 소립자들로부터 거대한 천문학적 구조에 이르기까지 우주의 모든 부분들은 하나의 개념 틀 안에서 상호 협력할 수 있다"라고 언급하고 있다. 이 말의 내용은 동양의 주역의 기와 음양오행론이라는 하나의 개념과 이론으로 통일적으로 모든 우주삼라만상을 설명하는 내용과 일치한다. 그렇다고 하면 주역의 학문적 목적과 물리학의 학문적 목적이 일치하는 것으로 볼 수 있다. 즉, 서양은 물리학으로 우주삼라만상을 이해 설명하는 개념과 이론의 연구라면 동양에서는 주역이 그와 같은 목적으로 탄생한 학문이다. 그렇다면 주역의 학문적 목적과 물리학의 학문적 목적이 같다.

내가 만약 다시 학문을 시작한다고 하면 제도권 서양과학의 모든 학문 중에서 다른 모든 과학을 주도하고 있는 물리학을 배우고 연구하고 싶다. 그래서 학부 수준의 물리학 강의 또는 교양 물리학을 청강하고자 마음먹고 있으며, 언젠가는 그렇게 할 생각이다. 늦었다고 생각할 때가 가장 빠른 때라고 생각하면서 말이다.

우리나라의 유일한 역학 잡지인 『월간 역학』 1994년 7월호에서 비제도권의 철학관 동양학자가 미국의 U.C.L.A. 대학원 교수인 코웬 박사의 요청으로 '동양의 오행과 십간십이지에 관하여'라는 주제로 미국인 교수들을 대상으로 강의를 하면서 미국 교수들에게 음양과 오행의 원리를 성경과 비교 설명하여 교수진을 경탄케 하였다는 내용의 기사가 실려 있는 것을 보았다.

또한 1993년 8월호에는, '이제 주역은 동양의 전유물이 아니다' 그리고 부제로 "이대로 가다가는 미국이나 구라파에서 배워 와야 할 판"이라는 제하에 미국대학 물리학과에서 주역을 공부시킨다는 내용의 기사가 실려 있다. 미국에서 물리학을 연구하는 대학생들의 경우, 주역을 공부하지 않으면 졸업을 시키지 않는다는 것이다. 즉, 주역은 물리학의 기초과목이 되기 때문이다.

나는 이를 통해 느끼고 생각나는 것이 두 가지이다. 하나는 서구에 우리의 전통학문을 소개하는 학자들이 제도권의 교수 또는 학자들이 아니고 비제도권 철학관 동양학자라는 점이고, 또 하나는 서구의 유명교수와 대학에서 우리 것을 우리보다 더 많이 알고 연구하고 있다는 점이다. 그러면 우리나라 제도권의 수많은 천재 학자와 지도층들은 지금까지 무엇을 했고, 무엇을 연구하고 있는지 참으로 부끄러운 일이다.

하루 빨리 국립동양과학대학(Korea National University of East Asia Science)과 동양과학기술원을 설립하여 동서양의 학문을 상호 보완적으로 가르치고 연구하면, 엄청난 학문적, 민족적 파급효과를 생산할 것으로 생각된다. 그래서 미아리철학관의 동양학자와 하버드, 예일 출신의 최첨단 물리학자를 비롯한 과학기술자들이 공동으로 연구하고 노력하면, 얼마나 위대하고 멋있으며, 그렇게 되면 국민들이 제도권 지도층과 식자층을 진정으로 존경하게 될 것이다. 하루빨리 그런 날이 오기를 간절히 기원하는 바이다.

대만의 총통 국사였던 남회근 국사도, "현재로서는 물리학과 같은 첨단과학을 제대로 공부한 사람으로서 역학에 관심을 기울이는 사람은 거의 없습니다. 만약 이 두 방면이 잘 배합되기만 하면 현재의 과학은 새로운 지평을 열 것이고 동서문화의 융합도 새로운 차원으로 들어설 것입니다"고 하였다. 불확정성의 원리로 유명한 현대 물리학자 중의 한 사람인 하이젠베르그도 "인류의 사상사에서 문화적 배경을 이루는 분야, 시대, 환경 그리고 종교적 근원을 달리하는 사상이 만날 때 가장 푸짐한 발전이 이루어진다……"고 하였다.

동양의 학자들 중에서는 동양학과 서양과학을 연계해서 연구하는 학자들이 한국정신과학회 첨단 자연과학자들에 의해서 나타나고 있지만, 오히려 서구의 물리학자들 사이에서 이를 연구하는 사람이 나타났다.

카프라와 쥬커브

서구 현대 물리학자들 중에서 동양학의 학문적 의미를 인식하고 이를 학문적으로 의미 있게 연구하는 학자들이 많으나 가장 대표적인 학자로는 카프라(Fritob Capra)와 주커브(Gary Zukav)를 들 수 있다. 이 두 학자가 동양학과 현대 물리학을 연계해서 연구한 접근방법이 아주 대조적이기 때문에 비교해 보는 데 의미가 있다.

카프라는 물리학 전문지에 입자물리학과 동양철학(힌두교, 역경, 불경)을 비교 연구한 논문을 여러 차례 발표하고, 로스앤젤레스의 절에서 선(禪)을 연구한 철학도이기도 하다. 그의 유명한 저서 『현대 물리학과 동양사상(Tao of Physic)』은 아원자의 세계에서 경이적인 깨달음에 도달한 하이젠베르크가 앞에서 언급한 내용을 출발점으로 삼고 있다. 그런데 카프라의 저서와 쌍벽을 이루는 대표적인 학자의 저서로서, 쥬커브의 역작 『춤추는 물리(The Dancing Wu Li Masters)』가 있다. 이 두 책은 미국의 시사 매체인 『뉴스위크』가 1980년에 나란히 소개한 바 있다. 『춤추는 물리』는 정확하게 번역하면 『춤추는 물리도사들』이다.

이 두 권의 책은 궁극적으로 동일한 명제, 즉 과학사상과 동양철학의 만남을 다루고 있으나, 그 접근방법은 날카로운 대조를 보이고 있다.

카프라가 이론물리학에서 출발하여 동양사상으로 나아가 있는 것과는 달리, 쥬커브의 『춤추는 물리』는 동양철학사상의 관념의 틀을 통해서 아원자 물리학을 파고드는 역과정을 밟고 있다. 표의문자인 한문의 문리(文理)를 적절히 활용하여, 쥬커브는 양자역학을 중심으로 첨단 이론 물리학을 알기 쉽게 풀이하여, 동양적 사유의 틀 안에 현대 물리학의 첨단 이론을 담고 있다. 다시 말하면 쥬커브는 동양사상 쪽에서 현대 물리학을 이해하려는 대담한 시도를 하고 있다. 이는 동양사상의 틀 안에 입자물리학의 기본 이론을 담을 수 있음을 입증하고 있다.

쥬커브의 『춤추는 물리』를 번역한 서강대 물리학과 교수인 김영덕은, 역자 후기에서 현대사회 새로운 사조의 출현 가능성에 대해서 매우 의미 있는 내용을 언급하고 있다.

오늘날 양자역학을 둘러싼 물리학이론에 기울여지는 관심은 단순히 첨단적 과학이론에 대한 호기심에서 비롯된 것이 아니다. 뉴턴의 고전적 절대세계가 아인슈타인의 상대적 우주로 대체된 이후, 하이젠베르크는 미시세계에서 불확정성 원리를 도출하여 양자역학을 확립함으로써 이론물리학의 코페르니쿠스적 전환을 가져왔다. 자연 과학계의 일각에 머물고 있는 이 과학사상의 혁명은 그 충격파를 서서히 자연과학에서 인문사회과학으로 확산시키면서 마침내는 인간 의식의 전 영역에까지 침투시키게 되리라 믿어지며, 현대사조의 물결을 결정적으로 바꾸어 놓을 잠재력을 지니고 있는 인식에 도달하게 된 것이다.

20세기에 대두한 상대성이론이나 양자물리학이 분석적 논리만으로는 진정한 진리를 파악할 수 없다는 것을 깨닫고, 존재론적이 아닌 인식론적인 입장에서 역동적인 자연상을 갖게 됨으로써 현대 물리학은 이들 동양사상에서 많은 공통점을 발견한 것이다. 그래서 서구의 현대 물리학자들이 동양사상에 관심을 갖고 배우고 연구하고 있다.

현대과학기술의 종주국인 서구에서 동양의 제도권 지도층과 식자층에서 미신이고 비과학이라고 전혀 거들떠보지도 않는 학문을, 저들이 의미 있게 학문적으로 관심을 갖고 연구를 하니 참으로 아이러니한 현상이며 흥미 있는 일이다.

동서양과학이 우주삼라만상의 변화를 이해하고 설명하는 학문이라고 하면, 동양의 가장 기본적인 과학이 『주역』이고, 서양은 물리학이라고 본다.

쥬커브(Gary Zukav)는 『춤추는 물리』에서 물리학이 연구하는 내용을 보면, '우주는 무엇으로 만들어졌느냐, 어떻게 작용하고 있는가, 그 안에서 우리는 무엇을 하고 있는가, 가령 우주가 움직인다면 어디로 가느냐를 궁리하고 있다'고 말하고 있다.

위에서 쥬커브가 제시한 물리학의 연구 내용이 주역의 연구 내용과 매우 유사함을 알 수 있다. 물리학에서 '우주는 무엇으로 만들어졌는가'는 역학에서 우주의 본체론에 해당하고, '어떻게 작용하고 있는가'는 기의 작용과 변화원리에 해당하는 주역의 변화론과 같고, '그 안에 우리는 무엇을 하고 있는가'는 주역의 기의 작용과 변화원리에 의해서 인간을 비롯한 만물만사는 어떻게 변화하는가를 나타낸 것이며, '우주가 움직인다면 어디로 가는가를 궁리하는 것'은 동양학에서 우주의 궁극적인 목적론에 해당한다.

사실상 동서양의 학문이 개념과 이론, 접근방법이 다를 뿐 연구의 목적은 같다는 것을 알 수 있다. 동서양의 학자나 사람들이 동일한 사람이고 학자들인데 자신들의 학문적 목적이 다를 이유가 있을 수 없다. 사물에 대한 문제의식과 학문적 관심사가 동서양의 사람들이나 학자들 간에 차이가 날 리가 없다. 그러나 서로 다른 문화권에서 오랫동안 각 문화권마다 폐쇄적으로 상호교류 없이 연구하고, 가르치고, 생활해왔기 때문에 구체적인 내용면에서 다를 뿐이다. 따라서 동서양 학문의 개념과 이론의 접근방법을 구체적으로 비교해 보면 차이점을 알 수가 있다.

동양학과 물리학의 차이점은 여러 가지 있겠으나, 가장 기본적이고 가장 큰 차이를 하나만 들어보면 다음과 같다고 볼 수 있다.

물리학에서는 사물의 변화와 움직임을 나타내는 개념으로 고전물리학에서는 역학(力學)이라고 하고, 동양학에서는 역학(易學)이라고 한다. 한자로는 서로 달라도 우리말로는 모두 '역학'이다. 서구는 역학(力學)을 연구하는 학문이 물리(物理)이고, 동양의 역학(易學)은 기리(氣理)라고 볼 수 있다. 동서양의 역학이 모두 우주삼라만상의 변화 이치를 연구하였다는 점에서는 같으나, 서구의 역학을 연구하는 물리학의 '물(物)'과 동양의 역학을 연구하는 기리의 '기(氣)'의 개념에서 차이가 있다. 즉 물과 기의 차이점을 알면, 동양의 역학과 서양의 역학이 학문적으로 다른 점을 알 수 있을 것이다.

간단히 말하면 '물리'는 유기적 에너지와 물질의 무늬들을 말한다. 즉, '물'에는 '물질과 에너지' 개념이 포함되어 있고, '리'에는 '우주질서 또는 유기적 무늬'를 의미한다. 기리의 '기'는 물질과 에너지의 개념과 전혀 다른 정신물질 일원론적 개념이다. 물리에서 물의 개념인 물질과 에너지의 개념은 정신이 빠진 정신 물질 이원론적 개념이나, 기리에는 정신이 포함된 정신·물질 일원론적 기의 무늬를 기리(氣理)라고 볼 수 있다.

서구에서 과학이 발달해온 과정을 살펴보면 처음에는 종교와 과학 사이에는 분리가 되어 있지 않았었다. 그러나 기독교가 국교로 공인된 이후에는 기독교 교리가 모든 학문을 압도하고 심지어 예술조차도 종교예찬 일변도가 되었다. 이 시기를 우리는 중세 암흑시대라고 한다. 이 암흑시대는 르네상스와 종교개혁 등으로 막을 내리게 되고 근대과학이 싹트게 되는데 가장 대표적인 인물이 데카르트(Descart)이다.

데카르트는 정신 물질 이원론에 입각한 유물론적 과학관에 의해서 객관성과 재현성을 기본으로 기계론적 과학관을 정립하게 되는데 그동안 받은 종교로부터의 핍박에 대한 반작용으로 과학, 특히 자연과학에서는 신이나 영혼, 마음 등을 완전히 배제하게 되었다. 그 이후 뉴턴 역학, 즉 『자연철학의 수학적 원리』가 나타나면서 물질론적 기계론적 과학관이 더욱 공고해졌다.

이러한 서구의 자연과학은 제임스 왓트의 증기기관의 발명을 시발로 해서 산업혁명의 계기가 되었고 아담스미스의 국부론이 발표되면서 자유경제 질서를 바탕으로 해서 그 이후 눈부신 발전을 거듭하여 오늘날의 현대문명을 이룩하는 데 크게 기여하였음을 부정할 수 없다. 그러나 20세기 들어서면서 최근의 현대 물리학 연구에서는 종래의 기계론적 과학관이 송두리째 뒤집어지는 결과가 속속 나오고, 그동안 기계론적 과학관에 의한 물질문명의 발달로 나타난 부작용으로 인간성 상실과 자연환경 파괴와 같은 심각한 문제가 나타나면서 신과학운동의 계기가 되었다. 그러면서 정신 물질 일원론적인 동양사상에 대한 관심이 높아지고 있다.

고전물리학과 현대 물리학

지금까지 서구의 물리법칙을 연구하는 학파는 크게 두 개의 학파, 즉 고전물리학과 현대 물리학으로 나누어진다.

고전물리학 또는 고전역학은, 데카르트를 시발로 해서 1687년 Newton이 관성운동 및 작용 반작용 등 세 가지 기본명제를 정립하여, 그의 저서 『자연철학의 수학적 원리(Phiosophiae naturalis Principia mathematica)』를 통해서 공표함으로써 탄생되었다고 본다. 이 역학법칙을 바탕으로 하여 중력을 발견(만유인력의 법칙)함으로써 지상의 운동과 천상의 운동이 통일되었다.

이는 지구와 천체는 이질적인 존재가 아니고 동질적인 실재라는 혁명적인 인식을 가능케 했다. 운동초기조건으로 물체의 위치와 속도가 주어지면, 미래의 운동은 인과율에 따라 결정론적으로 확정된다. 현대사회에서 기계문명의 바탕은 바로 이 고전역학에 원리적인 기반을 두고 있을 뿐만 아니라 인공위성과 우주선의 성공적인 운항으로 극적인 실증을 얻고 있다.

이 역학에서의 물리량은 모두 연속량이고 시간만이 절대화되어 매개변수의 구실을 하고 있는 것이 특색이다. 고전역학에서는 인과율이 결정론적으로 적용되어 운동의 예측성이 확정적이다. 이 역학에 따라 이른바 역학적 자연관이 탄생하였다.

양자역학(Quantum Physics)을 중심으로 하는 현대 물리학에서는 고전물리학의 인과율적 결정론이 인정받을 수 없는 현상이 나타났다. 현대 물리학에서의 물리량은 불연속적이고, 인과율은 확률적으로 적용된다. 즉, 고전물리학은 결정론적 인과율의 지배를 받는 연속적 자연관이 바탕이 되는 반면에, 현대 물리학은 확률론적 인과율의 지배를 받는 불연속적 자연관을 바탕으로 하고 있다.

현대 물리학의 이러한 원리들이 동양사상과 상통하는 점이 많이 발견되면서 양자역학자들이 동양사상에 관심을 갖게 되었다.

제10장

주역의 우주론과 서구의 우주론

이 장에서는 동양학인 주역의 우주론과 서양의 우주론을 비교 설명하고자 한다. 서양의 우주론은 일본사람인 다케우치 가우로의 저서인『한 권으로 충분한 우주론』을 참고로 하였음을 밝혀 둔다.

제1절 주역의 우주론

주역의 학문적 출발이 사고전서 총목제요에서 밝힌 바와 같이 '천도를 미루어 인사를 밝힌 학문이다'라고 말한바와 같이 천도, 즉 우주로부터 시작하는 우주론적 Top Down학문이다. 그래서 동양의 모든 학문은 천도를 근거로 인사, 즉 인간의 도리에 관한 윤리도덕인 의리역 그리고 건강과 길흉화복을 밝힌 상수역의 학문이다. 그래서 주역에서 비롯된 동양학을 우주학이라고도 한다.

주역학적 우주론의 기본 틀(framework)을 가장 잘 나타낸 대표적인 글이 우리나라의 고 한동석 선생의『우주변화원리』이다. 한동석 선생은 황제내경 운기편을 만독하고 깨우쳐서 현대적인 표현으로 쓴 글이『우주변화원리』이다. 한동석 선생은 서문에서 다음과 같이 진술하고 있다.

> "우주는 어떻게 움직이며 인간과 만물은 어떻게 그 속에서 변화하면서 생멸하는가.
> 생각건대 오늘의 철학은 우주의 본체와 변화를 탐색하는 바탕인 본질적인 능력을 거
> 의 상실하고 다만 피상적인 개념에만 집착한 나머지 철학 본연의 자세인 신비개발의

임무를 단념할 수밖에 없이 되고 말았던 것이다. 그러나 인간의 의욕은 정신이나 생명의 생멸과 같은 막중한 명제를 신비의 창고 속에 넣어두고 좌시만 할 수는 없었던 것이다. 이와 같은 탐구의욕은 드디어 신비개발의 수단이며 방법인 우주운행의 법칙을 발견하게 되었으니 이것이 바로 음양오행의 법칙이다. 음양오행의 운동법칙이란 우주의 변화법칙이며 만물의 생사법칙이며 정신의 생성법칙이므로 우주의 모든 변화가 이 법칙 밖에서 일어날 수는 없다. 그러나 이것은 어느 개인의 창작이 아니고 역대 동양성철들의 합심협작의 결정체인 것이다. 따라서 여기에 진리가 있으니 이것은 상대적 진리가 아니고 절대적 진리이다.”

주역의 우주론은 인본주의 우주론

위의 글 중에서 '우주는 어떻게 움직이며 인간과 만물은 어떻게 그 속에서 변화하면서 생멸하는가'에서 우주의 변화와 인간과 만물만사의 생멸을 연관해서 나타내고 있음을 나타낸 표현이다. 즉, 인간과 만물만사의 생성소멸 또는 흥망성쇠가 우주의 변화와 어떤 관계가 있음을 표현한 내용이다. 이는 주역학의 정확한 핵심적 우주론의 내용을 표현한 것이라고 볼 수 있다. 그리고 그 내용이 단순히 자연 물리적 현상뿐만 아니라 신비스러운 인간과 만물만사의 모든 변화, 즉 흥망성쇠 건강과 길흉화복의 문제를 우주의 변화와 연관하여 나타내고 있다. 이런 점에서 주역학의 우주론은 1+1=2라는 식의 물질론적 기계론적 학문인 현대 서양과학기술적 관점에서 보면 신비스러운 내용이라고 볼 수 있다. 이는 우리 선조들의 수천 년 탐구의욕의 결과로 신비개발의 수단이요 방법인 우주운행의 법칙을 발견하였으니 그것이 음양오행론이다.

음양오행의 법칙은 우주의 변화법칙이며 만물의 생사법칙이고 정신의 생성법칙이므로 우주의 모든 변화를 설명할 수 있다는 것이다. 특히 이 법칙은 만물만사의 생사법칙일 뿐만 아니라 정신의 생성법칙까지 포괄한다는 점에서 인간과 만물만사의 피상적인 현상뿐만 아니라 정신세계적 인간의 본질적이고 근본적인 모든 현상까지 이해 설명이 가능한 이론이다. 즉, 음양오행의 법칙은 인간이 우주삼라만상을 고찰하는 완벽한 이론이다. 그러한 이해 설명이 가능케 하는 주역의 구체적인 실체가 기(氣)이고 기의 작용과 변화 원리가 오운육기와 음양오행론이다. 그리고 기와 음양오행의 법칙에 의한 철학사상과 철학사상을 구체적이고 실용화한 과학기술적 학문이 역학역술이다. 그리고 그 내용이 현대와 같이 복잡하고 변화가 심한 사회에서 지혜롭게 대처할 수 있는 여러 가지 처방과 방법을 구체적이고 실용적인 내용을 제공해 준다.

우주의 변화와 인간을 비롯한 만물만사의 변화는 동일한 체계의 두 개의 현상에 불과한 것이다. 그러나 인간과 만물만사는 소우주이므로 대우주의 한 측면으로서 우주 자연의 전체적인 법칙에 종속하는 것이다. 즉, 주역은 우주론적 Top Down 학문이라고 볼 수 있으며 따라서 인간과 만물만사의 본질과 변화를 알기 위해서는 우주 자연의 전체적인 법칙을 알아야 한다. 그 법칙이 음양오행의 법칙이다.

오늘의 철학은 우주의 본체와 변화를 탐색하는 바탕인 본질적인 능력을 거의 상실하고 다만 피상적인 개념에만 집착한 나머지 철학 본연의 자세인 신비개발의 임무를 단념할 수밖에 없이 되고 말았다는 표현은 현대사회 지배적 위치에 있는 서양과학기술과 서양철학의 학문적 특성을 비판한 내용이라고 본다. 신비의 세계는 정신세계와 관계가 많은데 정신세계는 보이지 않고 볼 수 없다고 미신시·비과학시하여 배제시키고 피상적인 객관의 세계만을 연구하는 현 제도권 교육학문세계를 비판한 내용이다.

제2절 서구의 우주론

우주론이란, 내용 면에서 볼 때는 '우주의 고고학·역사학·경제학·미래학을 하나로 통합한 학문'이며, 연구에 동원되는 도구 면에서 볼 때는 '물리학·수학·천문학의 연구 성과를 종합한 학문'이라 할 수 있다.

우주의 오랜 옛날부터 이어져 온 잔광인 우주배경복사는 '고고학' 그 자체이고, 우주 전체의 에너지 수지와 인플레이션으로 인해 우주가 폭발적으로 성장한 것은 '경제학'이라 할 수 있다. 그리고 우주의 팽창이 계속될지 아니면 언젠가 팽창을 멈추고 돌아설지 등 우주의 운명과 관련한 문제는 '미래학'에 속하는 문제이다.

서양의 우주에 대한 인식은 20세기 말까지는 혼돈 그 자체였고 우주에 대해 아는 것이 없었다. 그러나 2000년을 전후하여 상황이 크게 바뀌었다. 지금은 우리가 살고 있는 우주에 대해 실로 많은 것을 알고 있고 또 우주를 기술하는 물리량을 정밀하게 계산하는 방법도 알아내고 있다. 역사상 처음으로 우주를 본격적으로 탐구할 수 있게 된 것이다.

서구에서 지금까지 밝혀낸 최신 지식에 기초하는 한편 수많은 우주의 시작부터 지금까지의 모습을 발췌해서 설명하고자 한다.

첫째, 상상할 수 없을 정도로 작은 소립자에서 탄생한 우주. 우주의 크기가 현재로서는 약 137억 광년에 달한 것으로 추정된다. 아인슈타인의 상대성이론에 따르면 광속보다 바르게 전달되는 정보는 없다. 따라서 137억 광년이라는 것은 인류가 우주에서 모을 수 있는 정보의 범위를 뜻하는 것이다. 이른바 우주 지평선의 크기인 것이다. 어쨌든 우주는 상상하기조차 어려울 만큼 큰 것이 사실이다. 그렇다면 137억 년 전에는 과연 어땠을까? 당시 우주의 크기는 0에 가까웠을 것으로 생각된다. 우주는 계속 팽창하고 있기 때문에 옛날에는 현재보다 훨씬 작았을 것이 틀림없다. 우주의 탄생에 대해서는 여러 설이 있다. 그 가운데는 우주가 탄생할 때 그 크기가 10~33센티미터 정도에 불과했을 것이라는 설도 있다. 이 크기를 플랑크 길이라 한다. 현대 과학기술 수준에서 실험적으로 관측할 수 있는 크기는 대략 10~17센티미터 정도이다.

둘째, 우주를 나타내는 여러 가지 수치는, 우주의 나이는 137억 년, 우주의 곡률은 0이며, 우주의 온도는 절대온도 섭씨 −270도이며, 우주의 팽창속도는 메가파섹당 초속 71킬로미터이다. 우주에너지는 4%가 관측 가능한 물질이고 23%가 관측되지 않은 물질이며 73퍼센트가 관측되지 않은 에너지이다. 이것은 우리가 우주의 비밀을 알고 있는 것은 4%에 지나지 않고 모르는 부분은 96%라는 의미이다.

셋째, 우주의 모습은 닫혀 있나, 평탄하나, 열려 있냐?

넷째, 지금까지 밝혀진 우주의 수수께끼에서 점점 늘어나고 있는 우주의 나이, 깜짝 놀랄 대폭발로 탄생한 우주, 아주 오래된 우주, 뜨거운 용광로, 허블의 법칙에 의하면 은하가 멀어지는 속도가 은하까지의 거리에 비례한다는 것이다.

이때 비례상수를 허블상수라 부른다. 90억 광년의 저편에서 오는 우주의 신호. 우주를 구성하는 소립자의 세계에는 물질을 구성하는 소립자인 페르미온, 힘을 매개하는 소립자인 보손이 있다. 우리가 아는 우주는 4%에 불과하다. 나머지 96%를 이루는 암흑물질의 정체는? 우주를 지배하는 네 가지 힘에는 쿼크 간에 작용하는 강한 상호작용, 전자기력, 약한 상호작용 그리고 중력이다.

다섯째, 본격적인 우주탐험 장에서는 우주에서 거리 측정하기, 초신성이 알려주는 우주의 비밀, 최첨단 기술이 집약된 스바루망원경의 모든 것, 수많은 업적을 남긴 허블우주망원경, 화성에서 찾은 생명의 흔적, 우주의 얼룩 그 의미는? 우주도 음악을 연주한다? 우주는 도대체 어떤 모양일까?

이것 외에 인류가 생각해온 우주의 모습들, 즉 우주론의 역사를 소개하였다. 프톨레마이오스에서 시작하여 코페르니쿠스의 지동설, 케플러가 밝혀낸 천체의 하모니 그리고 뉴턴의 만유인력설까지 우주학설에 대한 내용이다. 그다음 아인슈타인에서 시작된 현대 우주론과 인플레이션 우주론에서 호킹의 최신이론까지 그리고 끝으로 양자중력이론에 근거를 둔 새로운 우주론으로 초끈이론, 브레인 우주론, 루프양자중력이론 등이 있다.

서구적 우주론의 특징은 한마디로 자연 물리적 관점에서 연구한 결과라고 볼 수 있다.

제3절 비교고찰

위에서 주역의 우주론과 서구의 우주론을 개괄적으로 살펴보았다. 두 우주론을 비교해 단적으로 표현하면 주역의 우주론은 인본주의적 유기체론적 우주론이라고 할 수 있으며, 서구의 우주론은 자연 물리적 기계론적 우주론이라고 할 수 있다.

인본주의적 유기체론적 우주론이란 우주와 인간의 모든 문제를 상호 연관하여 설명한 우주론을 의미하고, 서구의 자연 물리적 기계론적 우주론이란 인간적 요인은 배제시키고 우주 자체의 자연 물리적 현상만을 고찰한 내용이다.

서구적 우주론은 '그래서 어쨌다는 것이냐(so what)?'

인본주의적 우주론의 가장 큰 특징은 우주와 인간의 생명뿐만 아니라 정신현상까지 상호관계를 나타내 주고 있다는 점이다. 그리고 인간의 건강과 길흉화복에 관한 구체적이고 실용적인 과학기술적 학문이 있다. 그래서 주역에서 비롯된 역학과 역술에는 우리 실생활에 의미 있게 도움을 주는 철학과 과학기술적 내용이 풍부하여 학문으로써 의미 있고 바람직하다. 그러나 서구의 우주론은 인간의 생명과 정신현상과 같은 인간에게 가장 중요한 본질적 요인과는 상호관계를 거의 나타내 주고 있지 않다. 이런 점에서 서구의 우주론은 거의 인간과 우주와의 관계를 주역과 같이 나타내 주지 않고 우주자체의 자연 물리적 현상만을 나타내 주고 있는 것 같다. 아니면 거기까지 미치지 못한 것이라고도 볼 수 있다. 그래서 그 연구 내용은 자연 물리적으로 어마 어마한 내용이나, 그래서 어쨌다는 것이냐(so what)하는 말이 저절로 나오게끔 인간생활에 의미 있는 구체적이고 실용적인 내용이 거의 없어서 공허하다.

서구의 자연 물리적 우주론의 연구가 밝혀낸 우주의 크기와 나이 등의 어마어마한 내용과 유사한 것이 동양에도 있다. 우리 선인들의 전해오는 말 중에 우리의 현실세계와 우주와 관련하여 표현한 대표적인 말이 '구우일모(九牛一毛)'라는 말이 있다. 우리가 생활하고 보이는 이 지구상에 벌어지는 현실은 우주에 비교하면 구우일모, 즉 아홉 마리 소의 털 중에 하나에 지나지 않을 정도로 그렇게 미미한 일이라는 의미이다. 현대인들은 첨단과학기기로 관찰을 하여 밝히고 있지만 그러한 기기가 없던 아득한 옛날 우리 선인들은 어떻게 우주를 관찰하여 구우일모라는 표현을 하였는지 그 연구 능력을 상상할 수가 없다.

현대과학기술이 밝힌 우주의 비밀은 현대과학기술이 어마어마하게 발달하였다고 했지만 우주적 관점에서 보면 극히 일부인 4%에 지나지 않는다는 사실이다. 96%는 미지의 세계라는 것이다. 따라서 현대과학이 인간을 비롯한 우주삼라만상을 100% 완벽하게 밝히려면 까마득한 일이다. 따라서 현대과학을 배우고 연구하는 현대인들의 입장에서 보면 현대과학이 밝힌 4%의 학문을 하고 있다니 너무도 허망감을 느낀다. 그러나 주역의 우주론은 우주의 비밀을 얼마나 밝히고 성립된 학문인가? 아마도 서구의 자연 물리적 우주론보다는 훨씬 많은 비밀을 밝혀서 성립된 학문이라고 생각된다. 왜냐하면 서구의 우주론에 입각한 현대과학기술은 바둑이 철수와 같은 보이는 사실만을 근거로 이성적으로 발달한 학문이지만 주역은 보이는 사실의 세계인 기(器)의 세계와 하늘 천, 따 지와 같은 보이지 않는 기(氣)와 신의 세계뿐만 아니라 인간의 심의 세계를 포괄하여 나타낸 이성적 직관적 학문이기 때문이다.

아마도 주역은 서구의 우주론이 밝혀야 할 비밀을 이미 밝혀서 이론적으로 체계화한 학문이라고도 볼 수 있다. 왜냐하면 현대 물리학이 발달하면서 현대 물리학적 원리와 유사한 개념과 이론으로 체계화된 학문임을 현대 물리학자들에 의해서 인정을 받고 있다는 사실에서 알 수 있다. 그래서 현대 물리학자들이 주역을 의미 있게 연구하는 것을 보아도 알 수 있다.

제11장
서구에서 주역 연구

세계적인 역사학자인 아놀드 토인비가 1964년, 죽기 바로 전에 어느 기자한 테 질문을 받았다. 앞으로 백 년이 지나고 이백 년이 지난 후, 이십 세기를 회고하는 세계사를 쓸 때 가장 중요한 사건이 무엇이겠느냐는 질문을 했다. 이에 대해 토인비는, "이십 세기 인류문명의 가장 획기적인 사건은 세계대전도 아니고 과학기술의 발전도 아니며 동양의 종교와 정신이 서양으로 유입되는 현상" 이라고 대답을 했다는 것이다. 이는 동양의 정신세계가 서구에 얼마나 영향을 많이 주었는가 하는 단적인 예이다. 여기서 동양의 종교와 정신에 관한 근원적인 학문이 주역이다.

지금까지 알려진 바에 따르면 주역은 1681년 파리에서 출판된 한 책의 서문을 통해 최초로 서양에 소개되었다. 그리고 1736년에야『변화의 책』이 라틴어로 예수회 선교사 르기(Regis)에 의해 최초로 번역되었는데, 그는 이것을 이보다는 이르지만 언제인지 알 수 없는 죠셉(Joseph de Mailla)이라는 번역자와 피에르 - 빈센트(Pierre - Vincent du Tartre)와 같은 다른 선교사들의 번역에 근거해서 번역했다.

주역 번역서가 나오기 이전에도 단편적인 소개를 통해 유럽인들의 관심이 촉발되었다. 1753년에는 하우프트(Haupt)의 주역에 대한 책이 출간되었다.

이 작품에는 주목할 사실이 있는데 라이프니츠(Leibniz)가 그 해석을 통해 자신의 이론을 정립한 주역 연구가로 언급되어 있다는 것이다.

뿐만 아니라 현대에 와서는 미국의 프린스턴 대학 출판부에서 발행한, 독일의 빌헤름(Wilhelm) 교수가 쓰고 세계적인 심리학자인 칼 융이 서문을 쓴『The I Ching(역경)』이 미국에서만 3천만 부가 팔려나갔다는 사실만 보아도 서구인들의 주역에 대한 관심이 어느 정도인가를 짐작할 수 있다(장태상, 『기문둔갑 예측학』 47).

1. 아인슈타인

더욱 놀라운 사실은, 현대 첨단과학의 근원지인 서구에서, 그 어느 때보다 동양학에 대해서 깊은 관심을 기울이고 있으며 연구에 몰두하고 있다는 것이다. 특히 동양학 중에서도 주역을 우리보다 더 많이 연구하여, 주역에서 자신들의 학문 발전의 아이디어를 얻거나, 또는 주역에 대한 경탄을 한 내용들이 많았다. 이를 하나하나 열거해 보고자 한다.

첫째, 상대성 이론의 아인슈타인은, 『주역』의 태극도와 팔괘론을 보고 그곳에 음양론의 상대론적 요소가 내포되어 있는 것을 간파하여 그의 상대성 이론의 계시를 얻었다는 것이다. 이를 입증하는, 즉 그의 상대성 이론의 계시를 얻었음을 시사하는 말로서,『아인슈타인 문집』에는, "놀랍게도 이러한 발견은 중국에서 모두 이루어졌다"는 말이 있다.

1936년에 파리에서 열린 세계 철학자 대회에서 아인슈타인이 주역에 대해서 그렇게 위대한 글이라고 칭송을 하였다는 것이다. 그 당시 한국인 불란서 유학자가 그 말을 듣고 귀국하여 내가 배운 대산 선생님의 스승이신 야산 이달 선생님 문하에서 같이 주역을 배웠다는 것이다.

뿐만 아니라 아인슈타인은 주역을 흠모하여 평생 주역을 보고 그렇게 감탄을 하였고, 죽는 날까지 주역을 손에서 놓지 않았다는 말이 미확인 이야기로 전해오고 있다.

둘째, 현대가 아니라 이미 300여 년 전에 근세의 아리스토텔레스라고 불리었고, 현대 문명의 가장 총아인 컴퓨터 이진법을 발견한 라이프니츠는, 주역의 음양론이 자기가 발견한 이진법 원리와 일치하고, 또한 그의 64가지의 보편적 기호법이 주역의 64괘와 일치하는 것을 보고, 그가 발견한 것이 그토록 먼 옛날에 중국에서 이미 발견되었다고 하는 것에 놀라지 않을 수 없었다.

일찍이 라이프니츠가 '사상의 알파벳'이라고 불렀던 결합법과 보편기호법을 통해서 자연과학은 물론 철학, 형이상학, 종교에 이르기까지 일체의 문제들을 통일적으로 해결해 보려고 시도하였다. 이러한 라이프니츠가 중국의 고전 특히 주역에 관하여 열렬한 관심을 갖게 된 것은, 1698년부터 1703년경에 걸쳐 당시 중국에 파견되어 있었던 부베, 그리말디 등 선교사를 통하여 그에게 송부된 서신 속에 실려 있었던 '역'의 64괘를 발견하면서부터였다.

라이프니츠는 역을 발견하기 이전 1679년에 벌써 64괘와 똑같은 이진법 산술표를 발견하였다. 그러나 동양의 역은 이미 그보다 4000여 년 전에 이루어져 있었다는 것을 안 라이프니츠는, 그가 구상하고 있었던 기호 언어 즉 인류 언어가 그토록 옛날에 중국에서 발견되었다고 하는 것에 놀라지 않을 수 없었다.

뿐만 아니라 라이프니츠가 부베와의 왕복 문서 속에 중국의 역과 그의 이진법 산술에 관하여 다음과 같이 말하고 있다(김용정, 『라이프니츠의 보편기호법 사상과 역의 논리』).

> "사람들은 주역을 창시한 복희를 고대 중국의 군주로서 보고 있으며, 세계에서 알려진 철학자로 그리고 중국제국과 동양과학의 창립자로 믿고 있습니다. 이 역의 그림은 우주에 있어서 오늘날 존재하는 과학에 관한 최고의 기념물입니다. 더구나 이 과학은 내가 보는 견지에서는 4000년 이상의 고대의 것으로 수천 년에 그 의미가 이해되지 않았습니다. 그런데 그것이 나의 신산술과 완전히 일치하고 있습니다."

여기에서 재미있는 내용 중에 하나가, 라이프니츠가 이미 그 당시 주역을 '과학'이라고 표현한 점이다.

우리는 지금까지도 제도권에서는 미신이고 비과학이라고 업신여기고 천시하는데, 현대 과학의 종주국인 서구의 대학자들은 과학이라고 하고 있다. 참으로 우리는 눈 뜬 장님이다. 그리고 생각나는 말이 "반 풍수 집안 망치고, 선무당 사람 잡는다" 말이다. 쥐 뿔다귀나 제대로 과학도 모르는 주제에, 멀쩡한 과학을 나를 비롯해서 우리는 지금까지도 미신이고 비과학이라고 하였으니 어이없는 일이다.

셋째, 변증법의 이론가인 헤겔의 자서전 속에서 자신의 정·반·합 삼단계 변증법 원리는 주역의 '음양소장' 원리에서 도출된 것이라고 하였다.

넷째, 양자역학자인 닐스 보어는 그의 양자론과 관련하여 주역의 의미를 새롭게 하였다.

양자론은 세계의 사상(事象)을 독립적으로 존재하는 최소의 단위로 분해할 수 없음을 폭로하였다. 닐스 보어의 표현을 빌리면 분리된 물질의 입자는 추상 개념이며 입자의 성질은 다른 입자와의 상호 작용을 통해서만 정의되고 관측된다.

역은 음양 두 효의 조합에 의한 64괘로 구성되는데, 자기가 생각한 특정의 괘 또는 하나의 효가 전체 속에서 어떠한 위치와 때를 가지는가에 의해서만 그 구체적인 의미를 나타내는 점에서 똑같은 관계에 있다.

소립자의 세계는 통합된 세계의 각각의 부분이 짜여 이루어지는 '관계의 네트워크'이며 입자와 파동은 동일한 리얼리티를 상보적으로 묘사하는 개념에 지나지 않는다. 따라서 한쪽의 개념을 물리적인 대상으로 하면 할수록 다른 한쪽의 개념을 불확정적인 것으로 되지 않을 수 없다. 이와 같이 불확정성의 원리를 설명하는 카프라는 그것을 4000년 전의 동양의 신비사상이 밝히고 있다고 말한다. 그것은 개개의 사물의 특질을 인정하면서 모든 것을 포함하는 통합체 속에서의 차이는 모두 상대적임을 자각하는 정신이다.

보어가 1937년 중국을 방문했을 때 보어의 양자론의 해석은 완전히 완성되어 있었는데, 고대 중국의 음양의 대립개념이 서로 상보적인 관계에 있다고 하는 음양론에 깊은 감동을 받고, 10년 후 그의 과학 분야에 있어서의 공적이 인정되어 덴마크의 기사 작위가 수여되었을 때, 그 문장(紋章)에 음양의 상보적 관계를 나타내는 태극의 도상을 선택하고, 거기에 'CONTRARIA SUNT COMPLE-MENTA', 즉 '대립적인 것은 상보적이다'라는 문자를 새겨 넣었다고 한다.

다섯째, 프랑스의 노벨 문학상을 받은 헤르만 헤세는 주역을 인류 최고의 지혜의 서라고 극찬하였다. 그래서 헤르만 헤세뿐만 아니라 서구 사람들은 주역을 '변화의 서(Book of Changes)' 그리고 '지혜의 서(Book of Wisdoms)'라고도 한다.

헤르만 헤세는 『역경』의 주역점의 예언에 특별한 주의를 기울여 전통적인 비수리 대막대를 가지고 점을 잘 쳤다는 것이다.

그의 노벨상 수상작인 『유리알 유희』에 보면, 주인공 크네히트가 선생에게 서양 톱풀 줄기 막대를 가지고, 점을 배우는 장면이 나온다. 그리고 실제 점을 쳐서 산수(山水) 몽괘(蒙卦: ䷃)와 화산(火山) 여괘(旅卦: ䷋) 이효(二爻: ䷌)를 얻은 이야기가 나온다.

특히 재미있는 것은, 주인공 크네히트가 여행을 떠나기 전에 서양톱풀 막대의 의식을 행하고 화산 여괘 이효(䷌)가 나온 장면이다.

그 괘의 의미는 "조금 형통하니 나그네가 바르게 해서 길하니라(旅는 小亨코 旅貞하야 吉하니라)"는 내용이다. 이효의 효사 내용은 '여즉차(旅卽次)하야 회기자(懷其資)하고 득동복정(得童僕貞)이로다(나그네가 여관에 들어가서 그 노자를 품고, 어린 종의 바름을 얻도다)'이며, 이는 여행에 길하다는 길사(吉辭)이다. 그래서 크네히트는 밝은 마음으로 길을 떠난다.

여행을 떠나면서 도중에 점친 내용이 사실로 나타나기 시작했다. 즉 재물을 가진(懷其資: 회기자) 나그네인 그에겐 묵을 숙소뿐 아니라, '어린 하인의 정성 어린 봉사'도 약속되어 있었다. 실제로 효사에 나온 '어린 하인(得童僕: 득동복)'은 안톤이라는 이름의 학생의 모습으로 다가왔다.

여섯째, 조셉 니담(Joseph Needham)은 동양의 과학기술 전통을 예찬하고 그 것이 현대의 과학기술 발달에 크게 이바지했다고 강조를 하였다. 중국으로 대표되는 동양의 과학기술은 한 줄기 큰 강물처럼 유유히 그러나 끊임없이 흘러 왔고, 그것이 17세기 이후 크게 발달한 서양과학이 도달한 '보편적인 세계과학', 즉 현대과학이라는 바다에 도달했다.

니담은 현대과학의 보편성을 강조하고, 중국의 전통과학이 얼마나 서양에 많이 전파되어 서양과학의 발달에 기여했는가를 보여준다. 그는 『중국의 과학과 문명』이라는 대작을 통해 중국과학이 얼마나 위대한 전통을 가졌으며, 그것이 16세기까지 서양보다 얼마나 앞서 있었으며, 또 얼마나 많은 영향을 주었던가를 보여주고 있다.

일곱째, 칼 융은 왜 고도의 지성을 가진 중국인들이 과학을 발전시키지 못했는지에 대해 설명해 달라는 영국 인류학회 회장의 질문에 대하여, 융은 "이것은 참으로 눈에 보이는 착각일 뿐이다. 왜냐하면 중국은 주역에 근간을 둔 하나의 과학을 가지고 있기 때문이다. 그러나 중국 과학의 원리는 서구의 과학적 원리와 판이하게 다르다"고 답하였다.

즉 역의 세계는 우리들 서양의 과학적＝인과율적 세계관과 완전히 다른 것을 갖고 있다. 그것을 비과학적이고 비합리적이라고 금기시할 것이 아니라 우리들의 과학적 원리와는 전혀 다른 역의 '과학성'을 인식해야 된다고 하여 융은 소위 인과원리로만으로는 포착할 수 없는 생의 현실을 자각적으로 포착하려는 노력으로 비 인과율인 동시성(synchronicity)의 개념을 제시하고 있다.

동시성이란 1920년대 융이 빌헬름 등과 역의 점을 실험하여 그 점을 친 괘가 현실과 딱 들어맞는 것을 보고 발상한 것 같다는 것이다. 즉 주역점을 친 것이 '우연의 일치'로 보이는 것은 실은 '우연'은 아니고 '집합적 무의식'의 질서가 '현실의 사건'과 '괘'의 양쪽에 투영되어 있다는 견해이다.

융의 동양철학과의 관계는 '요가'의 실천에서 출발한 것 같으나 1910년대의 후반은 오로지 『역경(易經)』의 연구에 몰두한다. 그는 단순히 문헌을 조사하는 것뿐만 아니라 손으로 만든 점대(서죽: 筮竹)로 끈기 있게 점의 실험을 하였다.

이것은 확률 통계 이론에서 생각하면 전적으로 어리석은 수법이다. 그런데 이 바보 같은 방법이 놀라울 정도의 적중률을 보였다. 융은 몹시 놀람과 동시에 점점 주역의 연구에 몰두하였다는 것이다.

칼 융은 주역점의 과학성을 밝히고자 연구하였다는 점에서, 우리에게 시사하는 바가 대단하다. 우리는 점을 미신이고 비과학이라고 무시하고 천시하는데, 오히려 그는 이를 과학으로 인정하고 받아들여서, 그 과학성을 밝히려고 연구를 하였다는 점에서 참으로 부끄러운 일이다.

그가 주역점을 연구하게 된 근본 동기는, 주역점을 실제로 쳐 보면 예측이 그렇게 정확하게 맞았다는 데에 있었다는 것이다. 융은 '예감'이나 '예지몽' 등의 현상을 설명하는 원리로서 '공시성'이라 이름을 붙인 가설을 생각하였다. 1920년대 초반부터 빌헬름 등과 '주역점'의 실험을 하여 그의 괘가 딱 들어맞는 것을 보고 공시성을 발상한 것 같다는 것이다.

여덟째, 카프라는 그의 저서인『물리학의 도』에서, 동양 사상과 양자 물리학이라는 두 개의 이질적인 세계가 같은 내용을 이야기하는 것이 아닌가 하는 통찰 아래 양쪽을 연결 짓고자 하는 시도로 동양 사상을 학문적으로 의미 있게 연구하였다. 1970년대에 카프라의 이러한 연구를 기점으로 이러한 식의 연구가 불붙게 되었다.

이후 이와 관련된 서적들이 여러 종 출간되었고 '신과학 운동'의 학문적 배경이 되었다. 이 분야의 책들이 대부분 양자 물리 현상을 바탕으로 새로운 우주관을 서술하면서, 동양적인 사상을 도입하여 의미 있게 연결 지어 서술하고 있다. 뿐만 아니라 그는 또 다른 저서인 '새로운 과학과 문명의 전환(Turning Point)'에서 음양론적 변화관으로 현대사회의 문제점을 서술하고 해결 방안을 제시하기도 하였다. 그리고 음양론의 의미와 유용성을 일반체계이론(general system theory)과 관련하여 서술하고 있다.

아홉째, 영국의 토인비 교수가 주역의 음양학은 세계사상의 기본적인 이론이라고 칭찬을 하였다는 것이다. 그들이 서구 우월주의 의식에서 인종차별을 그렇게 하였지만 주역의 학문에 대해서는 고개를 수그렸다는 것이다.

토인비 교수의 주역에 관한 관심에 대하여, 우리나라의 서울대 철학과의 고(故) 박종홍 교수와 토인비의 짤막한 서면 문답을 이끌어 보면 참고가 될 것이다.

문1: 내가 알기에 귀하는 역사의 발전과 관련하여 '음'과 '양'의 개념을 이끌어 쓰고
　　　있는데, 음양사상과 헤겔의 변증법 간에 어떤 관계가 있다고 생각하는가?(박종홍).
답 : 내 생각에는 헤겔도 '음양론'에서 표현하고 있는 우주의 성질과 같은 면을 표현
　　　하려는 것으로 본다. 그러나 헤겔은 오로지 이지적인 용어만으로 모든 것을 설
　　　명하고 있으며, 그것만으로는 오직 생의 일부분과 정신적 경험을 포함할 뿐이다.
　　　이것이 내가 음양이라는 용어를 가지고 생각하기를 선호하는 이유이다. 그것은
　　　헤겔의 사유보다 훨씬 포괄적인 상징인 것이다(토인비).
문2: 귀하는 황금의 중용을 강조하고 있는데, 그것이 변증법, 음양사상과는 어떤 관련
　　　이 있다고 생각하겠는가?
답 : 음양은 자체 조정의 과정에 의해 중용을 유지한다. 음 또는 양이 극한에 이르렀
　　　을 때 그것은 율동적으로 상보적 운동으로 전환한다.

이상의 대화 내용을 보면, 첫째, 음양론은 헤겔의 변증법보다 훨씬 포괄적인 사고의 틀이라고 하였다. 둘째, 중용을 단순히 두 사물 간의 물리적 중간이 아니고, 음양의 운동에 의한 상보적인 조정의 과정으로 본다는 점이다.

열째, 서구인으로서 세계적인 주역 연구가의 한 사람인 독일의 리하르트 빌헬름(Richard Wilhelm)은, 『역경』에 담긴 심리적 함축성에 관해 진지하게 다루었다.

예를 들어 그는 『역경』의 철학이 "인간의 의식적인 삶에서부터 무의식적인 영역으로까지 더욱 깊이 파고 들어가 …… 우주-영혼의 체험에 대한 통일적 이미지를 전달해준다. 이것은 개인을 초월하여 인류라는 집단적 실존에까지 미치고 있다"는 점을 강조했다.

여기서 중요한 것은, 주역이라는 학문이 나타내고자 하는 영역이 인간의 '의식의 세계와 무의식의 세계, 우주, 그리고 영혼'의 세계까지를 포괄하여 종합적으로 나타내고자 하였다는 점이다. 이 점이 보이는 객관의 세계만을 대상으로 연구하는 서양과학이 따라올 수 없는, 그리고 서양과학을 뛰어넘는, 차원을 달리하는 또 다른 과학이다. 그리고 그 학문적 적용 범위가, 모든 인류의 실존에까지 이른다는 점이다. 이것은 주역이 지구상의 어떠한 나라와 민족에도 적용될 수 있는 보편적 학문이라는 의미라고 볼 수 있다.

리하르트 빌헬름의 아들이며, 오늘날 역경의 최고 권위자인 헬무트 빌헬름은, 역경의 심원한 철학적 의미를 알아내기 위하여 애써왔고, "역경의 체계는 다차원 세계의 표상이다"라는 결론을 내렸다. 여기에서 다차원의 세계라고 하면, 앞에서 서술한 인간의 의식·무의식의 세계, 우주, 영혼의 세계를 모두 포함하는 것을 의미한다. 이 세계 내에는 불변하면서 규칙적으로 변화하는 패턴이 있는 것이다. 여기에서 '규칙적으로 변화하는 패턴'이 있기 때문에, 주역이 단순히 미신이고 비과학적인 것이 아니고, 체계화된 학문인 과학성이 있다고 볼 수 있다. 그 규칙적으로 변화하는 패턴을 나타낸 구체적인 이론 틀이 음양론, 오행론, 그리고 육십사괘이다.

주역의 기초를 이루고 있는 것 중의 하나인 주역점의 주술적 사고는, 제대로만 한다면, 논리적·수학적 사고만큼이나 진실한 것이다. 역경의 사고체계는 원시적인 것이 아니라, 지금은 서양에서는 사라진 원초적인 사고의 특정한 기초를 포착해서 발전시켜온 것이다.

열한 번째, 금세기 최고의 물리학자인 스티브 호킹 교수는 "양자역학이 지금까지 해놓은 것은 동양철학의 기본개념인 음양, 태극, 색즉시공을 과학적으로 증명한 것에 지나지 않지만 우리는 포기하지 않고 보다 많은 과학적 연구를 할 것"이라고 말했다(이성환, 『주역의 과학과 도』). 태극 음양은 주역의 기본 개념과 이론이고 색즉시공은 불경의 반야심경의 이론이다.

물리학자들과 동양의 철학자들의 관심은 같다. 그것은 우주만물의 근본 실체와 공통적인 패턴을 찾는 것이다. 이것을 찾기 위해서 물리학자들은 실험실에서 실험과 관찰을 통해서 실증적으로, 동양의 철학자들은 수련을 통해서 깨달음의 경지에 이르러 직관적으로 발견한다. 이들의 다른 점은 자신이 발견한 패턴을 전자는 수식으로, 후자는 음양오행이라는 표현하는 차이뿐이다. 주역은 도를 통한 동양의 성인이 도의 패턴을 디지털 코드로 도시한 책인데 같은 목적을 같고 진리를 찾아 헤매고 있던 서양의 물리학들의 눈에 띄지 않을 리 없다.

서구인들은 주역점(占)을 과학이라고 한다

결론적으로 위에서 언급한 서구학자들의 주역에 관한 연구 내용으로 볼 때, 첫째, 서구의 세계적으로 유명한 과학자, 문학가, 사상가들은 아마도 주역을 필수적으로 보았고 그곳에서 아이디어를 얻지 않았나 하는 생각이 들었다. 그렇다면 서구의 과학기술과 문화의 뿌리는 동양학 특히 주역이라고 볼 수 있다. 둘째, 특이할만한 것은, 주역의 과학성과 학문성을 밝히고자 심혈을 기울였다는 점이다. 특히 주역점의 과학성을 밝히고, 의미와 가치를 인정하여 자신들의 문제해결에 활용하였다는 점이다. 셋째, 주역의 사상철학적인 의리역보다는 실용적인 과학기술적인 차원의 점술을 매우 의미 있게 연구한 점이다. 우리는 점을 미신이라고 천시하며 멸시하여 하찮게 여겼는데, 그들은 과학적으로 그 원리를 밝히고자 하였고, 매우 의미 있게 받아들이고 있다. 넷째, 현대 물리학이 발달하면서 자신들이 발견한 이론과 개념이 동양사상, 특히 주역, 힌두교, 불교, 도교 경전에 이미 수천 년 전에서부터 전해 내려오고 있음을 발견하고 이를 의미 있게 학문적으로 연구하고 있다.

과학의 종주국인 서구가 주역과 주역점을 과학이라고 하는데 우리나라의 누가 감히 이를 미신이고 비과학이라고 하겠는가. 공자가 과학이라고 하는데 공자 제자가 아니라고 하면 누구 말이 옳은가?

2. 주역을 서구인에게 배워야 할 형편이다

지금 현재도 서구학자들이 우리들보다 주역을 더 많이 배우고 연구하고 있다. 서구의 유수 대학의 물리학과에서는 주역을 필수적으로 읽힌다는 것이다. 그래서 과거의 우리 선인들이 주역과 관련하여 하신 말씀이 지금은 거꾸로 나타나는 현상이 초래되고 있다는 것이다.

우리 선인들께서는 오래 전에, 서양과학기술이 엄청나게 발달해도 주역에 대한 서양 사람들의 관심이 많을 것이라고 예언하였다고 한다. 즉 우리 선인들이 하신 말씀을 그대로 표현하면, '앞으로 서양과학기술이 엄청나게 발달해도, 주역을 가르쳐 달라고 코쟁이(서구인)들이 가마 가지고 모시러 오는 날이 있을 것이다'라고 했다는 것이다.

이것은 우리 선인들은, 그만큼 서구적인 과학기술에 대하여 결코 기죽지 않고, 민족적 자존심을 결코 굽히지 않으시며, 자신감과 여유를 가지고 있었음을 알 수 있다. 왜냐하면 서양 첨단과학보다 앞선 주역이 있었기 때문이다.

그런데 후손인 우리는, 서구적인 것에 지배종속이 되어 아직도 이를 벗어나지 못하여, 서구적인 것보다 앞선 우리 것을 잃어버리고 계승 발전시키는 연구를 하지 못하고, 자기 비하에 빠져 있으니 한심스러운 일이라고 말하지 않을 수 없다.

오히려 반대로 현대는 서구 사람들이 주역을 더 많이 연구를 하여, 지금은 우리가 '주역을 가르쳐 달라고 코쟁이들을 가마를 가지고 모시러 가야 할' 형편이 되었다는 것이다.

내가 근무하고 있는 충북대학교의 법과대학 교수 한 분이 독일에서 유학하고 돌아왔는데, 그분이 독일에 있을 때, 지도교수 되는 분이 '한국에 가면 주역을 공부하라'고 했다는 것이다. 그래서 내가 주역을 공부한다는 소문을 듣고 나를 찾아와서 주역이 어떤 학문인가를 물어 왔었던 때가 있었다.

독일에 법과대학 교수가 주역의 학문적 의미와 가치를 알고 추천할 정도면, 얼마나 서구인들에게 인기가 있는가를 알 수 있다. 그것도 철학사상을 하는 인문학자가 아니고 법학을 전공한 법학교수가 말이다.

그러면서 느끼는 것은, 첫째, 외국인들이 주역의 의미를 얼마나 많이 알면 그렇게 추천할 정도가 되었으며, 둘째, 우리나라 학자들 중 주역의 의미와 가치를 알고 학문적으로 연구하고자 생각하고 있는 사람이 얼마나 될까 하는 의아심이다. 나 자신도 이 세계에 들어오기 전에는 전혀 생각을 못했던 사람이다.

서구인들의 주역에 대한 연구열이 얼마나 많은가를 알기 위해 인터넷의 아마존이라는 사이트에 들어가서 책 파트에 들어가 'I Ching'(역경: 易經)을 치면 많은 주역 책이 소개되어 있다. 우리 제도권 학자들의 주역에 관한 책은 거의 모두 합쳐서 10여 권이 겨우 넘을까 말까 할 정도이다. 그것도 공허하고 소설 같은 철학사상적 의리역 차원의 연구이지 국민들이 관심을 가질 수 있는 과학기술적 차원의 실용적 연구는 거의 전무하다.

제12장
주역과 빅터 샤우버거

    최근에 신과학총서의 하나로 스웨덴 공학자인 올프 알렉산더르손(Olof Alexandersson)이 지은 『아인슈타인은 틀렸다』는 책제목으로 빅터 샤우버거의 이야기에 대한 책이 국내 번역 간행되었다. 빅터 샤우버거(Viktor Schauberger, 1885~1958)는 오스트리아 사람으로서 정규교육을 받은 과학자가 아니고 국왕의 소유인 숲의 삼림감시인으로 생활하면서 산림 속의 물에 대한 관찰과 연구를 하여 그 나름의 자연의 이치를 발견하였다. 빅터는 광활한 야생의 땅에서 인간에게 방해받지 않는 상태의 대자연이 어떻게 존재하고 변화하는지에 대해 깊이 고찰해 볼 수 있는 기회를 갖게 된 것이다. 그것은 다름 아니라 교과서에서 배웠던 지식들도 틀릴 수 있으며, 오히려 그가 어릴 적에 집안 어른들로부터 배웠던 것들이 실제 모습에 더 가깝다는 것이다.

    빅터가 세상을 바라보는 데 있어 가장 중심에 두었던 것은 언제나 물이었다.

    빅터가 물의 신비를 푸는 열쇠를 찾아냈다고 단정 짓는다면 다소 과장된 표현일 수도 있지만 여하간 그가 물에 대해서 보여주는 지식들은 상당한 수준이라고 인정하지 않을 수 없다. 이러한 지식들은 무엇보다도 자연 그 자체에 대한 수년간의 심도 깊은 연구와 통찰에서 비롯되었다. 빅터는 대자연과 유리된 실험실에서 연구에만 몰두하는 과학기술자들에게는 물의 실제와 본질을 꿰뚫어 볼 수 있는 기회가 거의 없다고 주장하였다.

    그의 물에 대한 연구는 학교의 연구실에서 사용하고 있는 물 자체가 이미 중요한 물의 성질을 지니고 있지 않은 물이라고 하였으며, 이러한 '죽은 물'은 물

의 본질과 그 속에 내재한 자연의 신비에 대해 아무것도 말해 줄 수 없다. 실제로 대자연 속에서 흘러가고 있는 "살아 있는 물"만이 물의 본질과 신비에 대한 자기 모습을 드러내 보여주고 우리가 그 원리를 실생활 속에서 응용할 수 있도록 통찰력을 제공해 줄 수 있다. 자연의 심오한 법칙은 대지에 뿌리박고 있는 생명체들 속에 존재하는 것이다.

인간이 파괴하지 않은 대자연 속에서의 자연현상들이야말로 새로운 과학기술이 나아가야 할 바를 제시해 주고 있다. 이러한 원리를 파악하기 위해서는 대단히 예리한 관찰력이 필요하다. 필요에 의해 무작정 자연을 개조하기 전에 먼저 자연을 깊게 이해해야만 한다. 빅터는 사람이 거의 살지 않는 곳에서 삼림감시인으로 일했던 덕분에 대자연과 호흡할 수 있었고 그 속에 내재해 있는 질서와 원리에 눈을 뜨게 되었다.

빅터가 인간의 방해를 전혀 받지 않는 대자연 속에서 찾아낸 자연의 원리와 주역의 이치와 매우 유사한 점이 있어서 이를 하나하나 구체적으로 소개한다. 첫째, 빅터는 산속 숲에서 아래로 목재 운송장치를 만드는데 수로의 전체적인 형태는 강이나 하천이 빚어내는 자연스런 곡선 모양을 그대로 본떠서 만들어졌는데 이런 모양이 전체적으로, 직선으로 하는 것 보다 더 길기는 하지만 실제적으로는 가장 효과적인 물의 운동을 얻어낼 수 있다. 이에 관해 빅터는 다음과 같이 말했다.

"물을 자연스럽게 흘러가도록 내버려두면 물 자체가 어떤 방식으로 흐르고 싶어 하는지를 우리에게 알려준다. 우리는 그 흐름을 따르기만 하면 되는 것이다."

이러한 말을 통해서 우리는 빅터의 인생을 지탱해 준 그의 자연관을 엿볼 수 있다. 즉, 먼저 자연을 이해하고 자연으로부터 배우라는 것이다. 그는 말한다.

"자연은 우리의 가장 뛰어난 스승이다. 우리는 자연의 법칙을 따라가려고 해야지, 그것을 정복하려고 해서는 안 된다."

이러한 관점은 가장 짧은 운송경로가 가장 경제적이라는 당시의 과학기술자들의 견해에서 보면 터무니없는 것으로 비춰질 수밖에 없다.

빅터의 곡선 모양의 수로가 직선 모양의 수로보다 목재운송에 더 효과적이라는 것은 주역의 태극의 이치와 같은 내용이다. 태극의 음양의 순환적 S자 모형은 태극의 역동성을 나타내고 이는 우주론적 자연의 운동 모형과 같은 것이다. 즉, 우주론적 순환론적 자연의 변화 이치인 S자 운동모형은 지극히 자연스러운 자연의 이치이고, 따라서 이 이치에 맞게 설계를 한 목재 운송 수로모형은 가장 자연스러운 모형이다. 가장 자연스러운 것이 가장 바람직한 것이며 그것은 또한 도(道)에 합치한 것이고 그 결과 가장 효율적인 목재 운송장치라고 할 수 있다. 직선적 운동은 자연의 이치에 맞지 않는 운동이다. 따라서 인간의 이성적 사고로 직선적 수로의 길이가 가장 짧기 때문에 가장 효율적이라고 생각하는 것은 자연의 이치와 어긋나는 것이다.

강을 직선화시켰을 때 나타나는 문제에 대해서 빅터는 다음과 같이 말하고 있다.

사람들은 강의 유속을 증가시키고 강바닥을 깨끗이 한다는 명분하에 하천의 굽이를 없애고 강의 흐름을 직선화시켰다. 이렇게 하면 깎여 내려진 침전물이 더 멀리 떠내려가는 결과를 빚는다. 일단 직선화가 시작되면 더 이상 곡선이 존재하지 않을 때까지 계속 직선화할 수밖에 없게 된다. 그에 따라 유속은 더 빨라지고 이로 인해 강물이 흐를 때 모든 것이 휩쓸려 내려간다. 떠내려 온 자갈과 모래들은 하류의 강바닥에 계속 쌓이게 되고 자연히 홍수의 가능성은 더욱 커진다.

수리학자들과 기술자들은 강변에 튼튼한 돌과 콘크리트로 방벽을 쌓고 준설 작업을 통해 강바닥을 청소하는 것으로 문제를 해결하려고 했는데 이런 작업은 단지 준설 작업을 맡은 회사에게만 이익을 주제 된다. 매년 폭우가 내리고 나면 상류로부터 또다시 자갈과 모래들이 쏟아져 내리기 때문에 항상 준설 작업을 되풀이해야 했고 강둑 제방도 계속 수리해야 했다.

그러나 아무도 빅터의 이런 제안에 귀를 기울이지 않았다. 통상적인 방법들만 계속 시행되었고 그럴수록 라인 강은 높아지는 강바닥 때문에 홍수의 위험에서 자유롭지 못했다. 홍수를 예방하기 위해 빅터가 제안했던 방법들 가운데 하나로 기존의 준설 작업과 제방 작업 대신에 강물 속에 특별히 고안된 시설물들을 설치하는 것이 있다. 그가 에너지바디(Energy - body)라고 불렸던 이 간단한 장치는 강물의 흐름을 나선형 방향으로 유도하는 것이다.

강물은 소용돌이와 회오리, 나선형 흐름을 형성하면서 그 자신의 축을 따라서 회전하고 농축된다. 이렇게 휘몰아 소용돌이치는 흐름 속에는 자연스럽게 진공 상태가 생성되어 구심성의 원리에 다라 외부로부터 신선한 공기 흐름이 유도되는데, 이것이 바로 강물이 호흡하는 방식이며 스스로 온도를 낮추는 방편인 것이다. 현재의 물리학은 이러한 현상을 역학적으로 이해하지 못하고 있다.

풍수에서도 태극의 원리에 입각하여 직선형 하천은 바람직하지 않게 보고 있으며 사행천, 즉 곡선형 하천과 강을 바람직한 명당의 조건으로 치고 있다.

둘째, 빅터는 세밀한 관찰과 실험을 통해서 자연의 실재적인 작동 원리와 인간이 개발한 과학기술 사이에는 대조적인 면이 존재한다는 것을 알아냈다. 빅터는 인간이 개발한 기술이 점점 더 우리 인간의 삶 자체를 위협하며 생명의 진화를 가로막고 있다고 확신하고 있다. 자연계에는 크게 두 가지 형태의 운동 방식이 존재하는데 그 하나는 파괴와 소멸 작용을 일으키는 운동이고 다른 하나는 창조와 정화작용을 일으키는 운동이다. 이 둘은 서로 맞물려가면서 자연의 변화 원리로서 작동되고 있는 것이다.

창조·정제·개발·성장의 성질을 지니는 운동 형태는 평면적으로 보면 구심점을 향해 끌려 들어가는 '구심점 회전운동'이며 입체적으로 보면 구심점을 중심으로 앞으로 나아가는 '원추형 나선운동'이다. 우리는 성장이나 창조적 운동이 일어나는 자연현상 어디에서나 이러한 원추형 나선운동을 관찰할 수 있다. 예를 들면 우주 공간에서 성운들의 나선형 배열, 우리 행성계(태양계)의 운동 모양, 물, 혈액, 수액과 같은 자연적인 흐름 형태 등에서 원추형 나선운동을 관찰할 수 있다.

한편 자연계에서 파괴하고 분해시키는 형태의 운동은 원심성 직선운동이다. 이러한 운동은 움직이는 물체를 중심점으로부터 중심점 밖을 향해 직선적으로 움직이게 한다. 물체의 입자들은 중심으로부터 밖으로 향하도록 힘을 받게 되므로 그 물체는 먼저 약해지고, 그 후에 분해되거나 파괴된다. 자연은 자신의 활력을 상실하거나 생명을 잃어버린 물체들을 분해하기 위해서 이러한 운동을 이용한다. 이렇게 파괴되어 버린 조각들은 다시 구심성의 창조적 운동을 이용하여 에너지를 농축시킴으로써 새로운 형태의 다른 성질을 가진 개체로 창조될 수 있다.

구심력이 작용하는 원추형 나선운동은 온도를 떨어뜨리고 수축 농축시키는 경향이 있다. 이와는 달리 원심성의 운동은 온도를 끌어올리고 열을 발생시키며 확대 확장 폭발시키는 경향이 있다. 자연계에서는 하나의 운동에서 다른 하나의 운동으로 끊임없는 전환이 일어나고 있지만 성장 발달 개발 작용이 일어나기 위해서는 생명 창조의 운동 형태인 구심성 나선운동이 더 우세하게 진행되어야만 한다.

이러한 운동 방식과 현대 인류의 과학기술과는 어떠한 관련이 있을까? 빅터는 그의 이론의 중심 테마로서 현재 인류의 모든 과학기술은 열 연소, 팽창, 폭발을 매개로 한 파괴 중심의 개념에서 출발했으며 또한 그 토대 위에서 개발되고 있다고 말했다. 오늘날 과학기술에 의해 빚어지고 있는 모든 부정적인 결과들은 자연의 운동 방식 중에서 한쪽 면에 불과한 파괴와 분해의 기술만을 추구해 온 인간의 편향된 사고가 낳은 당연한 결과인 것이다.

위의 빅터가 발견한 구심성 나선운동과 원심성 직선운동은 서로 맞물려가면서 자연의 변화원리로서 작동하고 있다는 표현은 주역의 음과 양이 상호 맞물려가면서 변화하고 있는 현상과 같다. 그런데 두 운동이 어느 정도 균형을 이루어야 바람직한데 원심성 직선운동으로 지나치게 편향되어서 현대사회 모든 부정적 결과를 낳았다. 이것은 음양론에서 음과 양이 역동적으로 균형을 이뤄야 도(道)의 바람직한 것인데 한쪽으로 지나치게 편향되어 있어서 이는 도를 벗어난 것이고 그 결과 바람직하지 못한 결과가 초래되었다고 볼 수 있다. 또한 생명 창조의 구심성 나선운동은 주역의 태극의 S자 형태의 우주론적 자연의 운동 이치와 동일한 운동으로 볼 수 있다. 주역의 이치인 '生生之謂易 天地之大德曰生'과 구심성 나선운동의 생명 창조와 같다고 볼 수 있다.

또한 '구심력이 작용하는 원추형 나선운동은 온도를 떨어뜨리고 수축 농축시키는 경향이 있다'는 내용은 주역의 원형이정(元亨利貞)의 이정(利貞)에 해당하는 운동이고, 이와는 달리 '원심성의 운동은 온도를 끌어올리고 열을 발생시키며 확대·확장·폭발시키는 경향이 있다'는 원형이정의 원형(元亨)에 해당하는 운동으로 보인다. 즉 이정은 계절로 말하면 가을-겨울에 해당하는 것으로 에너지를 수렴하고 저장하는 기능을 의미하고, 원형은 계절로 말하면 봄-여름으로 생하고 확장 폭발하는 운동을 의미한다고 볼 수 있다. 그런데 바람직한 현상은 원형이정이 고르게 균형을 이루어야 하는데 현대사회는 원형, 즉 확대·확장·폭발에만 초점을 두고 강조하여 利貞적인 것, 즉 에너지와 힘을 수렴하고 저장하는 일을 소홀히 하여 현대사회의 문제와 위기를 초래하게 되었다고 볼 수 있다.

셋째, 빅터는 지금과 같은 문명체제는 생태계의 질서를 파괴시키고 인류를 포함한 지구 전체의 파멸을 초래할 것이라고 계속 경고해 왔다.

오늘날 인류가 문화라고 부르는 실제로는 생명력이 없는 기계적인 문명사회에 싱싱한 활력을 불어넣으려면 깊은 고요함과 건강한 역동성을 함께 지니는 대자연을 관조해 보려는 강한 열망이 요구된다. 인류는 자신의 독선적인 논리로서 이런 피상적인 문명사회를 만들어냈지만 오히려 이 괴물 같은 피조물이 주인을 집어삼키고 있다. 이렇듯 인류와 문명사회가 서로 대치하는 상황 속에서 자연의 질서와 조화는 더욱더 파괴돼가고 있으며 현실 또한 좋아질 전망이 보이지 않는다. 유일한 해결책은 인류가 독선과 오만을 버리고 대자연의 순리를 따르는 것이다. 실제로 인류 자체는 대자연 속에서 자연스럽게 생성된 피조물이며 자연의 질서와 조화 속의 한 부분에 불과하다. 그러면서 얼마 되지도 않는 시간 동안 전체 생명의 균형을 깨드려 놓았고 이제는 생명 그 자체마저 위태롭게 만들고 있다. 인류는 대자연 속에서 창조되었지만 스스로 자신만의 문명세계를 창조했는데, 시간이 경과하면서 대자연과의 상호관계는 점점 사라지고 이제는 대자연이 인류에게 아무런 의미가 없는 상황에까지 이르게 되었다. 이는 인류의 마음에 너무나 많은 기술적 자원의 힘이 포함되었기 때문이며, 이 배후에는 그릇된 지식과 무분별한 기술 발전 그리고 그에 다른 삭막한 문화가 자리 잡고 있다. 이러한 현대 기술문명이 모체인 대자연에서 이탈하는 것이 최고조가 될 때 인류는 결국 모래성처럼 무너질 것이며, 이는 일시적 위기가 아니라 현 문명의 영원한 종말을 불러올 것이다.

대자연은 역동적인 구심성의 원리에 따라 초월적인 지점까지 창조적으로 세상을 확장해가는 반면에 인류의 과학은 편협한 기계적인 모델과 기술 및 이론들에 갇혀서 대자연을 따라가지 못하고 오히려 역행하고 있다. 이를 이해하기 위해서는 현재의 고정관념을 타파해야 하며 기존의 뉴턴 물리학, 유클리드 기하학, 유물론 등과 같은 개념들에서 벗어나야만 한다. 그러나 대부분의 과학자들은 아직도 인식을 전환해야 할 필요성을 거부하고 있다. 이들은 위대한 과학자들로서 가우스, 로바체프스키, 리엔난, 아인슈타인 등의 이름과 업적을 거론하면서 현재 과학이론 체계의 우월성을 주장하지만 어떻게 보면 이들 위대한 과학자들의 업적이 오히려 자연의 실체를 더욱 가리고 있는 것이다.

비엔나 대학의 프레스콧(G. Pleskot) 교수는 발터 샤우버거와 그의 동료들의 직업에 대해 다음과 같이 평가하고 있다.

현재의 기술 이론이 기본적으로 유클리드 기하학과 뉴턴 역학의 개념에 바탕을 두고 있는 반면에 샤우버거 그룹의 이론적 개념은 훨씬 진보된 것이라서 유클리드 법칙이 적용되지 않는다. 따라서 비유클리드 법칙에서 말하는 초월장이라고 부를 수 있는 것이다.

발터는 피타고라스, 케플러, 가우스, 프랑크, 아인슈타인 등의 이론체계에서 한걸음 더 나아가 이들 이론들의 복합체를 인지해냈으며 이것을 우주법칙의 기본 개념으로 간주했다. 이 법칙들 속에서는 연속과 불연속, 시공간과 에너지라는 변증법적인 대립개념들이 자연스럽게 통일되어 있다. 이러한 통일적 개념들은 기술, 정치, 경제 등의 제반분야에서도 적용될 수 있으며, 이 같은 방법을 통해서 우리는 대자연에 좀 더 가까우면서도 인류에게 진정 가치가 있는 새로운 문명의 도식을 그려낼 수 있는 것이다.

한 가지 흥미로운 사실은 빅터가 이야기한 것처럼 구심성 원리가 우주의 생성과 발전의 법칙이라면 수학적으로도 당연히 우주 자체가 나선형 구조를 띠고 있어야 한다는 것이다. 우주의 기본 구조가 나선형 구조라는 것이 확인되면 역으로 빅터의 회전 나선운동이 생명의 기본운동 형태라는 것을 확신할 수 있게 된다.

　대자연은 직선형의 운동을 거부하는 경향이 있다는 빅터의 핵심이론을 고전물리학자들 중에서도 인정하는 학자들이 나타나고 있다. 원자 궤도의 전자들에서부터 은하계의 행성 운동에 이르기까지 대자연은 직선적인 움직임을 회피한다는 이치를 망각하고, 현재 기술들이 바탕으로 삼는 직선적 운동 모델을 계속 고집한다면 지구상에서 석탄, 석유 등의 고갈에 대한 책임도 아울러 짊어져야 할 것이다.

　위의 빅터의 자연관은 고전물리학적 직선적 기계론적 세계관과 전혀 다른 나선형적 우주관임을 나타낸 글이다. 그런데 빅터의 나선형구조의 자연관은 주역의 우주론적 순환론적 자연관과 아주 유사함을 볼 수 있다. 뿐만 아니라 현대사회 문명의 위기와 문제점은 고전물리학적 기계론적 직선적 자연관에서 비롯되었으며 이를 벗어나기 위해서는 대자연의 본래의 나선형적 유기체론적 자연관으로 바뀌어야 한다고 한 것은 주역의 자연관 세계관의 현대사회의 의미를 시사하고 있다.

　또한 빅터가 인지해낸 우주법칙의 기본 개념들 속에 '연속과 불연속, 시공간과 에너지라는 변증법적인 대립개념들이 자연스럽게 통일되어 있다. 이러한 통일적 개념들은 기술, 정치, 경제 등의 제반분야에서도 적용될 수 있으며, 이 같은 방법을 통해서 우리는 대자연에 좀 더 가까우면서도 인류에게 진정 가치가 있는 새로운 문명의 도식을 그려낼 수 있는 것이다'라는 표현은 주역의 음양론의 대대합일(待對合一)의 법칙과 유사한 개념이고 이 법칙이 제반분야에도 적용될 수 있다는 표현은 주역의 천인합일 사상과 같다고 볼 수 있다. 그리고 이러한 우주관은, 대자연에 좀 더 가까우면서도 인류에게 진정 가치가 있는 새로운 문명의 도식을 그려낼 수 있는 것이라는 표현은 주역학이 기계론적 직선적 세계관으로 초래된 현대사회 위기와 혼란을 벗어나 새로운 문명사회 창조를 위해 매우 의미 있는 학문이 될 것임을 시사하고 있다고 볼 수 있다.

　빅터의 현대사회 위기문제의 표현 중에서 '인류는 자신의 독선적인 논리로서 이런 피상적인 문명사회를 만들어냈지만 오히려 이 괴물 같은 피조물이 주인을 집어삼키고 있다'는 표현은 현대사회 과학기술문명의 인간에게 풍요와 편리성

을 제공해 주고 있지만 그 반대의 부작용과 문제점으로 나타난 위기가 현대과
학기술문명의 주인을 집어삼키려고 한다면 현대과학기술문명이 잘못된 발전임
을 볼 수 있다. 이와 유사한 예로서 최근에 인도네시아와 일본의 대지진으로
인한 쓰나미 현상은 인류가 그동안 과학기술로 이룬 문명사회가 하루아침에 물
거품이 되면서 인간의 생존에 심각한 위협으로 다가오고 있음을 경고하는 자연
의 경고 메시지와 같아서 더욱 우리의 현대문명의 문제점과 위기감을 실감할
수 있었다. 아무리 현대과학기술문명이 인간에게 풍요와 편리한 삶의 혜택을
준다 해도 인간을 집아 삼키는 쓰나미가 일어나도록 인간을 위해 자연을 파괴
해서는 안 된다고 본다.

넷째, 빅터는 자연계의 모든 것들이 음과 양, 밝음과 어두움, 따뜻함과 차가움,
남과 여, 밀고 당기는 등과 같이 양면성을 지니고 있다고 보았다. 이 서로 상반
된 성질 사이에는 상대적으로 낮은 곳에서부터 더 높은 곳으로 질적 승화작용을
하려는 일정한 흐름인 원추형 나선운동(Logarithmically Spiralling Movement)이 일
어나고 있다. 이러한 원추형 나선운동에는 두 가지 운동방식이 있다. 하나는 중
심에서부터 주변으로 흩어지는 원심력으로 인하여 중심에서부터 에너지를 발산
하도록 유도하는 외부지향적 운동이며, 다른 하나는 주변으로부터 중심으로 응
집하는 구심력으로 인하여 구심점을 향하여 에너지가 응집되는 내부지향적 운
동이다.

빅터 샤우버거 철학의 핵심은 힘은 생명이고 생명의 비밀은 양면성에 있다는
것이다. 자연에서 반대 극성이 존재하지 않는다면 아무런 인력도 반발력도 존
재하지 않으며 아무런 운동도 일어날 수 없다. 운동이 일어날 수 없다면 아무
런 생명도 존재할 수 없다.

위의 빅터의 자연계의 모든 것들은 양면성을 지니고 있다는 말은 주역의 음
양론을 정확히 표현한 것이고, 반대 극성이 존재함으로서 반발력과 운동이 일어
나고 운동이 일어남으로써 생명이 존재한다는 표현은 주역의 상반상성(相反相成)
의 법칙을 나타낸 것이다. 주역의 음양론에서 상반상성의 법칙이란, 서로 반대
되는 또는 상호 모순적인 관계를 상호 배척적인 관계로 보는 것이 아니라 상호

성취의 관계, 더 나아가 운동의 추동력의 근거로 본다.

다섯째, 빅터의 대자연의 연구방법과 주역의 연구방법에 있어서 매우 유사점이 있다. 빅터는 그 당시 과학자들의 연구방법인 대자연과 유리된 실험실에서 연구에만 몰두하는 과학기술자와 다르게 대자연 속에서 실제 관찰을 통해서 연구를 하였다는 점에서 보다 객관적이고 생생한 연구라고 볼 수 있다. 그 당시 과학기술자들의 대자연과 유리된 실험실 내에서 연구는 대자연의 본래의 모습을 종합적으로 고찰하였다기보다는 제한적(limited)이고 통제된(control) 실험장치에 의해서 연구하여 부분적이고 단편적으로 발견된 결과들이기 때문에 자연 본래의 모습을 꿰뚫어볼 수 있는 연구를 할 수 없었다고 본다.

주역이 우주론적 관점에서 관찰하여(仰以觀於天文 俯以察於地理 遠取諸物 近取諸身) 연구한 방법과 빅터의 대자연 속에서 실제 관찰을 통해서 연구하였다는 점은 유사한 연구방법이었다. 그러나 주역은 그 연구의 범위와 접근방법이 우주론적이고 보이지 않는 세계까지를 통투해서 관찰하였음은 빅터가 대자연 속에서 보이는 세계에 대해서 주로 가까운 객관적인 자연을 대상으로만 관찰하여 연구한 방법과 접근방법과는 확연한 차이가 있다. 그러나 그 연구결과가 앞에서 서술한 바와 같이 유사한 점이 많다는 점에서 매우 흥미 있는 일이라고 본다. 따라서 빅터의 연구결과가 뒤 늦게나마 주역의 이치와 원리를 매우 의미 있게 입증해주고 있음은 매우 고무적이고 흥미 있는 일이라고 생각된다.

이상 지금까지 빅터 샤우버거의 자연관을 주역의 세계관의 관점에서 다섯 가지로 나누어서 살펴보았다. 결론적으로 말하면 빅터 샤우버거의 자연관은 주역의 원리를 대자연의 현실세계에서 하나하나 입증하여 보여주는 것처럼 보인다. 빅터가 주역을 배우고 연구하여 주역의 세계관의 관점에서 대자연의 현상 속에서 주역의 원리를 입증하고 찾아낸 것은 물론 아닌데도 불구하고 그 결과는 주역의 원리 또는 이치와 아주 유사하게 나타났다는 것은 매우 흥미로운 일이다. 이는 수천 년 전 우리 조상들이 주역에서 밝혀 놓은 우주 자연의 이치와 근대사회 빅터의 자연관이 일치한다는 점이 매우 의미 있는 일이다. 빅터 샤우버거의 대자연의 이치는 자연에서 유리된 실험실에서 실험조작을 통해서 얻은 법칙이나 원리가 아니고 직접 생생한 대자연 속에서 관찰하여 알아낸 원리라는 점에서 보다 현실 적합적인 과학적 지식이라고 볼 수 있다. 그러한 대자연의 원리가 주역의 이치와 일치한다는 점에서 주역의 과학성을 간접적으로나마 입증이 된다고 볼 수 있다.

뿐만 아니라 현대과학기술문명의 병폐와 위기를 극복하기 위해서 새로운 세계관 자연관을 빅터가 제시하고 있음은 다른 말로 하면 주역의 학문적 의미가 새롭게 부각됨을 느낄 수가 있다.

빅터 샤우버거에 대한 글을 쓴 저자인 올프 알렉산더르손은 빅터를 환경 파수꾼이라는 제목 하에 빅터 샤우버거의 연구결과를 다음과 같이 논평하였다.

빅터의 이론과 연구결과들은 다양한 분야에 폭넓게 전파되어 환경보존을 위한 인식전환에 자극제 역할을 하고 있다. 그는 현재의 과학이 대자연을 한 음정 낮게 인식하고 있다고 비판했다. 바꿔 말해 기계적이고 물질론적인 패러다임이 우세해지면서 대자연의 질적인 면이 희생되었다는 것이다. 최근에 빈번하게 나타나는 각종 자연재난과 기후변화현상을 볼 때 빅터의 이야기 속에는 선견지명이 있음을 확인할 수 있다.

아직까지도 우리와 대자연과의 관계에서는 경제적, 기술적 우위성과 이윤만을 추구하는 잘못된 관행들이 팽배해 있다. 또한 생태계를 되살려야만 하는 시급한 상황에 놓인 우리가 취할 수 있는 자구책 역시 대자연의 실제 방법과 상당한 거리를 두고 진행되고 있다.

빅터는 모든 과학이 대자연의 기본적 사실에 입각한 방향으로 힘과 지혜를 모아야 한다는 것을 강력하게 호소하는 것이다. 이러한 인식의 대전환이야말로 현재 과학 분야에서 가장 시급하게 개선되어야 할 과제이다. 또한 정치 경제학자들도 이러한 새로운 사고에 적극 동참해야 한다. 대자연은 더 이상 물질적인 자원의 창고가 아니며 우리 생명의 근원이다. 자연 파괴가 계속 진행될 경우 우리 생활의 질적 악화는 물론 전체 생명에 엄청난 위협을 가져다줄 것이다. 공기와 물과 먹이사슬이 생명체를 영위하기 위한 기본적 조건들에서 멀어지면 일반적으로 생태계 파괴로 이어지게 되며 이것은 다시 우리의 경제적, 정치적,

사회적 파괴로 옮아가게 된다. 따라서 대자연의 건강과 인류의 복지가 같은 연장선상에 있음을 밝혀주고 끊임없이 강조해 온 빅터 샤우버거야말로 시대를 앞서간 위대한 선구자라 아니할 수 없다.

위의 글은 결국 현대 물질론적 기계론적 과학관을 벗어나 유기체론적 생태론적 세계관으로 변화의 필요성을 강조하는 내용이고 그것의 구체적 학문이 <주역>이라고 볼 수 있다. 따라서 현대사회 물질론적 기계론적 과학으로 야기된 현대사회 문제와 위기를 근본적으로 해결하기 위해서는 새로운 과학이 필요한데 그 과학기술이 주역에서 비롯된 역학과 역술임을 시사하고 있다.

<u>제4부</u>

주역과 타 경전

일반적으로 볼 때 세계 3대 경전이라고 하면 동아시아의 역경인 주역, 인도 불교의 불경, 중동에서 발원한 서구의 크리스트교의 성경이 있다. 그리고 우리나라의 최초 그리고 세계 최초의 경전이라고 하면 천부경이 있다.

우리나라 전통사상이며 건국이념인 홍익인간에 해당하는 한 사상의 배경이 되는 경전 천부경은 아직은 제도권 사학계에서는 정식으로 인정을 받고 있지는 않지만 재야 사학자들과 비제도권 동양학자들에게는 일반화된 경전이다.

그런데 제도권 교육학문 세계뿐만 아니라 지도층들까지도 도가의 도덕경, 불교의 불경, 기독교의 성경에 대해서는 두루 알고 있는데 비해서는 역경을 얘기하는 사람들은 드문 것 같다. 뿐만 아니라 사서삼경 중에서도 가장 근원적이고 종합적인 학문이 주역인데 논어 맹자는 많이 이야기하는 소리는 들었어도 주역인 역경에 대해서는 별로 이야기하는 사람들이 없다.

동아시아의 가장 대표적인 학문이 주역인데 주역을 이야기하는 사람들이 별로 없다는 것은 뭐가 잘못된 것이다. 더욱이 과학기술이 중요한 지식산업시대에 이 시대에 가장 의미 있는 학문은 사서삼경 중에 윤리도덕뿐만 아니라 과학기술적 학문의 근원적 학문인 주역과 주역에서 비롯된 역학과 역술인데도 이에 대해 이야기하고 있지 않다는 것은 희한한 일이다. 그런데 제도권 학계에는 이 시대에 별로 중요하지 않은 논어 맹자 중심의 윤리도덕적 철학사상과 성리학이야기만 풍성하다. 그러나 비제도권의 일반 국민들은 제도권의 식자층 지도층과는 전혀 달리 논어 맹자 성리학 노자 장자에는 관심 없지만 미아리철학관 중심의 역학과 역술에 대단히 관심이 많다. 누가 진정으로 이 시대에 맞게 동양학을 하고 있는가?

역사적 발생순서로 볼 때, 우리나라 천부경이 제일 오래된 경전이고(6000여 년 전), 그다음 역경인 주역(5000여 년 전), 불경이 3000여 년 전, 성경이 2000여 년 전에 발생한 경전이다. 그런데 우리나라 역인 천부경은 거의 맥을 찾기도 어렵고 또한 그 내용이 구체성과 실용성이 부족하여 사상철학적 차원에서 막연히 명맥만 전해오고 있는 것 같다. 또한 천부경은 일반적으로 세계적으로 잘 알려지지 않았다. 그러나 천부경과 주역은 상호 밀접하게 관계가 있는 경전인 것 같다.

역경인 주역을 지은 복희 문왕 주공 공자 네 성인과 불경을 지은 석가 그리고 성경을 지은 예수 모두 성인들이라는 점에서 같다. 단지 우주와 인간의 진리를 표현하는 방법과 형태가 다를 뿐 같은 내용이라고 볼 수 있다. 상식적으로 볼 때 최고의 성인들이 인간을 위해 진리를 전하신 말씀이나 학문이 다를 이유가 없다고 본다. 진리는 하나인데 세 성인의 인간을 위해 전한 내용이 다를 이유가 없다고 본다. 그래서 세 경전이 나타내고 있는 가장 대표적인 이념도 같다.

즉, 주역에서는 생, 불경에서는 자비, 성경에서는 사랑 모두 같은 개념이다.

역경이 불경·성경과 다른 점은 불경과 성경이 부처님 하느님 예수님의 말씀을 제자들과 후대 사람들이 모아놓은 글이라면 주역은 음양오행론에 입각한 성인이 체계화한 학문이다. 주역은 음양오행의 이치에 의해서 천지변화를 체계적으로 나타낸 학문이라는 점이 불경·성경과 다른 점이다.

주역의 가장 큰 특징은 생을 예찬하고 있다는 점이다. 대만의 대만대학교수인 고회민 교수에 의하면 주역과 불경 그리고 성경을 다음과 같이 비교하고 있다.

주역은 문장 구석구석에 삶의 즐거움이 넘쳐흐르고 있다는 것이다. 불교처럼 세상을 고통스러운 곳으로 보거나 기독교처럼 생명을 죄악시하는 태도는 전혀 찾아볼 수 없다. 주역은 삶이 선하다는 것을 긍정하며 생명의 존재를 직시하고 생명의 의미를 예찬하는 철학이고 종교이며 과학이다.

예를 들면 주역이 천지 이치를 나타낸 글이라고 하면 이를 대표하는 주역의 첫 번째 괘에 해당하고 하늘을 나타내는 건괘와 땅을 나타내는 곤괘를 나타낸 글을 보면 이를 알 수 있다.

크도다. 건원이여, 만물이 이것에 의하여 시작되는구나(大哉乾元, 萬物資始).
지극하도다. 곤원이여, 만물이 이것에 의하여 생겨나는구나(至哉坤元, 萬物資生).

건원이 만물의 '시초'를 여는 것과 곤원이 만물을 '낳는' 것은 역철학 사상의 출발점이다. 공자가 건·곤 두 괘의 '단전'에서 붓을 들자마자 건원의 덕을 '크도다'하고, 곤원의 덕을 '지극하도다'하여 극찬하였는데 역학의 생명에 대한 중시를 여기서 볼 수 있다.

공자가 주역을 해설한 계사전에 보면

낳고 또 낳는 것을 역이라고 한다(生生之謂易)
천지의 큰 덕을 생이라고 한다(天地之大德曰生)

공자는 '생'의 의미에 대해서 말할 때 마다 항상 '천지'를 언급하는데, 이것은 사람이나 만물이 모두 '천지'의 큰 '생' 안에서 존재하는 것으로 사람과 사물은 각각 작은 생명이요, 우주는 하나의 큰 생명이기 때문이다.

제1절 천부경

> 일시무시일석삼극무진본(一始無始一析三極無盡本)
> 천일일지일이인일삼(天一一地一二人一三)
> 일적십거무궤화삼(一積十鋸無匱化三)
> 천이삼지이삼인이삼(天二三地二三人二三)
> 대삼합육생칠팔구(大三合六生七八九)
> 운삼사성환오칠일(運三四成環五七一)
> 묘연만왕만래용변부동본(妙衍萬往萬來用變不動本)
> 본심본태양앙명(本心本太陽昂明)
> 인중천지일일종무종일(人中天地一一終無終一)

천부경은 우주만물의 생성변화를 81자로 설명한 우리나라 최초의 우주 원리
서이다. 천부경의 깊은 뜻을 먼저 알아야 한다. 많은 해석이 가능하겠으나, 우
선 역학적으로 해석해야 천부경의 우주 이치를 바로 알 수 있다. 천부경 글을
대산 김석진 선생이 역학적 시각에서 해석한 글을 소개하면 다음과 같다.

> "'한(一)'에서 비롯됨이니 비롯됨이 없는 '(한)'이다.
> 세 극으로 나누어도 근본은 다함이 없다.
> 하늘은 하나이면서 첫 번째요, 땅은 하나이면서 두 번째요,
> 사람은 하나이면서 세 번째다.
> 하나가 쌓여 열로 커가니 어그러짐 없이 삼극은 조화를 이룬다.

하늘도 둘이요 셋, 땅도 둘이요 셋, 사람도 둘이요 셋이다.
큰 셋을 합하여 여섯이 된다. 일곱, 여덟, 아홉을 낳는다.
셋과 넷으로 운행하고, 다섯과 일곱으로 고리를 이룬다.
'한(一)'이 묘하게 커져 만이 되어가고 만이 되어 오나니,
쓰임은 변하나 근본은 변하지 않는다.
사람의 본심이 태양의 밝은데 근본 하니,
사람이 하늘 땅 가운데에 들어 하나가 된다.
'한(一)'에서 마침이니 마침이 없는 '한(一)'이다."

상고사를 연구하는 재야 사학자들에 의하면 천부경은 상고시대부터 전해 내려온 우리 배달민족의 경전이라는 것이다. 상고사에 의하면 단군조선시대 이전의 배달국시대부터, 즉 단기 앞 1564년부터 천황이 백성에게 천부경을 가르쳤다 한다. 천부경의 역사는 지금으로부터 약 6000년 전에 시작된 것이다.

6000여 년 전 그렇게 아득한 먼 예전에 우리 민족에게 경전이 있었다는 사실 그 자체가 매우 흥미롭다. 천부경은 6천 년 인류문명사에 인간이 기록하고 가르친 경전 중 가장 간결하고, 가장 완전하고, 가장 오래된, 가장 심오한 진리서라는 것이다. 복희가 시획을 하여 탄생한 주역도 그 조종은 천부경이라는 것이다.

천부경의 역사가 그토록 오래되었음에도 불구하고 그것을 제대로 아는 이는 극히 드물다. 그렇게 된 연유는 역대의 왕조가 불교나 유교에 치우쳐 천부경을 배척하거나 금기시하였고, 일제시대에는 민족의 혼을 말살하는 정책 때문이었고, 현재는 서양에 정신이 나가 의식이 혼미해진 탓일 것이다.

최의목 교수는 그의 저서인 「도통하는 천부경」에서 천부경에 대해서 다음과 같이 기술하고 있다.

천부(天符)란 말은 '하늘의 이치에 부합되는' 또는 '하늘이 내려 준다'는 뜻이다. 따라서 천부경은 하늘이 내려준 경전인 것이다.

천부경은 우주의 창생원리와 우주만물의 운행법칙을 밝히고, 자연의 이치에 따르는 인간의 도리를 천명하고 있다. 다시 말해서 천부경은 하늘의 법도, 땅의 법칙 그리고 인간의 윤리도덕의 기준이 되는 가치를 밝힌 경전이다.

고운(孤雲) 최치원 선생은 천부경을 일러 유불선 삼교를 포함한다고 했다. 경전으로서 유교, 불교, 선도 각각의 내용이 방대하고 심오함이 대단하다. 그

방대한 내용을 오직 81자로 압축시켜 놓았기 때문에 천부경은 난해하다 못해 일종의 암호문과 같은 느낌을 준다.

경전이란 옳고 그름을 밝혀 인간이 행할 것과 삼가야 할 것을 가르쳐 주는 것이다. 행해야 하는 것은 진리이고, 삼가야 하는 것은 거짓이다. 그러나 보는 관점을 잘못 잡으면 진리가 진리일 수 없고, 거짓 또한 거짓이 아닌 진리가 될 수 있는 것이다. 그 까닭은 사물의 안과 밖은 연결되어 있고, 그 모습은 시간적으로 변모되고 변질될 수 있기 때문이다. 그러므로 법과 진리를 구하기가 그만큼 어렵다.

천부경은 사물의 겉과 속, 상하좌우, 본과 말, 시작과 끝을 보게 하여 진리의 진수가 무엇인가를 스스로 터득케 한다. 따라서 천부경을 잘 이해하면 이 세상과 우주 대자연의 본질과 그 운행 원리, 즉 쉬운 말로 사물의 이치를 온전히 깨칠 수 있다.

천부경은 천지인 사상의 경전이다. 천부경은 하늘의 뜻, 땅의 이치 그리고 인간의 도리가 어떻게 성립된 것이며, 하늘과 땅과 인간이 서로 어떠한 관계에 놓여 있는가를 알려 준다. 즉, 우주의 원리가 하나이며, 이 하나를 꿰뚫으면 하나님의 마음을 이해하여 하나님에게로 가까이 갈 수 있다는 말이다. 한마디로 깨달음을 얻는다는 뜻이다. 천부경은 깨달음의 경전이므로 이해하고 암송하면 도통할 수 있게 된다는 것이다.

천부경의 가장 기본적이고 근본적인 이념은 홍익인간(弘益人間)과 이화세계(理化世界)의 정신을 담고 있다. 홍익인간이라 함은 많은 사람을 이롭게 한다는 뜻이며, 이화세계란 사람이 살아생전에 이 세상을 밝게끔 이치에 맞게 꾸려간다는 뜻이다. 홍익인간, 이화세계는 큰마음을 갖고 마음의 평화를 찾는 데 있다. 큰마음은 전체를 생각하는 마음이며, 바로 이것이 우주심의 표현이며, 하느님의 마음이라고 할 수 있다.

천부경은 이러한 정신을 숫자로 설명하고 있다. 그 숫자는 1부터 10까지의 수이다. 몇 자 안 되는 문자와 함께 이들 숫자로써 천부경은 우주의 원리, 물리 법칙 이전의 법칙, 진화의 원칙, 자연의 본성 등을 천명하고, 인간이 지켜야 할 가치를 밝혀 준다. 따라서 천부경은 수리철학과 정신물리학에 근거한 사상적 경전이라고 할 수 있다는 것이다.

우리나라의 신선도와 풍류도 그리고 한 사상, 한 철학의 배경이 되는 3대 경전이라고 하면 천부경 외에 삼일신고와 참전계경이 있다. 이를 삼화경이라고 한다.

천부경은 우주의 근본원리를 다루는 81자로 이루어져 있으며, 진화창조의 원리, 수승화강의 원리, 본성광명의 원리, 우아일체의 원리, 영생의 원리를 담고 있다. 삼일신고는 사람들이 살아가는데 지켜야 할 도리를 다루고 있으며, 366자 5장으로 나뉘어져 있으며, 하늘, 하느님, 하늘나라, 우주, 인간에 대한 가르침을 담고 있다. 참전계경은 치화경(治化經)으로서 성, 신, 애, 제, 화, 복, 보, 응 등의 8강령으로 나뉘어져 있다.

'천부경'과 '삼일신고' 그리고 '참전계경'은 아득한 옛날 처음 하늘이 열렸을 때부터, 입에서 입으로 전해져 내려온, 하늘의 가르침이라고 알려진 우리 민족 최고의 경전인 이른바 개천성서(開天聖書)이다.

이 세 경전 속에는 우주의 이치와 원리, 하늘과 땅과 사람의 생성원리 그리고 이 세상만물을 감싸고 있으면서 모두에게 생명을 불어넣고 키우고 거두어들이면서도 자신은 전혀 변함이 없는 하늘의 본체, 나아가 그 본체를 깨치고 하늘이 내린 참 본성에 따라 삶을 살아야 한다는 가르침이 자세히 적혀 있다. 다시 말해 이 세 경전 속에는 우주의 본체, 그 본체와 인간의 관계 그리고 그 진정한 관계 속에서 우러나는 인간의 삶에 대한 얘기 등이 폭넓게 전개되어 있다.

지금까지 서구 사람들은 한국이란 한갓 중국문화의 위성권에 속해 있었으며, 한국문화는 일본에 와서야 완성되었다고 믿고 있다. 한국 사람들마저도 자신의 전통문화에 대한 이런 식의 이념과 종교를 맹목적으로 받아들인 사람들이 있음을 볼 수 있다.

그러나 최근의 고고학 발굴 등 새로운 역사 연구는 이러한 한국에 대한 견해를 전혀 다른 방향으로 바꾸어 놓고 있으며, 새로운 양상을 우리에게 보여 주고 있다. 즉, 한국은 중국의 위성문화권에 속하는 것이 아니라 그 역사의 초창기에 중국문화를 창조한 주인공이며, 동시에 자국의 고유한 문화를 지켜 보존해왔다는 사실이다. 지금까지 중국문화로 알려져 있던 것들의 많은 부분이 한국의 전통문화 속에 그 순수한 모습 그대로 보존되어 내려오고 있다.

천부경과 주역

대산 김석진 선생은, 우리나라 삼대 경전 중에 특히 천부경의 이치는 주역의 이치와 매우 유사하다는 말씀이시다. 그러므로 상고시대의 사상은, 한 뿌리에서 나온 것이라고 볼 수 있다는 것이다. 그런데 천부경뿐만 아니라 주역의 발생 근원지도 우리나라라는 것이다.

우리나라의 상고사 시대의 역사와 문화에 대한 기록서인 『한단고기』에 의하면, 주역의 창시자인 복희씨에 대한 기록이 있다. 『한단고기』에 의하면, 배달국의 5대 천황인 태우의 한웅의 열두 아들이 있었는데, 열두 아들 중 막내아들인 태호가 바로 복희씨라는 것이다.

천부경의 첫 구절에 '一始無始'는 주역의 무극 태극의 내용이고, '一析三極'은 태극에서 천지인삼재가 나온 것을 의미한다. 無盡本, 그리고 '天一一 地一二 人一三'은 태극에서 천지인이 탄생하는 순서를 나타낸 것이다. 즉 천일일은 태극에서 하늘이 제일 먼저 나오고, 그다음 땅이 탄생해서 지일이라고 했으며, 인이 제일 나중에 나왔으므로 인일삼이라고 표현했다. 그다음의 내용도 대산 김석진 선생님의 강의에서 보면 거의 주역의 이치와 연결해서 설명하고 있다.

결국 천부경과 주역이 하늘의 이치에 딱 부합되는 글이다. 즉 주역과 천부경은 우주삼라만상의 변화 이치를 나타낸 경전이라는 점에서 유사하다고 볼 수 있다. 다만 차이점은 천부경은 하늘의 이치를 81자로 압축해 놓은 경전이고, 주역은 상(象)과 수(數)인 태극과 음양오행의 원리에 근거해서 팔괘와 64괘로 더 구체화해 놓은 경전이라고 볼 수 있다.

제14장

주역과 불경

　우리나라의 불교계의 큰 스님이었던 탄허스님께서는 유불도 삼교에 두루 통달하였는데 불교와 주역과의 관계에 관한 말을 기록한 책인 『피안으로 이끄는 사자후』에서 다음과 같이 언급하고 있다.

　스님께서는 인간이 사물을 인식하는 방법으로 지(知)와 각(覺)을 구별해서, 지는 그냥 아는 것을 말하고, 각은 아는 것이 끊어진 자리를 말하는 것으로 구분하였다. 각은 인식의 상태가 끊어진 자리를 말하고, 이를 유교에서는 眞知, 즉 참되게 아는 것이라고 표현한다는 것이다. 그런데 일체 중생은 그냥 중생이라고 하지 각(覺)이라고는 하지 않는다. 다시 말해서 각(覺)이란 일체의 인식이 절한 경지 일체의 망상이 절한 경지를 의미한다는 것이다. 그 경지가 불교에서 궁극적으로 도달하려고 하는 부처의 자리라는 것이다.

　이와 유사한 사물의 인식방법이 세계적인 명상의 대가였던 인도의 크리슈나무르티(Jidu Krishnamurti)에 의해서도 다음과 같이 언급되고 있다.

"현대사회의 분석적 학문의 문제점에 대하여 살펴보면, 문제에 대해서 더 많이 생각할수록, 더 많이 조사하고 분석하고 논의할수록, 그것이 더 복잡해지기만 한다. 그래서 정신 수련자(불교의 선 수련, 주역의 기 수련, 각종 명상 수련자)들은, 그 모든 것을 포괄적으로 온전한 하나로 이해하여야 한다는 것이다. 문제를 하나하나 따로 격리시켜놓거나 나누어놓지 않고 '전체'로서 살펴볼 때에만 해결될 수 있다는 것이다. 그렇게 하기 위해서는 '나' 안에, 자아 안에, 그리고 전통, 조건화, 선입견, 희망과 절망이라는 배경 안에 뿌리를 가지고 있는 '생각이라는 작용이 멈출 때'에만 그렇게 할 수 있다는 것이다."

　위의 글에서 현대사회 분석을 하여 사물을 아는 것은 탄허스님의 '지(知)'에 해당하는 것으로 볼 수 있고, '생각의 작용이 멈출 때'는 불교의 '아는 것이 끊어진 자리'의 '각(覺)'에 해당하는 경지라고 볼 수 있다. 바둑이 철수 중심의 개개의 사물에 근거해서 조사하고 분석적 인식 방법으로는 현대사회 모든 문제를 정확하게 인식할 수 없고 전체를 포괄적으로 살펴볼 때에만 해결할 수 있다는 것이며, 그러기 위해서는 생각의 작용이 멈출 때, 즉 각(覺)을 하여야 사물을 정확하게 인지한다는 것이다.

주역에서도 이와 유사한 인식론이 있다. 주역의 계사전 제10장에 보면,

> "易은 無思也하며 無爲也하야 寂然不動이라가 感而遂通天下之故하나니 非天下之至神이면 其孰能與於此리오.(역은 아무런 사고도 행위도 없이 적연부동하다가, 일단 감응하면 천하의 모든 이치에 통한다. 천하의 지극한 신묘함이 아니고서 누가 이에 참여할 수 있겠는가?)"

주역의 사물에 대한 인식론의 방법으로 아무 생각도 행위도 함이 없이 고요함이 극에 이르러 완전히 정지된 상태, 즉 '마음이 텅 빈' 경지에 이른다면 그때는 만사를 다 알 수 있다는 것이다. 이러한 인식방법에 의해서 인지하게 된 것이 주역이라는 의미이다.

불교사상을 몇 마디로 요약한다고 말하면 그것은 '각(覺)', 즉 깨달음에 있다는 것이다. 그런데 그 깨달음의 구체적인 내용이 주역의 역학적 원리로 볼 때 '태극'이라는 것이다. 다른 말로 하면 음양론이다. 태극이 생양의(生兩儀), 태극의 한 기운이 양의, 즉 음양을 낳고, 兩儀生四象 양의를 갖추니까 사상이 나오고, 또 사상팔괘사상이 갖추어져 팔괘가 되는 것이다. 그리고 또 팔팔은 육십사니까 육십사괘가 되는 것이다. 이것이 주역의 체계적인 이론을 의미한다.

토인비 교수가 그래서 동양의 주역의 음양학은 세계 사상의 기본적인 이론이라고 칭찬하였다는 것이다. 그들이 서구 우월적 인종차별은 심하게 하지만 학문적으로는 동양학 특히 주역에는 고개를 수그렸다는 것이다.

주역에서는 육십사괘만 부연하고 말았지만 그걸 더 부연하면 육백사십도 되고 육천사백괘도 되며 육억사천만도 되어 한없이 나갈 수 있다는 것이다. 이것을 다시 말하면 무엇을 의미하느냐 하면, 일본만수(一本萬殊), 하나의 근본에서

만 가지 다른 것이 벌어졌다는 원리를 말하는 것이다. 이것을 불교에서는 만법일귀(萬法一歸)라고 하는 말과 같은 내용이라고 볼 수 있다.

태극(가장 극진한 진리)은 우주만유를 자아내지 않고는 못 견디는 성격이 있다는 것이다. 그것이 주역의 진리라는 것이다. 주역의 학문은 복희, 문왕, 주공, 공자 네 성인이 완성하고 부연한 학문인데 한 마디로 말하면 만수일본(萬殊一本), 만 가지 다른 것이 한 근본으로 돌아간다는 의미이다.

주역의 육십사괘를 소급해서 말하면, 육십사괘가 팔괘에서 나왔으며, 팔괘는 사상에서, 사상이 양의에서, 양의는 태극에서 나왔다. 그러면 태극은 어디서 나왔느냐? 태극이 나온 자리를 알면 그것을 도통한 자라고 말할 수 있다. 석가 공자 예수는 태극이 나온 자리를 본 사람들이다.

태극을 아는 것을 覺이라고 한다. 그것이 불교의 근본사상이다. 그러면 그 자리, 우주만유가 한 근본으로 돌아간 그 자리는 천당도 지옥도 없다. 그렇게 해탈시키는 것이 성인의 학문인 주역이다.

결국 위의 탄허스님의 말씀은 불교의 각을 통하여 인지한 궁극적 진리가 주역의 태극 음양이라는 말이다. 즉, 주역의 태극 음양은 불교가 추구하는 궁극적 진리의 자리인 깨달음의 궁극에 다다른 부처의 자리에 해당되는 진리라는 것이다. 그렇다면 부처님의 말씀을 전한 불경은 태극에서 출발한 주역과 같은 내용이라고 볼 수 있다. 단지 표현방법이 다르다. 즉, 불경은 말씀으로 궁극적 진리를 전한 것이고, 주역은 태극음양의 이치로 체계화된 학문으로 진리를 나타낸 것이라고 볼 수 있다.

대산 김석진 선생의 스승이신 야산 이달 선생께서도 선불유(仙佛儒)를 함께 하셨는데 그 이유는 '주역은 모든 도와 교를 초월해 태극사상으로 귀일하는 것이다. 천지인 삼합이 일체이고, 선불유 삼도가 일체로서, 모두 주역에 귀일하는 것이다'라고 하셨다. 선생께서는 철저한 유학자이시면서도, 선도와 불도에도 무불통지하셨고, 후천시대에는 유불선이 합치된다고 하셨다. 이 사상은 후일 '태극지하(太極之下)종교연합회'를 결성하는 근본정신이 되기도 하였다.

불경의 부처님의 말씀을 선택적으로 취하여 주역의 음양론적 이치와 비교 설명하고자 한다.

첫째, 상식적으로 불교에서 비롯된 가장 회자되는 말 중에 '인생무상, 제행무상'이라는 말이 있다. 인생무상 제행무상은 주역의 변역(變易)과 같은 말이다. 주역은 모든 우주삼라만상이 변하고 변한다는 것을 전제로 발달한 학문이다. 해와 달의 운행에 따른 낮과 밤 그리고 추위와 더위, 동물과 식물의 태어나고 죽음, 인간의 생과 사 그리고 부귀와 권력 등의 부침 등, 우주 자연 안의 모든 현상은 한시도 가만히 있지 않고 천변만화한다. 이렇게 변화하는 측면을 변역과 교역의 두 가지 개념으로 나누어 볼 수 있다. 즉, 변역이라고 할 때는 음과 양이 유행한다는 뜻으로, 음이 변해서 양이 되면 양이 성한 시기이고, 양이 변해서 음이 되면 음이 성한 때라는 것이며, 교역이라고 할 때는 음과 양이 서로 대대(對待)한다는 뜻으로, 음은 음대로 있고 양은 양대로 있으면서 때와 장소에 따라 많이 모이고 적게 모이는 차이만 있다는 것이다.

그리고 변역과 교역의 현상 속에는 일정한 질서와 변화지 않는 법칙이 있어, 그러한 이법에 따라 변화가 이루어지므로 이러한 불변의 이법을 강조하여 불역(不易)이라고 한다. 변역·교역과 불역은 인위적으로 가꾸고 바꾼 현상이 아니라 극히 우주론적 자연의 섭리이다. 역은 변역 교역의 측면이 있으므로 만물이 생성하고 변화하는 과정을 담을 수 있으며, 불역의 측면이 있으므로 항구한 도가 있어 영원불멸할 수 있다(윤상철, 『주역입문』).

불교에서는 인생무상 제행무상이라고 막연하게 말했지만, 주역에서는 불교의 무상과 유사한 변역의 내용으로 만물만사를 음양이라는 두 개의 개념으로 설정해서 상호관계를 고찰하여 만물의 변화를 구체적이고 실용적 과학기술적으로 나타내고 있다. 즉, 앞에서 말한바와 같이 음이 변해서 양이 되면 양이 성한 시기가 되고, 그렇다고 영원한 양의 시기가 계속되는 것이 아니고, 언젠가는 다시 양이 변해서 음이 되면 음이 성한 시기가 되는 것과 같이 일정한 법칙적으로 변화하는 현상을 이론적으로 나타내고 있다.

변하고 변한다는 관점에서 불교의 제행무상(諸行無常)과 주역의 변역(變易)은 같은 내용이나 불교의 제행무상은 막연하게 표현하였으나, 주역의 변역은 음양이라는 개념을 설정하여 음양 간의 상호 변화하는 현상을 법칙적으로 이치적으로 나타내 준다는 점에서 보다 구체적이고 과학적이다.

둘째, 불교의 잠보장경 글 중에, 유리하다고 교만하지 말고 불리하다고 비굴하지 말라 역경을 참고 이겨내고 형편이 잘 풀릴 때를 조심하라.

이는 주역의 변역의 관점에서 나타낸 표현과 같은 내용이다. 역은 인간을 비롯한 만물만사가 변하고 변하는 현상을 나타내고 있는데 그 변하는 현상에 일정한 법칙인 불역이 있다. 즉 음이 극하면 양이 나타나고 그래서 양이 번성한 시기가 되고 양이 번성한 것이 극에 다다르면 음이 나타나 양이 음으로 변하고 음이 번성한 시기가 되고, 음의 번성이 극에 다다르면 다시 양이 나타나 음이 양으로 변하여 양의 시기가 된다. 즉, 주역의 일음을양지위도의 현상을 말하고 간단히 표현하면 물극필반(物極必反)적 현상을 의미한다.

주역의 변역의 도의 관점에서 볼 때, '유리하다고 교만하지 말라'는 말은 유리하다는 것은 양의 시대이고 양의 시대라고 영원히 양의 시대가 지속되는 것은 아니고 반드시 음의 시대로 변화하기 때문에 그때, 즉 불리한 음의 시대에 비참해지지 않으려면 유리한 양의 시대에 교만하지 말라는 경고의 메시지이다. 만약 유리한 양의 시대에 교만하지 않고 겸허하면 불리한 음의 시대에 비참해지지는 않는다고 볼 수 있다. 이러한 예는 개인적인 일뿐만 아니라 작금의 정치 경제계에 흔히 일어나는 현상들이다.

'불리하다고 비굴하지 말라'는 음지에 있다고 절망감 속에서 비굴하지 말라는 것이다. 불리하다는 것은 음의 시대이고 음의 극성 시대가 지나면 다시 유리한 양의 시대가 도래하므로 그때를 바라고 희망을 잃지 말고 비굴하지 말라는 것이다. 우리나라 말에 '음지가 양지 되고 양지가 음지 되고 돌고 도는 인생 물레방아 인생 사람팔자 시간문제이다'는 말이 이것이다. 그래서 '역경을 참고 이겨내고 형편이 잘 풀릴 때를 조심하라'는 말이 나왔다고 본다.

"음지가 양지 되고 양지가 음지 된다, 돌고 도는 인생 물레방아 인생, 사람팔자 시간문제다, 그래서 사람은 오래 살고 보아야 한다"는 말은 우리 국민들의 일상적인 말 중에서 가장 많이 회자되는 말 중의 하나라고 본다. 이 말은

음양론의 원전인 周易 繫辭傳의 핵심 변화이론인 "一陰 一陽 之謂道"를 일상
적인 말로 변형되어 사용되는 말들이라고 볼 수 있다. 이는 다른 말로 하면 우
주대자연의 법칙과 같이 영원한 양지도 영원한 음지도 없고 모든 것은 반드시
양지가 음지 되고 음지가 양지된다는 말이다. 따라서 인간사의 경우에도 반드
시 양지에 있던 사람이 음지로 가고 음지에 있던 사람은 양지로 간다는 것이며
이것은 음양 상호간의 순환(人生流轉의 법칙)한다는 것을 의미하는데 이것을
일상적인 표현으로 "돌고 도는 인생 물레방아 인생"이라고 표현한 것이다. 그
러니까 "사람팔자 시간문제이다". 왜냐하면 영원한 陽地도 영원한 陰地도 없
고 반드시 陰地가 陽地되고 陽地가 陰地 된다고 하면 남는 것은 언제 양지가
음지 되고 음지가 양지 되는가 하는 시간이 문제라는 것이다. 그러므로 "사람
팔자 시간문제다"라고 한 말은 음양론적 변화관의 관점에서 타당한 표현이다.
그리고 "이래서 사람은 오래 살고 보아야 한다"는 것이다. 이 말은 예를 들면
음지에 있어서 어렵고 괴로워도 결코 포기하지 말고 끈기 있게 계속 참고 견디
라는 말이다. 왜냐하면 극도록 어려운 極陰地에 있어서 괴롭다고 삶을 포기하
면, 이때 극음에서 얼마 되지 않아서 양지로 변하게 되는데 포기하지 말고 견
디면 보다 좋은 일이 있게 된다는 것이다. 이것은 다른 말로 우선 오래살고 보
아야 가능하다는 표현과 같은 것이다. 극도로 괴롭고 어렵다는 것은 뒤집어 말
하면 이제는 앞으로 점점 나아질 수 있는 시간이 온다는 것을 의미한다. 왜냐
하면 더 이상 괴롭고 어려움이 없을 만큼 최악의 상황인 極陰의 상황이므로
이것을 최저점으로 이제는 점점 나아지는 陽의 상황이 닥아오는 것으로 볼 수
있기 때문이다. 즉, 겨울이 깊으면 봄이 가까이 있고, 밤이 깊으면 새벽이 가까
이 있다는 일상적인 표현의 내용과 같은 것이다. 이것은 음양론의 순환론적 전
화이론에 의해서만 가능한 예측이고 생각이라고 본다. 그래서 우리의 말 중에
'사람은 죽으라는 법이 없다'는 말과도 상호 연관된 말이라고 볼 수 있다. 죽음
직전과 같은 최악의 상황은 더 이상의 최악의 상황이 아니고 이제는 그보다 나
은 상황이 올 수밖에 없기 때문이라는 것이다.

이와는 반대로 陽地에 있다고 교만하거나 게으르지 말라는 것이다. 왜냐하면

영원한 陰地도 없는 바와 같이 반대로 영원한 양지도 없고 반드시 음지로 가게 되는 것이 필연이며, 極陽에 이르렀으면 이제는 음지로 향하게 마련이며 이때 이에 순응하는 것이 자연의 이치에 맞는다는 것이다. 따라서 음지에 이르렀을 때 비참해지지 않으려면 양지에 있을 때 이에 대비해서 교만하지 말고 겸허하고 절제하며 근신하라는 교훈적인 말이 나왔다는 것이다. 이러한 교훈적인 말은 단순한 단편적인 경험에서 나온 말이 아니고 周易의 우주삼라만상의 변화이치에 입각한 과학적 교훈이라고 볼 수 있다. 이러한 천지자연뿐만 아니라 人間事 모두 一陰一陽之謂道의 순환법칙에 따라서 움직이며, 이로부터 나온 교훈적인 말이 양지에 있을 때 교만하지 말고 잘해야 한다는 것이고, 반대로 음지에 있다고 비굴하거나 좌절하지 말라는 것이다. 왜냐하면 陽地에 있던 사람도 언젠가는 陰地로 가고 陰地에 있던 사람도 노력하고 정진하면 陽地로 가게 되기 때문이다.

이와 같은 현상은 마치 밤이 가면 낮이 오고 낮이 가면 밤이 오는 현상과 봄여름이 가면 가을겨울이 오고 가을겨울이 가면 다시 봄여름이 오는 우주대자연의 순환법칙과 같이 인간의 모든 일도 그렇다는 것이다. 왜냐하면 주역에서는 인간의 현상도 자연의 일부로 보기 때문이다. 그래서 주역은 자연과 인간의 모든 변화 이치를 담은 최고의 경전이라는 것이다. 그래서 자연의 변화 이치를 천도라 하고 천도에 입각한 인간의 변화 이치 및 도리를 인도라는 것이다.

이러한 변화 이치를 무시하고 인간은 마구 행동하면 안 된다는 것이다. 즉 인간은 양지에 있을 때 항상 음지에 갈 때를 생각하여 겸허해야 하고 음지에 있다고 좌절하거나 포기하지 말라는 것이며, 이는 인간으로써 주역의 변화이치, 즉 우주대자연의 이치에 맞는 행위규범이라는 것이다. 그래서 주역의 계사전에 보면 一陰一陽之謂道요, 繼之者善也요, 成之者 性也라 했다. 이 말은 우주의 변화 이치가 한 번 陰이 되고 한 번 陽이 되는 것이 道인데 이 道를 어기지 않고 있는 것이 善이 되는 것이고, 이러한 흐름이 하나의 완성된 틀은 性이 된다는 것이다. 여기에서 善이나 性은 道의 또 다른 표현이고 굳이 나눈다면 善은 시작인 元亨에 가깝고 性은 마무리 결산인 利貞에 가깝다 한 것이다(김석진, 1994).

셋째, 잡아함경에 이것이 있으면 저것이 있고, 이것이 일어나면 저것이 일어난다. 이것이 없으면 저것이 없고, 이것이 멸하면 저것이 멸한다.

'이것이 있으면 저것이 있고 저것이 있으면 이것이 있고'는 음양의 존재성을 말하는 것이다. 즉, 음이 있으면 양이 있고 양이 있으면 음이 있다는 의미이다. 음이 있으니까 양이 있고 양이 있으니까 음이 있는 것이다. 이는 다른 말로 하면 양의 존재는 반드시 음의 존재를 필요로 하고 음의 존재는 반드시 양의 존재를 필요로 한다는 음양의 상대성을 나타낸 표현이다. 따라서 음이 없으면 양이 존재할 수 없고 양이 없으면 음이 존재할 수 없다는 의미이다. 음양 간의 상호호근(相互互根)의 관계를 나타낸 표현이라고 본다.

陰과 陽은 대립적이면서도 통일된 상태를 유지하고 있는데 둘 사이는 비록 상호대립하고 있지만 또한 상호의존하고 있어서 어느 한쪽이든 모든 다른 쪽을 떠나서는 홀로 존재할 수가 없다는 것이다. 즉, 陽이 존재하므로 陰이 존재하고 음이 존재하므로 양이 성립된다는 것이다. 따라서 음양은 서로 떨어져서 독립적으로 존재할 수 없고 반드시 서로 동시에 음양이 존재한다고 볼 수 있다. 그러므로 "陽根于陰, 陰根于陽," "無陰則陽無以化, 無陽則陰無以化," "孤陰不生, 獨陽不長,"이라고 옛사람들은 말한 것이다. 예를 들면, 上은 양이고 下는 음이라고 할 때 上이 없으면 下가 있을 수 없고 역시 下가 없으면 上이 없다. 또한 熱은 양, 寒은 음이라고 할 때 熱이 없으면 寒도 있을 수 없고 寒이 없으면 熱도 있을 수 없는 것과 같은 이치이다. 그래서 양은 음에 의존하고 음은 양에 의존하며 이는 상대방의 존재를 자기 존재의 조건을 규정하는 데 활용하고 있는 것을 의미한다.

결국 음은 양에 의존하여 존재하고 양은 음에 의존하여 존재하므로 음이 없다면 양을 말할 수 없고 양이 없다면 역시 음을 말할 수 없다. 만약 어떤 이유로 음과 양 사이에 이러한 호근 의존관계가 깨어지면 곧 고음불생(孤陰不生)과 고양부장(孤陽不長)의 상태를 이루게 된다는 것이다.

넷째, 막히는 데서 통하고 통함을 구하는 것이 도리어 막히는 것이니 그래서 부처님께서 저 장애 가운데서 보리 도를 얻으셨나니.

“窮則通이요 通則窮이다”는 말도 음양론의 변화관을 잘 나타낸 말이다. 여기서 窮이라는 것은 음양론적으로 陰이 極한 것을 말하며, 通이라는 것은 陽이라는 것을 표현한 것이며, ‘궁즉통’이란 陰이 극하면 陽이 된다는 것을 의미하고, ‘통즉궁’이란 陽이 극하면 陰이 된다는 것을 나타낸 것이다. 이것은 또 다른 陰陽論의 變化觀인 轉化현상을 나타낸 예라고 볼 수 있다. 이를 좀 더 구체적으로 설명하면 다음과 같다.

‘궁즉통’이란 사람이 일반적으로 볼 때 窮해서 어려운 일에 부딪히면 이를 이겨내기 위해 조심하고 근신하면서 진력을 다해 노력하게 되고 그러다 보면 좋은 결과가 자연히 나타나고 이렇게 된 것을 通이라고 표현한 것이다. 반대로 ‘통즉궁’이란 通해서 좋은 일이 있고 즐겁게 되면 사람은 일반적으로 교만해지고 게을러지고 또 항상 좋을 것으로 생각해서 교만하고 낭비와 사치하게 되며 그러다 보면 자연히 또한 나쁜 일이 생기고 어렵게 되므로 이를 窮이라고 할 수 있다. 그래서 通하는 것이 오히려 막히고 窮하게 된다는 것이며, 窮한 것이 오히려 通하게 된다는 것을 의미한다. 이는 음양론의 陽이 極하면 陰으로 변하는 현상과 陰이 극하면 陽으로 변하는 음양론의 변화관과 같은 理致이라고 볼 수 있다.

다섯째, 극단에 치우치 말라. 수행의 길에 두 가지 치우친 길이란, 첫째, 육체의 요구대로 자신을 내맡겨버리는 쾌락의 길이고, 또 하나는 육체를 너무 지나치게 학대하는 고행의 길이다. 사문은 이 두 가지 극단을 버리고 중도를 배워야 한다. 여래는 바로 이 중도의 이치를 깨달았다. 여래는 그 길을 깨달음으로써 열반에 도달한 것이다(녹야원에서의 부처님의 최초의 설법).

불교의 중도의 이치는 주역의 중정사상과 일치하는 사상이다. 주역은 중정사상이라고 할 정도로 중(中)과 정(正)은 주역에서 중요한 개념이며, 서로 불가분의 밀접한 관계가 있다. 중과 정을 동시에 얻은 상태를 中正이라 하여, 주역의 64괘 각 괘의 육효(六爻) 중에 중과 정을 얻은 효를 가장 좋은 상태의 효로 본다.

주역에 있어서 중의 덕목은 그 어떤 덕목보다 우선한다. 즉 아무리 안 좋은 괘라도 중을 얻으면, 최소한 흉하게 되지는 않는다. 중은 중심이라는 뜻이다.

우주에 있어서 중심이라는 뜻도 되며, 사고와 행동에 있어서 중을 행한다는 뜻
도 된다. 어디에도 치우치지 않은 상태를 중이라고 한다. 즉 한쪽으로 치우치지
도 않고 기울지도 않으며(不偏不倚) 늘 가운데 상태를 말한다. 마땅히 가야 할
길을 한가운데로 가는 것이 중도로 가는 것이다.

　서경(書經)에는 왕들이 다음 위정자를 위해서 가리키는 덕목으로 "允執厥中"
이라 하여, 중을 잡아 이를 행할 것을 강조하였다. 주역의 중정사상을 가장 잘
나타낸, 그래서 일명 소주역이라는 중용에 보면, "중야자 천하지대본야, 집기양
단 용기중어민", 희노애락지미발 위지중 발이개중절을 위지화"이라 하고, 맹자
에서는 "집중 위근지 중야 양부중"이라 하여, 중은 모든 것의 근본이고, 지나치
거나 모자람이 없는 것이며, 중을 잡는 것이 도에 가까운 것이고, 중을 얻은 자
는 이를 실행하여 만민을 도와야할 책무를 둔 것이다. 따라서 중을 얻고 이를
행하는 자는 능히 모든 사람의 위에 서서 천하의 왕을 할 수 있으며, 어떠한
환경 속에서도 자신을 비롯한 주변의 다른 사람을 이끌어 옳게 할 수 있는 덕
목을 갖춘 자로 본 것이다.

　여섯째, '아는 만큼 보이지 않는다, 아는 것에 갇혀서'라는 역설적인 말을 불
교도에게 들은 기억이 난다. 이 말이 무엇인가를 이해하는 데는 말로만 들어서
는 잘 납득이 안 된다. 그러나 주역의 음양론적으로 설명하면 이해가 된다.

　음양론적으로 볼 때 이와 비슷한 말로 전해오는 우리말 중에 '천석꾼은 천
가지 걱정, 만석꾼은 만 가지 걱정'이라는 말이 있다. 이 말의 의미는 음양론의
근거의 관점에서 볼 때, 한쪽에 빛이 비추는 데 비례해서 그와 똑같이 반대편
에 음지가 생긴다는 자연의 이치에 의해서 가진 것만큼 잃는 것도 있다는 의미
이다. 이것과 관련해서 '아는 만큼 보이지 않는다'는 것을 음양론적으로 해석하
면, '천 가지를 알면 천 가지를 모르고 만 가지를 알면 만 가지를 모른다'는 의
미로 나타낼 수 있다. 즉, 음양론적으로 아는 것은 양지이고 모르는 것은 음지
로 볼 수 있기 때문에, 햇빛이 한쪽에 드는 양지의 면적만큼 음지가 반대편에
생기는 자연의 이치로 설명이 된다. 반대로 아는 것이 아무 것도 없을 때 모르
는 것도 아무 것도 없다. 이는 다른 말로 하면 무불통지가 된다는 것을 의미한

다. 따라서 무불통지, 즉 도통하려면 아는 것을 모두 버려야 한다는 의미이다. 이는 불교에서 깨달음, 즉 각(覺)이 '아는 것이 끊어진 자리'를 말하는 것과, 크리슈나무르티가 '전체'를 보기 위해서 '생각이라는 작용이 멈출 때' 그리고 주역의 '무사야 무위야 적연부동이라가 감이수통 천하지고'의 인식방법과 유사하다고 볼 수 있다. 이것 이외에도 역설적인 표현들의 내용의 대부분이 음양론의 모순적 내용을 나타낸 것이 아닌가 미루어 생각해 볼 수 있다.

일곱째, 화엄경과 주역의 중산 간괘(艮卦). 불교의 팔만대장경 중에 아함부를 유치원부터 국민학교 수준의 경전이라면 방등부는 중학교 수준의 학설이며 반야부는 고등학교 학설이요 법화부는 대학교 학설이라면, 화엄학은 대학원 수준의 학설에 해당한다(탄허스님. 부처님이 계신다면, 206). 따라서 불교의 경전 중에서 화엄경이 최고의 경전이다.

중국의 북송시대 정이는 불교의 최고의 경전인 화엄경의 내용이 주역의 64괘 중 52번째 괘인 중산 간괘(艮卦)의 내용보다 못하다고 하였다. 즉, "화엄경 한 권을 보는 것이 간괘 하나를 보는 것만 못하다"고 했다(『정씨유서(程氏遺書)』卷六), (이신,『주역』).

결국 위에서 서술한 내용의 결론은 주역의 원리와 불경의 원리가 다르지 않음을 탄허스님과 야산 이달선생님의 말씀과 몇 가지 불경의 말씀의 사례를 선택하여 단편적으로 주역의 원리와 관련하여 비교 설명하면서 살펴보았다. 물론 주역과 불경에 통달한 관점에서 깊은 주역과 불경의 원리를 인지하지 못한 상황에서 비교 고찰했다는 점에서 한계가 있으나 다행히 탄허스님 야산 이달 선생님과 같은 높은 경지에 이른 분의 말씀을 인용하여 다소 마음이 놓인다.

제15장
주역과 성경

현대 세계화시대에 동서양이 상호 이해를 바탕으로 통합을 위한 전략으로 동서양의 사상을 비교 고찰해 보는 것은 학문적으로 가장 의미 있는 일이라고 본다. 따라서 현대 세계화시대 해야 할 가장 시급한 문제가 동서양의 학문적 통합을 위한 노력이라고 볼 수 있다. 이 중에서도 종교적 통합이 가장 중요한 문제라고 본다. 그러나 지금까지 동서양의 사상을 비교 고찰한 내용을 보면 피상적이고 단편적인 것이 주요 내용이 아닌가 생각된다. 피상적이란 겉으로 드러난 사실적인 것을 비교해서 유사점과 차이점을 비교한 것을 말하고, 단편적이란 연구자들의 관심영역을 중심으로 고찰하였다는 의미이다.

동서양의 문화를 보다 종합적이고 근본적으로 비교 고찰하고자 하면, 너무도 당연하지만, 동서양 문화의 지배적인 근본적 바탕이 되는 사상과 철학적 내용을 비교 고찰하여야 한다. 그렇다면 동서양의 문화의 가장 근본적인 철학사상을 형성한 구체적인 것은 무엇인가? 그것은 동양은 <주역>이고 서양은 크리스트교 <성경>이라고 볼 수 있다.

그런데 일반적으로 볼 때 제도권에서는 서양문화의 근본적인 바탕은 기독교 성경이라는 것은 알고 있는데 동양문화의 근본적인 바탕은 주역이라는 것은 잘 모르고 있는 것 같다. 그보다는 동양문화의 근본 바탕은 유불도라고 하는 것이 일반적으로 알고 있는 내용 같다. 그러나 동양의 경우 주역이 유불도보다 더 근본적인 것이다. 왜냐하면 유교, 도교는 주역에서 파생된 이차적 학문이고 불교는 주역보다 훨씬 이후에 들어온 종교이며 내용이 비실용적으로 추상적이고 관념적이다. 주역은 불교에 버금가는 종교적 내용도 있지만 불교에 비해서 보다 구체적이고 실용적인 과학기술적 성격으로 국민들 생활에 매우 깊숙이 체질화되어 있다. 따라서 동양, 특히 동아시아 사상과 문화의 배경이 되는 가장 근본이 되는 학문은 거듭 말하지만 주역이다.

따라서 주역과 성경을 비교 고찰하는 것은 동서양의 문화를 가장 근본적으로 비교 고찰하는 것뿐만 아니라 동서양의 문화적 통합을 위해서도 가장 의미 있는 연구라고 생각된다. 더욱이 지금과 같이 동서양이 모두 서구적 문화와 사상에 거의 완전히 동화되어가는 시점에서 문제점과 한계점을 찾아보고 반성해 본다는 점에서 더욱 그렇다.

한국인이면서 미국의 드루 감리교 신학대학의 조직신학 정교수였던 이정용 박사(1935~1996)는 기독교 신학을 주역의 관점에서 나타낸 '역의 신학자'이다. 드루 대학 박사과정에 있던 임찬순은 이정용 박사의 연구 업적을 다음과 같이 진술하였다.

이정용 박사는 1950년대 미국에 건너가 신학자로 출발해서 종교학자로, 동양학자로, 한국학 연구자로 활동했다. 그리고 그의 결정적인 공헌은 미국 신학계의 지도에 한국신학이라는 이름의 과목을 개설하고 한국신학원을 만들어냈다. 이것은 미국종교학회에서 한국 종교분파를 만들고 수년간 의장직을 수행한 것과의 연장선상에서 한국 종교와 한국 신학을 미국 종교학계와 신학계에 자리매김하고 위상을 제고시키는 역할을 한 것이다.

오터바인 대학과 노스 다코타의 주립대에서 신학과 종교학을 가르치면서, 그는 신정통주의 신학에서 동양사상과 대화를 통한 새로운 신학의 길을 개척해 나가게 되었다. 주역 연구를 통해, 주역을 통해 나타난 동양인의 세계관과 현대 과학과의 대화 또한 신학과의 대화를 이끌어냈으며, 새로운 동양적 신관을 제시하면서 현대 신학의 길을 앞서서 걸어 나갔다.

성서를 해석하고 받아들이는 것은 그 시대의 사람들의 세계관의 영향을 벗어날 수가 없다는 것이다. 신학의 과제는 그 시대를 사는 사람들에게 궁극적 실재를 해석하는 것이다. 어떤 해석이든지 결국은 우리가 세계로부터 취한 이미지들로 표현해야 하기 때문에, 우리가 가진 세계관은 곧 우리가 어떻게 궁극적 실재를 이해하는가에 직접적인 영향을 미친다. 신학자에 따라서는 신에 대한 인간의 인식이 신으로부터 직접 온다고 고집스럽게 주장하지만, 인간의 신 의식을 표현하는 데는 인간의 세계 인식에서 빌려온 이미지나 상징을 사용할 수밖에 없다. 칼 바르트와 그의 추종자들은 헬라의 형이상학과 구별된 "하느님의 순수한 말씀"을 강조하였다. 기독교로부터 헬라의 옷을 벗기기 위해서 바르트는 신학과 철학이 화해될 수 없는 것이라 선언하기에 이르렀다. 신학을 인간의 표현과 독립된 것으로 만들려고 시도하였으나, 그 결과는 실패로 끝났다. 마침내 그도 인간의 언어가 신의 말씀을 받아들이는 데 필연적이라고 인정하게 되었다. 신약신학을 이해하기 위해서는 신약성서가 쓰인 시대의 세계관에 대한 이해가 없이는 불가능하다. 왜냐하면 세계관의 용어로 표현되고 조건 지워지기 때문이다.

이정용 교수가 <주역>을 신학적 도구로 사용했던 것은, 성서의 기본 원리인 하나님의 사랑과 주역의 변화의 도는 다른 것이 아니라는 것을 그는 철두철미 인식했기 때문이기도 했다. 기독교의 신의 계시된 진리와, 주역이 신의 창조물인 자연의 변화에서 찾아내는 역의 도는 이 박사에게는 동시적 상응이요 중심과 모퉁이의 상호적 만남의 장이요, 창조적 변혁이다.

기독교 신학은 헬라철학의 깊은 영향을 받아 형성되어 왔다. 기독교는 헬라 문화권에서 탄생되었고 헬라의 심성에 맞게 형성되었다. 헬라적 사유방식이 서구에서는 기독교 신학의 기반을 이루게 되었다.

그는 기독교 신앙의 대부분이 헬라사상을 매개로 표현되어 기독교가 아시아의 타종교들과 공존할 수 없는 이유가 되었다는 것이다. 기독교가 세계 문화 속에서 살아 생동감 있는 종교이기 위해서는 다른 많은 철학적 양식으로 표현되고 전해질 수 있어야 한다. 그렇기 때문에 헬라의 개념들과는 판이한 동양의 개념들로 기독교 신앙이 표현되는 것이 필연으로서 요청되게 되었다. 그는 이 같은 요청에 답하고자 동양의 주역의 개념들로 기독교적 신의 개념을 설명코자 시도하였다. 이러한 노력으로 표현된 신학이 '역의 신학'이다.

원래 기독교의 본래적 메시지는 포괄적이었다. 기독교가 배타적인 종교가 된 것은 종교의 틀을 형성하는 서구 철학의 배타성 때문이다. 기독교의 독특성은 권위에로의 배타적 요구에 있지 않고 포괄성에 있다. 그러나 기독교가 배타적으로 변한 것은 서구의 헬라철학의 배타성에 관점에서 기독교의 교리가 해석되고 표현되기 때문이다. 기독교의 배타성은 타종교들과의 관계에서 분명하게 드러난다. 기독교 신학이 배타적인 논리의 철학으로 표현되었기 때문에, 기독교는 선을 추구하는 교회보다는 비기독교인들의 개종을 강조하여야 했다. 그리고 타종교와 협력관계에서 대화하기 보다는 이들을 희생해서라도 기독교의 세력을 확장하고자 하였다.

그러나 역의 신학에서는 가장 포괄적인 범주인 역의 음양론적 논리인 "이것도 저것도 모두"의 논리를 이용함으로써 모든 종교를 포괄할 수 있다. 왜냐하면 역의 신학의 논리 구조는 모든 대립하는 것들의 상보성을 함유하며 동시에 전체의 창조적인 통합을 위하여 합생하는 양극을 함유하고 있기 때문이다. 역의 신학은 타종교들의 보편성을 인식하게 되고 이로써 역의 신학은 기독교를 보편화한다. 역의 신학은 경쟁이 아니라 협력을, 지배가 아니라 협조를, 권위보다는 본래성을, 복종보다는 설득을 권장한다. 또한 역의 신학은 배타적 이원론을 배제한다. 배타적 이원론은 상대적 의미에서 이원론을 허용하는 기독교의 본래적인 유대 기독교 전통과도 양립할 수 없다.

역의 신은 '되어감(becoming)'으로서의 신일 뿐 아니라 '있음(being)'으로서의 신이다. 신은 되어감이면서 있음이고, 유기적이면서 비유기적이다. 창조적이면서 파괴적이고 발생적이면서 퇴화적이다. 즉, '이것뿐 아니라 저것도' 혹은 '이것과 저것 모두'의 포괄적인 원리가 역의 신학의 근간을 이루고 있다. 이런 점에서 역의 신학은 유클리드 기하학에 토대를 둔 고전적 서구 세계관에 근거한 신학과는 완전히 다른 현대의 세계관을 토대로 한다. 고전적 서구 세계관은 기계적이고 물질적이며 결정론적이다. 이러한 세계관에서 시간과 공간은 독립적인 것으로 간주되고 모든 것은 냉엄한 인과율에 의해서 지배된다.

현대과학에 의해서 인식된 세계는 정적인 유클리드 세계가 아니라 움직이는 동적인 상대성의 세계이다. 아인슈타인의 상대성 원리와 새로운 현대 물리학은 시간과 공간을 포함하여 모든 것이 상호 의존적이고 보완적이라는 완전히 다른 세계관을 나타내고 있다. 때문에 스미스(Wilfred C. Smith) 교수는 20세기의 세계관은 주역에 표현된 역의 개념에 접근하고 있다고 주장한다. 현대의 상대적 세계관은 세계가 끊임없이 생성과정 속에 있다는 우리의 가정 가운데 기초한 것이다. 바로 역의 신학은 이러한 가정과 세계관을 받아들인다.

아인슈타인과 현대 물리학의 발달 이후 발생한 세계관의 철저한 변화는 신학 방법론의 역시 철저한 변화를 초래하게 되었다. 그 시대의 세계관을 갖지 않는 신학은 그 시대의 인간 경험에 적합한 것이라 볼 수 없다. 신학과 세계관은 상호 의존적이고 상호 침투적이다. 화이트헤드(Whitehead)의 과정신학이 현대의 세계관을 반영한 것이라 한다면, 과정의 근간인 역의 신학은 미래의 완성의 신학임에 틀림없다.

이정용은 역의 신학의 전 단계로 화이트헤드의 과정 형이상학에 기초한 과정 신학을 설명한다. 과정신한은 절대적 형이상학에 사로잡힌 존재신학을 과감히 떠났다는 점에서 높이 평가할 수 있다. 그럼에도 이정용은 "과정"은 아직 궁극적인 실재를 표현하는 궁극적인 언어일 수 없다. 주역에 나타난 역의 개념만이 궁극적 실재를 표현하는 궁극적인 언어라고 주장한다. 과정신학을 완전히 신봉하지 못하는 이유는 과정신학의 유기체적 세계관이 직선적(linear) 세계관을 전제하고 있고 "역의 신학"은 순환적 세계관을 전제하고 있다는 점이다. 다음으로 과정 신학은 창조성을 궁극적 실재로 전제하는 반면 역의 신학에서는 창조성뿐 아니라 수용성(receptivity)을 포용하기에 역이 오히려 과정 신학의 궁극적 실재인 창조성보다 근원적이라고 주장한다. 과정 신학이 창조성을 앞세운 생성이 궁극성의 범주라면 역의 신학에서 역은 존재와 생성을 아우르는 완전한 신학인 것이다. 따라서 신학은 전통적인 절대신학(존재신학)에서 과정신학(생성싱학)을 거쳐 역의 신학(역동성과 활동성에 기초한 존재와 생성의 신학)에 이를 것이라고 주장한다.

바야흐로 주역에 표현된 역의 개념이 기독교 신학과 현대의 우주론을 통합하여 새로운 실재를 표현하게 되는 때를 맞이하게 되었다. 주역에 표현된 역의 개념은 현대의 세계관과 양립할 뿐 아니라 궁극적인 실재의 범주이기 때문에 역의 신학은 가장 전망이 있고 받아들여질 수 있는 미래의 기독교 표현 형식이 될 수 있을 것이다.

서구의 전통적인 종교가 실패한 것은 포용적인 신에 대하여 배타적인 상징을 사용한 데 주로 그 원인이 있다. 예를 들면 이른바 비인격적인 존재는 서구의 종교적 사유의 영역으로부터 거의 완벽하게 부정되고 있다. 그런데 실상 비인 격적인 존재로부터 배제된 신은 모든 사물의 창조주나 보존자가 될 수 없다. 그러므로 신은 인격적인 범주를 초월하지 않으면 안 된다. 신은 인격적 실존과 비인격적 실존 양자의 신인 것이다. 그러므로 종교적인 틀에서부터 비인격적인 실존에 대한 관심을 없애버린 전통적인 종교적 사유는 서구가 지니고 있는 비 극적인 실패라고 단언할 수 있다. 이러한 원인으로 나타난 폐단을 이정용 교수 는 그의 저서 『역과 기독교 사상(The Change and Christian Thought)』 서문에 서 다음과 같이 밝히고 있다.

우리가 직면하고 있는 생태학적인 문제나 실존적인 문제의 근원은 서구의 종 교적 사유가 잘못 진술된 데 그 원인이 있다고 본다. 자연과 신에 대한 서구인 들의 태도를 형성한 것은 종교였다. 그런데 첫째, 그 종교적인 성향은 자연을 신의 활동과 대립되는 것으로 인식하게 했을 뿐만 아니라 그 자연을 인간이 완 전한 인간이 되려는 것을 방해하는 적으로 생각하도록 해 주었다. 그리하여 자 연인은 이교도로 저주를 받았고, 비자연인은 문명을 지닌 개화된 기독교인으로 칭송을 받았다. 인간이 자연을 정복하고 지배하는 것은 인간의 덕이라고 격려 해 마지않았으며, 자연에로의 은둔해 들어가는 것은 지극히 부끄러운 것으로 여기었다. 따라서 인간과 자연 간의 갈등은 불가피한 것이 되어 버렸다. 그러나 결과적으로 볼 때 인간을 자연으로부터 분리시켜 버린 이러한 사실은 인간의 자기 분열에 이르게 되고 만다. 왜냐하면 인간은 자연의 일부이기 때문이다. 이 와 같은 자기 분열은 내적인 갈등을 일으키며, 인간의 실존적 문제의 근거 자 체가 되고 있다. 그러므로 우리가 지니고 있는 생태학적인 문제들과 실존적인 문제들은 분리될 수 없는 것이다. 이 문제들은 상호의존적이다. 또한 이 같은 여러 문제들을 다루려면 그러한 문제를 야기케 한 종교적인 방향설정을 우선 재평가하지 않으면 안 되리라고 생각한다.

둘째, 서구의 전통적 종교가 실패한 것은 포용적 신에 대하여 배타적인 상징을 사용한 데 주로 그 원인이 있다. 신에 대한 왕이라든가, 주님이라든가, 구세주라든가 하는 상징들은 인격적인 명칭들이다. 그러나 신에게 그러한 명칭들과 상징만을 부여했기 때문에 이른바 비인격적인 존재는 서구의 종교적 사유의 영역으로부터 거의 완벽하게 부정되고 있다. 그런데 실상 비인격적 존재로부터 배재된 신은 모든 사물의 창조주나 보존자가 될 수 없다. 그러므로 신은 인격적인 범주를 초월하지 않으면 안 된다. 신은 인격적 실종과 비인격적(혹은 인격을 가지지 않은) 실존 양자의 신인 것이다. 그러므로 종교적인 틀에서부터 비인격적인 실존에 대한 관심을 없애버린 전통적인 종교적 사유는 서구가 지니고 있는 비극적인 실패라고 단언할 수 있다.

우주적 종교인 역은 인격적이고 비인격적인 두 범주를 모두 초월한다. 우주적 종교는 모든 사물의 신을 전제한다. 즉 우주적인 신을 전제하는 것이다. 이 신은 인간의 신일 뿐만 아니라 나무의 신이고 물의 신이며, 공기의 신이고 존재하는 모든 것의 신이다. 우주적인 신은 인격에 대해서는 인격적인 신이며, 비인격적인 것에 대해서는 비인격적인 신이다. 그는 인간에 대해서는 '그분'이지만, 돌과 나무에 대해서는 '그것'이다. 이 같은 신은 종교와 신조, 국적, 인종, 형태, 종, 질료 그리고 공간과 시간을 초월한다. 따라서 우주적인 신, 즉 모든 것의 신, 모든 것을 위한 신을 다루는 우주적 종교는 본질적으로 보편적인 종교이다.

그러면 우주적 신을 나타내는 가장 의미 있는 상징은 무엇인가? 우주적 신은 인격적인 범주를 초월함으로 그에게 부여되고 있는 인격적 상징에 우선하는 신의 상징을 찾아내지 않으면 안 된다. 유대－기독교 신앙 속에 있는 가장 원초적인 신의 상징은 출애굽기 3장 14절에서 발견할 수 있다. 그곳에서는 신이 "나는 나다. I am what I am" 혹은 "나는 나 되어가는 나 되어 감이다. I become what I become"로 상징되고 있다. 鈴木大拙은 "이것이야 말로 가장 심각한 근원적인 발언이다. 왜냐하면 모든 우리의 종교적 경험, 정신적인 경험, 혹은 형이상학적인 경험은 이로부터 비롯되기 때문이다"라고 말하고 있다. 우주적인 신은 그러므로 <되어감>의 주체 혹은 원천이다. 우주는 언제나 되어감의 과정 속에 있다. 왜냐하면 변화는 우주적 과정의 본질적인 특성이기 때문이다. 다시 말하면, 되어감을 가능하게 하는 것은 모든 사물을 변화시키는 역(易 the Change)이다. 그래서 "역은 생하는 것을 생하게 하는 것"이라고 일컬어진다. 모든 것을 되어감의 과정으로 변화시키는 역이 도이다. 도는 궁극적인 실재이며, 있음과 되어감은 물론 인격적인 범주와 비인격적인 범주 양자를 동시에 초월한다. 우주의 본질은 불변하는 존재가 아니라 변화하는 되어감이다. 왜냐하면 변화는 모든 되어감의 본질이기 때문이다. 그러므로 우주적 종교는 우주적 신이 변화 자체이기 때문에 모든 것이 되어감의 과정으로 변화한다고 하는 사상에 근거하고 있다. 그러므로 우주적 종교는 변화론 changeology 이상의 어느 것도 아니다. 왜냐하면 그것은 변화의 종교이기 때문이다.

전통적인 이원론적 기독교 신학은 인격적 존재와 비인격적 존재를 나눔으로써 자연에 우선하는 인간과 인간의 지배아래 놓인 자연으로 나누었다. 이 같은 서구의 이원론은 인격적 신에 대한 믿음 체계에 그 주된 기원을 두고 있다. 따라서 인격적 신을 궁극적 실재로 믿는 유대-기독교 전통이 현재 생태학적 위기의 근원적인 이유가 되는 것이다. 틸리히는 이 사실을 인식하고 전통적인 이원론적 신의 개념을 넘어서기 위해서 신을 재정의 하고자 하였다. 그에 의하면 궁극적 실재로서 신은 어떤 범주에 넣을 수 있는 것이 아니다. 신은 인간의 범주를 넘어서는 것이다. "변화 자체"로서의 신은 인격적 신뿐 아니라 비인격적 신의 범주를 넘어선다. "역 자체"인 신은 인격적이며 동시에 비인격적인 신이기 때문이다. 인간의 오성을 넘어서는 히브리의 신도 인격적 혹은 비인격적이란 말로 범주화할 수 없으며 아리스토텔레스의 "이것이야, 저것"의 논리에 제약될 수 없다. 신은 "이것도 저것도 모두"이며, "나는 스스로 있는 자(I am who I am, 출 3:14)" 혹은 "나는 스스로 생성하는 자(I become who I become)"이다.

신이란 논리로 설명할 수 없는 어떤 것으로 분화되지 않은 연속성의 상태 혹은 과정이다. 이와 같이 신이란 속성을 넘어서고 인격적 존재를 넘어서는 것이다. 속성 없는 존재로서 신은 변화(易) 자체이다. 인격적이든 비인격적이든 존재하는 모든 것은 역 그 자체 때문에 변화를 경험한다. 존재하는 모든 것이 변화하기 때문에 역 자체는 가장 포괄적인 실재이다. 그러므로 역의 신학은 인격적이든 비인격적이든 이 모두를 위해 완성의 신학이 된다. 역의 신학은 우주의 포괄성과 생태구조의 전체성을 다루는바, 그 안에 인간은 한 부분이 된다. 이런 이유 때문에 역의 신학은 종교일치를 위한 신학이며, 오늘에 타당한 신학이고, 생태학적 신학으로 미래의 신학이다.

결론적으로 이정용의 신학 방법론을 이정용 교수의 제자인 신재식 교수는 다음과 같이 평가하고 있다.

이정용의 전통신학에 대한 평가는 기독교 신학이 특정한 문화와 사상적인 영향 아래서 형성되어 왔으며, 특별히 초기 기독교의 성립은 그리스 세계 속에서 형성되고 그리스 정신에 의해 형성되었다는 데서 출발한다. 전통신학의 흐름에 거대한 획을 그은 어거스틴과 아퀴나스의 신학작업들은 그리스적 세계관과 사상의 흐름 속에서 이루어졌다. 즉, 어거스틴은 신플라톤주의의 틀에서 아퀴나스는 아리스토텔레스의 철학의 틀에서 신학을 전개했는데, 이는 전통적인 서구 신학이 정태적 세계관에 배경을 둔 이원론에 영향과 양자택일의 사고방식의 틀 아래서 형성된 것을 보여준다.

이러한 전통적인 신학에 대한 이해를 바탕으로, 이정용은『역의 신학(The Theology of Change)』이래로 그가 시도하는 신학과의 가장 큰 차이는 논리에 있다고 주장한다. 전통적인 서구 신학이 채용한 아리스토텔레스적인 배중률의 양자택일의 논리는 절대적으로 이원론적인 세계관을 전제하고 있는 데 반해서, 그의 신학방법은 주역의 음양 사상체계에서 빌려온 양자 모두의 사유방식이라는 것이다.

그렇다고 이정용은 서구 신학에 대해서 동양의 세계관과 음양 상징적 사유방식에서 전개하는 자신의 신학의 절대성을 주장하지 않는다. 오히려 그의 신학적 작업은 서구라는 정황 속에서 형성된 서구 신학의 특성들을 그대로 유지한 채, 기독교 신앙의 전체적인 면을 반영하지 못하는 서구 신학이 지니고 있는 단점들을 상보적으로 보완하는 것이라고 주장한다. 이 양자 모두의 신학은 전체적(holistic)으로 기독교 신학의 전체를 구성하는 것이다.

그렇지만 그가 가지고 있는 기본적인 문제의식은 동아시아의 음양론적 사고를 바탕으로 전개하는 역의 신학이 더 현대의 정황에 유효적절한 신학이며, 그리고 기독교 본래의 의미를 더 잘 조명할 수 있으며 기독교의 신앙적 경험을 더욱 온전하게 전체론적으로 드러낼 수 있음을 보여주고 있다.

우리에게는 궁극적인 실재의 특성으로 "존재"와 "생성"을 포괄하는 대안적인 신학이 필요하다. 궁극적 의미에서 실재란 "이것이냐 저것이냐"의 논리로 표현되지 않고, "이것도 저것도 모두"의 논리 속에 파악된다. "이것도 저것도 모두"의 철학은 음과 양을 낳은 역의 개념에 기초한 것이다.

불변하는 서구의 전통적인 '존재신학'은 '과정신학'을 거쳐 '역의 신학'으로 옮겨가고 있다. 존재신학과 과정신학 둘 다 그 기원이 서구의 신학인바, 이 둘을 포괄하는 완성된 신학은 동양의 역의 신학에서 볼 수 있다. 이렇게 될 때, 서구 기독교 신학의 꽃봉오리는 동양철학을 빌려 그 꽃을 피게 될 것이다. 역의 신학은 미래와 완성의 신학일 수 있다.

그래서 역의 신학은 종교일치 운동을 위한 신학이고, 혹은 모든 종교를 위한 신학이 된다. 또한 역의 신학은 보편타당한 신학 혹은 현대의 세계관을 가진 신학일 수 있다.

주역의 관점에서 성경을 고찰한 내용 중에서 성경의 창세기 제1장 천지창조의 내용이 있다.

주역에서는 모든 만물의 존재적 일치는 하늘과 땅을 의미하는 음과 양으로 구성된다. 모든 것은 역의 발생 양식인 음과 양의 산물이다. 이러한 개념은 성서의 창조 이야기에서도 분명하게 표현하고 있다. "태초에 하느님께서 천지를 창조하셨다"(창세기 1:1). 주역에서도 "태극은 역에 있고 역이 양의를 낳는다(易有太極始生兩儀)"(계사전 상 제11장)고 하였다. 여기서 양의란 양과 음 혹은 하늘과 땅이다. 주역의 64괘 중에 첫 번째 괘인 하늘을 나타내는 중천건괘는 6개의 효가 모두 양으로 구성되어 있고, 두 번째 괘인 땅을 나타내는 중지곤괘는 효가 모두 음으로 구성되어 있다. 건은 순수 양의 형태(능동적인 힘)이고 곤은 순수 음의 형태(수동적인 힘)이다. 그러므로 양과 음 혹은 건과 곤은 만물에 내재하는 양과 음의 원형들이다. "태초에 하느님께서 천지를 창조하셨다"라는 성서의 선언은 태초에 역이 건과 곤을 낳았다는 개념과 상응하는 것처럼 보인다. 세계 내에 있는 만물은 이 두 시원적인 힘의 산물이기 때문에, 이 선언은 창조를 요약한 것이 된다. 하늘과 땅에 만물을 함유하듯이 건괘와 곤괘는 만물을 대표하며 이 둘의 상호작용을 통해서 주역의 64괘의 근원적인 상황으로 상징되는 모든 가능한 소우주적 상황을 낳는다.

성서의 창조 이야기를 좀 더 읽어보면 빛과 구별된 어둠의 형상과 마른 땅과 구별된 물의 형상을 발견한다. 주역에서는 어둠과 물은 음이고 빛과 마른 땅은 양이다. 성서의 창조 이야기는 창조적 진화의 과정을 묘사하고 있는바 음과 양이 모든 창조적 작용의 시원적 근원이 되고 있다. 땅과 하늘은 음과 양의 가장 대표적인 형상이다. 이들은 또한 종으로 보면 여성과 남성을 나타내고 공간으로는 아래와 위를 나타내며 인간의 행위로는 악과 선으로 피조물 안에 있는 모든 만물의 두 극을 나타낸다. 이 두 극의 상호 작용이 만물을 낳고 움직이게 한다. 그러므로 역은 이 두 시원적 힘의 근원일 뿐 아니라 이 두 힘을 통하여 작용한다. 역으로서의 창조자는 이 두 원초적 힘의 근원으로 이들을 통해 창조자는 생성의 과정 가운데 세계를 변화시키고 움직인다.

성서에서도 이 두 창조성의 힘이 창조자의 행위로서 제안하고 있지만 더 자세한 설명은 하지 않고 있다.

다른 관점에서 보면 성경의 창세기 천지창조 편에 첫 번째 글의 '태초의 하느님이 천지를 창조하셨다'는 내용과 주역의 '역에 태극이 있으니(易有太極)'는 같은 개념이다. 이는 태극이 곧 하느님이고 하느님이 곧 태극이라는 내용이다. 하나님이 천지를 창조하셨다는 내용 중에서 천지는, 주역의 태극에서 천지가 탄생한 것과 같은 내용이다. 따라서 성경의 하나님과 주역의 태극은 같은 개념이다. 성경의 하나님이 창조한 천지는 곧 하나님의 정신을 가지고 나타난 것이다. 왜냐하면 모든 만물은 그 창조자의 정신에 의해서 만들어지고 탄생하기 때문이다. 그럼으로 하나님이 천지를 창조하였으므로 하나님의 정신이나 천지의 정신 또는 마음은 같은 내용이다. 천지의 정신 곧 하나님의 정신을 말씀으로 나타낸 것이 그리스도교의 성경의 모든 내용이라고 볼 수 있다. 이는 주역의 태극에서 천지가 나오고 그 천지의 작용으로 나타난 모든 내용을 이치적으로 체계화한 주역의 64괘의 내용과 같다고 볼 수 있다. 즉, 주역에서 태극의 정신을 태극으로부터 탄생된 천지의 정신으로 나타낸 것이 64괘의 괘사 효사의 내용이고 또한 그 내용을 관통하는 구체적인 개념과 이론이 한마디로 기와 음양오행론이다.

우리나라를 연구하는 사람 중에 한 사람이, 우리나라는 지금 세계의 모든 종교가 모두 들어와, 종교 전시장이 될 정도라고 표현하기까지 한다. 그만큼 우리나라는 세계 모든 종교와 사상철학이 집합지가 되었다고 볼 수 있다.

그런데 우리나라 전통적 사상과 철학이 외국에서 들어온 종교 철학사상과 비교해서 연구해 놓은 것이 별로 눈에 띄지 않는다.

위에서 간단하게 요약적으로 이를 연구한 학자들의 연구 내용을 소개하였다. 지구촌 세계화시대 사상철학 이념 종교적으로 배타적인 관계를 지양하고 상호 존중과 화합이 되어야 진정한 세계화 지구촌화가 가능하다고 본다. 그렇다면 이들을 비교 연구한 내용들이 많이 있어야 한다.

특히 종교 간의 갈등은 제일 원초적이고 심각한 문제라고 본다. 종교를 창시한 석가 예수 공자는 살아 계셨으면 이들 간에 싸우지도 다투지도 않았을 텐데, 그 이후에 이를 믿고 따르는 자들이 종교를 만들게 되면서 정치화되고 그 결과 원래의 창시자의 정신을 벗어난 이단적 종교가 나타나서 이상하게 변질되면서 나타난 현상이라고 본다.

돌아가신 서울대 철학계의 태두이신 박종홍 교수가 독일에 독일철학사상을 연구하러 갔는데, 그 곳 교수들이, 한국의 사상철학은 무엇이냐고 물어 오는데, 이에 대한 대답을 할 수 없었다는 것이다. 왜냐하면 우리 것에 대해서 모르기 때문이다. 그래서 귀국하여 우리의 사상철학을 새로이 연구하기 시작하였다는 이야기가 있다. 우리는 그만큼 우리 것에 대해서 무지하게 되었다.

세계적으로 동서양을 막론하고 각 지역의 문화와 역사를 지배해온 종교적인 최고의 경전이 있다. 우리나라를 비롯한 동아시아에는 <주역>이 있고, 이에 유사한 우리나라의 역인 천부경, 인도에서는 불교의 불경이, 서구에서는 크리스트교의 성경이 있다. 그러나 이들 경전이 추구하는 궁극적인 최고의 경지를 나타내고 있는 천부경의 하나(一), 주역의 역의 태극, 불교의 부처, 그리고 크리스트교의 하느님 모두 동일한 개념이라고 볼 수 있다.

동일한 우주의 궁극적인 것을 천부경에서는 '하나(一)' 주역에서는 易의 태극으로, 불교에서는 부처, 크리스트교에서는 하느님으로, 도교에서의 元神, 성리학에서의 性, 도가의 道로 다르게 표현하였지만 모두 동일한 개념이라고 볼 수 있다. 즉 동일한 개념을 표현한 용어가 다를 뿐이라고 본다. 그리고 추구하는 궁극적인 내용도 동일하다. 즉, 주역은 천지지 대덕 왈 생이라고 하여 생(生)을 강조하였으며, 불경은 자비를 그리고 크리스트교의 사랑은 용어는 달라도 모두 동일한 개념이다. 유교의 인의 개념도 주역의 생의 개념과 동일한 개념으로 유교의 근본은 주역이다. 주역이 체이고 유교는 용이다.

그런데 주역이 불경이나 성경 그리고 논어와 다른 독특한 특징적인 것을 찾아본다면 표현하는 형식에서 찾아볼 수 있다. 즉 불경은 부처님의 말씀, 성경은 하느님의 말씀, 논어는 공자님 말씀이라면, 주역은 이치적으로 체계화된 학문이라는 점이다.

주역은 신의 세계 인간을 포함한 우주삼라만상의 세계를 모두 포괄적이고 종합적으로 체계화한 이치적인 학문이다. 체계화된 학문이라는 점에서 다른 경전과 다르게 과학적 성격이 있다. 그런데 현대 서양과학과 다른 점이 있다면 주역이 포괄하는 면이 시공간적으로는 우주론적이며 내용 면에서는 보이는 물질(器)의 세계와 보이지 않는 신과 기(氣)의 세계를 모두 포괄하고 있다는 점이다. 우주론적이므로 우주론적 보편성이 있다는 점이다.

현대 서양과학이 보이는 세계를 중심으로 지역적 부분적이며 통제되고 제한된 범위 내의 특수적인 성격의 과학이라면 주역은 서양과학이 감히 상상할 수 없는 종교, 철학, 과학을 포괄하여 종합적으로 나타낸 우주론적 보편적인 경지의 학문(종교·철학·과학)이다.

제5부

현대사회에서 주역학의 의의

제16장 현대사회 주역의 의미와 가치

여기에서는 동양학, 특히 주역에 대한 국민들의 지적 수요가 높은 사회적 배경을, 그동안의 동양학을 배우고 연구하기 위해서 전국을 돌아다니면서 만난 많은 동양학 연구자들과 인터뷰를 하고 조사하고 관찰하면서 필자 나름으로 생각되는 내용을 정리해 보고자 한다.

나는 동양학, 특히 역학과 역술을 배우고 연구하기 위해서 전국적으로 돌아다니면서 이 분야의 많은 전문가들을 만나서 배우고 그분들과 대화하면서 많은 정보와 자료들을 수집할 수가 있었다. 특히 한국정신과학회의 각종 세미나와 매월 개최하는 초청 강의에서 많은 정보와 지식을 얻게 되었다.

동양학 중에서 특이한 분야가 우리나라 상고사 시대부터 전해오는 우리 민족에 고유한 한 철학과 한 사상 분야가 있다. 이 분야는 중국에서 비롯된 동양사상과 구별되는 또 다른 우리 민족의 고유한 사상이며, 우리가 일반적으로 알고 있는 중국의 동양사상과 철학의 근원이며 뿌리가 되는 사상이고 철학이라는 것이다.

현대사회 주역의 의미와 가치

제1절 정신세계에 대한 지적 수요 대두

현대는 '배고픈' 시대가 아니고 '머리고픈' '머리아픈' 시대이다

최근에 베트남의 탁닛한 스님이 왔을 때 많은 사람들이 구름같이 모이는 모습을 보고 격세지감을 느끼게 되었다. 뿐만 아니라 티벳의 달라이 라마를 초빙하여 모셔 오기를 여러 가지로 노력하는 모습들을 보고 많은 것을 느끼게 되었다. 그리고 세계적인 종교 지도자들이 오면 수십만 명의 인파가 모이는 현상을 어떻게 설명할 수 있을까?

그리고 전국적으로 곳곳에 산재해 있는 각종 정신 수련장과 동양학 특히 역학과 역술을 배우는 사람들이 많은 것은 무엇을 의미할까. 동양과학의 핵심 개념인 기와 관련된 수련도장이 1996년도에 전국적으로 1,000여 곳이 넘고 이를 수련하는 인구가 200만 명이 넘는다고 하는 통계가 있으니 이에 대한 열기를 짐작할 수 있다.

이러한 사례들은 이 시대는 정신세계에 대한 국민적 관심이 이만큼 높아졌음을 나타내는 단적인 징후들이다.

50~60년대 물질적으로 가난하고 어려웠던 시대에 세계적인 종교지도자 그리고 탁닛한 스님 또는 달라이 라마를 모셔 온다면 그렇게 많은 사람들이 관심을 가졌겠는가.

그 당시에는, 6.25이후 극도로 가난하여 춥고 배고픈 시절이었기 때문에 미군이 갖다 주는 씨 레이션(통조림)과 후생물자가 그렇게 달콤하고 반가웠던 시절이었다.

그러나 지금은 춥고 배고픈 50~60년대가 아니다. 지금은 춥고 배고픈 것은 해결이 되었다. 뿐만 아니라 물질적으로 엄청나게 풍요롭고 편리해졌다. 그러나 이에 비해서 정신적으로는 그 당시보다 훨씬 그렇지 못하다. 그래서 많은 세계적인 종교지도자들을 비롯해서 정신세계의 높은 지도자들이 이구동성으로 하는 말이, 현대인은 육체적으로는 우량아이나 정신적으로는 박약자가 되어 정신과 육체가 아주 불균형을 이루고 있는 비정상적 상태라는 것이다.

50~60년대는 '배고픈' 시대였다면, 현대는 '머리고픈' '머리아픈' 시대라고 볼 수 있다.

'머리고픈'이란 정신적으로 저차원의 수준에서 정신적 갈급증을 느끼는 상태를 의미한다. 이를 해소하기 위해서 의식 성장을 위한 정신세계의 연구와 수련 그리고 인간의 삶의 궁극적인 의미와 깨달음을 얻고자 하는 모든 연구와 정신적 노력이 여기에 해당된다.

'머리아픈'이란 복잡하고 바쁜 생활 속에서 정신없이 생활하면서 부딪치는 문제가 많다 보니 정신적으로 감당을 못해서 느끼는 정신적 공황상태를 의미한다. 즉 골머리 아픈 일이 많아서 느끼는 심리적 상태를 의미한다.

인간에게는 육체적·물질적인 세계가 있고, 의식적·정신적인 세계가 있다. 따라서 인간의 문제는 물질적·육체적 문제와 의식적 정신세계의 문제가 있다. 지금은 물질세계의 문제보다도 정신세계에 대한 문제가 더 많고, 따라서 정신세계의 문제를 완화하고 해결해 주기를 국민들은 더 많이 원하고 있다. 즉 국민들은 물질세계에 대한 지적수요에 관심이 많지만, 정신세계에 대한 지적 수요도 대단히 많다.

정신세계의 문제는 크게 네 가지로 나눠서 다음과 같이 설명할 수 있다.

1) 비정상적인 정신세계의 문제이다

이는 현대사회의 기형적 발달로 나타난 부작용으로 인간의 정신상태에 문제가 나타난 현상을 의미한다. 즉 물질적인 것만 강조하는 자본주의와 과학기술 문명의 지나친 발달로 나타나는 정신적인 황폐화현상, 물질적인 풍요로움 속에 나타나는 심리적 공허감과 소외감, 그리고 치열한 경쟁과 미래의 불확실성에서 나타나는 불안, 초조, 절망감, 스트레스, 공포감 등의 문제이다.

첫째, 그동안 60~70년대의 괄목할 만한 경제발전과 80~90년대의 민주화의 정치발전으로 물질적으로 풍요로워졌고 편리해졌으며, 또한 제도적으로도 자유롭고 편리해졌다.

그러나 단시일 내에 압축·발전하는 산업화 과정과 정치 민주화 과정에서, 엄청난 인권유린과 산업재해 그리고 일련의 험악한 정치적 사건을 겪으면서, 물질세계의 발전을 위해서는 인간의 존엄성이 무참히 짓밟히고 인간의 생명이 초개같이 버려지는 현실을 목격하면서도 개인으로서 어쩔 수 없는 무기력증에서 벗어나지 못하고 심지어 자포자기적 현실을 겪으면서 국민들의 정신은 황폐화, 피폐화 되어가고 있다고 볼 수 있다.

그리고 제도권의 근대과학은 인간의 영혼의 문제를 비롯한 정신세계의 문제를 제쳐버리고 인간의 외부에 존재하는 물질세계만을 대상으로 연구하는 방향으로만 나아가면서, 이제는 과학에서도 철학에서도 영혼의 구제를 기대할 수는 없게 되어버린 것이다.

근대 과학기술의 발달이 인류에게 크고 많은 물질적 혜택을 준 반면에, 영혼의 고향을 잃어버린 인간은 불안하다 못해 마음이 황폐해져서 여러 가지 사회적 문제를 불러일으키게 되었다.

그래서 영혼과 인간을 포괄하는 새로운 우주론적 학문의 재흥이 주창되고 있는 것은 이 때문이다.

둘째, 현대 물질문명의 풍요로움에서 오는 자연발생적으로 나타나는 정신적 허무감, 공허감 그리고 소외감 현상이 나타나고 있다. 인간의 공허감과 소외감은 단순히 물질적 풍요로움으로 해결할 수 없는 정신세계의 문제이다. 이는 물질적으로 풍요로운 사람일수록 오히려 더 많이 느끼는 정신세계의 문제이다.

국가에서는 이를 해소하기 위한 수단으로 3S(스포츠, 스크린, 섹스) 정책을 사용하고 있으나 그것은 임시방책이지 근본적인 해결책은 아니다. 어떤 의미에서 인간을 타락으로 유도시키는 정책이라고 볼 수 있다.

셋째, 복잡한 사회생활과 치열한 경쟁사회에서 오는 불안, 초조감, 스트레스, 절망감, 공포감 등이 증가하고 있다. 풍요로움과 편리한 현대사회의 물질세계의 발달의 어두운 면을 나타낸 문제들이다.

우리나라 말에 "천석꾼은 천 가지 걱정, 만석꾼은 만 가지 걱정"이라는 말이 있다. 물질적으로 풍요로움이 증가할수록 그에 비례해서 어두운 부정적 현상이 나타난다는 말이다. 이는 다른 말로 하면, 주역의 음양론의 이치를 나타낸 말로서, 물질적 풍요로움의 뒤에는 그에 비례해서 정신세계의 어두운 그림자를 지워버릴 수 없다는 것이다. 그래서 젊은이들뿐만 아니라 지도층 인사들까지도 자살률이 증가하고, 이혼율이 증가하는 현상은 이를 나타낸 하나의 현상이라고 볼 수 있다.

이상과 같은 비정상적인 정신세계의 문제로 많은 국민들 사이에서는, 황폐화되고 피폐화된 정신세계를 복원하고, 공허감과 소외감을 충족시켜 주고, 불안, 초조, 스트레스, 절망감, 공포감 등을 해소시켜 줄 수 있는 정신세계에 대한 지적 수요가, 물질세계의 지적 수요보다도 더 많이 시대적으로 새롭게 대두되고 있다.

2) 의식 성장을 위한 인간의 욕구문제이다

인간은 육체적 동물이면서 정신적 동물이다. 즉 인간에게는 물질세계가 있고 정신세계가 있다. 그래서 인간은 물질적 욕구충족뿐만 아니라 정신세계의 의식을 성장시키고자 하는 심리적 욕구도 있다.

인간은 빵만으로 살 수 없다. 그렇다고 자유를 달라는 정치적 민주화 이야기는 구시대적인 이야기이다. 이만큼 현대는 물질적인 문제, 정치적 자유와 민주화 문제는 거의 해결이 되어 물질적으로 엄청나게 풍요로워지고 제도적으로도 자유롭고 편리해졌다.

물질적인 문제와 제도적인 문제 해결에 결정적으로 중요한 역할을 수행한 학문이 서양과학이다. 따라서 이제는 물질세계의 학문인 서양과학의 중요한 역할의 시대는 끝났다고 볼 수 있다. 그런데도 불구하고 이를 버리지 못하고 과도하게 집착하는 것은 인간의 욕심에서 비롯된 병폐이다. 인간의 욕망은 채우면 채울수록 더 욕심이 생기는 것이 미망에 허덕이는 인간의 어리석은 병폐이다.

이제는 인간의 삶의 궁극적인 의미와 가치를 찾기 위한 소위 깨달음을 위한 노력으로 행하는 정신세계의 학문적 연구와 수행활동의 욕구가 새롭게 나타나고 있다. 또한 그러한 증후들이 국내뿐만 아니라 세계적으로 나타나고 있는 것이 사실이다. 이러한 정신세계의 욕구를 충족시키기 위하여 동양학이 중요한 역할을 수행해야 할 일이며 그리고 그러한 시점에 이르렀다고 볼 수 있다.

현각 스님

최근에 『하버드에서 화계사까지』를 쓴 미국사람인 현각 스님이 우리나라에 온 이유가 무엇인가? 빵 때문인가, 아니면 자유를 찾아서 왔는가? 그것은 아니다. 정신세계의 문제로 우리나라를 찾아왔다. 즉 인간의 삶의 궁극적인 의미와 가치를 찾기 위한, 소위 깨달음을 위한 노력의 일환으로 행하는 정신적 수행활동을 위해 찾아왔다.

현각 스님의 강연 내용 중에 현대서구사회의 문화적 변화에 대해서 언급한 의미 있는 내용이 있다.

서양에서 최근에 이루어진 기술의 역사를 보면 모두가 바깥세상의 일이었다. 즉 물질을 변화시키는 기술을 개발하여 세상에 전했다. 이에 비해서 동양에서는 우리 안을 다스리는 기술, 즉 '마음을 변화시키는 기술(mind technology)'을 발전시켰다. 요즘 들어 서양의 시인도 철학자도 동양적인 것에 관심을 쏟는 추세인데, 바로 이 '마음을 변화시키는 기술'을 배우고 싶어 그러는 것이다.

이것은 아주 특별한 변화이다. 동양적인 것을 공부하는 사람이 급격히 늘어나는 현상 말이다. 아주 갑자기, 그것도 지난 이십 년 동안 집중적으로 일어나는 일이다. 이전에는 상상하기 어려운 일이었다.

최근 사회조사에 의하면, 미국 국민들의 78퍼센트에 달하는 많은 사람들이 더 큰 영성을 찾고 있다. 명상과 요가가 뜨고 있고, 성스러운 존재가 비즈니스

로 흘러들고 있다. 레드켄과 휴렛팩커드의 상위 경영자를 비롯한 영적인 CEO
들이 기업을 변화시키고 있다.

『메가트랜드 2010』의 패트리셔 애버딘

『메가트랜드 2010』의 저자인 패트리셔 애버딘은, 이 시대 최고의 메가트랜
드는 '영성에 대한 탐구'이다. 영성에 대한 탐구는 인간의 활동과 우선순위, 여
가 활동, 소비 패턴을 변화시키고 있다. 『요가 저널』의 편집자 린 렘컬은 미국
의 요가 인구는 2002년 이후로 43퍼센트 증가하여 2005년 1,650만 명에 이른
다고 전했다. 2003년도 『타임』은 '명상(Meditation)'이라는 제목의 커버스토리
에서 1,000만 명에 달하는 미국 성인들이 명상을 하며, 이 수치는 10년 사이
두 배가량 증가한 것이라고 보도했다.

뉴 에이지(New Age) 운동

최근에는 인간은 신체와 정신, 마음을 가졌을 뿐만 아니라 '영성'을 가진 존
재라는 새로운 인간관이 대두되고 있다. 여기에서 '영성'이란 과학적으로 설명
할 수 없는 신비한 어떤 것이 아니라, 지금의 객관적인 상황을 초월해서 새로
운 차원으로 볼 수 있는 능력을 말한다. 즉 현재의 자기 자신과 환경 너머를
보고, 현실을 뛰어 넘어 의미와 가치를 찾는 능력이다.

뿐만 아니라 인간은 무한한 잠재력으로 신성을 가진 존재이므로 신적인 자아
를 각성 발전시키고자 노력하는 운동이 대두되고 있다. 대표적인 운동이 뉴 에
이지 운동인데, 뉴 에이즈 운동의 가장 대표적 이념이 인본주의이다. 일반적인
인본주의 핵심은 인간존중 사상이다. 인간은 인간이기 때문에 존중되어야 한다
는 것이다.

그러나 뉴 에이지 운동에서 말하는 인본주의는 인간이 인간이기 때문에 존중
되어야 하는 것이 아니라, 인간은 무한한 잠재력으로 신성을 가진 존재이기 때
문에 존중되어야 한다는 개념이다. 그래서 영성주의(靈性主義)의 필연적인 결
과로 자아실현 또는 신과의 합일에 대한 직접적 체험을 중시하게 되며 여기에

신비주의가 강하게 부각될 수밖에 없다.

영성지능(SQ)

현재 아직 충분히 규명되지는 않았지만, 일련의 과학적 자료들은 인간지능에 IQ와 EQ 외에 제3의 'Q'가 있음을 시사하고 있다. 즉 인간지능에 대한 완전한 서술은 영성지능(靈性知能), 줄여서 SQ(Sp iritual Quotient)라고 부르는 것을 논의함으로써 완전해질 수 있다.

SQ란 우리가 인간 삶의 문제에 대하여 의미와 가치의 문제를 다루고 해결하려 할 때 사용하는 인간지능, 우리의 행동과 삶을 광범위하고 풍부한 의미의 맥락에 자리 매김할 수 있게 하는 지능, 어떤 일련의 행동이나 삶의 경로가 다른 것보다 의미 있다고 평가할 수 있게 하는 지능을 말한다.

SQ는 IQ와 EQ가 효과적으로 기능하는 데 기본이 되는 인간의 궁극적인 지능이라고 할 수 있다. IQ가 합리적 논리적 정보 처리를 할 수 있게 하고, EQ가 연합적 정보 처리를 할 수 있게 하는 것과 마찬가지로, SQ는 모든 인간의 경험을 통합하여 더 큰 의미 구조에 위치시킬 수 있는 능력을 제공한다.

현대사회의 집단 SQ는 낮다. 우리는 물질주의, 편의주의, 편협한 자기중심성, 의미의 결핍, 헌신의 부족 등으로 표현할 수 있는 영적으로 둔감한 문화에 살고 있다. 그러나 자신의 SQ를 높이기 위해서 무언가 할 수 있으며 그런 사람이 많아졌을 때 우리 사회는 좀 더 발전할 수 있을 것이다.

빅터 프랭클

빅터 프랭클(Viktor Frankl)의 말처럼, 인간의 의미 추구는 삶의 제일의 동기이다. 인간을 그 본연의 영적인 피조물로 만드는 것은 이러한 의미 추구 때문이다. 우리 삶이 얄팍하고 공허하게 느껴진다면 바로 이러한 의미를 향한 깊은 욕구가 충족되지 못했기 때문이다.

오늘날 너무나 많은 사람들이 이러한 욕구를 충족하지 못하고 있는데, 우리 시대의 근본적인 위기는 대부분 영적인 위기에서 온다. 따라서 현대인의 심리

치료는 상실한 의미를 다시 찾아주는 의미치료(logo therapy)가 중요하고 근본적인 심리적 치료로 등장하게 되었다는 것이다.

3) 정신·물질 일원론적 과학관과 세계관의 출현이다

그동안 뉴턴·데카르트적 고전물리학이 지배해온 물질론적·기계론적 과학관이, 현대 물리학이 발달하면서 정신물질 일원론, 유기체적, 전체론적 세계관과 과학관이 등장하면서 인간의 정신세계의 중요성이 부각되었다. 소위 현대 물리학의 양자역학자들이 중심이 된 신과학 운동과 우리나라의 한국정신과학회가 여기에 해당한다.

17세기부터 서구에서 발전한 과학기술을 발판으로 현대문명이 이룩되었다. 이 당시 과학사상을 떠받치고 있는 두 개의 기둥은 데카르트와 뉴턴으로 이 두 사람에 의해 발전되기 시작한 물질론적·기계론적 사고방식은 영국에서 일어난 산업혁명의 씨앗이 되었고 현대문명의 뿌리가 되었다. 그러나 경쟁의 원리에 입각한 사회 조직체계 그리고 자연을 생각하지 않는 산업 활동으로 인하여 사람들 간의 사회적 유대관계가 파괴되고 공해와 같은 문제점들이 많이 나타나고 있다.

이는 모두 인간과 자연을 물질적인 존재로만 인식하고 정신의 작용력을 무시한 심신 이원론적인 서양의 과학관 세계관에서 비롯된 병폐라고 해도 과언이 아니다.

이러한 문제점들을 극복하기 위해서는 인간과 우주 또는 정신과 물질이 하나라는 심신 일원론적인 동양의 전통적인 우주관을 다시 복원하여 새로운 과학의 지평을 열어야 한다. 소위 초능력이나 초자연현상 등으로 불리어졌던 각종 현상들은 인간과 자연에 존재하는 정신적인 힘에 의해 나타나는 다양한 정신현상과 자연현상들로서, 기존의 과학체계에서 무시되거나 인정되지 않은 분야들이다. 이러한 현상들은 단순히 이해되지 않는다고 해서 도외시될 수 없으며, 실제로 존재하는 인간의 능력이며 자연스런 자연현상이다.

따라서 인간과 자연에 대한 깊은 이해와 깨달음을 바탕으로, 서양의 기계론적 과학관에서 벗어나 동양의 전체론적 과학관을 재조명하고 현대화하여, 기존의 과학이 설명하지 못하였던 다양한 정신현상과 자연현상들을 포괄적으로 설명할 수 있는 새로운 과학적 패러다임을 창출하는 것이 필요하다.

4) 정신세계가 물질세계를 지배하고 있다

특히 정신물질일원론의 주요한 내용은, 정신세계가 물질세계를 지배하고 있다는 점이다. 따라서 정신세계가 물질세계보다 더 중요하다는 의미이다. 우주삼라만상은 보이는 물질세계와 보이지 않는 정신세계의 상호작용에 의해서 나타나는데, 정신세계가 독립변수적이고 물질세계는 종속변수적이라는 것이다. 우리나라 말에 '생각대로 된다', '인간사 마음먹기 달렸다', '정신일도 하사불성'이라는 말은 이를 나타낸 말이다. 불교의 '일체유심조', 기독교의 '믿는 대로 된다'는 말도 모두 같은 내용이다.

최근에 정신물질일원론의 관점에서, 인간의 의식이 사물에 영향을 미치는 문제에 관한 연구를 한 저서가 많이 나타나고 있다. 예를 들면 존 키호(John Kehoe)의 『마인드 파워』, 다릴 앙카의 『가슴 뛰는 삶을 살아라』, 삭티 거웨인의 『그렇다고 생각하면 진짜 그렇게 된다』, 조엘 오스틴 목사의 『긍정의 힘』, 론다 번의 『시크릿』 등이 이러한 저서들이다.

이는 정신세계가 물질세계에 어떻게 영향을 주는가를 나타낸 대표적인 저서들이다. 이러한 설명은 정신물질일원론적인 동양학 특히 주역에 의해서 설명이 가능하다.

역학의 핵심개념 중에 기(氣)의 개념을 고찰해 보면, 인간의 의식이 사물에 어떻게 영향을 주는가를 이해·설명할 수 있다. 즉 정신물질일원론의 관점에서 보면, 인간의 외적인 사물은 인간의 의식에 의해서 창조되고 나타나는 것이 사실임을 알 수 있다. 여기에서 인간의 의식과 사물과의 관계의 고리역할을 하는 개념이 기(氣)이다.

정신과학적 국가발전론: 동기상구(同氣相求)의 원리

기독교 성경의 "믿는 것이 보는 것이다"는 예수님의 말씀과, 불교의 '일체유심조'는 막연하게 표현했지만 동양학에서는 이를 기(氣)라는 메커니즘으로 구체적으로 설명이 가능하다. 그것이 주역의 문언저(文言傳) 중천건괘의 구오효사에 동기상구(同氣相求), 즉 같은 기운은 서로를 구한다는 원리이다.

동기상구 원리란 예를 들면, 사람이 밝고 긍정적인 생각을 하면, 사즉기(思則氣)의 원리에 의해 밝고 긍정적인 기운이 나오고, 그러면 동기상구 원리에 의해 밝고 긍정적인 기운이 나오는 사물을 구하고, 그렇게 되면 밝고 긍정적인 기운이 나오는 일이 벌어진다. 즉 밝고 긍정적인 생각을 하면 밝고 긍정적인 미래가 펼쳐진다. 반대로 어둡고 부정적인 생각을 하면 어둡고 부정적인 기운이 나오고, 그렇게 되면 동기상구와 유유상종의 원리에 의하여 어둡고 부정적인 기운이 나오는 사물을 구하고, 그러면 어둡고 부정적인 미래가 펼쳐진다. 결국 자신의 미래는 자신의 생각대로 되는 것이며 그렇다면 자신의 미래는 자신의 탓이고 자신의 책임이라고 볼 수 있다. 서양과학이 주로 인간의 문제를 인간의 바깥세계, 즉 물질세계중심으로 연구하는 학문과 아주 대조적이다.

이러한 저서들의 공통된 내용은, 인간의 마음자세가 어떠냐에 따라서 인간의 미래도 그렇게 펼쳐진다는 것이다. 그러므로 물질세계의 바람직한 변화와 발전을 위해서는 정신세계의 바람직한 태도가 우선적으로 더 중요하다는 것이다.

따라서 물질세계의 진정한 발전을 위해서는 정신세계를 무시하고 물질세계 자체에만 관심을 갖게 되면 결코 바람직한 변화 발전을 이룩할 수 없다. 이것은 진정으로 물질세계의 바람직한 변화와 발전을 위한다면 정신세계가 바람직하여야 한다는 것을 의미한다. 따라서 물질세계의 발전을 원하면 원할수록 정신세계에 보다 많이 관심을 갖고 보다 많이 연구를 하여야 한다고 볼 수 있다. 이는 물질세계의 발전을 위해서도 정신세계를 연구하지 않으면 안 된다는 것을 의미한다.

흔히 우리나라가 60년대부터 산업화를 이룩한 것을 한강의 기적이라고 한다. 여기서 기적이라고 표현한 것은 물질과학인 서양과학으로 설명이 불가능한 현상이 일어난 것을 의미한다. 서양물질과학으로 설명이 불가능하다는 것은 서양물질과학 즉 경제학으로 설명이 안 된다는 것이다. 설명이 안 된다는 것은 서양물질과학, 즉 경제학이 학문적으로 한계와 문제가 많다는 것을 의미한다.

한강의 기적을 서양물질과학으로는 설명이 안 되지만 정신과학으로는 설명이 된다. 즉 한강의 기적은 우리 국민들의 정신세계의 힘에 의하여 나타난 결과이다. '하면 된다'는 신념과 '잘 살아보자'는 희망에 의해서 나타난 결과들이다. 믿음, 소망의 정신적 힘에 의해서 물질과학으로 이해할 수 없는 기적과 같은 일이 벌어진 것이다. 이러한 사례는 물질세계의 발전을 위해서는 정신세계가 중요하다는 것을 입증한 대표적 사례이다.

이러한 관점에서 볼 때 국가의 발전은, 단순히 자본·기술·노동력과 같은 물질적인 것보다는, 그 국가를 구성하고 있는 국민들의 정신적 힘 즉 믿음과 소망이 어느 정도이냐가 중요한 관건이다. 여기에 사랑까지 포함되면 최고의 극락세계라고 볼 수 있다.

따라서 한 국가의 발전을 주도하는 통치권자의 가장 중요한 리더십은 물질적 가치를 동원·생산·배분하는 전통적인 물질과학적 정책관리능력보다는 국민들이 믿음과 희망 그리고 사랑의 마음을 갖고 열심히 노력 하도록 하는 정신과학적 리더십이 무엇보다 중요하다.

이것이 정신세계가 물질세계를 지배하고 있다는 정신과학적 관점에서 국가의 발전문제를 나타낸 것이다.

위의 네 가지의 정신세계 문제는 서로 분리된 문제들이 아니고 오히려 아주 밀접하게 관련된 문제들이다. 그래서 독립적으로 문제를 해결하려고 해서는 오히려 비효율적이며 그렇게 할 수도 없는 문제들이다. 다만 관심이 어디에 더 많이 있느냐에 따라서 조금씩 접근하는 방법론상의 차이가 날 뿐이다.

국민이 원하는 교육·학문의 필요

이상과 같은 정신세계에 대한 국민들의 관심이 이러한데 이를 충족시켜 줄 수 있는 교육학문은 제도권에는 거의 없다고 해도 과언이 아니다. 그래서 많은 국민들은 이를 위해서 비제도권의 각종 정신수련소, 예를 들면 요가, 명상, 태극권, 마음수련, 단학선원, 국선도, 선수련 그리고 동양학 특히 주역과 역학·역술 등을 가르치는 곳에 가서 수련을 하고 배우고 연구를 한다.

수요자 중심의 교육이라고 하면서 국민들이 원하는 교육이 무엇인지를 교육 정책입안자들은 인식을 못하고 오늘도 서구 특히 미국 중심의 물질세계의 학문인 정신 빠진 물질과학만을 교육하고 연구하는 것에만 몰두하고 있다.

이것이 국민의, 국민을 위한, 국민에 의한, 교육학문인 민주적 교육인가 말이다. 우리는 지금 물질문명 신에 빙의되어서 국민이 배우고자 원하는 정신세계에 관한 우리 것에 대해서는 눈 뜬 장님이 되고 말았다.

이렇게 된 이유는, 국가의 모든 정책을 주도하는 지도층들은 50~60년대 춥고 배고팠던 시대의 틀을 벗어나지 못하고 있지 않나 생각된다. 그래서 아직도 교육학문적인 것을 비롯해서, 국가의 모든 정책이, 서양과학 중심의 물질적 가치에만 지나치게 편중된 것으로 나타나고 있다. 오히려 그때보다 더 많이 물질과학과 물질적 가치에만 몰두하는 것 같다.

즉 물질적으로 그때보다 엄청나게 풍요로워지고 편리해졌는데 그때보다 물질과학과 물질적 가치를 더욱 중시하니 참으로 아이러니한 문제가 아닌가?

이러한 모습은, 아마도 배고팠던 과거의 타성에서 벗어나지 못하는 인간의 사고에 분별력이 없어졌기 때문이 아닌가 생각된다. 시대적 상황이 변했는데 춥고 배고팠던 시절의 행태적 틀을 벗어나지 못하고 있다고 본다.

아마도 우리가 어린 시절인 50~60년대의 경제적으로 어려웠던 시절에 정신세계에 대한 이야기를 하면 국민들에게 별로 호응을 받지 못했을 것이다. 왜냐하면 그 당시는 물질적으로 워낙 가난했기 때문에 정신세계에 대한 지적 수요보다는 물질세계에 대한 지적 수요가 훨씬 많았던 시대이기 때문이다.

그러나 지금은 그동안의 눈부신 경제 발전으로 엄청나게 풍요롭고 편리한 세상에 살고 있다. 지금도 잘 사네 못 사네 하면서 사회적·정치적·경제적으로 갈등이 심하지만 상대적인 이야기지 절대적인 수준에서 굉장히 잘 사는 편이다. 그런데 과거 50~60년대에 그렇게 가난했던 시대보다 국민들 사이에 갈등이 더 크고 문제가 더 많은 것은 물질적인 이유보다 정신세계가 피폐해져서 그렇다고 하는 것이 보다 더 설득력이 있다고 생각된다.

따라서 이제는 국민들 사이에 물질세계를 위한 지적 수요보다는 정신세계에 대한 지적 수요가 더 크다고 볼 수 있다.

주역은 정신세계에 대한 체계화된 학문이다

그러므로 우주론적이며 정신세계와 깊은 관련이 있는 학문인 동양학이 국민들 사이에 자연스럽게 학문적 수요로 등장하여, 제도권에서는 그렇게도 미신이고 비과학이라고 홀대를 받는데도 불구하고, 비제도권에서는 오히려 국민들의 인기를 얻고 있다. 이에 대표적인 학문이 주역에서 비롯된 각종 정신 수련과 각종 역학과 역술 및 민간요법 등을 의미한다. 물론 정신세계의 지적 수요를 충족시켜주는 기능을 하는 각 종교단체가 있다.

그런데 종교와 동양학의 주역과는 차이점이 있다. 정신세계와 관련이 깊은 세계적인 3대 경전이라고 하면 불교의 불경, 기독교의 성경, 동아시아에는 역경이 있다.

역경이 불경 성경과 다른 점이 있다. 첫째, 역사 문화적으로 불교와 크리스트교가 들어오기 훨씬 이전부터 지금까지 동양인의 정신세계에 영향을 주어왔다는 점이다. 둘째, 불경은 부처님 말씀을 모아놓은 것이고, 성경은 예수님 하나님의 말씀을 모아 놓은 것이라면, 역경은 이치적으로 체계화된 학문이라는 점에서 다르다. 그러므로 동아시아 사회는 고유한 종교는 없지만 종교에 버금가는 체계화된 학문이 있을 뿐이다. 그것이 주역이다.

뿐만 아니라 세계적인 역 철학의 대가인 대만의 고희민 교수는, 동양학의 근원적 학문인 주역이 다른 경전과 비교해서 확실하게 느낄 수 있는 다른 점은, 삶의 즐거움이 문장 구석구석에 넘쳐흐르고 있다는 것이다.

불교처럼 세상을 고통스러운 곳으로 보거나, 기독교처럼 생명을 죄악시하는 태도는 전혀 찾아볼 수 없다. 역학은 삶이 선하다는 것을 긍정하며, 생명의 존재를 직시하고 생명의 의미를 예찬하는 철학이다.

예를 들면 주역의 건괘(하늘을 나타낸 괘) 단전에, 대재건원 만물자시(大哉乾元

萬物資始: 크도다 건원이여! 만물이 이것에 의하여 시작되는구나), 곤괘(땅을 나타낸 괘) 단전에, 지재곤원 만물자생(至哉坤元 萬物資生: 지극하도다 곤원이여! 만물이 이것에 의하여 생겨나는구나). 건원(하늘)이 만물의 '시초'를 여는 것과 곤원(땅)이 만물을 '낳는' 것은 역 철학사상의 출발점이다. 공자가 건·곤 두 괘의 「단전(彖傳)」에서 붓을 들자마자 건원의 덕을 '크도다'하고, 곤원의 덕을 '지극하도다'하여 극찬하였는데 역학의 생명에 대한 중시를 여기에서 볼 수 있다.

그래서 공자가 썼다는 주역의 계사전에도 역을 생생지위역(生生之謂易: 낳고 또 낳는 것을 역이라고 한다)이라 하고, 천지지대덕왈생(天地之大德曰生: 천지의 큰 덕을 생이라 한다)이라고 하였다.

공자는 '생'의 의미에 대해서 말할 때마다 항상 '천지'를 언급하는데, 이것은 사람이나 만물이 모두 '천지'의 큰 '생' 안에서 존재하는 것으로 사람과 사물은 각각 작은 생명이요, 우주는 큰 생명이기 때문이다.

주역의 생(生)은 다른 말로 하면, 유학의 인(仁)과 기독교의 사랑(愛) 그리고 불교의 자비와 유사한 개념이다.

제2절 새롭고 앞선 과학기술이다

1) 대체과학기술 (Alternative Science)

국민들이 건강 문제를 비롯한 여러 가지 생활 속에 부딪치는 문제해결에 있어서 제도권의 서양과학의 한계점과 문제점으로 인하여 대체과학(alternative science)으로 동양학의 도움을 받는 경우가 많다.

이것은 우리 민족이 수백, 수천 년간 국민 생활의 여러 가지 문제 해결에 활용해 왔던 전통과학에 대한 뿌리 깊은 신뢰와 문화적 영향력뿐만 아니라 제도권의 서양과학의 무능 또는 한계점과 문제점 때문이다. 즉 제도권에서 우리가 수십 년간 배운 서양과학이, 인간이 살아가면서 부딪히는 여러 가지 문제 해결에 필요한 지적 수요를 완전히 충족시켜주지 못하기 때문에 자연 발생적으로 나타나는 현상이다.

'진리란 우리가 진리라고 믿는 학문적 체계 내에서의 진리이다'라는 어느 첨단 물리학자의 말을 알고 있다. 너무도 지당한 말이다. 서양과학에서 자기들의 진리라고 하는 말은 자신들의 학문적 체계 내에서의 진리라고 믿는 말이다.

그런데 서양과학이 인간의 모든 문제를 완벽하게 이해·설명해주고 문제를 완벽하게 해결해 주는 완전한 진리냐 말이다. 그렇지 못하다는 것은 모두가 다 안다. 그렇다면 서양과학만 믿고 그것에만 의존한다는 것은 너무도 잘못된 것이다.

존 부룸필드 교수의 『지식의 다른 길』

미시간 대학 교수로서 20년 동안 인도사 강의를 해온 존 부룸필드(John Broom-field) 교수가 쓴 『지식의 다른 길』에서 현대 서양과학의 문제점과 한계점을 다음과 같이 언급하고 있다.

저자는 학교에서 배우는 것만으로 우리 삶이 충분한가라고 묻는다. 오히려 '우리가 알고 있는, 혹은 참이라고 믿고 있는 지식이 불과 300~400년 전에 만들어진 기형적이고 왜곡된 것'이라고 공박한다.

예를 들어보자. 우리는 의학적 '지식'의 증가로 수명이 길어지고 병을 극복할 수 있게 되었다고 믿고 있지만 오히려 전문화되고 분화된 현대의학은 인간의 몸을 기계로 파악하고 각 부품의 작동 방식만을 문제 삼아 우리에게 건강함을 유지할 권리를 빼앗은 것은 아닌가?

그러나 현대의학이 나오기 훨씬 이전부터 인간은 이미 자신의 신체를 조화롭게 조절하고 건강하게 유지하기 위해 노력해 오지 않았는가? 저자는 이렇게 '의학지식'의 실체를 파헤치며 지식에 대한 근본적 의문을 던진다.

서양과학적 지식의 특징을 가장 잘 보여주는 인물은 17세기 철학자 데카르트이다. 그는 이성적으로 명석함(clearity)과 분명함(distinction)의 방법론을 주장한 사람이다. 그에 의하면, 모든 것은 분석가능하며 연역적으로 설명이 가능하다. 이러한 방법론이 그 이후 300년 동안 현대의 지식이 추구해 온 것이다.

저자는 인류가 당면한 현재의 위기를 극복하기 위해서는 우리가 의존하고 있는 지식체계를 바꿔야 한다고 말한다. 기존체계를 고수하려는 쪽이든 비판하는 쪽이든 폭력적이고 파괴적이기는 비슷하다. 아예 지식의 패러다임 자체를 바꿔야 한다. 그것이 바로 저자가 제시하는 '지식의 다른 길'이다.

그런데 다른 길은 피안에 있는 것이 아니다. 이미 수만 년을 통해 인간들이 자연과 함께 살아오면서 체득해 왔다. 이제 우리는, 그것들에 눈을 돌려야 한다.

예를 들어 일면 비합리적이고 의미 없는 일로 보이는 토템문화나 뉴질랜드 원주민 마우리족의 풍습, 비서구권의 각종 제례들에 대해 진정으로 마음을 열었을 때 우리는 자연과 조화를 이루면서 건강하게 살아가는 방식에 대한 '지식'을 얻을 수 있게 된다. 꿈이나 각종 제의, 자연, 자신의 영혼에 귀 기울이고 그것을 받아들이고 인정하면 되는 것이다.

그러나 이것은 한순간에 저절로 습득되거나 이뤄지는 것은 아니다. 서구 중심이 아닌 비서구권 문화, 고대 사람들의 삶에 귀 기울이고 그 속에서 '공생'과 '사랑'을 배울 때 우리는 파괴와 단절로 가득한 현대 문명의 폐해를 극복할 수 있다.

윌리엄 틸러

이자크 벤토프가 쓴 「우주심과 정신물리학」의 '소개의 글'을 쓴 스탠포드 대학 소재과학과의 윌리엄 틸러 교수는 현대과학의 문제점을 다음과 같이 언급하고 있다.

오늘날의 과학은 현재의 세계관만을 고집하다 보니 시대에 뒤떨어졌으며, 이제는 별로 쓸모없는 존재론을 고집하고 있다. 이 때문에 인류의 성장이 방해받기 시작했으며, 전문성과 세분성, 물질주의, 또 컴퓨터 같은 기계적인 기능만을 강조하다 보니 인류는 스스로 전멸할 위험에 직면하였다.

물질적이고 과학적인 지식을 통해 얻어진 개인의 능력에 자만한 나머지 이기적인 생각들이 팽배해짐으로써 전체감이나 목적성이 상실되어 버렸다. 지금 우리에게는 전체로 되돌아가는 길을 찾는 일이 절실히 필요하다.

양적이고 물질적인 현 시대의 과학은 그동안 인류의 발전에 매우 중요한 역할을 했다. 비록 유물론적이긴 하지만 누구나 분명하게 알 수 있는 길을 통해 우리는 자연에 대한 일정한 이론들을 정립하고 검사하는 법을 배웠으며, 아울러 다른 사람이 재현할 수 있는 의미 있는 실험을 하는 방법도 배웠다.

하지만 우리는 이 한 가지 길에만 너무 집착한 나머지 유연성을 상실하여, 자연의 신비에 접근하는 다른 많은 가능한 길이 있음을 깨닫지 못하게 되었다.

우리는 소위 이러한 과학적 방법이 과거의 모든 실험에서 매우 효과적이었다는 이유 하나만으로, 실험에 대해서는 냉정하고 객관적이어야 한다고 생각하게 되었다. 하지만 과학적 방법은 실제로 그들이 주장하는 대로 <누구든지 어느 장소에서나 다시 그 실험을 재현할 수 있도록 필요 충분한 전말서>를 제시해야 한다. 만일 어떤 실험이 적극적이든 소극적이든, 혹은 그 중간 상태이든 정신과 감정의 심리상태 등을 요구한다면 마땅히 그러한 요구도 충족시켜야 한다.

앞으로 우리가 해야 할 실험에서는 순수하게 물리적인 면만을 추구해서는 안 된다. 물리법칙이 작용하는 가장 기본이 되는 토대에 인간의 의식과 의도가 영향을 주기 때문에 심리 상태를 양적으로 측정하여 분명하게 정의내리고 실험에 포함시키는 일이 필요하다.

이 시대에 와서, 우리는 자연계를 관찰하기 위한 기준좌표를 설정할 때 인간의 의식 상태를 적용시키기 시작하고 있다. 그리고 이처럼 경험을 통한 인식이 널리 퍼져서 하나의 공통된 경험 기반을 이룩하게 되면, 과거의 법칙들은 새로운 경험에 합당하도록 수정될 필요가 있을 것이다. 이 과정을 통해 인간이 인간 자신을 보는 시각과 우주를 보는 시각, 그리고 인간과 우주의 상호관계를 보는 시각이 커다란 변화를 일으킬 것이다.

그동안 인류에게 새로운 인간상을 심어주기 위해 몇몇 작은 출발들이 이루어졌다. 이 새로운 인간상은 인간의 전체성 그리고 주변 사물과의 밀접한 관계를 강조한다.

순수한 물리적인 차원을 초월한 우주의 다양하고 미묘한 차원에서는 모든 것이 모든 것과 상호작용을 하는 듯이 보인다. 이 차원들 속으로 점점 깊이 들어갈수록 우리는 더욱더 우리가 하나라는 사실을 깨닫게 된다.

프리초프 카프라

학문적으로도 현대 물리학이 발달하면서, 그동안 우리 학문이 신비적이라고 무시되어 오다가, 오히려 서구의 현대 물리학자들을 중심으로 한 신과학자들에 의하여, 자신들의 현대 과학적 이론과 동양의 신비적 사상의 유사성을 발견하고는, 동양학을 학문적으로 의미 있게 연구되고 있다.

현대 물리학자 이면서 신과학자인 프리초프 카프라(Fritjof Capra)에 의하면 현대사회의 위기의 특징은 총체적인 시스템적 문제이며 이러한 문제가 발생한 근본적인 원인은 뉴톤 역학적 물질론적·기계론적, 정신·물질 이원론, 합리성과 분석적 학문, 그리고 환원주의적 사고를 지나치게 강조하는 데에서 비롯되었으며, 이를 완화하기 위해서는 유기체적·정신 물질 일원론, 직관적이며 종합적 학문, 그리고 전체론적 사고와 학문이 필요하다는 것이다. 이러한 수요에 적절한 학문이 동양학이라는 것이다. 그중에서도 역학과 역술이다.

뿐만 아니라 서양은 이미 오래 전부터 우리의 동양학을 과학이라고 했을 뿐만 아니라 자신들의 서양과학, 서양물질문명의 한계점과 문제점을 보완, 극복하기 위한 돌파구로서 동양사상을 우리보다 더 많이 연구하고 있다는 것이다.

중국의 육조흠 박사

중국의 청화대학 출신의 외국유학파가 아닌 순 중국산 원자핵물리학자의 한 사람이며 일반에 많이 알려진 학자는 아니나 세계원자과학계에서는 손꼽히는 육조흠 박사에 의하면, 앞으로는 역리(易理)와 음양오행을 이해하지 못하면 현 수준을 뛰어넘는 과학의 발달이 있을 수 없다는 것이다.

그런데 서양과학은 하루가 멀다 하고 무비판적으로 엄청나게 도입하면서도 코앞에 있는 우리의 동양학을 제도권에서 본격적으로 연구하고 가르치지 않고 있음은 아이러니한 현상일 뿐만 아니라 실로 안타까운 일이라고 생각된다.

다행스러운 것은 94년도에 젊은 첨단 자연과학자들이 중심이 되어 한국정신과학회가 창설되면서 제도권에서 우리의 전통사상인 동양학을 학문적으로 의미 있게 연구하게 된 것이다. 이는 매우 늦었지만 대단한 의미가 있다.

2) 기(氣) 과학기술 개발

동양과학의 핵심 개념은 기(氣)이다. 기는 물질·마음·생명·에너지의 개념을 모두 포괄하는 개념이다. 우리 조상들이 수천 년 전부터 전해오는 동양학에만 있는, 지금의 첨단과학도 완전히 밝히지 못한 개념이다.

현대 서양첨단과학이 밝히지 못하면 자신들의 무능을 인식하여야 하는데 오히려 미신이라고 몰아치는 서양과학의 독선, 교만이 얼마나 심한가를 알 수 있다.

그리고 이러한 평가에 우리의 지도층이 눈먼 채 동조해 스스로 미신이고 비과학이라고 홀대해 온 것이 더 안타깝다.

중국이나 구미에서의 연구결과들을 보면 기는 결코 신비한 것이 아니며 진지한 과학적 연구의 대상이 되고 있고 실제로 물리적인 에너지 작용을 일으키는 에너지 개념으로 파악하고 있다. 그러나 이에 대한 정보가 국내에 제대로 알려져 있지 않다 보니 기에 대한 편견이 아직도 불식되지 않고 있는 상황이다.

구미에서는 기(氣)에 해당하는 개념이 'subtle energy'라는 말로 표현되는데, 이 말은 미약한 에너지라는 의미로서, 이에 대한 연구결과가 나와 있다는 것이다. 그런데 그 연구가 계속 이어지지 못하고 단절되었는데, 그 이유는 그 연구결과가 기존의 학문으로는 도저히 이해할 수 없는 것들이었다는 점이 크게 작용한 때문이다.

화석연료와 원자력의 고갈성과 환경오염 및 안전성 문제를 근본적으로 해결할 수 있는, 대체에너지 개발 노력의 일환으로, 깨끗하고 안전하며 무한정 존재하는 값싼 에너지인 우주에너지, 공간에너지 또는 프리에너지(free energy)를 이용한 우주 에너지 발전기가 개발되었다.

일본의 통산성 전총련(電總研)의 주임연구관인 이노마타슈지가 획기적인 복소전자장이론을 만들어 냈다. 에너지와 물질과 의식은 상호 관련돼 있다는 이론이다. 일본 물리학회와 서구 물리학회에서도 이 이론을 인정하는 학자들의 수가 점점 증가하는 추세이다.

그러므로 기의 연구는 현대의 심리학, 의학, 생명과학, 물리과학 등과 깊은 관계가 있으며, 그 연구 성과와 실제적인 효과는 일본과 서양의 첨단과학 관계자 간에

도 대단한 주목을 받아 현재 급속도로 국제적 교류가 진행되고 있는 실정이다.

기는 물질과 정신을 연결하는 고리

기는 마음과 몸, 즉 정신과 물질을 매개하는 미지의 생명 에너지라고도 말하여지고 있다. 이런 점에서 기(氣)에 대한 탐구는 과학기술과 정신문화의 조화에 이르는 길을 넓힌다고 할 수 있다.

뿐만 아니라 기의 작용과 변화 원리가 과학적으로 밝혀지면, 인간의 윤리적 행동의 의미까지도 과학적으로 밝혀질 수 있다고도 생각된다.

지금과 같이 단순히 인간의 윤리·도덕적인 행동을 일방적으로 강요하기보다는, 사실적으로 그러한 행동의 의미와 가치를 과학적으로 입증해주면 그렇게 행동하지 않을 수 없도록 인식 내지는 납득시킬 수 있다.

그렇게 되면 윤리·도덕적 행위의 가치와 의미를 새롭게 과학적으로 인식할 수 있게 된다. 그 결과 남을 의식하지 않고 자발적으로 인간이 보다 많이 정신적으로 정화가 된다고 본다.

뿐만 아니라 기의 실체가 밝혀지면 물질세계의 발전을 위해서도 대단한 의미와 가치가 있다. 즉 기의 실체가 밝혀지면 의식과 물질을 상호 연결시키는 기의 메커니즘이 밝혀지고, 그렇게 되면 우리의 의식이 물리적 세계와의 관계가 얼마나 깊은가를 과학적으로 인식하게 된다.

따라서 의식을 어떻게 가져야 물리적 세계가 바람직한가를 납득이 되도록 밝혀, 그 결과 의식의 세계가 보다 밝고 긍정적으로 바람직하게 변화될 수 있도록 납득을 시킬 수 있다.

그리고 정신수련, 기수련을 하게 되면 영적으로 높은 단계에 도달하고 그렇게 되면 물질세계의 과학기술 발전을 위한 아이디어 개발에도 크게 기여할 수 있다고 본다. 발명왕 에디슨이 말하기를 '새로운 발명은 99%의 노력과 1%의 영감이다'라고 언급한 내용에서와 같이 여기에서 중요한 것은 1%의 영감이 중요하다. 1%의 영감을 기수련과 정신수련을 통해서 그 이상의 영감력을 발휘하면 보다 월등한 결과가 있을 것으로 생각된다.

실제로 내가 조사한 바로는, 정신수련을 한 사람이 과학기술을 개발하여 성공한 사례를 보았다. 그 성공한 과학기술이 기존의 과학이론으로 설명하지 못할 정도의 탁월한 과학기술이었다. 이러한 과학기술을 개발할 수 있는 아이디어는 그 자신의 정신수련의 결과로 볼 수 있다.

21세기는 기(氣)에 의한 과학혁명

최근 들어 기의 실체를 구명하기 위해 일본과 중국에서는 국가적인 지원 아래 이에 대한 연구를 조직적으로 전개하고 있다. 중국의 경우 지난 1990년에 중국 원자탄 개발의 아버지로 불리는 물리학자 첸(錢學森) 박사를 중심으로 '중국인체과학연구원'을 설립하고, 중국 내의 특이공능자(特異功能者)들과 협력하여 다양한 연구를 수행하고 있다.

첸 박사가 중국의 유명한 기공사인 엄신(嚴新)의 협력 하에 얻은 여러 실험 결과들을 평가하면서 다음과 같이 말했다.

"기공(氣功)은 이제 부인할 수 없는 사실이다. 이로써 물질과 접촉하지 않고서도 물질에 영향을 줄 수 있으며 그 물질 분자의 성질과 형태를 변화시킬 수 있다는 점을 증명하였다. 이것은 역사적인 사업이다. 즉시 세계에 중국의 성과를 알려야 한다!"

이러한 연구에 힘입어서 중국정부는 기를 물리적으로 실재하는 존재라고 공식적으로 인정하고 이에 대한 연구를 활발하게 추진하고 있다. 중국이 유물사관에 기초한 공산주의 국가라는 점을 감안한다면 이러한 연구가 어떤 의미를 지니는가는 능히 짐작할 수 있을 것이다. 만일 기가 비물질적이고 허황된 것이었다면 국가적 차원의 공식적인 연구활동은 불가능했을 것이다.

일본의 경우에는 도카이 대학의 사사키 시게미 교수가 1993년 통산성 산하에 '기 에너지 응용실용화 연구 위원회'를 조직하여 기의 실용화를 위한 연구를 행하고 있다.

일본과 중국의 연구 현황을 면밀히 분석해보면, 두 나라는 기 연구 분야에서 서로 협력하기로 약정을 맺고 인적 교류를 활발히 진행하는 것으로 보인다. 첸 박사에 의하면, 앞으로 이 분야의 연구는 의학 분야뿐만 아니라 과학기술 전반에 걸쳐 영향을 미치게 될 것으로 보인다.

또한 20세기의 과학혁명이 상대성이론과 양자역학에 의해서 이루어졌다면, 21세기의 과학혁명은 '기(氣)'에 의해 일어날 것이라는 것이다.

따라서 우리도 이에 대비하기 위해서 기(氣)의 개념을 체계적으로 연구하여 기(氣)의 실체를 현대 과학으로 밝히는 연구를 하여야 한다. 그러기 위해서는 국가적인 차원의 정책적 지원이 절실하다.

생각하면 우리나라가 구미 열강들에 비하여 비교우위에 있는 분야가 매우 드문데 이 중의 하나가 바로 기(氣) 과학이고 기(氣) 의학이다. 우리나라의 과학기술분야 예산이나 인력, 장비 등의 무엇을 놓고 보아도 구미와 경쟁해서 이길 승산이 있는 분야는 거의 없다는 것이다.

2000년도에 산업자원부에서 '차세대 미래원천 기술 개발사업'의 후보과제로 '생체에너지(기) 응용기술'이 선정이 된 적이 있다. 하지만 산자부 내에서는 이 과제가 20개 후보과제 중에서 높은 점수로 상위 등급에 올랐으나 기획이 끝난 뒤 10개 과제를 추려내는 심사과정에서 전문가들의 의견이 양극단으로 갈라져서 선정에서 제외되었다. 탈락된 가장 큰 이유가 심사위원들의 기에 대한 무지 때문이었다는 것이다.

이를 제안한 표준과학연구소의 방건웅 박사에 의하면, 기에 대한 연구 과제가 "차세대 미래 원천기술"이라는 주제에 적합하고 도전할 가치가 충분하며 시장 규모도 엄청나고 새로운 산업이 형성될 수 있는 분야라고 생각하였으나 이러한 가능성만으로 심사위원들의 색안경을 벗기기에는 부족하였다는 것이다.

우리나라의 제도권에서 기를 과학적으로 밝히기 위하여 연구하는 모임인 학술단체가 한국정신과학회이다.

3) 새로운 지적 탐구정신

학문적으로 지적 호기심 내지는 새로운 것에 대한 추구와 탐구정신의 일환으로 동양학을 하려는 사람들이 많이 있다.

현재 제도권의 거의 모든 학문은 약 100여 년 전부터 서구에서 도입된 외래학문으로, 이를 지배적으로 연구하고 가르치다 보니, 우리나라 교육기관은, 사람과 땅은 동양인이고 한국이지만, 서양과학대학이고 서양교육기관이 되어버렸다.

이 시대의 한국인은 서양적인 학문의 지식과 사상으로 완전히 무장되어 있어서, 비제도권에서만 주로 연구 강의되고 있는 우리의 전통학문인 동양학이 새로운 학문이 되었다.

그래서 이 시대에 새로운 학문을 배우기 위해서는, 제도권의 교육기관이 아니고 비제도권의 동양학을 가르치는 소위 철학관이 새로운 교육기관으로 부상되었다.

흔히 새로운 학문을 하기 위해서 미국중심의 유학을 가는 경향이 많지만, 미국에 가 봐야, 우리나라의 초등학교에서부터 배우기 시작한 교육 내용과 별반 다른 것이 없다. 왜냐하면 우리나라의 초등학교부터 중·고등·대학·대학원의 교육내용과 체계가 미국의 그것을 그대로 모방하였기 때문이다.

다만 학문적 근원이 서구이다 보니, 보다 오리지널한 것을 하고 보다 좋은 시설에서 보다 많이 한다는 의미가 있다면 있다. 그러나 그 내용 면에서는 국내의 것에 크게 벗어난 것이 없다고 생각된다.

왜냐하면 우리나라에서도 서구적인 학문을 도입해 온 미국 중심의 서구 유학자들에 의해서 그동안 국내에 뿌리를 내리고 정착화하는데 많은 기여를 하여서 어느 정도 유사하게 발전하고 있기 때문이다.

그리고 지금과 같이 정보화 시대에는 학문적 연구에 대한 정보를 안방에서도 누구나 쉽게 접근할 수 있어서 유학에 대한 필요성이 더욱 의미를 상실해 가고 있다.

뿐만 아니라 우리나라도 그동안의 근대화 노력의 결과로 물질문명의 차원에서 엄청나게 발전하여 서구 선진국과 거의 유사하게 되었다. 그래서 미국의 뉴욕을 가나, 일본의 동경을 가나, 우리나라의 서울과 별반 다르고 나은 것도 없는 것 같아 보인다.

그리고 미국의 유명대학에 가 봐도 우리나라 대학의 강의 시스템이나 내용, 캠퍼스나 건물 그리고 각종 시설 면에서도 큰 차이가 없어 보인다.

이상의 사실들을 종합해서 한마디로 말하면, 서양과학과 서구적인 물질문명은, 세계적으로 평준화되었다고 할 수 있다. 그래서 서구에서 배우고자 미국 중심으로 유학을 가 봐야 과거에 비해서 특별히 새로운 맛이 적다고 본다.

새롭고 앞선 과학기술은 미아리철학관에도 있다

물론 새롭고 앞선 과학기술은 시공을 초월해서 가장 우선적으로 배우고 가르치고 보급을 하는 것이 진정한 과학기술교육이다. 그러나 서구 특히 미국 것이라고 무조건 다 앞서고 바람직한 것은 아니다. 이 시대에 새롭고 앞선 과학기술은 하버드·예일 대학에도 있지만, 우리 눈앞에 있는 미아리철학관에도 있다. 따라서 하버드·예일 대학에만 가서 배워 올 것이 아니라, 코앞에 있는 미아리철학관에서도 배워올 것이 있다.

오히려 미아리철학관의 동양과학기술이 하버드·예일 대학 과학기술보다 더 앞서고 희귀한 것이라면 학문적으로 더 의미 있고 가치가 있다.

왜냐하면 하버드·예일 대학의 서구적인 과학기술은 제도권에서 오랜 동안 많이 배우고 가르쳐서 거의 일반화된 내용으로 크게 새롭고 엄청난 것도 없다. 왜냐하면 동일한 패러다임 내에서의 질적, 양적 수준의 차이이기 때문이다.

오히려 우리가 천시하고 멸시해 왔던 미아리철학관의 동양과학기술이 훨씬 새롭고 앞선 의미 있는 과학기술이다. 왜냐하면 진정으로 패러다임이 다른 새로운 내용이기 때문이다. 즉 서구적인 것과 비교할 때 근본적으로 칼라 자체가 다른 새롭고 앞선 내용이다.

물론 제도권에서도 동양학을 가르치고 있다. 즉 주제별로 말해보면 철학·사상·미술·음악·어학 등을 가르치고 있다. 그런데 과학 기술적인 역학·역술은 제도권에서 거의 가르치고 있지 않다. 과학기술이 중요한 시대에 말이다. 참으로 기이한 현상이다. 다만 있다면 한의학이 있을 뿐이다.

그런데 이 시대에 국민들이 필요로 하는 학문은 동양학 중에서도 과학기술에 관련된 학문인 역학과 역술이다. 그래서 국민들은 동양학의 과학 기술적 지적 수요를 제도권에서 충족시켜 주지 못하고 있기 때문에 비제도권의 철학관을 찾아가고 이용을 하는 것이다.

제도권에서는 국민들에게 실질적으로 필요치 않은 공허하고 현학적인 철학·사상만 교육하기 때문에 국민들의 입장에서는 실용적으로 별로 의미 있는 학문이라고 생각하지 않는다.

그러나 그렇다고 누가 미아리철학관으로 배우고 연구하고자 오고 가겠는가. 그 학문적 내용은 새롭고 앞선 의미 있는 학문이지만 어떻게 그곳에서 학문다운 학문을 할 수 있을까? 즉 시설이나 제도적인 측면에서 말이다.

그러므로 앞으로 우리 동양학에 대한 지적 수요를 충족시켜주기 위해서 제대로 배우고 가르치며 연구하는 대학을 설립하여, 현대 서양과학과 맞서서 떳떳이 대항하여 연구하고 가르쳐야 한다.

즉 동양학의 근대화를 이룩하기 위한 일환으로, 시급히 동양과학대학과 동양과학기술원을 국가적인 차원에서 설립하는 것이 필요하다. 그래서 동양학을 현대 과학적 방법으로 체계적으로 가르치고 연구하여야 한다. 그렇게 되면 21세기의 동아시아문화권시대에 동아시아 문화에 관심이 많은 서구인들이 유학 올 수 있는 조건이 된다고 생각된다.

제3절 교육·학문세계의 민주화를 위해서

교육·학문의 민주화와 자유경쟁을 위해서 동양학을 배우고 가르쳐야 한다. 지금 제도권의 학문이 엄청나게 다양한 학문을 자유롭게 개방적이고 다원적으로 하는 것 같지만 사실은 그렇지 못하고 서양과학 중심의 독점체제라고 볼 수 있다.

그렇다고 그 서양과학이 인간의 모든 문제를 완전히 해결해 줄 수 있는 지적 수요를 충족시켜 주지도 못하면서 일방적인 지배독점하에 있다. 그리고 모든 분야에서 서양과학이 동양과학보다 앞서고 바람직한 것도 아니면서 그러하니 더더욱 이해가 안 된다.

동양과학이 서양과학보다 앞서고 바람직한 경우가 종종 많이 있다. 물론 서양과학이 동양과학보다 앞서고 바람직한 경우도 많이 있다. 그렇다면 동서양의 학문 중 어느 하나가 지배·독점하에 있다고 하면 그 자체가 비합리적이고 분별없는 과학기술정책이고 교육이다.

오히려 비제도권의 민간차원에서는 제도권의 교육·학문세계와 다르게 서양과학뿐만 아니라 동양과학도 많은 사람들이 배우고 그리고 생활에 활용하고 있다. 이런 점에서 최고의 지성을 자랑하는 교육·학문세계보다 일반 국민들이 보다 개방적이고, 앞서고, 현명하게 과학기술을 배우고 연구하고 활용을 한다. 그런데 제도권에서는 우리 것인 동양과학을 전혀 인정하지 않고 있음은 무언가 잘못되어도 엄청나게 잘못된 기이한 현상이다.

최고의 지성을 자랑하는 교육·학문세계가 이 모양이니 이것도 일종의 교육·학문세계의 부패현상의 하나라고 볼 수 있다. 가장 민주적이고 개방적이며 자유로워야 할 교육·학문세계가 그렇지 못하다는 것은 참으로 아이러니한 현상이다. 국가적, 사회적 모든 분야 중에서 교육·학문 세계가 가장 비민주적이고 자유롭지 못하고 부패한 것 같다. 더욱이 세계화·개방화·민주화·자율화시대에 학문세계는 서양과학중심의 학문적 독재체제를 벗어나지 못하고 있다.

학문의 민주화란, 세 가지 의미로 생각해 볼 수 있다.

1) 학문적 다원화

제도권의 교육학문세계가 서양과학의 독점체제를 벗어나서 동양과학을 받아들여야 한다는 의미이다. 정치 민주화에 있어서 양당체제가 중요한 것처럼, 교육·학문도 서양과학이 있으면 동양과학도 있어야 한다. 그래야만 선의의 경쟁을 통해서 역동적으로 학문의 발전이 이뤄진다.

제도권 학문 중에서 역사·문학·예술·철학·사상 분야는 동서양의 학문이 동시에 존재한다. 그런데 과학기술 분야만 서양과학기술이 완전히 지배 독점체제이고 동양과학은 완전히 제도권에서 밀려나 비제도권에서만 존재한다. 과학기술이 중요하고 지배하는 시대에 동양학 중에서도 가장 먼저 동양과학기술을 받아들여야 함에도 불구하고 말이다.

절대학문은 절대 부패한다

절대 권력은 절대적으로 부패하는 것처럼, 절대학문도 절대적으로 부패한다. 여기서 학문적 부패란, 별로 중요하지 않은 학문적 내용에 중복 과잉 투자를 하여 인적 물적 자원의 낭비가 심하다는 점과, 학문적 문제점과 한계점을 해결하기 위해 돌파구를 찾지 못하고 고정된 틀 속에서 벗어나지 못하는 학문적 정체성(停滯性)을 의미한다.

토인비 교수에 의하면, 어떠한 문명이 절정에 도달하게 되면 성장 동력을 잃어버리고 망하게 되는 현상이 나타난다는 것이다. 그런데 그러한 문화적 멸망의 주요한 요인은 유연성(flexibility)의 상실이라는 것이다. 즉 그 사회의 구조와 행태가 경직(rigid)되어 변화하는 환경에 적응하지 못함으로써 문화적 발전의 창의적인 과정을 수행할 수 없게 된다는 것이다. 그래서 결국 쇠퇴하고 망한다는 것이다.

이와 마찬가지로 학문도 서양과학위주로 지나치게 편향되고 경직화되어 새로운 학문의 수용을 차단하면 학문적 발전의 창의적인 과정을 진행할 수가 없어서 결국에는 파멸의 길로 들어설 수밖에 없는 것은 자명한 것이다.

제도권의 과학기술의 실태를 보면 서양과학기술은 오만가지를 수입하여 가르치고 연구를 하면서도 동양과학기술은 하나도 없다. 그런데 제도권에서는 우리 것인 동양학 중에서도 어학·의학·역사·예술·문학·철학·사상적인 것은 연구하고 가르치면서, 이 시대의 국민들에게 더 절실하게 실질적으로 필요한 과학기술인 역학과 역술을 계승해서 연구 개발하여 보급할 생각을 하지 못하고 있다. 참으로 이해할 수 없는 기이한 현상이다.

우리는 어릴 때부터 서구적인 것을 배우고 받아들이는 바람직한 자세와 태도로서 '주체성을 갖고 취사선택을 하여야 한다'고 듣고 배워왔다. 그런데 지금와서 보면 우리가 주체적으로 우리 것을 취(取)한 것이 무엇이 있고, 서구적인 것을 사(捨)한 것이 무엇이 있는가. 우리는 서구적인 것은 무조건 취(取)하기만 했고, 우리 것은 무조건 사(捨)하기만 했다.

그러면 주체성을 갖고 취사선택을 하라는 말은 무슨 의미가 있는가? 단지 구두선에 지나지 않는 허울 좋은 이야기이다.

단지 있다면 한의학 하나뿐이다. 그것도 민간 사립대학에만 있고 국·공립대학과 세칭 명문 인류대학에는 하나도 없다. 그리고 제도권에서 한의학을 민간 사립대학이나마 설립을 인정하여 가르치고 배우므로, 그 기본이 되는 개념과 이론을, 초·중등·대학에서 국적 있는 교육과 국민적 건강을 위한 보편적 교양교육으로 가르치고 배우도록 하여야 한다. 서양의학적 개념과 이론은 초등학교부터 대학 교양과정에 이르기까지 가르치고 배우는데, 왜 우리 것은 가르치고 배우지를 않는지 이해할 수가 없다. 이것은 우리 지도층과 식자층이 지금까지도 우리 것을 얼마나 홀대해 왔고 홀대하는가 하는 단적인 예이다. 서양 첨단 과학보다 앞선 과학기술을 말이다.

더욱이 이해가 되지 않는 것은, 과학기술학문의 기본이 되는 보다 근본적인 학문에 해당하는 철학과 사상은 제도권에서도 많이 연구하고 가르치는데, 철학과 사상의 실천적이고 실용적 학문인 과학기술에 해당되는 역학과 역술은 미신이고 비과학이라고 배척하고 있는 실정이다. 앞뒤가 맞지 않는 현상이다.

뿐만 아니라 서양과학기술도 한계점과 문제점을 벗어나지 못하고 동일한 패러다임 속에서 다람쥐 쳇바퀴 돌 듯 고정된 틀 속에서 계속적인 반복적 문제제기와 비판만 행하여지지 근본적인 문제해결을 하기 위한 뚜렷한 돌파구는 찾지 못하는 경우가 많다.

그리고 그 근본적인 원인이 무엇이지도 모르고 계속 반복적인 문제제기 그리고 비판만이 행해지고 있다. 이것은 학문적 정체성을 벗어나지 못한 동일한 패러다임 속에서의 중복·과잉 투자적 연구라 할 수 있다. 그리고 어떤 의미에서 학문을 위한 학문이지 진정으로 국민들에게 도움이 되는 학문이 아닌 경우도 있다.

2) 국민이 원하는 교육·학문의 공급

둘째, 교육·학문적 내용면에서 민주화이다. 이는 국민들이 필요로 하는 지적 수요를 충족시켜줄 수 있는 학문과 교육내용을 제도권에서 수렴해서 공급해 줘야 한다는 의미의 민주화이다.

즉 물질세계에 관련된 서양과학적인 것뿐만 아니라 정신세계에 관련된 문제 해결에 도움이 되는 지적 수요를 충족시켜 줄 수 있는 동양학적 지식도 보급해 줘야 한다는 것을 의미한다.

국민들은, 제도권에서 지적 수요를 완전히 충족시켜주지 않기 때문에, 비제도권의 교육·학문 기관에서 배우고 연구를 한다. 그러다 보니 비제도권의 교육·학문 세계의 교육·학문적 내용이나 방법이 여러 가지로 부실한 경우가 많아서 사회적으로 문제가 되고 있는 것은 주지의 사실이다. 즉 학문적 사각지대를 형성하고 있다고 볼 수 있다. 그리고 국가에서는 이에 대한 대책이 전혀 없다. 전혀 없을 뿐만 아니라 이에 대한 문제의식도 없다. 모두가 서구적인 것에만 몰두하고 빠져 있어서 그렇다고 본다.

우리나라 교육·학문 체계의 역사적 성립 배경을 살펴보면, 민주적으로 국민들이 원해서 상향적으로 결정된 것이 아니고, 일제 때는 일본 사람들이, 해방 이후는 국가 지도층들이 일방적으로 하향적이고 비민주적으로 서구적 학문을 수입·모방을 하여 만든 체제이다. 그러다 보니, 물론 선구적·계몽적 의미도 있어서 진취적이고 바람직한 면도 있지만, 국민들의 이해관계를 무시하고 그들의 일방적인 이해관계에 의해 만든 것도 있다. 그리고 그것에만 국가적·사회적 보상체계를 완전히 만들어 놓았다. 그리고 제도권의 서양과학 외에 동양과학인 역학과 역술에 대해서는 보상체계가 전혀 없게 만들어 놓았다. 국가적·사회적 보상체계가 없을 뿐만 아니라 반대로 역보상체계를 만들어 놓았다.

역보상체계란 우리 것인 동양과학을 하면 국가 사회적으로 홀대 내지는 우습게 보는 보상체계를 의미한다. 그 결과 일반 국민들의 입장에서 보면 국민들의 지적 수요에 맞지 않는 교육·학문도 있다. 즉 국민들이 필요로 하는 교육·학문을 공급해주지 않은 비민주적 교육·학문체계도 형성하고 있다.

따라서 교육·학문의 민주화를 위해서 국민들이 원하는 교육학문을 수렴해서 국민들의 지적 수요를 충족시켜줄 수 있는 상향식 교육·학문 체계도 필요하다. 그리고 그것에 대한 국가적·사회적 보상체계를 만들어줘야 한다. 그러한 교육·학문 중에 국민과학기술인 동양과학이 있다.

그런데 재미있는 것은, 제도권의 교육·학문 하는 사람들뿐만 아니라 비제도
권의 일반 국민들도 동양과학인 역학과 역술을 제도권에서 가르치고 연구해야
한다는 생각을 애초부터 가지고 있지를 못하고 있는 것 같다. 국민들이 국가에
대한 교육을 받을 권리인 교육권의 입장에서 국민들이 원하는 교육을 정부가
공급하도록 주장을 하고 이를 수행하도록 정부에 정치적 요구를 하여야 한다.
그런데 이에 대해서는 미처 생각을 못하고 의식도 없다.

제도권의 교육·학문하는 사람들뿐만 아니라 비제도권에서 동양과학기술을
직접 가르치고 연구하며 배우는 사람들까지도, 제도권은 서양과학기술만 가르
치고 동양과학기술은 비제도권에서만 연구하고 가르쳐야 한다는 생각으로 고착
되어 있는 것 같다.

그러나 학문의 목적이 동서양이 같을 것인데, 동양과학은 비제도권, 서양과
학기술은 제도권으로 양분되어 가르치고 연구해야 할 이유가 무엇인가. 진정한
과학기술교육이란, 새롭고 앞선 과학기술은 시공을 초월해서 우선적으로 가르
치고 연구하는 것이 바람직한데 말이다.

동양과학기술은 서양과학기술보다 앞서고 새로운 과학기술이 하나도 없다는
말입니까? 5000년 역사에 우리의 전통과학기술 중에서 이 시대에 가르치고 연
구해야 할 의미 있는 과학기술이 하나도 없단 말입니까? 과학기술은 서구의 전
유물이고 우리에겐 하나도 없다는 말입니까.

정말로 억장이 무너질 지경이고 환장할 일이다.

3) 과학의 대중화와 일반화

셋째, 과학의 대중화와 일반화이다. 이것은 과학이란 개념의 의미가 심히 왜
곡되어 있어서 '과학'이란 특권층의 특수한 학문으로 잘못 왜곡되어 있는 의미
를 수정하기 위한 필요에서 나온 말이다. 우리들이 흔히 '과학적'이라는 말을
쓸 때 그것이 정말 과학적인 것인지, 아니면 '비과학적'이라는 말이 정말 그러
한지 냉철하고 깊이 따져보고 판단하여야 한다.

그렇지 않고, 지배계급이 하버드 예일 노벨상과 같은 아카데미적 문화 속으

로 체계화되고 통합되는 지식과 기술은 '과학적'이라 부르는 반면, 대중문화에 속하는 지식과 기술은 비하하는 의미에서 무조건 '비과학적'이라는 말로 불리고 있다. 즉 '과학적'이라는 것을 무슨 특권층의 특수한 사람과 특수한 교육 연구기관에서 행해지는 학문만을 일컫고 있다.

흔히 한국적 문화와 학문을 연구하는 사람들이 한국문화와 생활을 제대로 인식하지 못한 상태에서 '비과학적'이고 '비합리적'이라고 자조하는 경우를 많이 본다. 이것은 한국의 문화와 생활을 근본적이고 주체적으로 인식을 못해서 나타난 잘못된 판단인데 이것이 아직도 수정되지 못하고 있다. 참으로 부끄러운 학문적 판단이다.

한국 사람들을 두고 '비과학적'이라고 규정한 것은 20세기 초 서구의 과학문명이 들어오면서부터 일본사람들이 서구과학을 기준으로 그렇게 만들어 낸 말이다. 그때부터 '비과학적'인 그리고 '비합리적'인 사고를 하는 표본으로 한국인들이 사용하는 '합바지'와 '엽전'을 들어 우리들을 그렇게 멸시하는 의미로 불렀던 것이다. 그리고 우리 자신도 그들의 세뇌에 넘어가 스스로 그렇게 부르는 것을 이상하게 생각하지 않을 정도로 되었다. 참으로 어이없기도 하고 재미있기도 한 세상이다.

결국 과학적이라고 할 때에, 이 말의 개념 속에는 인종적 편견과 계급적 편견, 학문적 편견 그리고 국가적 편견이 포함돼 있음을 우리는 경계하지 않으면 안 된다. 과학이란 중립적 개념이므로 편향적으로 판단한다는 자체가 비과학적인데도 말이다. 따라서 이를 바로잡아야 하며 그러기 위해서는 과학을 대중화 일반화하여야 하고, 그 일환으로 동양과학인 역학과 역술을 과학으로 제도권에서 받아들여야 한다.

제4절 민족적 정체성(Identity)과 주체성 및 뿌리 찾기

1) 민족적 정체성과 주체성

또는 겨레의 얼의 자각과 전통문화의 '뿌리 찾기' 문제에 대한 연구에 관심이 많은 사람들이 우리 것의 소중함을 생각하여 동양학에 대한 연구를 하고 있다.

한국인의 DNA구조를 분석해 보면, 아마도 동양학이 강하게 각인되어 있을 것이다. 따라서 한국인의 정서에는, 지금과 같이 아무리 서구화·근대화 되었다고 해도, 동양적인 것들에 대한 정서와 향수가 없어질 수가 없다. 또는 정체성을 찾고 주체성을 확립하는 차원에서 동양학적인 것에 관심이 많아서, 이를 보존하고 발전시키려고 하는 사람들이 많이 있다.

서양과학, 서양물질문명이 우리나라에 들어와서, 지금은 제도권에서 거의 지배적 위치에서 가르치고 연구하고 있지만, 역사적으로 볼 때 겨우 100여 년도 채 되지 않는다. 이에 비해서 동양학은 수백 수천 년 동안 우리 민족과 함께해 왔으므로 그 역사적, 문화적 영향력으로 인해서, 현대사회의 서양학문과 비교해 우월성 또는 현실적 필요성을 떠나서 상당한 영향력을 가지고 있다.

그래서 지금도 현실적인 필요성 또는 이해관계를 불문하고, 고집스럽게 배우고 가르치는 사람들이 있다. 어떻게 보면 시대적으로 뒤떨어지고 고루해 보이기도 하지만, 외롭게 그들 나름의 국가적, 시대적 사명감을 갖고 삶의 의미와 정신적 만족감과 위안을 그곳에서 찾으려고 하는 것 같으며, 실제 정신적, 학문적 만족감을 얻는 것 같다.

이 문제와 관련해서 특히 근래에 새롭게 나타나는 현상이 우리 민족의 고유한 사상인 신선도(神仙道)와 풍류사상(風流思想)에 근거한 한 사상과 한 철학이다. 그리고 이들 사상의 삼대경전으로는 천부경·삼일신고·참전계경(天符經·三一神誥·參佺戒經)이 있다.

이 사상에 의하면 지금까지 중국문화로 알려져 있던 것들의 많은 부분이 한국의 전통 문화 속에 그 순수한 모습대로 보존되어 내려오고 있다는 것이다. 즉 한국은 중국의 위성 문화권에 속하는 것이 아니라, 그 역사의 초창기에 있어서 중국문화를 창조한 주인공이며, 동시에 자국의 고유한 문화를 지켜 보존해 내려왔다는 것이다.

그리고 우리나라가 처음 개국당시 천부인(天符印) 세 개를 가지고 개천입교(開天立敎)하여 홍익인간(弘益人間) 재세이화(在世理化)의 개국이념으로 만세자손의 홍범으로 삼았다는 것이다. 상고사와 관련된 역사서로는 환단고기와 규원사화 등이 있다.

우리 민족에게 크게 자부심과 긍지를 갖게 하는 매우 고무적인 사상이고 역사라고 본다. 아직 제도권의 학계에서는 정식으로 인정을 받지 못하는 것 같으나 이를 위해서 헌신적으로 희생을 무릅쓰면서도 민족적, 역사적 사명감을 갖고 이를 연구하고 발굴하는 사람들이 있다.

태극사상은 우리의 사상

역사적으로는 상고사(上古史)를 연구하는 사람들에 의하면, 인류문명의 시원지가 우리나라라는 것이다. 뿐만 아니라 주역에서도 우리나라를 간방(艮方)으로 보는데, 간(艮)은 주역에서 '종만물 시만물자 막성호간('終萬物 始萬物者 莫盛乎艮')'이라고 서술하고 있다. 이는 우리나라에서 만물이 끝나고 또 만물이 시작된다는 의미로서 인류문명의 시원지이며 또한 종착지라는 의미를 나타낸 것이다.

이는 다른 표현으로 태극을 의미하기도 한다. 그런 면에서 볼 때, 우리나라의 국기를 태극기로 한 것도, 우연의 일치만은 아니고 의미 있는 일치라고 볼 수 있다. 왜냐하면 태극의 음양론적 표현도 만물이 끝나고 시작하는 모습을 나타낸 문양이기 때문이다.

동양사상의 가장 근본이 되는 학문이 주역이다. 그리고 주역의 가장 핵심이 태극사상이다. 그러므로 동양사상의 가장 주체적인 기본사상은 태극사상이다. 그런데 그러한 태극사상을 상징하는 태극기를 우리나라만 가지고 있으니, 우리나라의 가장 근본이 되는 사상이 태극사상임을 상징적으로 나타낸 것이라고 볼 수 있다.

이 태극사상은 어느 한 시대의 한 나라 한 지역의 국지적인 것에 한정된 사상이 아니고 우주의 근본 이치이므로 범 우주적인 사상이다. 그러한 태극사상을 나타내는 태극기를 우리나라만 가지고 있으니 대단한 의미가 있다.

낫 놓고 기역자도 모른다

그런데 현금에 이르러 한국의 정신적 문화가 주체적으로 발양되지 못하고, 서구의 정신과 문화에 끌려가는 피동적인 자세를 취하고 있는 점은, 분명 한국 고유의 정신과 사상이 아직까지 바로 정립되지 못한 때문이다.

현재 한국인의 태극에 대한 이해의 부재는 한국 사회에 커다란 문제를 낳고 있다. 그것은 한국의 일부 지식인들조차 한국에는 한국의 주체적인 정신이 없으니 그 주체성을 찾기에 힘써야 한다고 주장하고 있다는 것이다.

한국의 국기가 태극기인 이유는, 태극이 한국의 정신을 가장 잘 대변하고 있기 때문에, 우리의 옛 선조들이 국기를 태극기로 만든 것이 아니겠는가. 그런데 우리는 태극사상에 대해 전혀 모르고 있기 때문에 태극기의 의미를 모르고 있는 것이 현실이다.

옛말에 '낫 놓고 기역자도 모른다'는 말과 같이 우리는 태극기를 옆에 놓고 우리 것인 태극사상을 모르고 있다. 그래서 한국의 소위 지식층들은, 태극기를 옆에 놓고 오히려 한국의 고유한 정신이 없다고 말하고 있다는 것이다. 이는 분명 주목하지 않을 수 없는 한국의 커다란 문제이다.

2) 문화와 역사의 주체적, 근본적 이해

한림대학의 한영우 교수는 『21세기 한국학 어떻게 할 것인가』라는 저서에서, 21세기를 맞이하여 가장 반성해야 할 것은 '서양을 세계사적 표준' 즉 '글로벌 스탠더드'라고 믿는 습관이다. 모든 인류는 인간으로서의 공통점이 있고 그런 의미에서 보편적 가치가 있다. 하지만 그 보편적 가치의 표현 방법은 민족마다 다르게 나타날 수 있다는 것을 인정할 필요가 있다.

그런데 우리는 20세기 100년간 '세계사적 표준'을 서양에 두고 한국의 역사와 전통문화를 재단해 온 습관에서 완전히 해방되지 못하고 있다. 서양과 비슷한 모습이 나타나면 발전이고, 그와 조금 다른 모습이 나타나면 후진이니 비정상으로 보는 시각은 상당히 오랫동안 만성병처럼 지식인들의 사고방식을 지배해왔다. 이는 마치 '빵'이나 '버터'를 먹으면 문명적 식생활이고, '김치'나 '된장'을 먹으면 야만적 혹은 후진적 식생활이라고 생각하는 것과 어느 면에서 서로 통하는 점이 있다.

경제계는 IT 분야를 비롯해서 여러 분야에서 최첨단으로 향하고, 대중문화는 '한류' 열풍이 동아시아 세계에 거세게 불고 있는데 학자들만이 패배주의에 사로잡혀 있다. 그래서 우리나라의 근대 이전의 전통사회와 전통문화를 해석하는 데 있어서 우리에게는 민주적 전통, 합리적 전통, 과학적 전통 등과 같은 주요 가치체계가 없다고 보거나 무시하는 태도가 남아 있다면, 이는 세상을 앞장서서 지도하기는커녕 뒤쫓아 가지도 못하는 낙오자의 신세가 될 것이 분명하다.

전통문화를 당당하게 포장하여 세계에 내놓으려 하면 국수주의라고 비난하는 목소리가 만만치 않게 일어난다. 아직도 일제의 식민사관과 서양에 대한 열등감에서 해방되지 못하고 있는 것이다. 특히 이러한 경향은 역사학계보다도 사회과학계 혹은 외국학을 전공하는 학자들 사이에서 심각하게 나타나고 있다.

우리의 문화와 역사를 주체적이고 근본적으로 이해하기 위해서는 우리 민족의 뿌리에 해당하는 동양학이 필수일 수밖에 없다.

왜냐하면 지금의 제도권에서 우리의 문화와 역사를 연구하는 학자들의 대부분은, 서양적인 학문의 개념과 이론 및 방법론으로만 연구하는 사람들이기 때문이다. 그러다 보니, 우리의 문화와 역사 연구가 주체적이며 근본적인 연구가 될 수 없다. 즉 우리 것을 제대로 연구하기 위해서는 수천 년간 우리의 역사와 문화에 지대한 영향을 준 동양학의 고유한 개념과 이론 및 방법론을 이해하고 그런 다음 우리의 문화와 역사를 고찰해야 한다.

그런데 우리의 고유한 동양학을 근본적으로 이해하지 못한 상태에서 서양학적인 관점에서 연구하게 되면, 그것은 아무래도 주체적이고 근본적인 연구가 될 수 없고, 피상적인 연구가 될 수밖에 없다. 그리고 동양학 중에서도 근원적인 학문이 주역이기 때문에 주역을 모르고 다른 동양학을 하게 되면 그것도 한계가 있다. 즉 근본적인 동양학의 연구가 되지 않는다.

칼 융

독일의 심리학자인 칼 융은 주역과 중국의 문화와 관련하여 아주 의미 있게 다음과 같이 말하고 있다. 칼 융은 주역이야말로 중국인의 심성의 정수라 부른다. "주역은 중국문화의 정신을 형성하고 있는바, 중국인의 심성은 수천 년 동안 주역과 함께 그리고 주역에 돌아가 사유하여 왔다. 오랜 시간이 지난 후에도 주역의 영향력은 감소하거나 줄지 않고, 적어도 그 의미를 이해하는 사람들 심성 속에 아직도 살아 숨 쉬고 있다."

나는 이것을 보고 독일 사람이 어떻게 동양의 문화를 이렇게 정확하고 깊이 있게 근본적으로 인식하고 있는지 그의 통찰력에 놀라지 않을 수 없다.

나는 제도권에서 우리의 문화를 연구하는 많은 학자들의 연구를 보았지만 주역이 동양문화를 이해하는데 근본적인 학문이라는 말을 전혀 들어보지 못했다. 그런데 동양 사람도 모르는 우리의 문화를 칼 융이 정확하고 근본적으로 인식하고 있다는 것은 동양인으로서, 한국인으로서 참으로 부끄러운 일이다.

『조선의 풍수』를 쓴 무라야마 지준의 비판

우리 문화를 연구하는 사람들에 대한 문제에 대하여 더 재미있는 이야기로는 일본인인 무라야마 지준이 있다.

일본인 무라야마 지준이 1931년 그의 저서인 『조선의 풍수』에서 그 당시 우리의 문화를 연구하는 사람들에게 바람직하지 못한 연구 태도에 대해서 다음과 같이 언급하고 있다.

"표면적인 문화 현상만을 가지고 한국문화를 운운하는 많은 사람들, 소위 새시대 식자층이라는 사람들 가운데에는 구시대의 천한 풍습의 문맹자들 사이에서만 지지된 미신이라 하여 이것을 한국문화와 역사의 하나로 추가하기조차 꺼리는 자가 있다. 하지만 풍수를 비롯한 역학은 적어도 수천 년간 오랜 세월 동안 민속신앙체계 면에서 그 지위를 점하여 왔고, 한반도 어디를 가나 믿지 않는 자가 없을 정도로 일반에 널리 보급되어 오늘에 이른 것으로, 타 문화에 비해서 그 지지의 강함과 폭이 넓은 것을 인정하지 않을 수 없다”고 언급한 것은, 역학과 역술이 우리나라 문화에 얼마나 뿌리깊이 넓고 강하게 영향을 주며 내려왔는지를 정직하고 사실적으로 표현한 말이다.

그 당시 우리의 문화를 연구하는 사람들의 연구가 이를 인위적으로 무시한 것은 얼마나 비과학적이고 허구적인 연구였는가를 나타낸 단적인 예라고 볼 수 있다. 뿐만 아니라 지금도 제도권에서는 이러한 잘못된 연구가 주류를 이루고 있음을 개탄스럽게 생각한다.

모든 사물에 대한 과학적 연구란, 있는 그대로의 사실에 근거해서 객관적으로 연구하는 것이 가장 기본인데 ‘구시대의 천한 풍습의 문맹자들 사이에서만 지지된 미신이라 하여’ 배제시키고 소홀히 연구한다면, 그 연구의 결과가 우리의 문화 현실을 제대로 반영한 타당성 있는 과학적 연구라고 할 수 있겠는가?

공자, 주자, 퇴계, 율곡도 역술인이었다

그리고 역학과 역술을 새 시대 식자층들이 ‘구시대의 천한 풍습의 문맹자들만 믿는 것’이라고 했는데, 사실은 그렇지도 않다. 즉 공자서부터 주자, 주돈이, 소강절, 정호, 정이, 장재 그리고 우리나라의 퇴계, 율곡, 서화담, 이토정, 정다산 선생에 이르기까지 동양문화의 뿌리가 되는 기라성 같은 대학자들 치고 역을 공부하지 않고 대성한 학자는 하나도 없다고 해도 과언이 아니다.

뿐만 아니라 옛날 대갓집 선비들도 사주궁합·점술·풍수지리에 대한 식견을 모두 갖추고 있었다. 그런데 천한 풍습의 문맹자들만 믿는 것이라고 본 것은 말도 되지 않는 터무니없는 말이다. 이것은 우리의 연구 풍토가 얼마나 허구적이고 피상적인 연구이었는가를 단적으로 나타낸 것이라고 할 수 있다.

제도권의 우리 문화 연구

제도권에서 우리의 문화를 연구한 연구내용을 보면 주체적이고 근본적인 연구가 아닐 뿐만 아니라 연구의 내용이 너무 형식에 그쳐 있다. 마치 생명력 없는 사진만 찍어 놓은 것 같은 연구이다.

여기서 형식적 연구란, 우리의 문화적 전통의 의미와 가치에 대한 연구가 없고 단순히 사실적인 것을 기록 정리만 해놓은 연구이다. 그것은 연구라기보다는 단순히 근본적인 내용을 모르는 신문기자가 조사해서 기록 정리해 놓은 취재록에 불과하다.

제대로 된 실질적인 연구란, 우리의 문화적 전통의 의미와 가치 그리고 현대사회에 계승·발전시키는 문제를 현대 서양과학과 비교해서 고찰하는 연구를 말한다.

예를 들어서 우리의 문화 중에 전통과학기술을 연구하여 우리의 전통적 과학기술이 제도권의 서양과학기술보다 앞서고 바람직하다면, 이를 서양과학기술을 제치고 받아들이도록 납득을 시켜서, 우리 국민들이 스스로 우리의 전통과학기술을 자랑스럽게 받아들이고 사용하도록 해야 한다. 그런데 그러한 연구는 없고 단순히 조사하여 정리해서 기록해 놓은 것은, 연구가 아니고 취재해서 기록해놓은 기사거리에 지나지 않는다. 기록하고 정리적인 문화 연구를 보면 의미와 가치 그리고 내용이 없는 죽은 형식적인 연구이다.

단지 사상·철학적인 내용만을 들먹이면서 서구의 사상보다 훌륭하니 어떠니 하는 말은 실용성 없는 공허한 이야기에 지나지 않는다.

비제도권의 우리 문화 연구

그런데 비제도권에서 우리 문화를 연구하는 사람들은, 제도권의 연구와 비교해서 아주 실질적이고 살아있는 연구이다.

예를 들면 비제도권의 오행생식 요법·수지침 그리고 생체자기경락요법, 풍수, 기 연구, 사주명리학, 주역점술 그리고 각종 정신수련법 등과 같은 연구는 우리 조상들이 물려준 학문적 유산을 연구해서 계승 발전시킨 연구이다. 이러한 연구결과들이 제도권의 서양과학이 해결할 수 없는 문제를 이들이 해결해 주는 것을 나는 수없이 보았다. 국민들에게 실질적으로 도움을 주는 그리고 서양과학이 따라올 수 없는 문제해결능력을 가지고 있는 과학기술을 계승 발전시킨 연구이다. 참으로 엄청난 연구자들이고 이 시대에 진정한 애국자이다. 노벨상을 몇 개를 받을 가치가 있는 업적을 이룩한 연구라고 생각한다.

제도권에서 우리 문화를 연구하는 학자들 중에서 국민들 생활에 실질적으로 도움을 주는 문화 연구는 거의 없다고 해도 과언이 아니다. 제도권에서 비제도권에서와 같이 우리의 역사와 문화를 연구하여 기존의 서양과학보다 앞선 의미 있는 과학기술을 개발해서 국민들에게 전수한 것이 하나라도 있는가?

뿐만 아니라 비제도권의 우리 문화 연구자들의 연구를 의미 있게 평가하는 사람이라도 있나? 어떻게 보면 제도권에서 연구는 죽은 역사와 문화의 연구라고 할 수 있다.

우리 문화는 역학·역술의 문화이다

우리나라 사람들의 말 중에 기(氣)라는 개념이 들어간 말이 대단히 많다. 또한 주역의 음양오행론적 표현이 우리의 언어생활 속에 잔존해서 현재도 일상적으로 알게 모르게 사용하고 있다.

그런데 그러한 말들이 어디에서 연유하고 그 개념과 의미가 무엇인가에 대해서 알기 위해서는 역학과 역술을 모르면 전혀 알 수가 없다. 이런 점에서 우리나라의 근본 바탕이 되는 문화는 기(氣) 문화이며 태극, 음양오행 문화이고, 이는 곧 역학과 역술의 문화이다.

그러므로 우리의 문화를 근본적으로 알기 위해서는 그러한 개념과 이론을 알아야 하고, 그러한 것에 관련된 학문이 동양과학인 역학과 역술이다.

현재 제도권에서 우리나라의 문화를 연구하는 사람들이 이러한 우리의 고유하고 수천 년 국민들의 생활을 지배해온 역학의 문화를 모르고 서양학적 개념과 이론의 잣대로만 연구하면, 그것이 제대로 된 타당한 연구가 되겠는가? 전혀 엉뚱한 비과학적 연구이고 이러한 연구결과들이 지금 제도권에서 주류를 이루고 있으며, 이는 우리 문화를 근본적으로 인식하지 못한 전혀 엉뚱한 결과를 나타낸 연구라고 해도 과언이 아니다.

오늘날 우리의 역사와 문화를 연구하는 사람들이 우리의 고유한 학문인 역학

과 역술의 개념을 무시하거나 알지 못한 상태에서 연구하고 있다면, 아무리 잘
해도 그것은 비과학적이고 피상적인 연구를 벗어날 수가 없다. 왜냐하면 우리
의 전통학문인 역학과 역술은 우리 조상들이 수천 수백 년간 가르치고 배워왔
고 그에 입각하여 생활해 온 우리 문화의 배경이 되는 학문일 뿐만 아니라 지
금도 많은 사람들이 이를 이해하고 믿고 배우고 생활하고 있는 것이 현실이기
때문이다.

비공식 통계에 의하면 우리나라 성인 인구의 60 내지는 70퍼센트가 역학과
역술인들의 조언을 받으면서 생활한다는 것이다. 그리고 역술계에 관여하는 학
자의 수는 20 내지는 30여만 명이 되고, 시장 규모 면에서는 연간 수조 원에
이른다는 것이다.

제5절 동서양의 학문적·문화적 통합을 위해

1) 동서양의 학문적·사상적 통합을 위해서 우리 것에 대한 학문적 인식이 절대적으로 필요하다

19세기가 서세동점(西勢東占)의 시대이고 20세기는 동서 이해의 시대라면
21세기는 동서 통합 또는 합일(合一)의 시대라고 한다. 동서양을 막론한 여러
전통에서 서기 2천년이라는 시점은 인류문명사를 통틀어 획기적인 전환점이 되
리라 점쳐 왔다.

서양에서 가장 오래된 학문이라는 점성학에서는, 이 무렵부터 혼돈과 갈등이
지배하는 물고기자리의 시대가 끝나고 화합과 공존의 물병자리시대가 시작된다
하여 특별히 '뉴 에이지(New Age)'라 부른다. 여태까지와는 확실히 다른 새로
운 세상이 되리라는 것이다.

그래서 그런지 21세기 초입단계인 지금과 같이 시대적으로 동서양이 상호
교류가 엄청나게 많아지고 세계화 다원화해 가는 지구촌시대에, 사상과 학문을
융합 내지는 통합시키고자 하는 노력이 시도되고 있다.

　미국에서 활동 중인 뉴 에이지 명상 분야의 중요한 인물인 다릴 앙카는 그가 쓴 『가슴 뛰는 삶을 살아라』에서 동서양의 미래를 다음과 같이 언급하고 있다.

　"태평양의 양쪽 에너지를 하나로 결합할 시기에 와 있습니다. 앞으로 일어나는 일에 대해 에너지를 하나로 합치기 위한 과정입니다. 당신들이 이 상황을 의식하고 있든지 없든지 그런 것과는 관계없이, 이미 모든 일이 완벽한 타이밍으로 일어나고 있습니다."

　그러나 제도권에서 우리는 서양 것만 배우고 우리 것에 대한 학문을 체계적으로 배우지 않았으므로 우리 것에 대해서는 거의 무지하게 되고 말았다. 현대의 지도적 위치에 있는 학자들은, 서구적 학문을 하여 크게 성취하여 성공한 사람들이 주류를 이루고 있으나, 우리 것에 대해서는 주체적으로 근본적인 것을 모르고 있는 사람들이 많이 있다. 왜냐하면 우리 것에 대하여 제도권에서는 전혀 가르치지 않았기 때문에 우리 것을 배울 기회가 전혀 없었기 때문이다.

　그래서 지금과 같이 동서양이 서로 융합하려고 하는 노력의 일환으로 동서양의 문화와 학문을 통합하고자 하는 시도와 노력이 나타나고 있으나, 우리 것에 대해 근본적인 것을 모르고 있으므로, 현실적으로 어려운 상황이다. 왜냐하면 서양적인 것은 많이 알고 있으나, 우리 것에 대해서 근본적인 것을 모르고 있으니, 이러한 노력이 가능하지 않다고 볼 수 있다. 즉 우리 것만 알고 남의 것을 모르면 융합시킬 수 없고, 남의 것만 알고 우리 것을 모르면 역시 융합시키기 어렵기 때문이다.

　동양과 서양의 학문을 융합시켜야 한다고 떠들기만 하면서 실제로 동양문화에 대한 근본적이고 주체적인 지식을 얻을 방법이 없다고 한다면 하루 종일 떠들어봐야 무슨 소용이 있겠는가?

　어느 민족이나 자기 나름의 특수한 문화적 배경을 가지고 있다. 전통이 없는 문화란 있을 수 없다. 그런데 자기의 문화적 전통을 모르고서는 남의 문화를 알 수 없다. 즉 자기 문화를 근본적이고 주체적으로 알지 못하고는 남의 문화를 감식하거나 평가할 수 없다. 더욱이 자기 문화도 제대로 모르는 상태에서 남의 문화를 비교·평가할 만한 식견도 없는 사람이 세계화를 운위한다는 것은 웃음거리가 될 수 있다.

성리학은 우리 문화를 대표할 수 없다

제도권에서 우리 것을 알고 있다는 사람들도 보면 사서(四書) 위주의 경학과 성리학에 치중한 사상적 철학적 내용이 많고 주역에서 비롯된 역학과 역술은 등한시하고 기피하는 것 같다. 그런데 진정으로 우리 것을 알기 위해서는 규범적인 윤리·도덕, 수양론, 이지적인 내용에 치중한 경학과 사상·철학 및 성리학보다는 국민들의 정서와 의식 내지는 생활 밑바닥에 종교적 신앙과 같이 광범위하게 자리 잡고 있는 역학과 역술에 대한 인식이 더 중요하다.

참고로 성리학이 우리의 문화에 어떠한 위치에 있는가를 고려대학교 사회학과 노길명 교수의 연구를 중심으로 말하고자 한다.

조선왕조 5백년간 한국문화의 핵으로 작용하였던 주도적 가치는 신유학 또는 주자학이라고 불리는 성리학이었다. 조선왕조는 건국초기부터 성리학을 사회의 구심점으로 삼았을 뿐만 아니라 통치 이념으로서, 사회의 모든 제도와 조직은 성리학적 가치와 규범에 의해 그 의미와 방향을 부여받고 있었다.

그러나 학문과 교양을 통해서만 그 원리를 익힐 수 있는 성리학은 민중의 생활과는 애당초 거리를 가질 수밖에 없었다. 더욱이 초자연적 신(神)관념을 배척하면서 고도의 합리성과 주지주의적 성격을 나타내는 성리학의 세계관은 민중의 종교적 욕구를 채워주는 데에는 처음부터 한계성을 갖고 있었다.

따라서 민중은 강력한 국가 정책과 사회통제 그리고 계급 내의 결속력 부족 등으로 인해 유교주의적 가치를 전면적으로 부정하지 못할 뿐, 내면적으로는 지배계급의 가치와 분절을 갖고 있었다.

그러므로 우리 민족 문화의 진정한 뿌리를 이해하기 위해서는 주지주의적이고 공리공론적인 성리학적 접근은 한계가 있다. 오히려 우리 민족의 생활 속에 오래도록 국민들의 생활 깊숙이 침투되어 거의 민속 종교적 지위에 있던 역학과 역술 그리고 무속 신앙적 샤머니즘이 더 의미가 있다.

지금과 같이 근대화 서구화된 사회에 있어서도 국민들 생활 속에서 역학과 역술 무속신앙은 여전히 많은 국민들의 호응을 받고 생활 속에 하나로 완전히 자리를 잡고 있다.

그러나 성리학적 생활과 문화는 서구화되면서 계속적으로 퇴색되어가고 있다. 성리학적 내용은 도덕·윤리적 생활규범이므로 그러한 것들은 시대의 변화에 따라서 변화해 가는 것은 어쩔 수 없다.

지금은 서구적 문화에 영향을 더 많이 받다 보니까 전통적 성리학적 윤리·도덕적 철학적 내용은 점점 국민들의 생활과 멀어져 퇴색되어 가고 있다. 그래서 현대 한국인의 문화와 생활을 연구하는데 성리학적 내용으로 고찰하려고 하면 그것은 시대착오적인 것이라고 볼 수 있다.

그러나 역학역술은, 도덕·윤리적 규범적인 내용이 아니고, 과학 기술적 내용이므로 시대가 변해도 여전히 국민들의 생활을 떠나지 않고 더 많이 확산되고, 더 많이 활용하고 있다. 왜냐하면 제도권의 서양과학기술보다도 더 앞선 과학기술이기 때문에 없어질래야 없어질 수가 없다.

앞선 과학기술은 시공을 초월해서 언제고 생명력이 있기 때문이다. 그래서 제도권에서 그렇게 미신이고 비과학이라고 천시해도 없어지기는커녕 더 많이 확산되고 있다.

즉 제도권에서는 아무리 IT·BT·NT 하면서 서양첨단과학이니 어쩌구 하면서 우리 것을 미신이니 비과학이니 천시를 해도 오히려 광범위한 국민들의 지지를 받으면서 국민과학기술로 확고하게 자리를 잡고 있다.

2) 서양과학과의 상호 보완적이며 경쟁적 발전을 위해

서양과학은 보이는 기적(器的)인 세계와 관계가 깊은 학문이고, 동양학은 보이지 않는 기(氣)와 신(神) 그리고 심(心)의 세계에 대한 학문이므로 상호 배타적인 것이 아니고 상호보완적 관계가 된다.

뿐만 아니라 서양과학의 단점과 문제점 또는 장점을 서양과학 자체에서만은 인식이 어렵고, 또한 해결하기도 어렵다. 왜냐하면 그 자체에만 몰두해 있으므로 해서 그것을 벗어나서 새로운 차원 또는 시각에서 볼 수 있는 인식능력이 생기기가 어렵기 때문이다.

그런데 동양학의 입장에서 서양과학을 보면, 서양과학의 단점과 문제점이 무엇인가가 쉽게 인식할 수가 있다. 마치 자기 나라에만 있으면 자기 나라의 장단점을 모르지만, 타국에 가 있으면서 자기 나라를 보면 무엇이 문제이고 장·단점인가가 파악되는 것과 같은 이치이다.

상반상선(相反相成)의 법칙

베르너 하이젠베르크(Werner Heisenberg)에 의하면 서로 다른 학문과 사상의 필요성을 다음과 같이 말하고 있다.

"인류의 사상사에 있어서, 두 개의 다른 사상의 조류가 만나는 그러한 지점에서 가장 풍요로운 발전이 자주 이루어진다는 것은 아마도 거의 전적으로 타당한 얘기일 것이다. 이러한 사상적 조류들은 인류 문화의 전혀 다른 분야에, 상이한 시대와 상이한 문화 환경과 상이한 종교적 전통에 그 근원을 두고 있을 것이다. 그리하여 그들 둘이 실제로 만나는 일이 이루어진다면, 행여 그처럼 긴밀히 서로 연결을 맺어 하나의 진정한 상호작용이 일어날 수만 있다면 우리는 그곳에서 새롭고도 흥미진진한 발전이 곧 뒤따라 전개될 것이라고 기대해도 좋으리라."

또한 서양과학의 지배적 현상은 주역의 음양론의 관점에서 보아도, 지금 양의 위치에 있는 서양과학 자체의 발전을 위해서도 바람직하지 않으며, 서양과학 독점적 체제하에서는 더욱 바람직하지 않다. 즉 음의 위치에 있는 동양학과 상호 역동적 평형과 경쟁관계에 있을 때 발전적 계기와 분위기가 조성된다.

지금 제도권의 학문은 서양과학 중심의 학문적 독재체제를 이루고 있다.

그런데 서구에서는 이미 오래 전부터 자신들의 학문과 문명의 문제점과 한계점을 극복하고 보완하기 위한 돌파구로써 동양학을 더 많이 연구하고 있다는 것이다.

덴마크의 노벨상을 수상한 양자물리학자인 닐스 보어는, 양자이론은 사실 '철학의 보고'이며, 지혜의 보석이 묻혀 있는 새로운 과학이라고 했다. 그러면서 비서구 문명의 전통이라는 또 다른 보고도 언급하였다. 그는 1920년대 말

양자가 입자와 파동의 성질을 동시에 보이고 있다는 역설을 설명할 방법을 찾던 중 '상보성'이란 용어를 만들어냈다. 즉 고전물리학을 지배하고 있는 '이것이냐 저것이냐'식의 이분법적인 이원론을 배격하면서, 서로 다른 두 물질이 짝을 이뤄 의지하고 있다는 '이것도 저것도 모두'라는 그리고 '반대적인 것은 상호보완적이다(Contraria Sunt Complementa)'는 상보성 이론을 주장한 것이다.

동양학 특히 주역에서는 이를 상반상성(相反相成)의 법칙이라고 한다. 즉 서로 반대되는 또는 상호 모순적인 관계를 상호 배척적인 관계로 보는 것이 아니라 상호 성취의 관계, 더 나아가 운동의 추동력의 근거로 본다.

보어가 부딪혔던 문제는 문화적인 선입관을 뚫고 새로운 이해로 나아가기가 얼마나 지난한 일인가 하는 문제를 상기하게 만든다. 그 당시 양자택일적 사고가 오랫동안 지배했기 때문에 상반된 것이 결합해 전체를 이룬다는 생각을 하기가 몹시 어려운 것이다.

보어는 서로 상반된 다른 문화의 철학이 이 거울을 투시할 수 있게끔 도와준다는 사실을 알았다. 20세기의 가장 혁신적인 과학적 정신이 비서구 문화로부터 개념적 영감을 얻었다는 사실은 중요하다. 이런 사람들로는 슈바이처, 샤르댕, 화이트헤드, 칼 융, 아인슈타인, 하이젠베르크, 휠러, 아이즐리, 베이트슨, 데이비드 봄, 프리고진, 매클린톡, 카프라, 셸드레이크 등을 들 수 있다는 것이다.

이처럼 다른 문화들에 대한 경험은 우리 문화를 새로운 눈으로 바라볼 수 있는 시각의 변화를 제공한다. 그러므로 서양과학과 동양학이 상호 보완하면서 경쟁적 관계로 연구하고 가르치는 것이 서로의 발전을 위해서 절대적으로 필요하다.

3) 세계화시대에 동서양을 아우르는 보편적 학문이다

동양과학인 역학은 우주론적 자연의 이치의 관점에서 개개의 사물을 고찰하는 학문이다. 그러므로 우주론적으로 동·서양을 중립적 관점에서, 객관적으로 접근하여 보다 타당성 있는 동서양의 문화와 학문을 비교할 수가 있다.

그래서 동·서양의 상호 간의 문화적, 학문적 차이를 중립적인 입장에서 객관적으로 상호 이해·설명할 수가 있으며, 그러므로 상호간에 굴절 없이 이해하여 받아들일 수 있는 시각과 안목이 생길 수가 있다.

진정한 세계화는 각 민족의 문화와 역사 및 생활의 독자성과 주체성을 존중해 주고, 그런 다음 서로의 협력이 이뤄지는 공동선의 합의가 가능하다.

세계화란 단순히 19세기 이후 서세동점의 시대와 20세기의 근대화시대에 행해 왔던 서구의 일방적 강요와 모방적 문화 수입이어서는 안 된다고 본다. 서구화와 세계화는 근본적으로 다르게 보아야 한다. 서구화는 서구의 문화와 학문을 서구인의 시각에서 일방적으로 수입하고 모방하는 서구적 근대화이다. 그러나 세계화는 서구화와 다르게 모든 나라가 국경이 없으면서도 서로의 민족적·국가적 독자성과 주체성을 인정해 주면서 서로의 협력과 화합이 이뤄지는 대동적(大同的) 세계화여야 한다.

미국에서 활동 중인 뉴 에이지 명상 분야의 중요한 인물인 '다릴 앙카'의 저서이고 뉴 에이지 베스트셀러 1위였던 「가슴 뛰는 삶을 살아라」라는 책에서, 앞으로의 세계는 여러 나라의 서로 다른 사상이 하나가 된다는 것이다. 그리고 공산주의와 민주주의, 두 사상의 좋은 점을 뽑아서 새로운 사상을 만들어낸다는 것이다. 어떤 시스템이나 어떤 조직도 몇 가지는 진실한 부분을 포함하고 있으며, 모든 형식적인 부분이 사라졌을 때 진실한 부분들이 하나가 된다는 것이다.

뿐만 아니라 지구상에 있는 서로 다른 문화들 속의 서로 다른 부분을 모두 인정할 때 그것이 하나가 된다는 것이다. 즉 서로 다른 문화를 존중해주고 인정할 때 진정한 하나가 된다는 것이다.

그런데 우리는 서구적인 것은 많이 알고 있는데 비해서 오히려 우리의 근본적인 것을 전혀 모르고 있다. 그래서 이 시대는 우리의 정체성과 주체성을 확립하는 것이 무엇보다도 시급하고 중요하다. 그러기 위해서는 우리 것을 제대로 알아야 하고, 이를 위해서는 동양학을 알아야 하고 동양학 중에서도 주역을 알아야 가능하다.

그러나 현대 제도권의 학문인 서양과학은 개개의 사물에 근거하여 출발한 학문이므로 그 출발점이 어디냐에 따라서 상이한 시각과 안목이 생길 수밖에 없다. 예를 들면 서양 사람들이 서양의 문화와 역사적 개개의 사물에 근거한 개넘화·이론화한 학문을 동양에 주입시키고 전하려고 하면, 문화와 역사적 개개의 사물이 서양과 다른 동양의 관점에서는 이해가 안 되고 받아들여질 수가 없게 된다. 반대로 동양의 문화와 역사적 개개의 사물에 근거한 학문에 근거해서 서양을 이해하려고 하면 또한 이해가 되지 않는다.

이렇게 동서양의 문화와 학문 간에 차이가 나고 이해가 되지 않는 근본적인 이유는, 동서양의 문화와 역사적 개개의 사물이 서로 다르기 때문이다.

주역은 우주론적 학문이다

역학의 관점에서는 동서양의 문화와 학문을 체계적으로 상호 비교·분석하여 상호 간에 다를 수밖에 없는 타당성 있는 근거를 제시할 수가 있다. 왜냐하면 주역은 우주론적으로 접근하므로 동서양을 보다 중립적인 관점에서 이해·설명이 가능하기 때문이다. 즉 우주론적인 관점에서는, 동양과 서양은 대등한 위치에 있기 때문에 어느 한쪽에 치우치지 않고 중립적인 관점에서 객관적으로 비교해서 고찰이 가능하다고 본다.

중국의 주역 연구가인 고희민 교수에 의하면, 주역철학을 그 발생적인 관점에서 말한다면, 고대의 학설이고 중국의 전통철학이지만, 학술적 가치로 말한다면 오히려 고금학이고 세계학이다. 왜냐하면 주역의 철학은 시간과 공간의 제한을 받지 않고 있기 때문이다. 역학이 시공의 제한을 받지 않는다는 점은 두 가지 관점에서 볼 수 있다.

첫 번째 입장으로 주역은 스스로 철학적인 한계를 설정하지 않고 있다는 점이다. 그 사상 속에서 거절이나 배척이라는 말은 발견되지 않는다. 주역은 개방적인 철학으로 인간의 지혜가 미칠 수 있는 모든 이치와 사물을 포함하지 않는 것이 없다.

태극이나 음양의 의미로 우주의 모든 이치와 현상을 설명하는데 구속되는 것이 없다. 생생이나 감응의 의미는 인간과 사물 가운데에 존재하는 실재의 상황이고, 천행건(天行健: 하늘의 운행은 굳세다)이나 지세곤(地勢坤: 땅의 모습은 유순하다)의 의미는 모든 인류가 의심할 수 없는 생존의 도리인 것이다.

주역철학이 수립한 이성적 천지는 무한히 개방된 것이고, 그것이 제정한 인도(人道)의 법칙은 고금의 어떠한 시대, 동서의 어느 지역에서도 실천될 수 있는 것이기 때문이다.

또 다른 하나의 입장은 주역철학 자체가 시간과 공간에 따라서 스스로 변통하여 올바르고 마땅한 것을 찾아나가는 능력을 가지고 있다는 점이다. 이러한 천변만화는 결코 그 중심적인 본질을 벗어나지 않고 그것의 원래적인 철학정신에 영향을 미치지는 못한다. 그것의 모습은 마치 무대상의 주연배우가 연기하는 것처럼 하나의 연극이 끝나면 다시 화장하여 모습을 바꾸고 다시 등장하여 새로운 역할을 하는 것이나 마찬가지이다. 이런 입장에서 세계의 어떠한 다른 철학도 주역의 철학을 낙후된 것으로 규정할 수는 없다. 왜냐하면 주역은 변통할 수 있는 능력을 가지고 있기 때문이다.

우리나라에서 주역의 대가인 대산 김석진 선생님은 다음과 같이 말씀하고 있다.

'주역이란 오랜 세월 동안 복희, 문왕, 주공, 공자 네 성인에 의해 이루어진 경전이기 때문에 세계의 다른 경전이 따라올 수 없는 진리의 보편성이 있다. 성인의 말씀은 진리이고 그러기 때문에 주역 안에는 한국은 말할 것도 없고 미국, 러시아, 중국, 일본 등 세계의 문제를 다 찾아 볼 수 있으며, 그런 가운데서도 각 민족의 역사성을 인정하고 있다는 것이다. 또한 현대 과학이 인간세상을 이롭게 하는 쪽으로 발전하기 위해서는 주역을 바로 응용할 때에만 가능한 것이며, 첨단과학도 주역을 통해서 완성을 이루리라고 전망된다는 것이다. 주역이 양효(陽爻) 192개, 음효(陰爻) 192개, 총 384효로 구성된 점을 상기할 때, 장차 이 384효의 부호가 인류로 하여금 우주만물을 생각하는 공통어와 같은 기능을 발휘할 수 있을 것이라는 것이다. 앞으로의 세계역사는 주역의 심오한 이치를 어떻게 이해하고 응용하고 이용하느냐에 따라 달라질 것이라는 것이다'.

이 말은 서양의 정신 빠진 물질문명과 물질과학의 문제점을 동양의 정신세계와 관련이 깊은 주역을 상호보완적으로 활용을 할 때보다 바람직하다는 말이라고 볼 수 있다. 그렇게 함으로써 물질세계와 정신세계의 균형화가 가능하고 그러므로 바람직한 발전이 가능하다고 본다.

제6절 현대사회의 위기극복을 위해서

최근에 현대 물리학자의 한 사람이며 『물리학의 도(The Tao of Physic)』를 쓴 카프라에 의하면, 현대사회의 문제들은 어느 한 곳의 문제가 아니고 총체적이고 시스템적인 문제들로서 밀접하게 상호 연결되어 있으며 상호 의존적이라는 것이다.

그러므로 현 학계나 정부 기구의 특성인, 단편적인 방법론 안에서는, 이 문제들을 이해할 수가 없다는 것이다. 이러한 접근 방법으로는 어떠한 문제점도 해결할 수 없고, 다만 사회적 생태적 연관성의 복합적인 그물 속에서 문제들을 맴돌게 할 뿐이다. 문제의 근본이 되는 그 그물의 구조 자체의 변화가 있어야만 해결을 찾을 수 있을 것이며, 이것은 현 사회가 갖고 있는 조직과 가치 및 사상의 광범위한 변형을 의미하고 있다는 것이다.

즉, 국민들의 세계관·우주관·인생관의 변화에 의해서만 근본적인 해결의 실마리를 찾을 수 있다는 것이다.

이러한 위기의 내면을 구성하고 있는 근본적인 요인은 첫째, 남성위주의 가부장적 부계 사회적 특성, 둘째, 화석연료의 소진 문제, 셋째, 사상적·문화적 가치관의 문제이다.

현대 문명의 주류를 이루고 있는 내용은 과학혁명, 계몽사상 및 산업혁명 등이 있다. 특히 현대의 지배적인 사상적·문화적 가치관 속에는 서양과학적 방법만이 지식에 대한 유일한 접근법이란 신념, 우주는 기본적 물질적 구성체로 만들어져 있다고 하는 기계론적 우주관, 사회 속의 생활을 생존경쟁으로 보는 견해, 그리고 경제적 기술적 성장을 통한 무제한의 물질적 진보에 대한 신념 등이 내포되어 있다.

주역의 음양론적 관점에서 현대사회의 위기를 초래한 원인을 설명하면, 음적(陰的: 여성적·수렴적·반응적·협동적·직관적·종합적)인 문화와 학문보다는, 양적(陽的 :남성적·강요적·공격적·경쟁적·합리적·분석적)인 문화와 학문을, 직관적 지혜보다는 이성적 지식, 종교보다는 과학, 협동보다 경쟁, 자연 보존보다 자연 이용을 일관되게 선호함으로써 나타난 현상이다.

이러한 불균형적인 편중이 부계사회 제도의 뒷받침을 받고 또 과거 3세기 동안의 감각적 문화(sensate culture) 지배에 고무되어 현재 우리의 위기의 바로 그 근저에 놓여 있는 심각한 문화적 불균형, 즉 우리들의 생각과 감정, 우리들의 가치와 태도, 우리들의 사회적·정치적 구조의 불균형을 초래한 것이다.

그 결과 극히 위험한 단계, 즉 사회적·생태계적·도덕적 그리고 정신적 차원의 위기에 도달하였다.

현대사회 위기는 서양과학 독점체제의 결과

동양학의 최고의 경전인 주역의 음양론에 의하면, 우리 문화가 추구하는 가치의 어떤 것도 본질적으로 나쁜 것은 아니지만, 반대 극으로부터 고립시키고 양(陽)적인 것에 집중하여 거기에 도덕적 가치와 정치적 힘을 두게 함으로써, 오늘날과 같은 비극적인 상황을 낳게 한 것이다.

우리의 문화는 과학적임을 자랑으로 삼으며 우리의 시대는 과학 시대라고 불린다. 이 시대에는 서양과학적·합리적 사상이 지배적이고 흔히 서양과학적 지식이 유일한 지식으로 여겨졌다. 직관적 지식 또는 깨달음도 마찬가지로 정당하고 믿음성이 있다는 것이 일반적으로 인정되지 않고 있다.

과학주의라고 알려진 이러한 태도가 널리 퍼져 있으며 교육제도와 기타의 모든 사회적, 정치적 제도에 침투되었다. 그러나 주역의 음양론의 변화관에 의하면 '양이 극에 달하면 음을 위하여 물러난다'는 이치에 의해, 거대한 정화 운동이 우리 눈앞에 펼쳐지고 있다. 1960년대와 1970년대는 일련의 광범한 사회운동을 낳았고, 그들은 모두가 동일한 방향으로 가고 있는 듯하다.

생태계에 대한 우려가 높아지고 신비주의에 강력한 관심이 쏠리고 있으며, 남녀평등에 대한 각성이 고조되고, 건강과 자유에 대한 전일적 접근법의 재발견 등은 동일한 진화적 흐름을 표출하는 것이다. 그들은 모두가 합리적, 남성적 자세와 가치의 과대평가에 대항하여 인간 본성의 남성과 여성적 측면 간의 균형을 되찾으려 한다.

이리하여 현대 물리학의 세계관과 동양의 신비주의 세계관 사이의 심오한 조화를 깨닫는 것이 보다 큰 문화적 전환의 뗄 수 없는 일부이며, 여기에서 우리의 사상, 지각과 가치관을 밑바닥에서부터 뒤바뀌게 할 새로운 세계관이 출현하게 된다.

이것은 다른 말로 하면 현대사회의 위기가 발생한 근본적인 원인은 뉴톤 역학적 물질론적·기계론적, 정신·물질 이원론, 합리성과 분석적 학문, 그리고 환원주의적 사고를 지나치게 강조하는 데에서 비롯되었으며, 이를 완화하기 위해서는 유기체적·정신 물질 일원론, 직관적이며 종합적 학문, 그리고 전체론적 사고와 학문이 필요하다는 것이다. 이러한 수요에 적절한 학문이 동양학이며, 그중에서도 역학이라고 볼 수 있다.

현대의 과학문명은 서구의 르네상스와 계몽운동을 통해 급속도로 발전해 왔으며, 그 결과 인류는 오늘날 역사상 일찍이 경험하지 못한 엄청난 과학문명의 혜택을 누리고 있다.

그러나 과학 문명이 급속도로 발전하는 것과 반비례하여 인간은 점점 더 극심한 정신적 공허감과 박탈감을 느껴야만 했으며, 또한 인간은 자기 생명의 원초적 고향인 자연으로부터 점차 멀어지고 있다. 과학 기술은 자연을 단지 정복과 착취의 대상으로만 간주할 뿐 그것을 화해와 조화의 대상으로 바라보지 못했기 때문이다.

근대 서양의 자연과학은 이른바 '형이상학적 사유 방식'의 지도 아래 발전하였다. 그리하여 인간과 자연은 각기 개별적인 영역에 놓이게 되었으며, 이러한 이원론적인 사유방식은 최근까지 서양의 과학정신을 지배해 왔다.

자연으로부터 분리된 인간은 무자비하게 자연을 파괴하였고, 궁극적으로는 인간의 삶 자체를 황폐화시켜 놓기에 이르렀다. 그 한 가지 예로 자연 환경은 과학 기술로 인해 마구잡이로 훼손되어 현재에는 극심한 환경오염 문제로 골머리를 앓는 중이다.

그뿐만 아니라 인간 삶의 터전인 자연 환경이 이처럼 오염됨으로써 인간의 정신마저 오염되고 메마르게 되었다.

따라서 현대사회에서 발생하는 갖가지 비도덕적 사건, 사고들은 모두 이러한 결과로 나타나는 사회적 병리 현상으로 볼 수 있을 것이다. 이에 과학 제일주의는 점차 회의를 받게 되었고, 현대 문명에서 서양의 과학 정신은 그 한계를 절감하게 되었다.

현대 문명사회가 겪고 있는 이 같은 사회적 위기의 총체적 근원은 인간 중심적인 가치관에 있다고 하겠다. 지금까지 철학은 인간이 자연을 지배하는 사상이었고, 종교는 인간이 자연을 지배하라는 가르침이었으며, 과학 교육은 인간의 손에 지배되는 자연을 설정하였다. 인간은 자연을 이용하고 지배하려고만 했지 자연과 더불어 조화로운 삶을 꾸려 나갈 줄을 몰랐다. 이러한 가치관을 지니고 있을 때 인간이 자연으로부터 소외되는 현상은 필연적일 수밖에 없다.

현대사회 위기 극복은 세계관의 변화로부터 가능

이제 현대문명은 지금의 이 위기를 해결할 수 있는 어떤 돌파구를 찾아야 한다. 혹자는 현대문명의 위기는 인간 도덕성의 상실로 말미암은 것이기에 우선적으로 힘써야 할 것은 도덕성의 회복이라고 말하기도 한다. 그리고 도덕성 회복의 방안으로서 전통적 공자·맹자 중심의 유가를 새롭게 발굴하여 이를 통해 새로운 전인 교육을 실시해야 한다고 제안하기도 한다.

그러나 현대사회의 문제는 그렇게 단순하지가 않다. 현대에 나타나고 있는 사회적 병리 현상들은 온갖 다양한 요소들이 복합적으로 얽혀 나타나는 현상들이라고 보아야 할 것이기 때문이다.

우리는 문제의 본질을 파악해야 한다. 한낱 단편적인 인륜 도덕 교육만으로 이 문명의 위기를 해결할 수 있다고 생각한다면, 그것은 문제를 지나치게 단순화시키는 오류를 면하기 어려울 것이다. 그리고 주입식 도덕 윤리적 교육은 분석 과학적 사고에 익숙한 현대인들에게 설득력도 없다.

현대 문명의 위기를 근본적으로 해결하기 위해서는 우주 자연을 바라보는 우리의 과학관과 세계관부터 바꾸어야 한다. 지금 우리에게 필요한 것은 자연을 바라보는 우리의 시각을 코페르니쿠스적으로 전환하는 것이다.

지금까지 우리는 인간 중심주의적인 가치관과 정신물질 이원론적인 세계관을 바탕으로 현재의 문화를 이끌어 왔다. 자연을 비롯한 만물은 인간을 위하여 만들어졌으며 인간은 이러한 주위의 조건을 최대한으로 활용하고 이용함으로써 최대의 행복을 누릴 수 있다고 생각하였다. 그러나 우주 자연은 단지 인간만을 위해 창조된 것도 아니며 인간의 정복 대상은 더더욱 아니다. 만물은 인류가 출현하기 이전에도 그 자체로 이미 충분한 의미를 지니고 있었으며, 각기 제 나름의 존재 이유를 지니고 있었기 때문이다.

그러므로 이제 우리는 인간이 만물의 영장이라는 오만함을 버려야 하며, 인간의 이익을 위해서는 그 어떠한 것도 희생시킬 수 있다는 무지막지한 사고도 포기해야 한다. 그리하여 자연과 더불어 화해하고 조화를 이루면서 공존할 수 있는 새로운 방안을 모색해야 한다.

이러한 시대적 요청에 부응해서 내세울 수 있는 학문이 동양학이라는 것이다. 역학·역술 사상이 지닌 현대적 의미를 새롭게 밝히며, 이른바 현대의 역학 사상을 소개하는 것도 바로 그러한 방안을 찾는 데 한 실마리를 제공하기 위해서이다.

동양 사상은 인간과 자연이 통일적인 세계를 이루어 상호 분리될 수 없다는 점을 강조한다.

다시 말하면 지금 우리에게 가장 중요한 것은 人道(인도)의 철학을 건립하는 것이고, 그것으로 인간의 마음을 바로 잡아주어야 하는 것이다. 인간의 마음이 바로 잡혀져 있을 때 그 위기의 원인을 파악할 수 있게 되고 그래야만 위기는 해소될 수 있는 것이다.

다만 뜨거운 가슴만 가지고 있고, 인도(人道)의 철학체계를 가지지 못한다면 세계는 구원될 수 없는 것이다. 세계는 결코 따뜻한 마음을 가진 사람을 가지지 못하는 것은 아니다. 현대가 가장 필요로 하는 것은 따뜻한 마음을 통한 세계구원이라는 문제에만 머무는 것이 아니라, 인류의 마음을 하나로 관통할 수 있는 철학 체계의 확립이 더욱 필요하다고 보는 것이다.

오늘날 인류가 직면한 위기를 다만 몇 사람의 열성적인 계몽 운동과 행동에

맡겨두는 것은 아무런 소용이 없다. 근본적인 문제는 물질문명의 과다한 발전을 따라가지 못하는 철학의 낙후에 있다. 여기에서 인류는 증상에 딱 들어맞는 철학체계를 통하여 인간의 마음을 제어하여야 할 것이다. 그러한 철학체계로 주역을 들 수 있다.

이상의 현대사회의 동양학, 특히 주역의 의미는 지금까지 서구물질문명과 물질과학으로 집단적 최면화된, 즉 빙의 상태로 온 인류를 하나의 방향으로만 몰아가고 있는 현실로 나타난 모든 문제를 단순히 사회 운동적 또는 정치 구호적 차원이 아닌 근본적이고 실질적으로 해결할 수 있는 구세주와도 같은 학문이며 또한 과학기술적 차원에서도 만능적인 학문이다.

즉, 동서양을 막론하고 현대사회에 가장 큰 특징으로써 현대인들이 공통적으로 겪고 있는 정신세계의 문제, 서구의 최첨단 물질과학기술을 대체할 수 있는 보다 차원 높은 근본적이고 실용적인 과학기술, 동서양의 학문적 문화를 구체적으로 통합할 수 있는 우주론적 학문적 의미, 그리고 현대사회의 환경파괴와 인간성 상실로 대표되는 위기 문제를 해결할 수 있는 학문적 대안으로써의 의미 등이다.

끝으로 우리나라의 경우에 해당하는 민족적 정체성과 주체성 및 뿌리 찾기에 형식적인 과거 역사연구에서 찾아볼 수 없는 근본적이고 실질적으로 기여한다는 점과, 가장 비민주적이고 획일화된 교육학문세계의 민주화를 위해서도 특별한 의미가 있다.

제6부

주역과 21세기

제17장 주역과 21세기

「주역(周易)」과 21세기

이미 세계의 많은 지성들은 21세기가 되기 오래 전부터 다가오는 21세기가 동양의 시대가 될 것이라는 예측을 서슴지 않고 했다. 동양의 시대란 동양의 전통적 사상과 문화가 서양을 앞질러 세계사의 선도 역할을 할 것이라는 의미이다. 20세기가 서양과학문명을 앞세운 서양사상과 문화의 시대였음을 감안할 때 그 자리를 동양사상이 대신한다는 것은 매우 중요한 의미를 갖는 것이다.

그러나 말로만 동양의 시대가 오는 것은 아니다. "구슬이 서 말이라도 꿰어야 보배"란 말처럼 버려지고 잊힌 지난날의 동양의 사상과 지혜를 새롭게 다듬고 엮어나가는 노력이 있어야 한다. 1세기 넘어 서양문명에 짓눌려 살아왔고 서양을 쫓느라 우리 스스로 마저 돌보지 않았던 동양의 정신, 동양의 지혜를 가꿔 나가는 일은 오늘날의 한국, 중국, 일본 등 동양 3국에 부과된 세계사적 과제이기도 하다(1996, 오명. 『동양사상과 사회발전(국제학술대회 대 논문집)』).

뿐만 아니라 현대는 첨단과학의 발달과 더불어 새로운 차원의 물질문명이 눈부시게 전개되고 있으며, 한편으로는 고대 동양의 정신세계의 지혜가 새롭게 되살아나며, 과학과 종교가 만나는 새로운 정신문화의 시대가 또한 힘차게 열리고 있다. 그리고 21세기는 동아시아문화권시대가 될 것이라는 것이 일반적인 학자들의 공통된 시각이다. 이에 따라 서구 선진국을 비롯한 각국의 지성계인 학계에서는 동아시아에 대한 관심이 점점 높아가고 있는 것은 주지의 사실이다. 특히 서구식 근대화에 대한 비판적 시각과 함께 서구 중심주의 그리고 서구우월주의 관점이 낳은 종래의 동아시아에 대한 편향된 시각을 수정하려는 시도가 폭넓은 공감을 얻고 있는 것도 사실이다.

특히 서구에서는 주역(周易)을 중심으로 동양과학인 역학과 역술을 연구하는 분위기가 고조되고 있다. 그들은 이미 오래전부터 주역을 과학이라고 했으며, 그들의 학문과 물질문명의 문제점과 한계점을 극복하기 위해 동양학 그중에서도 주역을 우리보다 더 많이 연구하고 있다는 것이다.

현대사회 주류인 서양과학기술 문명의 한계점과 문제점으로 나타나는 범세계적 위기(world – wide crisis) 문제를 근본적으로 극복하고 보완하기 위해 동양사상에서 찾아야 한다는 동서양의 지도층과 식자층들이 오래전부터 언급되어 왔던 관점에서도 볼 때 시대적으로 더욱 의미 있고 가치 있는 일이다.

그러면 동양사상은 구체적으로 무엇을 말하는가. 사상이라고 하면 일상생활에서 인간이 사고하고 행동하는 가장 근본이 되는 생각의 패턴(patern of thoughts)을 말한다. 그 생각의 패턴이 모든 국민들이 일시적인 것이 아니고 오랫동안 지속적으로 유지가 되면 그것이 그 나라 국민들의 사상으로 인정된다. 따라서 동양사상이라고 하면 동양인들이 오랫동안 사고하고 행동하는 배경이 되는 생각의 패턴을 말한다.

이러한 사상은 하루아침에 형성된 것이 아니고 오랫동안 배우고 가르쳐 생활 속에서 실행하여 보편타당하게 모든 다수의 국민들에게 의미 있게 인정되어 내재화되고 생활화된 내용들의 것이다. 즉, 현대적 표현으로 말하면 오랫동안 학습과 실천을 통한 사회화(socialization) 과정을 거쳐서 형성된 생각의 패턴이다.

학습을 통한 사회화 과정에서 인간의 의식과 행동을 지배하는 사상과 철학이 있는데 그 사상과 철학이 저절로 내재화 의식화 되는 것이 아니고 국민들에게 의미 있게 생활에 도움이 될 때 생명력이 있고 오랫동안 자연적으로 지속된다. 물론 강제적으로 학습을 통해 의식화된 형식적인 사상과 철학도 있다.

강제적으로 의식화되었다는 것은 정치적, 사회적, 국가적 목적으로 국민들에게 일방적으로 교육을 시켜서 실제생활에 도움이 없지만 믿고 따라서 학습화된 사상과 철학을 의미한다. 예를 들면 정치독재자나 전제군주시대에 정치적 지배 목적으로 일방적으로 교육을 시켜서 의식화된 사상과 철학을 말한다. 즉, 정치

독재자의 정치적 세뇌교육, 조선시대 전제군주의 성리학의 통치이념교육 등이 있다. 이러한 사상과 철학은 국민을 정치적으로 지배하고 통치하기 위한 이념적인 것으로 국민들은 싫어도 사회적 이해관계로 형식적으로 배우고 따를 수밖에 없다. 이러한 사상과 철학은 궁극적인 영원한 사상과 철학이 아니면 체제가 바뀌게 될 때 그러한 사상철학도 퇴색되어 소멸되기 마련이다.

그러나 체제나 사회가 변화해도 바뀌지 않는 철학과 사상이 있는데 그것은 영원한 철학사상이요 인간의 삶의 궁극적 철학과 사상이다. 그러한 철학사상으로 동양의 경우 주역의 철학사상이 그것이다. 주역의 철학사상은 영원한 궁극적 철학사상이다. 주역의 철학사상이 다른 철학사상과 다르게 궁극적인 영원한 철학사상이 될 수밖에 없는 이유는 주역의 학문적 출발점이 인간의 본질에 해당하는 우주론적 순환론적 자연의 이치일 뿐만 아니라 보이지 않는 기와 영혼의 세계를 근거로 발달한 학문이기 때문이다.

뿐만 아니라 그 사상과 철학에 입각한 구체적이고 실용적인 과학기술이 인간의 현실적인 삶에 서양과학기술보다도 더 실제적으로 도움을 주기 때문에 더욱 그 생명력이 강하다. 그래서 현대사회가 아무리 서양과학기술과 서구물질문명이 제도권에서 만연하게 지배를 하면서 우리의 전통과학기술인 역학과 역술을 미신이고 비과학이라고 그렇게 홀대해도 비제도권의 국민들은 동양학, 특히 주역학적 사상과 철학은 여전히 생명력 있게 살아 숨 쉬고 있음은 이를 입증한다고 볼 수 있다.

그러면 동양사상이라고 하면 구체적으로 무엇을 의미하는가. 그 구체적 내용을 파악하기 위해서는 동양인들이 오랫동안 가르치고 배워서 생활한 학문적 내용을 알면 알 수가 있다. 즉, 동양인들이 배우고 가르친 학문적 내용을 알면 동양사상의 구체적인 내용을 알 수가 있다.

그런데 동양의 경우 현대사회는 교육학문적 내용이 제도권 교육학문세계에서는 거의 서구적 학문만을 배우고 가르치고 있고 비제도권에서는 전통적인 동양학 특히 역학과 역술을 가르치고 배우고 있어서 하나의 사상으로 말할 수가 없다. 그러나 여하튼 동양사상이라고 하면 일반적으로 동양의 전통적 사상을 의미한다. 그래서 현대인들은 동서양의 사상이 혼합되어 있다고 볼 수 있다. 현대는 서구화되어가는 경향이 보다 강하기 때문에 서구적 사상이 우세한 것이 사실이다. 특히 젊은이일수록 서구적 사상이 기성세대들보다 월등하다.

동양사상이라고 하면 동양 사람들이 생각하고 행동했던 전통적 사상을 의미한다. 그러한 사상에는 구체적으로 유가, 도가, 묵가, 제자백가 그리고 불교가 있다. 그런데 불교를 제외하고 이러한 모든 사상의 근원적인 학문이 주역이다. 즉, 주역이 동양의 모든 학문들의 근원적인 학문이며 따라서 동양사상의 조종이 된다. 주역은 다른 학문과 다르게 철학사상 윤리도덕적 학문의 근원적인 학문일 뿐만 아니라 특히 과학기술적 학문의 근원적인 학문이라는 점에서 주역이 동양사상에 미치는 영향력의 의미와 가치를 알 수 있다.

따라서 21세기 동아시아 문화권시대에 동아시아 사상과 문화가 세계를 주도해 가는 시대라고 하면 동아시아를 대표하는 가장 근원적인 사상과 철학 및 과학기술의 근원적 학문이 주역이다. 그러므로 주역이 21세기 동아시아 문화권시대를 주도하는 사상과 철학이 될 수밖에 없음은 명약관화한 일이다. 특히 과학기술이 주도해가는 지식산업시대에 주역의 과학기술이 서양과학기술보다도 새롭고 앞선 면이 있다는 점에서 더욱 의미와 가치가 있다.

뿐만 아니라 현실적으로 최근에 21세기 동아시아문화권시대에 주역의 의미와 가치에 대해서 의미 있게 나타내 주는 학문적, 국가적 그리고 범세계적으로 다양한 조짐이 있어서 이를 소개하면서 설명하고자 한다.

앞의 제5부의 내용과 다소 겹치고 반복이 되나 여기서는 보다 깊고 자세하게 시대적으로 의미 있게 새롭게 대두되는 시대적 흐름과 관련하여 설명하고자 한다.

제1절 학문적 사조의 변화와 『주역』

모든 일과 변화는 하루아침에 갑자기 나타나는 것이 아니고 기존의 체제의 문제점과 한계점이 나타나면서 여러 곳에서 이를 극복하고 해결하고자 하는 노력이 나타나면서 서서히 기존의 체제가 무너지기 시작하는 것이다. 이때 기존의 체제에 머물면서 기존의 체제를 고수하려는 세력이 있고 기존의 체제를 개혁 내지는 변화시키려는 시도가 나타나면서 이들 간의 상호 갈등관계로 있다가 결국에는 새로운 변화세력이 득세하면서 사회나 학문도 변화 발전해간다.

학문의 경우 모든 과학자들이 기존의 패러다임의 정상과학자이고 정상과학자로 머문다고 하면 과학의 각 분야는 하나의 패러다임에 덜미가 잡혀 그 패러다임을 넘어서는 진보는 일어나지 않을 것이다. 그러나 어느 하나의 패러다임이 완벽하거나 가장 유용한 최선의 것이라고 여길 선험적(a priori) 이유는 존재하지 않는다. 완전히 타당한 패러다임에 도달하는 귀납적인 절차는 존재하지 않는다. 결국 과학은 그 안에 하나의 패러다임에서 더 나은 패러다임으로 나아갈 수 있는 수단을 포함하고 있어야만 한다. 이것이 혁명의 기능이다. 모든 패러다임은 자연과의 조화를 문제로 삼는 한 어느 정도 부적당한 요소를 지니게 된다. 이러한 불일치가 심각해질 때, 곧 위기가 일어날 때 다른 패러다임에 의해 전체 패러다임이 대체되는 혁명적인 조치가 취해지는 것은 효과적인 과학의 진전을 위해서 필수적이다(A. F. 차머스, 『과학이란 무엇인가』).

현대사회 지배적 위치에 있는 뉴턴, 데카르트적 정신물질 이원론적, 물질론적, 기계론적, 분석적, 환원주의적, 서양과학기술적 학문의 한계점과 문제점이 나타나면서 이를 극복하고 해결하기 위한 새로운 학문적 노력이 곳곳에서 나타나고 있다. 이러한 학문적 노력의 조짐과 사례들을 근거로 해서 동양과학기술인 주역에서 비롯된 역학과 역술이 21세기 동아시아문화권시대 새로운 학문으로 부상하지 않을 수 없음을 나타내고자 한다. 특히 주역은 우주론적 보편적 학문이므로 주역의 철학 사상과 과학기술적 학문인 역학 역술이 동서양이 통합해가는 세계화 시대에 새롭게 그 의미와 가치가 인정될 수밖에 없다고 본다.

서울대 총장의 취임사와 「21세기 한국학 어떻게 할 것인가」

지난 2010년 8월 2일 오연천 서울대 제25대 총장은 취임사에서 다음과 같이 언급하였다.

"외국대학을 따라가는 데 급급할 것이 아니라 지적 주체성으로 아시아의 가치와 한국의 길이라는 새로운 담론을 제시해야 한다"고 밝혔다. 그리고 또 "앞으로 창조적이고 가치 있는 지식을 생산하는 나라가 새로운 글로벌 시대를 이끌게 될 것이며, 그동안 우리 대학이 외국의 연구성과를 수입해 전달하기에 바쁘지는 않았는지, 이제 우리는 본원적 지식을 창출하고, 인류의 이상 실현에 더 크게 기여할 수 있어야 한다. 뿐만 아니라 기존의 패러다임에 도전하고 한계를 깨는 지식의 프론티어가 되어야 하며, 끝으로 이제 서울대학교는 민족정신에 뿌리를 두고 첨단의 지식을 향도하는 학문적 가치창조의 세계적 리더가 될 것이다."

한림대학교 한국학 연구소에서 펴낸 『21세기 한국학, 어떻게 할 것인가』에서 한국학의 과제로서 주역의 의미와 가치를 시사하고 있다.

이 책은 한림대학교 한국학연구소에서 주최한 제1회 학술심포지엄(2005년 2월)에서 발표된 논문과 종합토론을 보완하여 21세기 한국학의 방향과 가능성을 모색하면서 21세기한국학과제를 '생명'과 '평화'로 큰 주제를 제시하고 이를 실행하기 위한 구체적인 과제로써 아홉 가지를 제시하였다. 즉, 첫째, 학문간 협동, 둘째, 지역연구의 활성화, 셋째, 배타적, 국수적 민족주의의 극복, 넷째, 민족과 국사를 해체시키려는 탈민족주의의 위험성, 다섯째, 서양 중심의 가치관 탈피, 한국적 특성 이해 필요, 여섯째, 전통사회의 사회통합력과 신뢰구조, 장기지속성, 일곱째, 환경에 대한 관심과 '천지인 합일'의 전통사상, 여덟째, 고급문화의 한류를 위해, 아홉째, 한국한의 해외홍보를 위한 번역사업의 문제점이다.

한국학은 이제 더 이상 허무주의나 패배주의의 눈에서 헤맬 필요가 없다. 우리 한국학은 '평화'와 '생명'의 메시지를 찾아내고 이를 전 세계와 공유하는 선도적 문화 창조자로 다시 태어날 필요가 있을 것이다. 시대착오적인 국수적인 민족주의를 버리고, 그렇다고 민족을 해체시키는 탈민족주의도 경계하면서 인류가 공유할 수 있는 보편적 문화가치를 발굴하는 일에 새로운 관심과 노력이 집중되어야 할 것이다.

위의 서울대총장의 취임사 내용과 21세기 한국학 과제의 취지와 관련해서 가장 의미 있는 학문으로 생각할 수 있는 것이 동양과학기술이며 정신과학기술인 『주역』에서 비롯된 미아리철학관 중심의 역학과 역술이다.

『周易』은 우리의 학문적 주체성을 지킬 수 있는 가장 현실적인 학문이며, 창조적이고 본원적 지식을 창출하여 기존의 제도권 교육학문세계의 지배적 위치에 있는 뉴턴·데카르트적 서양 물질과학적 학문의 패러다임에 도전하는 지식의 프론티어가 될 수 있으며, 또한 우리 민족의 건국이념인 '홍익인간'의 민족혼과 민족정기를 되찾고, 배타적 국수적 민족주의의 극복뿐만 아니라 더 나아가 21세기 새로운 인류의 이상실현에 크게 기여할 수 있으며, 인류가 공유할 수 있는 보편적 문화가치를 발굴하는 데 가장 현실적이고 실제적인 의미 있는 대안학문이다.

21세기 한국학 어떻게 할 것인가에서 큰 주제인 '생명과 평화'를 위한 가장 의미 있는 사상과 철학으로 주역을 들 수 있다. '생명'이란 주제와 주역과의 관계는 주역의 생태론적 사상과 철학을 응용 접목하면 되고, '평화'는 우리나라의 건국이념인 홍익인간 사상과 연계해서 연구하면 된다.

일곱 가지 작은 주제 중에서 세 번째, 배타적 국수주의의 극복, 다섯 번째 주제인 '서양 중심의 가치관 탈피, 한국적 특성 이해', 여섯 번째, 전통사회의 사회통합력과 신뢰구조, 장기지속성 그리고 일곱 번째 주제인 '환경에 대한 관심과 '천지인합일'의 전통사상'과 관련해서 의미 있게 연구할 수 있는 학문은 동양학 중에서 주역과 주역에서 비롯된 역학과 역술이다.

동양의 모든 학문과 문화의 근원은 周易이다.

주역 중에서도 제도권의 철학사상과 사서와 성리학 중심의 도덕 윤리적 학문인 의리역보다는 비제도권의 미아리철학관 중심의 동양과학기술, 즉 상수역인 역학과 역술이 지식산업시대에 더 의미 있고 가치 있는 학문이다. 따라서 가장 홀대하고 천시했던 미아리철학관 중심의 역학과 역술의 의미를 우리나라를 대표하는 서울대 총장의 취임사와 21세기 한국학 연구에서 시사하고 있다는 점에서 극과 극은 통한다고 하더니 얼마나 흥미롭고 재미있는 현상인가.

음지가 양지 되고 양지가 음지 되고 돌고 도는 인생 물레방아 인생 사람팔자 시간문제이듯 학문팔자도 시간문제이며 쥐구멍에도 볕 뜰 날이 있다. 道에도 命運이 있다. 때는 바야흐로 21세기 동아시아 문화권시대에 동아시아가 세계에 자랑스럽게 내놓을 수 있는 학문은 미아리철학관 중심의 역학과 역술이다.

그동안 제도권 교육학문세계에서 무소불위에 있는 뉴턴·데카르트적인 서양과학기술의 독선과 횡포 오만 그 결과 하버드 노벨상을 신격화 우상화시켜 놓고 국민들을 서양과학기술적으로 우민화해 놓은 꼴불견에 대해서 유감스럽게 생각한다. 현대사회 신격화해 놓은 하버드 노벨상 중심의 서양과학기술의 학문적 독재체제를 깨버리기 위한 무기가 미아리철학관 중심의 역학과 역술임을 확신한다. 周易은 최고의 영원한 궁극적 철학이요, 최첨단과학기술이며, 인류최고

의 문화재이다. 뿐만 아니라 현대사회 위기를 극복하고 21세기 새로운 문명창
조를 위한 가장 의미 있는 현실적 대안 학문이다.

한국정신과학회

최근에 세계적인 신과학(新科學: New Science) 운동 정신에 자극을 받아서
우리나라에서도 대전에 있는 대덕 연구단지의 젊은 첨단자연과학자들이 주도가
되어 94년도에 한국정신과학회가 창설되었는데, 그 설립 취지문에서 동양과학,
즉 역학적 사고와 학문의 필요성을 강조하고 있다.

한국 정신과학회 설립 취지문을 보면, 현대 서양과학과 서구물질문명의 한계
점과 문제점을 극복하기 위한 새로운 과학의 필요성을 일목요연하고 논리정연
하게 아주 가슴에 와 닿게 언급하였다. 이를 다음과 같이 소개를 한다.

"인간과 자연계에서 나타나는 다양한 정신능력과 자연현상들 가운데는 기존의 과학에
서 무시하거나 인정하지 않는 능력과 현상들이 있다. 이러한 능력과 현상들은 실제로
존재하는 인간의 능력이며 자연현상들로서 단순히 기존의 과학으로 이해되지 않는다
고 도외시할 수 없다. 하지만 이를 이해하고 설명하기 위해서는 서양의 심신이원론적
(心身二元論的)인 기계론적 사고체계를 뛰어넘는 전혀 다른 새로운 과학적 세계관이
필요하다. 이 세계관은 인간과 우주 또는 정신과 물질이 하나라는 심신일원적인 전체
론적 세계관을 의미한다. 이 전체론적 세계관은 이미 동양에서 수천 년 전부터 보편
화되어 온 사고체계이다.
현대 과학과 자본주의에 의해 야기된 현대사회의 문제점들은 환경의 오염을 비롯하여
자원의 고갈, 핵폭탄에 의한 전쟁의 위협, 오존층 파괴로 인한 기상이변, 식량부족,
지구의 사막화, 범죄의 증가, 가치관의 혼란, 도덕성 상실, 각종 질병의 확산 등 열거
하기 어려울 정도로 많다. 이 문제점들은 크게 자연 파괴와 인간성 상실의 두 가지로
나누어 볼 수 있다. 이는 모두 인간과 자연을 물질적인 존재로만 인식하고 인간의 정
신을 무시한 서양의 우주관에서 비롯된 병폐라고 해도 과언이 아니다.
한국 정신과학 학회는 이러한 문제점을 해결하기 위해, 인간과 자연에 대한 깊은 이
해와 깨달음을 바탕으로, 서양의 기계론적 사고 체계에서 벗어나 동양의 전체론적이
며 유기체적인 사고 체계 아래 기존의 과학이 설명하지 못하였던 다양한 정신 현상과
자연 현상들을 포괄적으로 설명할 수 있는 새로운 과학적 패러다임의 창출과 자연을
파괴하지 않는 신과학기술의 개발 및 인간에 내재되어 있는 무한한 잠재능력을 개발
하여 인류 사회에 응용될 수 있는 새로운 과학을 창출하는 것을 목적으로 하고 있다.
다가오는 21세기에는 인간의 무한한 잠재능력의 개발과 자연에 대한 깊은 깨달음을
바탕으로 하는 새로운 정신과학적 세계관이 펼쳐질 것이다."

위의 설립취지문의 핵심은, 현대과학과 자본주의 중심의 물질문명으로 초래된 현대사회의 위기 극복을 위해서는 새로운 과학적 세계관의 필요성을 강조하는 내용이다. 즉, 현대 정신 물질 이원론적, 물질론적, 기계론적, 과학적 세계관을 대체할 수 있는 정신물질 일원론적, 전체론적, 세계관에 입각한 과학의 필요성을 주장하고 있다. 그런데 그러한 일원론적, 전체론적 세계관에 입각한 학문이 동양에서 수천 년 전부터 보편화된 사고체계의 원전이 천부경과 주역이다. 다가오는 21세기는 정신물질 일원론적, 정신과학적 세계관이 펼쳐질 것이다.

위에서 정신 물질 일원론적, 전체론적, 과학관에 입각한 정신과학적 학문이 동양의 주역에서 비롯된 동양과학기술인 역학과 역술이다. 따라서 21세기는 주역에서 비롯된 역학과 역술이 다시 부상해서 새로운 문명 창조를 위해 가장 의미 있는 학문이라고 볼 수 있다.

한국정신과학회에 가보면 현대 서양첨단 자연과학자들이 동양학의 가장 기본이 되는 개념인 기(氣)의 실체를 밝히고자 많은 연구를 한 논문을 볼 수 있다. 그들은 현대 첨단 과학적 방법과 장비를 동원하여 기의 실체를 밝히고자 연구를 한 논문을 발표한다. 그리고 서구에서 기 개념과 유사한 연구를 한 결과도 소개한다. 물론 서구에서는 기라고는 하지 않지만, 그 연구결과를 보면 우리의 기 개념과 유사한 내용이 많이 있다. 그런데 서구에도 이런 연구는 기존의 지배적인 과학기술적 관점에서 전혀 이해가 되지 않아서, 기존의 학회에서 받아들여지지 않는 경우가 많다는 것이다.

동아시아 전통과학

외국어대학의 과학사 연구의 권위자인 박성래 교수는 '동아시아의 전통과학과 도교'라는 논문에서, 현대 서양과학기술문명의 발달로 20세기 중반 이래 끊임없이 인류의 존망을 위협하는 문제점이 심각해지면서, 서양인들 사이에서도 동양의 전통에 대한 관심이 높아지기 시작했다고 언급하였다. 그리고 서양인들이 동양의 전통사상, 특히 과학기술의 전통을 눈여겨보고 있다고 하면서, 이를 다음 세 가지 유형으로 분류하여 설명하고 있다.

먼저 첫 번째 유형으로는, 니담(Joseph Needham)처럼 동양의 과학기술 전통을 예찬하고, 그것이 현대의 과학기술 발달에 크게 이바지했다고 강조하는 경우를 들 수 있다. 두 번째 유형은, 17세기 이후 서양의 근대과학이 동양에 전파되면서 19세기까지 일어난 일들에 초점을 맞춘 주장이다. 이 주장에 의하면 동양에는 인도와 중국 등 훌륭한 과학전통이 있었는데도 그것이 그대로 전개될 수 있게 내버려두지 않았기 때문에 동양의 위대한 전통은 파괴되고 지금은 좋지 못한 서양과학이 지구를 지배하게 되었다는 것이다. 이런 결과를 가져온 것은 서양의 식민주의가 서양과학의 우월성을 지나치게 강조했고, 또 동양의 지식층이 이에 눈먼 채 추종하였기 때문이라는 것이다. 세 번째 유형은, 현대 과학문명의 위기를 동양적 지혜로 극복할 수 있다는 주장이다. 지난 300년 동안 인류는 기계론적인 세계관과 정신 물질 이원론적이고, 결정론적인 합리적 지식만 강조되는 과학기술의 세계 속에서 살아 왔다. 그러나 인류는 조화와 협조가 소중하게 여겨지는 유기체론적인 세계관과 정신물질 일원론의 중요성을 인식하게 되었고, 직관적인 지혜의 소중함을 절감하게 되었다. 동양의 전통적 자연관에서 어떤 돌파구를 찾으려는 운동으로 보이기도 한다. 소위 '신과학 운동'은 바로 이런 경향들의 종합된 표현이라 생각된다.

이상 세 유형의 반응은 그 초점이 과거·현재·미래로 서로 다른 시간에 맞춰져 있다는 차이를 보여준다. 즉, 첫째 유형은 동양과학이 옛날에 얼마나 위대한 전통을 가졌던가를 강조한 것이라면, 둘째 유형은 근대에 있어서 동양 전통과 서양 근대과학의 만남에 초점을 둔 반응이다. 그런가 하면, 셋째 유형은 곧 인류의 미래과학의 가능성을 모색하는 태도로 볼 수 있다. 세계사의 전개에서 동양이 차지하는 위치가 날로 높아지고 있는 만큼, 이런 유형의 해석은 앞으로도 더욱더 많은 지지를 받으며 전개될 것으로 보인다.

위에서 특히 셋째 유형에 해당되는 '인류는 조화와 협조가 소중하게 여겨지는 유기체론적인 세계관과 정신물질 일원론의 중요성을 인식하게 되었고, 직관적인 지혜의 소중함을 절감하게 되었다'고 하는 과학기술적 내용을 구체적으로 말하면 주역에서 비롯된 역학과 역술이다.

주역학의 기(氣)와 양자물리학의 에너지

최근 인터넷(www.hiramid.kr)에서 소개해 준 동영상 중에서 "양자역학과 마음DVD"라는 동영상에서 150여 분간 서구의 양자역학자들이 양자물리 세계에 대해 연구한 내용들을 대화와 강의식으로 생생하게 소개하였다.

양자물리학자들의 대화와 강의 내용 중에서 주역의 핵심 개념인 기(氣)의 개념과 유사한 내용만 발췌해서 다음과 같이 소개하고자 한다.

이 말의 내용은 정신세계에 관한 종교와 물질세계에 관한 첨단 과학기술자들이 서로 만나서 학문적으로 대화하기 시작했다는 것이다. 이는 다른 말로 하면, 양자물리학이 발달하면서 기존의 지배적인 정신물질 이원론적 물질론적 기계론적 과학관이 정신물질 일원론으로 다시 회귀하는 현상이라고 볼 수 있다. 그러면서 과학자들이 그동안 외면했던 정신계의 신학자들과 대화하기 시작하였다는 표현이다.

동양학의 기 개념은 정신물질 일원론적 학문인 주역의 가장 기본적인 개념이며, 이를 근거로 발달한 동양과학기술이며 정신과학기술인 역학과 역술은 수천 년 전에부터 보편화된 동양문화의 근간을 이루고 있다.

위의 글에서 '에너지'라는 표현은 동양학의 '기(氣)'개념과 유사한 표현이다.

‘우리가 모두 연결 되어 있으며’는, 동양학의 기일원론으로 모두 설명하는 내용과 같다. 동양학에서는 만물만사는 모두 기 하나의 개념으로 구성되어 있으며, 그리고 ‘기라는 매체로 모두 연결되어 있는 하나이다’는 내용과 같다.

‘물질은 물질이 아니고 생각이나 개념 정보들이다’는 표현은 역학·역술의 기즉사(氣則思) 사즉기(思則氣) 내용과 일치한다. 물질의 최소단위로 내려가면 물질이 아니고 의식만 남는다는 내용과 만물의 최소 단위가 정신 물질 일원론적인 ‘기’라는 내용과 같다. 기는 사(思)이고 사는 기(氣)이기 때문이다.

> “우리는 모두 연결되어 있습니다. 저는 물질의 가장 근본이 되는 것이 우리가 에너지장에 의해 모두 연결되어 있다는 것이라고 생각합니다. 우리는 기본적으로 영점장이라고 할 수 있는 빛의 바다에서 헤엄치고 있는 셈입니다. 그래서 우선 우리는 분리라고 하는 모든 개념으로부터 빠져나와야 합니다. ……인간의 경험이 공명한다고 가정을 하면 그것이 어떻게 나타나는지가 궁금해질 수도 있겠죠. …… 다른 사람의 마음과 연결이 되면 그것을 텔레파시라고 할 수 있고, 다른 장소의 물건과 연결이 되면 그것을 투시라고 할 수 있고, 시간을 넘어 일어나는 일들과 연결이 되면 예지력이라고 할 수 있습니다. 그리고 나의 의도가 세상에 어떤 식으로 표현되는 쪽으로 연결이 되면 그것을 염력이나 원격치료 같은 말로 부를 수도 있을 것입니다.”

위의 글에서 ‘에너지장’이란 동양학의 기의 바다(氣海)와 같은 표현이다. 동양에서 기 개념과 서구 양자물리학자들의 에너지는 유사한 개념이다. 그리고 ‘텔리파시, 투시, 예지력, 염력, 원격치료’라는 초능력은 동양의 도통한 기의 달인들이 행했던 신출귀몰한 현상과 일치한다. 서구의 양자물리학자들의 에너지 이론에 입각하여 ‘텔리파시, 투시, 예지력, 염력, 원격치료’와 같은 초능력은 동양의 기에 달통한 도사들의 신출귀몰한 능력과 유사하므로, 양자물리학자들의 에너지 개념과 동양의 기 개념이 같다고 볼 수 있다. 서구의 양자물리학자들이 수천 수백 년 전에 동양의 기 달인들이 행했던 신출귀몰한 행위를 설명한다는 것은 참으로 흥미 있고 가슴 뛰게 하는 일이다.

"대부분의 사람들은 실질적인 방법으로 현실에 영향을 미치지 못합니다. 왜냐하면 그렇게 할 수 있다고 믿지 않기 때문이죠. 우리가 주위의 세상을 바라보는 방식은 어떤 것이든지 다시 우리에게 돌아옵니다. 그 이유는 제 삶을 예로 들어보자면 삶 속에서 기쁨이나 행복, 성취감이 부족한 이유는 정확히 이런 것들에 대한 나의 초점이 부족하기 때문입니다. 내가 희생자라면 스스로에게 물어보아야 합니다. 정신적으로 내가 희생자라고 느끼고 있는지를 말이죠. 그리고 계속해서 불행과 사고들과 비극과 마주친다면 아마도 그것은 나의 정신이 기본적으로 인생이 그렇다고 받아들이는 데 맞추어져 있기 때문입니다. 그래서 그런 일들이 일어나는 것이죠. 이런 것들을 이루지 못하는 이유는 무엇일까요? 기본적으로 집중력이 부족한 것입니다.

우리가 손길 하나로 사람들을 치료하고 죽은 자를 일으키고 손에서 빵을 만들어내지 못하는 이유를 궁금해 합니다. 그렇지 않나요? 항상 왜 그렇게 할 수 없을까를 의아해 합니다. 하지만 우리가 그 정답을 모르고 있다는 것은 결코 생각해 보지 않습니다. 그 정답은 우리가 할 수 있다는 것을 믿지 않기 때문이라는 것이죠."

위의 글에서 나타내는 내용은 두 가지로 볼 수 있다. 하나는 우리말에 '생각대로 된다'는 주역의 동기상구(同氣相求) 원리와, 다른 하나는 믿음의 가능성, 즉 우리말의 정신일도하사불성(精神一到何事不成)을 나타낸 것이라고 볼 수 있다.

윗글에서 '대부분의 사람들은 실질적인 방법으로 현실에 영향을 미치지 못합니다. 왜냐하면 그렇게 할 수 있다고 믿지 않기 때문이죠 …… 계속해서 불행과 사고들과 비극과 마주친다면 아마도 그것은 나의 정신이 기본적으로 인생이 그렇다고 받아들이는 데 맞추어져 있기 때문입니다'는 표현은 기의 원리인 동기상구원리를 나타낸 표현이라고 볼 수 있다. 동기상구를 양자물리학에서는 '같은 에너지는 같은 에너지를 끌어 온다'는 말로 표현하고 있다.

동기상구란 같은 기운은 같은 기운의 일을 끌어들인다는 말이다. 우리의 일상적인 말 중에 "끼리끼리 만난다, 유유상종"이라는 표현과 유사한 내용이다. 이는 다른 말로 하면, 내가 생각하는 대로 일이 벌어진다는 것이다. 예를 들면, 밝고 긍정적이고 풍요롭게 생각하면 사즉기 원리에 의해서 밝고 긍정적이며 풍요로운 기운이 나오고, 그러면 동기상구 원리에 의해서, 그와 동일한 기운이 나오는 밝고 긍정적이며 풍요로운 일들이 벌어진다는 것이다. 반대로 어둡고 부정적이며 부족하다고 생각하면 사즉기의 원리에 의하여 어둡고 부정적이며 부족한 기운이 나오고, 그렇게 되면 동기상구원리에 의해서, 어둡고 부정적이며 결핍적인 일들을 끌어들여서 그러한 일들이 벌어진다. 결국 인간의 앞날과 주변에서 벌어지는 모든 일들은 인간의 마음에 의해서 창조되는 것이라고 볼 수 있다.

윗글에서, "기본적으로 집중력이 부족한 것입니다. …… '우리가 손길 하나로 사람들을 치료하고 죽은 자를 일으키고, 손에서 빵을 만들어내지 못하는 이유를 궁금해 합니다.' 그렇지 않나요? 항상 왜 그렇게 할 수 없을까를 의아해 합니다. 하지만 우리가 그 정답을 모르고 있다는 것은 결코 생각해 보지 않습니다. 그 정답은 우리가 할 수 있다는 것을 믿지 않기 때문이라는 것이죠."

이는 우리말의 정신일도하사불성과 연관된 내용이라고 볼 수 있다. 우리 선인들의 옛날이야기 책속에서 읽었던 신출귀몰한 내용이 허구적인 공상만화가 아니고 실제적인 가능성을 서구의 양자물리학자들에 의해서 입증이 되고 있으니 매우 흥미 있고 가슴 뛰는 일이라고 할 수 있다.

이 글에서는 21세기는 새로운 과학관과 세계관에 입각한 새로운 과학기술이 나타난다는 것을 암시하는 내용이라고 볼 수 있다. 아마도 그러한 세계관과 과학관에 입각한 학문이 철학사상과 과학기술이라고 하면, 동양의 역학과 역술이라고 볼 수 있다. 그러므로 21세기는 『周易(I Ching)』이 주도하는 시대가 도래할 것이라고 표현하는 것이 지나치다고 할 수 있을까?

현대 양자물리학자들의 이론과 신과학자들의 새로운 과학이론은, 기존의 뉴턴 역학적 정신물질 이원론적이며 기계론적 물질과학에 대해, 새로운 정신물질

일원론적인 유기체론적 과학관과 세계관을 주장한다. 그런데 이들의 주장이나 새로운 이론들은 각 학자들의 연구결과에 의해서 나타난 단편적인 주장이다. 즉, 기존의 뉴턴 역학적 기계론적 학문과 새로운 원리나 이론을 학자들마다 단편적이고 산발적으로 주장하는 것이지, 새로운 이론에 의해서 구체적이고 실용적인 체계화된 학문은 아직 나타나지 않고 있다. 새로운 이론에 입각해서 우주 삼라만상을 이해하고 설명하는 체계화된 학문, 즉 철학사상과 과학인 자연과학, 사회과학, 인문과학이 아직은 나타나지 않고 있다.

그러나 동양에는 이미 수천 년 전에서부터 서구의 현대 신과학자와 양자물리학자들의 이론과 원리에 입각한 체계화된 학문이 전해 내려오고 있다. 그것이 주역과 주역에서 비롯된 역학과 역술이다.

따라서 주역과 주역에서 비롯된 역학과 역술은 21세기 새로운 시대를 주도해 갈 수밖에 없는 학문이라고 해도 과언이 아니다. 마침 이 시대가 세계사적으로 동아시아문화권시대라는 시대적 상황과 맞물려서 『주역』이라는 학문이 다시 빛을 발한다는 것과 서로 절묘하게 맞아 떨어진다는 점에서 그 의미가 더욱 빛난다.

결국 위에서 소개하고 설명한 내용의 핵심은 정신물질 일원론적 과학관과 세계관의 일면을 나타낸 것이다. 윗글을 소개한 것은, 동서양의 서로 다른 시대의 다른 나라 학자들이 연구한 내용이지만 그 내용이 매우 유사하다는 점이다. 즉, 수천 년 전 동양학자들이 연구한 기(氣) 개념과 현대 물리학자들의 양자물리이론이 매우 유사하다는 점이다. 이것은 서로 다른 시대의 다른 나라 학자들의 동일한 대상, 즉 용어는 달라도 같은 개념인 동양학의 기와 현대 물리학의 양자를 연구한 결과로 볼 수 있다. 시대와 나라 그리고 연구한 사람이 달라도 연구 내용이 유사하다면 동일한 대상을 연구한 것이라고 유추할 수 있다.

우주의 진리라고 할 수 있는 자연계의 법칙은 오직 하나일 뿐이며 둘이 있을 수 없다. 다만 이 법칙을 관찰하고 표현하는 방식이 관점과 문화적 배경에 따라 다를 뿐이다.

이것은 우리가 미신이고 비과학이라고 그렇게 천시했던 동양학의 가장 기본이 되는 기(氣)의 개념이 현대과학의 종주국인 서구 최첨단과학자들에 의해서 밝혀진다는 것은 참으로 아이러니한 일이다.

극과 극은 통하고, 돌고 도는 인생 물레방아 인생, 사람팔자 시간문제인 것처럼 학문팔자도 시간문제이다. 사람은 무조건 오래살고 봐야 이런 재미있는 연구결과라도 본다. 그래서 동양에서는 인간의 오복 중에 수(壽), 즉 오래 사는 것을 최고의 복으로 쳤다.

생전에 미신이고 비과학이라고 그렇게 천시를 받고, 음지에서 외롭게 기 한 번 펴보지 못하고, 대접 한번 제대로 받지 못하고 죽은, 억울한 우리 미아리철학관의 동양학자들은 얼마나 한이 많겠는가? 그리고 그것도 모르고 홀대해 온 살아있는 우리는 얼마나 못 할일을 했는가?

서양과학기술에 빙의가 되어 제정신이 아닌 제도권의 하버드 노벨상 중심의 지도층과 식자층들에게 반격을 가할 수 있는 동양과학자들 특히 미아리철학관의 동양학자들은 얼마나 신나는 일인가.

조상님들이 얼마나 위대하고 감사한가를 수천억 원의 호화로운 국립박물관에서가 아니고 궁상맞고 초라한 미아리철학관에서 발견하니 이 또한 얼마나 재미있고 아이러니한 일인가?

서울 컨센서스

최근(2010. 2. 1) 조선일보사와 한반도선진화재단(박세일)이 공동 기획하는 신년 시리즈 '서울 컨센서스(Seoul Consensus)'는 21세기 국가발전전략을 10개 주제로 나누어 소개하였다. 각 주제마다 5명 이상의 학자들이 참여해 한국이 선진국으로 도약하기 위해 추진해야 할 정책 방향과 대안을 제시하였다.

10개 주제 중에서 첫 번째 주제가 '정신자본을 중시해야'를 제시하고 구체적인 내용으로 "'절제'와 '배려'가 선진경제의 열쇠다"라는 타이틀로 요약을 하고 있다.

경제가 지속 가능한 발전을 하기 위해선 신뢰와 협력의 정신 자본이 매우 중요하다. 신뢰와 협력은 거래비용을 낮추고 시너지 효과를 낼 수 있게 하기 때문에 한 국가에서 신뢰가 10% 상승하면 경제성장이 0.8포인트 증가한다고 할 정도로 중요하다.

그러면 신뢰와 협력의 원천은 무엇인가. 그것은 도덕심이다. 공정한 법규와 같은 제도를 만든다고 해서 신뢰와 협력이 저절로 따라오지는 않는다. 서구에서 자본주의가 성공한 것도 근면, 검약, 정직의 칼뱅주의 정신이 있었기 때문이다. 경영사상가인 찰스 핸디는 경제가 발전하려면 '올바른 이기주의'가 바탕이 되어야 한다고 했다. 이기적 욕망이 창조와 혁신에 중요하다 하더라도 그 이기심은 올바른 것이어야 한다는 것이다.

올바른 것이란 탐욕을 경계하는 '절제'와 타인에 대한 '배려'를 기반으로 한다. 절제와 배려의 도덕성이야말로 경제의 장기발전을 위한 최대의 자본이다. 미국의 금융위기가 초래된 것도 파생상품이란 혁신을 뒷받침할 월가의 도덕성이 부족했기 때문이다. 시장에 절제가 없다면 케인즈가 말한 '야성적 충동'이 넘쳐날 것이고, 배려가 없다면 홉스가 말한 '야수의 정글'이 될 것이다.

한국경제는 지금 전략적 변곡점을 맞고 있다. '나'만 아는 경제에서 '너'를 포용하는 경제로의 전환이 필요한 순간에 있다. 그동안 물질적 성장만 추구하다 보니, 전통적 인의는 사라지고 이기심, 불신, 불만만이 가득 차게 되었다. 그나마 있는 신뢰도 혈연, 지연, 학연의 연고 집단을 벗어나면 찾아보기 어렵게 되었다. 그러니 OECD 국가들의 평균보다 낮았던 신뢰지수가 점점 더 악화되고 있는 상황이다.

그러면 어떻게 우리의 정신자본을 강화할 것인가.

첫째, 학교와 사회의 도덕교육을 강화하여야 한다. 국영수에 밀려 잊힌 도덕교육, 전문지식에 점령당한 문사철(문학 역사 철학) 교육을 살려야 한다. 경영학이나 공학이 물질자본의 증대에 기여한다면, 인문학은 정신자본의 증대에 기여한다. 오늘날과 같이 인문학이 제 역할을 못해 인문교육이 죽는다면 한국의 경제선진화는 기대하기 어렵다.

둘째, 자기성찰을 할 줄 아는 리더를 만들어내는 교육이 필요하다. 기업가는 사회적 책임의식, 공직자는 선공후사의 정신, 지식인은 선비정신을 가져야 한다. 지도층의 수기치인이야말로 하나의 살아 있는 교과서이다.

셋째, 한국공동체에 대한 자긍심을 키우는 교육이 필요하다. 나라와 역사에 대한 사랑과 자긍심이 없이는 선진경제가 될 수 없다. 리아 그린펠드 교수는 애국심이야말로 경제발전의 동인이라 하였다.

도덕과 신뢰의 사회란 자본주의와 민주주의가 동시에 발전하는 사회이다. 이기적 냉혈한만 득세하는 사회, 무책임한 평등주의자만 넘쳐나는 사회로서는 선진경제가 될 수 없다. 그래서 우리가 그려야 할 미래는 경쟁 속에도 절제와 배려가 있는 인간의 얼굴을 한 자본주의, 자유 속에서도 책임과 소통을 아는 성찰적 민주주의다.

이상의 내용은 경제가 지속 가능한 발전을 위해선 신뢰와 협력의 정신자본이 중요하고 이를 위한 구체적 내용으로 절제와 배려를 할 줄 아는 도덕교육의 중요성을 강조하면서 현실적으로 이를 위해 인문학 교육의 중요성을 말하고 있다. 그리고 우리나라의 역사와 전통에서 정신자본의 사례를 들고 있다. 즉, '하늘은 스스로 돕는 자를 돕는' 정신을 구체화한 새마을 정신과 '하면 된다'는 신념으로 동기를 부여하여 국민들의 생각을 발전 친화적으로 바꿨다.

그러나 선진화를 달성하기 위해 한 단계 더 높은 경제발전을 실현해야 하는 상황에선 우리 민족의 건국이념인 '홍익인간(弘益人間)'사상을 시대정신에 맞춰 재조명할 필요가 있다. 공동체 자유주의에 적합한 정신자본 모형으로서 홍익인간을 바탕으로 한 애국심의 강화가 필요하다. 홍익인간은 중층적이고 복합적이며 고도로 분화된 산업사회에서 서로를 널리 이롭고 생산적인 관계로 만드는 역할을 할 수 있기 때문이다.

위의 내용들은 도덕심의 향상을 위한 인문학교육의 중요성을 주장하면서 우리나라의 개발연대인 60년대의 새마을 정신과 하면 된다는 자신감 그리고 전통적 사상인 홍익인간을 바탕으로 한 애국심의 강화를 강조하고 있다.

최근에 우리나라 출판계의 베스트셀러가 된 미국의 하버드 대학 교수의 '정의란 무엇인가'의 저자인 마이클 샌델 교수는 도덕의 개념을 '삶을 사는 최상의 방식과 어떻게 우리가 다른 사람들을 대우해야 하는지에 관한 것을 의미한다고 하였다. 도덕은 두 가지 핵심 질문을 다뤄야 한다는 것이다. 즉, 최상의 삶의 방식이 무엇인지(인간에게 어떤 종류의 삶이 가장 가치 있는가)와 다른 사람들을 어떻게 대우해야 하는지가 바로 그것이다.

인간이 서로 어떻게 대우해야 한다는 점을 다룬다는 점에서 보편적인 측면이 있지만, '좋은 삶(good life)'의 속성을 구현한다는 점에서 보면 서로 다른 사회의 특정한 전통과 역사적인 경험들을 무시할 수가 없다. 즉, 최상의 삶이 뭐냐는 질문에 사회마다 여러 가지 다른 답이 나올 수 있다.

이상의 도덕성을 강조한 내용의 관점에서 구체적으로 인문학교육의 중요성을 주장하고 있다. 그동안 경제개발 중심의 물질과 과학에만 치중한 현대사회교육으로 초래된 문제점을 극복하고 치유하여 보다 향상된 새로운 경제발전을 위해 그동안 소홀히 해왔던 도덕성을 함양시킬 수 있는 인문학교육의 중요성을 강조하고 있다. 그러나 막연히 인문학 교육의 중요성을 강조하기보다 현대사회에서 인문학 교육을 소홀히 하고 관심을 두지 않은 근본적인 원인을 분석해 보아야 한다.

현대사회 인문학 교육의 문제점에 대해서 서강대학교 화학과 이덕환 교수는 다음과 같이 언급하였다(조선일보 2006년 9월 23일자).

"인문학자들이 우리 인문학의 현실을 걱정하는 '인문학 선언'을 발표했다. '급속한 산업화와 과학기술의 발전'과 '무차별적인 시장 논리와 효율성에 대한 맹신' 때문에 인문학의 존립기반이 사라져 버렸다는 것이다. 모든 학문의 '생명수'인 인문학을 무시하면 다른 학문은 물론이고 산업까지 무너지고, 사회적 갈등이 더욱 깊어질 것이라는 차가운 경고도 담겨 있다.
우리 사회의 인문학에 대한 무관심은 우려해야 할 수준인 것은 분명하다. 쉽고 재미있는 것의 유혹에 빠져버린 우리 사회에서 인문학에 대한 심각한 담론은 찾아보기 어렵다. 학생들이 취업이 어려운 인문학을 외면해버린 것은 오래 전의 일이다. 뭔가 특단의 대책이 필요하다.
무엇보다도 인문학자들의 대오각성이 필요하다. 인문학의 위기가 자신들의 잘못이 아니라 남의 탓 때문이라는 인식부터 확실하게 버려야 한다. 적어도 우리 사회에서 인문학이 위기에 빠진 가장 중요한 원인은 인문학자의 잘못된 현실 인식과 무사 안일한 자세 때문이라는 사실을 분명하게 인정해야 한다. 특히 우리 인문학자들의 과학과 기술에 대한 지극히 잘못되고 왜곡된 인식은 뿌리부터 바로잡아야 한다. 인문학만이 '인간의 가치와 삶의 가치를 탐구하는 학문'이라는 아집도 버려야 한다.
인문학자들은 오늘날의 도덕상실, 생명경시, 환경오염이 모두 과학기술 발전의 탓이라고 주장한다. 현대의 과학과 가술은 우리를 행복하게 만들어주기는커녕 인간성과 자연을 황폐화시키는 도구로 전락해 버렸다는 것이다. 심지어 과학기술자에게서 건전한 인문 정신을 찾아볼 수 없다는 주장도 있다. 우리 인문학자들의 그런 주장에서는 현대문명을 떠받치고 있는 현대 과학과 기술의 진정한 가치를 인정하려는 진지한 모습은 찾아볼 수가 없다.

현대과학은 우리가 자연의 정체를 이해하려는 힘든 노력의 결과로 만들어진 지식체계다. 오늘날 우리의 풍요롭고, 평등하고, 안전하고, 건강한 삶은 과학의 발달과 과학을 바탕으로 하는 산업화에 의해 가능해진 것이다. 과학과 기술에 의한 물질적 풍요가 뒷받침되지 못한 사회에서는 굶주림과 질병과 극심한 사회적 차별에 의한 고통이 넘쳐날 뿐이다.

결국 인문학도 자연에 대한 정확한 이해를 전제로 할 수밖에 없다. 인간은 자연을 떠나 존재할 수 없기 때문이다. 자연에 대한 과학적 이해를 무시한 인문학은 무의미한 탁상공론에 지나지 않는다. 그래서 인류가 이룩한 가장 위대한 업적인 인문학과 과학은 절대 대립적인 관계일 수가 없다. 과학자에게 인문학적 소양이 강조되듯이 인문학자에게도 최소한의 과학적 소양이 필요하다는 뜻이다.

시장 논리와 효율은 현대사회에서 더 많은 사람들이 함께 살아가기 위한 어쩔 수 없는 선택이다. 우리에게 필요한 인문학은 그런 우리의 절실한 현실을 충분히 포용하는 것이어야만 한다. 인문학을 위해 시장 논리와 효율을 포기해야 한다는 주장은 어불성설이다. 이번 선언이 선언만으로 끝나서는 안 된다. 우선 인문학 연구의 윤리와 수준을 국제적 수준으로 향상시키고, 인문학과 과학이 함께 상생할 수 있는 길을 찾아야만 한다."

위의 글의 내용을 요약하면 인문학을 과학화하여 보다 과학적 인문학으로 발전시켜야 한다는 주장이다. 즉, 현대사회의 과학기술의 발달로 나타난 문제점인 인간성상실과 환경파괴와 같은 부정적 병폐를 위해 막연히 인문학을 살려야 한다는 것보다 현대과학기술을 포용하는 상생의 인문학을 발전시켜야 한다는 내용이다. 따라서 과학자에게 인문학적 소양이 강조되듯이 인문학자에게도 최소한의 과학적 소양이 필요하다.

인문학을 과학화시키는 일이란 위에서 주장한 것처럼 그렇게 쉬운 일이 아니다. 왜냐하면 현대 지배적 위치에 있는 과학기술인 1＋1＝2라는 식의 물질론적 기계론적 정신 빠진 과학기술적 논리로 정신세계와 관련이 깊은 인간의 삶에 관련된 인문학을 과학화시킬 수 없다. 왜냐하면 인간과 인간사회는 물질론적 기계론적 논리로 설명할 수 없는 정신과 생명이 있는 유기체론적 세계이기 때문이다. 그래서 인문학도 과학과 상생하면서 과학적 논리로 인문학을 발달시켜야 한다고 하지만 현실적으로 물질론적 기계론적 정신 빠진 과학기술적 논리로는 거의 불가능하다고 볼 수 있다. 아마도 이러한 문제점과 한계점 때문에 인문학이 과학적으로 발달할 수 없었지 않았나 생각된다. 그렇다면 정신과 생명의 세계인 유기체론적 인문세계를 이해 설명할 수 있는 과학기술은 자연과학적 물질론적 기계론적 과학기술과 다른 과학기술을 발전시켜야 한다.

즉, 물질세계와 정신과 생명의 세계를 모두 아우르는 포괄적이고 종합적이며 유기체론적인 과학기술적 논리를 개발해서 인문학을 발달시켜야 한다. 인문학적 과학기술을 발전시켜야 한다는 의미이다. 이러한 논리로 발전시킨 과학기술적 학문이 우리 조상님들이 수천 년 전에 개발해서 전해오고 있는 주역에서 비롯된 역학과 역술이다. 주역은 자연현상 인간과 사회현상을 모두 포괄하는 인문주의적 과학기술이다.

『周易』은 인본주의 과학기술이다

인본주의 과학기술이란 인간을 중심으로 한 과학기술이란 의미이다. 현대 과학기술이 물질론적 기계론적 과학기술로 발달하다 보니 인간과 환경을 무시하는 부분적인 과학기술로 발달하였다. 즉, 인간과 환경을 모두 아우르는 과학기술은 발전시키지 못하였다. 그 결과 인간성 상실과 환경파괴를 초래시킨 근본적인 원인이 되었다. 따라서 인간성을 회복하고 환경을 살리기 위해서는 물질론적 기계론적 이원론적 과학기술을 벗어나 물질, 정신, 생명, 환경을 모두 아우르는 포괄적이고 일원론적 유기체론적 과학기술을 개발하여야 한다. 그러한 과학기술이 주역에서 비롯된 동양과학기술이며 정신과학기술인 역학과 역술이다.

학문적 통섭·통합·융합

현재 제도권의 교육학문세계에서 새롭게 일어나고 있는 학문적 특징 중의 하나가 학문적 통섭(consiliance), 통합(integretion), 융합(convergence) 노력들이다. 세 가지 개념은 엄밀하게 말하면 다르지만 여기서는 유사한 개념으로 보겠다.

이는 지난 300여 년 동안 주도해 왔던 뉴턴·데카르트적 물질론적, 기계론적, 분석적, 환원주의적 학문적 접근방법의 문제점과 한계점을 인식하고, 이를 극복하고 보완하기 위해 새로이 나타나는 학문적 조류이다.

이러한 최근의 학문적 통합·통섭·융합 노력을 소개하면서 동양학의 학문적 특징과 비교설명하고, 그 안에서 동양학의 학문적 의미와 가치를 살펴보고자 한다.

먼저 결론적으로 말하면, 학문적 통합(통섭·융합) 노력은 지구 차원의 보이는 세계, 즉 물질세계 위주의 학문적 통합을 지향하고 있다. 그러나 동양과학기술에서는 이미 수천 년 전에 지구(global)차원의 물질세계뿐만 아니라 정신세계까지도 포괄하는 우주론적(universal) 종합적 학문을 발전시킨 학문이 주역과 주역에서 비롯된 역학과 역술이다. 즉, 주역과 역학·역술은 지구차원의 물질세계를 넘어서 우주와 정신세계를 포괄하여 우주론적으로 발전시킨 통섭·통합·융합학문이다.

최근에 미국 하버드 대학교 생물학과 펠레그리노 석좌교수인 윌슨(Edward Osborne Wilson)의 저서 중에 지식의 대통합(The Unity of Knwoledge)을 주제로 쓴 『통섭(Consilience)』이라는 책이 국내에 번역 출판되었다.

이 책의 주제는 저자가 서문에 밝힌 바와 같이, 지식이 갖고 있는 본유의 통일성이다. 본래 지식은 인간이 인위적으로 만들어 놓은 칸막이 식의 분파적 또는 파편적 지식이 아니다. 그런데 인간이 연구의 편의에 따라서 쪼개고 쪼개서 만들어 놓은 학문적 영역 내에서 지식은 본래의 진리가 아니라는 의미라고 볼 수 있다. 따라서 본래 하나인 통일적 지식이 진정한 지식이다. 통일적 지식이란, 동일 학문 영역 내의 각 전문분야의 통합뿐만 아니라 인문, 사회, 자연현상에 통용될 수 있는 통합적 지식을 의미한다고 볼 수 있다.

역자인 최재천 이화여자대학교 석좌교수는 옮긴이 서문에서, 현대 서양학문이 지나치게 세분화된 문제점에 대해서 지적하면서 학문적 통섭의 필요성을 강조하고 있다.

진리의 행보는 우리가 애써 만들어 놓은 학문의 경계를 존중해 주지 않는다. 학문의 구획은 자연에 실재하는 것이 아니기 때문이다. 진리의 궤적을 추적하기 위해 우리 인간이 그때그때 편의대로 만든 것일 뿐이다. 우리는 우리가 만들어 놓은 학문의 울타리 안에서 진리의 한 부분만을 붙들고 평생 씨름하고 있다.

대체로 지식은 16세기를 기점으로 하여 쪼개지기 시작했다. 엄밀하게 말하면 지식 자체가 쪼개진 것이 아니라 지식을 탐구하는 방법과 사람들이 쪼개졌다고 생각하는 것이 더 옳을지도 모른다. 이 같은 추세를 부채질한 환원주의(reductionism)가 엄청난 양의 지식을 발굴해내는 데 기여했음을 부인할 수는 없다. 그러나 20세기를 마감하며 우리가 그토록 열심히 찾아낸 부분들을 한데 묶어도 좀처럼 전체를 이루지 못한다는 사실을 발견했다.

21세기에 들어서며 거의 모든 학문 분야에 통합(integration) 바람이 거세게 불고 있다. 그동안 분석적 환원주의 일변도로 나아가던 생물학이 드디어 종합 차원으로 접어든 것이다.

이제 우리는 진리의 행보를 따라 과감히 그리고 자유롭게 학문의 국경을 넘나들 때가 되었다. 진정한 세계화는 진리를 추구하는 학문 영역들에서 먼저 일어나야 한다. 그러나 현재 전 세계적으로 일어나는 세계화는 서구 중심의 물질적 세계 안의 세계화이다. 그런데 학문적 세계에서는 동서양의 학문이 완전히 벽을 쌓고 상호간의 교류가 전혀 이루어지지 않고 있다.

그동안 우리는 학제적(interdisciplinary) 연구라는 걸 한답시고 적지 않은 시도를 해왔다. 하지만 우리 노력의 대부분은 단순히 여러 학문 분야의 연구자들이 제각각 자기 영역의 목소리만 전체에 보태는 다학문적(multidisciplinary) 유희에 지나지 않았다. 이제는 진정 학문의 경계를 허물고 일관된 개념과 이론의 실로 모두를 꿰는 범학문적(transdisciplinary) 접근을 할 때가 되었다. 이것이 바로 통섭의 시대를 맞이하는 것이다.

기와 음양오행은 우주론적 Super High Concept

위 내용 중에서 "학문의 경계를 허물고 '일관된 개념과 이론'의 실로 모두를 꿰는 범학문적 접근"의 의미에 해당하는 개념과 이론이, 동양학의 경우 '기와 음양오행론'이다. 즉, 동양학이 우주삼라만상을 하나로 보는 천인합일과 우아일체의 관점에서 우주론적 순환원리적 자연의 이치인 기와 음양오행론으로 모든 사물을 고찰한 동양과학기술의 범학문적 접근이다. 다시 말하면 기와 음양오행론은, 범학문적 접근이 하고자 하는 학문의 경계를 허물고 일관된 개념과 이론의 실로 모두를 꿰는 구체적인 개념과 이론이다. 여기에서 '일관된 개념과 이론의 실'이 다름 아닌 동양학의 기와 음양오행론이다.

최첨단 과학기술시대에 지나친 분과학문의 문제점을 극복하기 위해 새롭게 대두되는 최근의 학문적 노력이 이미 수천 년 전에 동양에서 이미 완성되어 전해오고 있음을 발견한 것은 참으로 흥미 있고, 이를 발견한 나는 가슴이 뛴다. 그것도 가장 천시하고 홀대해온 미아리철학관에서 발견하였다는 점이 더욱 그렇다.

2009년 4월 4~5일자 조선일보 土日섹션 Cover Story의 세계적 미래학자 3인이 보는 '메가 트렌드'에서, 미국발 금융위기에서 비롯된 현대사회의 경제적 혼란을 야기한 근본적 원인을 분석한 내용이 보도되었다.

미래학자 3인은, 소개한 기사 내용 그대로 옮기면, 미래학의 거목인 세계적 석학 앨빈 토플러(Toffler), IBM·맥킨지·코카콜라 등 주요 글로벌 기업에 미래 트랜드를 컨설팅하는 리처드 왓슨(Waston), 떠오르는 차세대 미래학자 다니엘 핑크(Pink)이다.

세 미래학자들은 나이도, 활동무대도 각각 다르지만, 세 미래학자의 전망은 주요 키워드에서 교집합을 이뤘다. 그들은 대체로 다음과 같은 밑그림에서 서로 교직했다.

'너무 빨라지고 너무 복잡해진 세계…… 그래서 위기가 왔다. 그래도 미래는 낙관한다. 인간은 늘 위기를 이겨왔다. 도저히 양립하지 않을 것 같은 극단들이 공존하는 미래가 머지않아 열릴 것이다.

정치든 경제든 사회든 점점 하이콘셉트(high-concept)가 각광받을 것이다. 감성과 예술까지 아우르면서 전체를 조망하는 통섭과 종합 능력을 뜻한다. 인간의 오른쪽 뇌가 주로 관장하는 영역들이어서, 우뇌 시대의 개막이라고 표현할 수도 있다.

특히 세 미래 학자들은 인류가 겪고 있는 이례적 글로벌 경제 위기가 '하이콘셉트(high concept)의 시대', '우뇌의 시대', '통섭의 시대'의 도래를 더욱 가속화시킬 것이라는 전망에서 이견이 없었다. 그 이유는 현재의 위기가 한 분야만 깊게 파고 들어간 전문가들의 전체에 대한 조망(眺望) 능력 결여에서 비롯됐다고 진단하기 때문이다.

기사 서론 부분의 큰 타이틀을 그대로 나타내면, '미래가 궁금하다고? 당신의 우뇌에 답이 있다', 작은 타이틀로 '한 분야만 너무 깊이 파던 좌뇌형 천재들이 유례없는 금융위기 불렀다. 이젠 전체를 조망하고 아우르는 우뇌형 인재가 각광받을 거야…… 교육제도 완전히 뜯어고쳐야'라고 제시하고 있다.

뒷면에는 본문이 소개되었는데, 큰 타이틀로, 'High Concept'가 있고 작은 타이틀 중에는, '너무 빠르고(Speed) 너무 복잡한(Complexity) 세계, 그래서 위기가 왔다'고 제시하고 있다. '전체를 조망하는 통섭과 종합의 high concept의 능력이 각광받는다'.

하이 콘셉트란, 나무만 보고 숲을 못 보는 분석과학의 문제점에 대해 전체를 조망하는 통섭과 종합, 즉 숲을 볼 수 있는 개념이다. 숲을 보기 위해서는 높은(high) 곳에서 보아야 하기 때문에 통섭, 종합의 개념을 비유적으로 하이 콘셉트(hign concept)라고 표현한 것 같다.

특히 기와 음양오행론은 물질세계뿐만 아니라 정신세계 그리고 우주론적 범위를 포괄한다는 점에서 위에서 서술한 물질세계에 한정된 통섭, 통합, 융합적 개념보다 훨씬 스케일이 큰 개념과 이론이다.

최근에 성신여대 최민자 교수의 저서인 『통섭의 기술』에서 에드워드 윌슨의 통섭의 개념이 주로 다양한 지식세계를 넘나드는 지식차원의 언어적 기술이라고 하는 데 대하여 그는 아(我)와 비아(非我)의 두 대립되는 자의식을 융섭하는 지성 차원의 영적 기술임을 밝히고 있다. 즉, 물질계와 정신계를 포괄하는 관점에서 통섭 개념을 강조하고 있다. 지식 차원의 통섭 개념을 넘어서는 궁극적인 지성 차원의 통섭개념을 강조하였다는 점에서 의미는 있으나 구체적인 통섭의 개념을 제시하고는 있지 않다. 즉, 기존의 개념에 대한 비판과 함께 새로운 차원의 개념을 제시하면서 방향제시적인 것으로 끝나고 있다.

그런데 기와 음양오행론은 물질세계와 정신세계를 모두 포괄하는 통섭 개념이라는 점에서 궁극적 세계의 통섭 개념이라고 볼 수 있다. 즉, 천지인과 물질계,

정신계를 구체적이고 일관적으로 통괄하는 우주론적 Super High Concept 개념
과 이론이라는 점에서 더욱 의미 있는 통섭 개념이다. 뿐만 아니라 기와 음양
오행론을 생활에 접목 응용한 과학기술적 학문으로 역학과 역술이 있다는 점에
서 생활 속에 살아 있는 영원한 통섭개념이다.

The Systems Science와 음양오행론

시스템이란 일정한 목적을 달성하기 위하여 상호 유기적 관계가 있는 요소들
의 집합을 말한다. 시스템 개념의 내용을 보면, 첫째, 시스템의 목적(goal)이 있고,
둘째, 상호 유기적 관계(organic interaction), 셋째, 요소(unit)들의 집합(set)이 있다.

시스템 이론의 목적과 의미는 전체와 부분 사이의 관계를 종합적으로 연구하
는 학문적 접근방법이다. 시스템은 상호 유기적으로 연결된 부분의 집합으로
정의할 수 있다. 부분의 하드웨어적인 연결망이 구조(structure)이고 부분이 상
호작용하여 환경으로부터 투입을 소화하여 환경에 대하여 산출하는 시간적 변
화를 과정(process)으로 정의된다. 따라서 모든 시스템은 공간적 구조와 시간적
과정 속에 변화를 하고 있다.

이 세상에 존재하는 모든 개체 또는 사물은 모두 시스템이라고 할 수 있다
(안문석, 정보체계론. 한국전자정보론). 즉, 상호작용 또는 상호관계(interaction)가
있는 모든 개체나 사물은 시스템이므로 시스템이 아닌 것은 없다. 왜냐하면 이
세상 모든 개체와 사물은 홀로 존재하는 것이 하나도 없고 모두 음으로 양으로
모든 다른 개체와 사물과 상호작용을 하면서 존재하고 변화해 가기 때문이다.

시스템의 관점에서 보면 이 세상의 모든 사물은 모두 연결되어 있다. 보는
관점을 달리하면 외견상으로 전혀 관련이 없어 보이는 사물도 모두 시스템에
포함될 수 있다.

시스템을 분류하면 시스템의 복잡성의 정도에 따라서, 제일 첫 번째 수준(level)
인 지도나 해부도와 같은 정태적 시스템, 두 번째는 시계형, 세 번째, 제어기구
(control mechanism), 네 번째, 개방 시스템, 다섯 번째, 식물과 같은 저급생물,
여섯 번째, 동물, 일곱 번째, 인간, 여덟 번째, 사회－문화 시스템, 아홉 번째,

초상적 시스템으로 나누고 있다(Kenneth E. Boulding).

Kenneth E. Boulding은 시스템의 수준의 계층 중에서 마지막 아홉 번째 초상적 시스템(transcendental system)을 가장 중요한 시스템이라고 강조하고 있다. 시스템의 구조를 완성하기 위해서는, 우리가 구름 위에 바벨(Babel)탑을 짓는다고 비난을 받는다고 할지라도, 마지막 초상적 시스템을 위한 탑(turret)을 추가하여야 한다. 이 마지막 초상적 시스템은 체계적인 구조와 상호관계로 영향을 나타내고 있으므로 그것을 추가하여야 전체적인 시스템의 구조가 완성된다. 그런데 이 초상적 시스템은 궁극적이고, 절대적이며, 피할 수 없을 정도로 강력한 영향을 준다. 그렇지만 이 초상적 시스템을 알 수가 없다.

시스템의 범위 또는 수준(level)을 무엇으로 하느냐에 따라서 그 시스템을 중심으로 경계(boundary) 안의 시스템을 하위(sub) 시스템이라 하고 경계 밖을 상위(supra) 시스템인 환경이라 한다. 즉, 하위 시스템은 시스템을 구성하는 부분을 의미하고, 상위 시스템은 시스템을 구성요소로 하는 한 차원 높은 시스템이다.

따라서 지구를 시스템의 기본단위로 또는 수준으로 볼 때, 각 주와 나라는 지구시스템의 하위 시스템이고 지구 밖, 즉 우주는 상위 시스템이다. 우주는 지구의 상위시스템이고 이는 다른 말로 하면 환경시스템이다.

우리가 관심 있는 개체와 사물의 시스템을 이해하기 위해서는 그 시스템을 구성하고 있는 하위시스템의 속성뿐만 아니라 상위 시스템인 환경변수와의 관계도 고려해야 보다 정확한 시스템의 속성과 변화를 고찰할 수 있다. 특히 살아 있는 유기체적 시스템의 경우는 더욱 그렇다. 시스템의 하위 시스템만을 고려해서 연구하는 시스템은 닫힌 시스템(closed system)적 연구라 하고, 환경시스템도 고려해서 연구하는 연구를 열린 시스템(open system)적 연구라 한다.

닫힌 시스템은 환경의 변화에 적절히 반응할 수가 없기 때문에 시간의 변화에 따라서 환경으로부터 도태되거나 퇴보되기 쉽다. 그러나 열린 시스템은 환경과 유기적으로 영향을 주고받기 때문에 환경의 변화에 적절히 적응을 하면서 생존 변화 발전해갈 수 있다.

모든 각각의 사물은 시스템의 상호관계에 따라서 다양한 변화와 현상이 나타난다. 즉, 모든 개개의 사물은 그 사물과 관련된 모든 시스템 또는 변수와 상호 영향을 주고받으면서 변화해간다. 따라서 시스템의 속성과 변화현상을 보다 정확하게 고찰하기 위해서는 시스템에 영향을 주는 모든 시스템, 즉 하위시스템과 상위시스템인 환경변수도 모두 고려해서 고찰하여야 한다.

따라서 지구차원의 시스템 내의 인간을 비롯한 모든 사물은 그 시스템을 구성하고 있는 하위시스템뿐만 아니라 상위시스템인 환경변수도 포함해서 연구해야 정확한 고찰이 가능하다. 그렇다면 지구내의 인간을 비롯한 모든 사물의 현상과 변화는 그 시스템을 구성하고 있는 하위 시스템뿐만 아니라 바깥시스템인 환경변수도 모두 포괄하여 고찰하여야 한다.

특히 Kenneth E. Boulding이 강조한 초상적(transcendental) 시스템이 모든 시스템의 가장 중요한 환경 변수적 시스템이라고 할 수 있다. 즉, 모든 사물의 시스템을 정확하게 고찰하기 위해서는 초상적 시스템의 내용을 알아서 고찰하여야 한다. 그런데 보올딩에 의하면 초상적 시스템을 알 수가 없다는 것이다.

동양에서 초상적 시스템에 해당하는 변수에 관한 체계화된 학문이 주역에서 비롯된 역학과 역술이며 구체적인 개념과 이론이 기와 음양오행론이다. 즉, 초상적 시스템의 관점에서 모든 우주삼라만상의 현상을 고찰한 학문이 주역이고 이를 구체화 실용화한 과학기술적 학문이 역학과 역술이다.

동양학은 우주론적 순환론적 자연의 이치인 초상적 시스템의 관점에서 개개의 모든 사물을 고찰하여 체계화한 학문이다. 즉, 초상적 시스템의 이체에 의한 인간의 사물의 존재이치와 이에 입각한 인간의 도리에 관한 윤리도덕적 철학적 학문이 의리역이고, 길흉화복에 관련된 학문이 상수역인 역술이다.

근래에 현대 학문이 극도로 분화되고 전문화되면서 개별 학문 간의 상호 교류를 위한 커뮤니케이션이 거의 불가능한 상태여서 학문적 발전에 문제가 많다는 것을 인식하게 되었다. 그래서 학제간 학문적 교류와 협조를 위한 통합적 연구의 필요로 나타난 이론이 일반 체계론(general system theory: G.S.T)이다.

시스템 과학이 여러 학문 간의 소통이 가능하게 하기 위한 일반 용어(genreal language)를 제공하고 그 노력의 결과 법칙들의 법칙(law of laws)을 만들어서 보편적 과학(universal science)을 달성하기 위한 것이다. 그래서 시스템과학은, 자연 사회 인문과학뿐만 아니라 과학 철학 종교까지도 더 이상 분리된 것이 아니고 하나로 통합시키기 위한 학문적 노력이다(L. Skyttner, 『General System Theory』).

일반체계론의 주요 학문적 목적은, 실증 세계(empirical world)의 일반적 관계(general relationship)를 서술하기 위한 체계적이고 이론적인 틀(framework)을 개발하는 데 있다. 즉, 일반체계론의 궁극적 목적은 모든 학문을 의미 있는 관계로 엮을 수 있는, 또는 통합할 수 있는 이론적 틀을 만드는 데 있다. 여기서 모든 학문이란, 자연과학, 사회과학 그리고 인문학 모두를 말한다. 즉, 일반체계론의 목적은 자연과학, 사회과학, 인문학까지 모두 통합적으로 활용할 수 있는 이론적 틀을 만드는 데 있다.

1930년대 오스트리아의 생물학자 루트비히 폰 베르탈란피(Ludwig von Berta-lanffy)는 그의 '전체성의 일반과학'에 대한 관점은 시스템이라는 개념과 원리를 다른 연구 분야에도 적용할 수 있다는 그의 관찰에 기반을 두고 있었다. 그는 이렇게 설명했다. "여러 다른 분야들 속에서 일반 개념들, 심지어는 특수한 법칙들까지도 유사하게 나타난다는 사실은 그것들이 '시스템'과 연관되어 있고, 그 특정한 일반원리들을 그 성질과는 무관하게 시스템에 적용할 수 있다는 사실의 결과이다." 살아있는 시스템이 생물 개체에서 그 부분, 사회적 시스템, 생태계에 이르기까지 매우 폭넓은 현상들의 범위에 걸쳐 있기 때문에, 베르탈란피는 일반시스템 이론이 지금까지 고립되고 단편화되어 왔던 여러 과학 분야들을 하나로 통합시키는 이상적인 개념적 틀을 제공할 것이라고 확신했다.

그러나 일반체계론이 앞에서 언급한 문제의식에서 출발을 했는데 현실적으로 구체적인 통합적 틀을 제시해 주지는 못하고 있다.

그런데 동양학을 배우고 연구를 하면서 발견한 것이, 현대 일반체계론이 하고자 하는 목적으로 탄생한 것이 동양학의 기와 음양오행론이다. 기와 음양오행론은 모든 학문을 통섭 통섭할 수 있는 일반 용어(general language)이고, 보편적 과학(universal science)이며, 법칙들의 법칙(law of laws)이고, 개념들의 개념(concept of concepts)이다.

뿐만 아니라 기와 음양오행론의 통섭 통합의 범위가 인문, 사회, 자연과학뿐만 아니라 과학, 철학, 종교까지를 모두 포괄하는 개념과 이론이라는 점에서 더욱 의미가 있다. 그리고 현실적으로 많은 문제를 이해 설명하고 나름대로 문제 해결을 위한 처방도 제시해 주는 구체적이고 실용적인 과학기술이라는 점이다. 더욱 새롭고 의미 있는 것은 기와 음양오행론은 천문(天文)과 지리(地理) 및 인사(人事)의 질서를 종합적이고 체계적으로 상호 연관하여 이해, 서술, 설명해 주고 있다는 점이다. 즉, 현대 서양과학기술의 물질세계 차원뿐만 아니라 서양과학기술이 관여할 수 없는 보이지 않는 세계인 천문 지리 정신세계까지를 포괄한다는 점에서 더욱 새롭고 앞선 과학기술이다.

미국의 경제학자인 보올딩(Kenneth Boulding)은 그의 일반체계이론에서 시스템의 관점에서 모든 현상의 시스템을 분류하였는데, 시스템의 복잡성의 정도에 따라서 시스템의 수준(level)의 계층을 9단계로 나누고 그중에서 마지막 계층인 제9단계 수준을 초상적(超常的) 시스템(transcendental system)이라고 하였다.

그는 제9층에 해당하는 초상적 시스템이 모든 그 이하의 시스템보다 훨씬 중요하다는 것을 대단히 강조하였다. 즉 시스템의 구조를 완성하기 위해서는, 비록 이 시점에서 구름 속에 바벨탑을 짓는다고 비난을 받을지라도, 마지막 초상적 시스템을 추가하여야 한다고 강조하였다. 그러나 초상적 시스템은 궁극적(ultimate)이고 절대적(absolute)이며 피할 수 없을(inescapable) 정도로 중요하지만 불행하게도 알 수 없는(unknowable) 시스템이다. 그리고 그들은 체계적인 구조(sytematic structure)와 상호관계(relationship)를 나타내고 있다.

그런데 동양학에서 우주론적 자연의 이치의 관점에서 보이지 않는 기(氣)와 신(神)의 작용과 변화 원리에 입각하여 모든 사물을 이해 설명하기 위하여 접근하였다는 것은 보올딩의 제9층의 초상적 시스템을 가장 중시한 것과 동일한 것으로 볼 수 있다. 뿐만 아니라 궁극적이고 절대적이며 피할 수 없을 정도로 중요하다고 표현한 것은 동양학이 중시한 보이지 않는 세계가 얼마나 중요한가를 알 수 있다. 그리고 이것을 인지하고 이미 수천 년 전에 이를 발전시킨 우리의 조상님들이 얼마나 위대한 식견을 가졌는가를 알 수 있다. 동양학에서 중요시한 접근법과 보올딩이 가장 중시한 초상적 시스템이 일치한다는 점에서 매우 흥미 있는 일이다. 다만 차이점은 보올딩은 초상적 시스템의 작용을 알 수가 없다고 하였는데 비해서 동양과학에서는 그 세계를 나타내는 체계화된 학문이 이미 수천 년 전에서부터 개발되어 지금까지 전해오고 있다는 데 있다.

헤겔(Hegel)은 일반체계론이 제기하는 문제들 중 하나는 연구대상이 되는 특정 체계를 우주의 나머지 부분으로부터 어떻게 분리해 내는가 하는 것이다. 헤겔은 모든 것은 '전체'의 하위체계라고 주장한다. 그래서 한 사물의 전체를 알지 못한다면, 우리는 그 사물을 알지 못하는 것이다. 비록 헤겔이 '전체'를 알기 위한 체계를 발전시키려고 시도했지만, 그 질문에 대한 대답은 일반적으로 수용되지 않았다. 결과적으로 우리가 생각하는 체계는 '우주' 안의 하위체계들에 초점을 두어 왔다.

전체에 초점을 맞추는 변증법적 사고를 이용할 때 나타나는 문제는 전체를 에워싸고 있는 범위를 어떻게 정할 것인가 하는 점이다. 극단적인 입장은 모든 것은 전체의 한 부분이라는 주장이다. 이 입장은 미국과 영국의 네오헤겔리안들, 특히 1890년부터 1920년대까지 브래들리(Francis H. Bradley), 테일러(Alfred E. Taylor), 보산케(Bernard Bosanquet)와 그 밖에 많은 연구자들에 의해 받아들여졌다(도날드 폴킹혼, 『사회과학방법론』). 이 입장을 지지하는 사람들에게 있어 모든 관계는 내적 – 즉, '우주' 안에서 – 이며, 따라서 실체를 어떻게 다루더라도 '전체' 가운데서 나타나는 새로운 속성(emergent property)을 놓치게 된다. 왜냐하면 부분들은 전체로부터 분리시켜서 이해될 수 없으며, 실재의 어떤 한 측면으로부터 도출된 모든 지식은 불완전(defective)하기 때문이다.

그런데 동양학에서 우주론적 자연의 이치의 관점에서 보이지 않는 기(氣)와 신(神)의 작용과 변화 원리에 입각하여 모든 사물을 이해 설명하기 위하여 접근하였다는 것은 보올딩의 제9층의 초상적 시스템을 가장 중시한 것과 헤겔의 '우주론적 전체'를 알고자 노력한 것과 동일한 것으로 볼 수 있다. 뿐만 아니라 보올딩은 궁극적이고 절대적이며 피할 수 없을 정도로 중요하다고 표현한 것과 헤겔이 우주론적 전체를 무시한 모든 지식은 불완전하다고 한 것은 동양학이 중시한 우주론적 보이지 않는 세계가 얼마나 중요한가를 알 수 있다. 그리고 이것을 인지하고 이미 수천 년 전에 이를 발전시킨 우리의 조상님들이 얼마나 위대한 식견을 가졌는가를 알 수 있다.

동양학에서 중요시한 접근법과 보올딩과 헤겔이 가장 중시한 초상적 시스템이 일치한다는 점에서 매우 흥미 있는 일이다. 다만 차이점은 보올딩은 초상적 시스템의 작용을 알 수가 없고 헤겔이 우주론적 전체를 알고자 노력한 것이 받아들여지지 않았다고 하였는데 비해서 동양학에서는 그 세계를 나타내는 체계화된 학문이 이미 수천 년 전에서부터 개발되어 지금까지 전해오고 있다는 데 있다.

동양학에서 '기와 음양오행론'은 범학문적으로 통용될 수 있는 일반체계이론이 구축하고자 하는 일반용어(general language)이고 법칙들의 법칙(law of laws)이며 개념들의 개념(concept of concepts)이다. 즉, 모든 자연, 사회, 인문학뿐만 아니라 종교, 철학, 과학기술까지도 통합적으로 학문의 경계를 허물고 일관된 이론의 실로 모두를 꿰는 범학문적으로 접근할 수 있는 개념과 이론이다.

그런데 동양학의 기와 음양오행론과 현대 학문들이 제기한 통섭·통합·융합의 개념과 근본적인 차이점이 있다.

첫째, 동양학에서 통합 융합 통섭의 범위가 보이는 객관의 세계와 보이지 않는 기와 신의 정신세계까지를 포괄하고 있는 학문이라는 점이다. 현대 학문이 주로 보이는 객관의 세계인 기(器)의 세계를 중심으로 통섭 융합 통합하려는 점에서 다르다.

둘째, 현대 학문은 현대사회의 분석적 환원주의적 학문의 문제점과 한계점을 인식하고 이를 개선하기 위해서 학문적 통합 통섭 융합적 노력을 하여야 한다는 방향제시적이지 구체적인 개념과 이론의 틀은 제시하고 있지 못하다. 즉, '학문의 경계를 허물고 일관된 이론의 실로 모두를 꿰는 범학문적 접근'을 할 수 있는 구체적인 개념과 이론을 제시하고 있지 못하다. 그러나 동양학에서는 이미 수천 년 전부터 범학문적으로 접근할 수 있는 개념과 이론이 기와 음양오행론으로 전해오고 있다는 점이다. 뿐만 아니라 체계화된 학문으로써 철학과 구체적이고 실용적인 과학기술도 있다.

　현대사회의 학문적 조류가 시스템과학으로 발전해가는 경향이 동양학과 일치하는 것은 어떻게 보면 21세기는 주역에서 비롯된 동양학이 주도해 갈 수밖에 없는 조짐의 하나로 보이는 것도 같다.

　하기는 21세기는 동아시아문화권시대이고, 21세기라는 천년의 세기가 바뀌는 밀레니엄시대이며, 서양과학기술에 비해서 새롭고 앞선 과학기술이고, 또한 서양과학기술의 한계점과 문제점에 의한 현대사회의 위기가 고조되고 있으니 동양학이 새롭게 대두될 수밖에 없다고 생각된다.

주역은 ‘우주과학’이다(우주 에너지)

　최근에 일본인 후카노 가즈유키가 쓴 『21세기 초기술』에서 현대과학기술 문명과 정신문명이 매우 뒤처져 있다는 것을 발견하고 우주 에너지(氣) 혁명을 일으켜 현대과학을 변혁시키고, 의식개혁을 해야 한다는 것을 강조하고 있다.

　후카노 가즈유키는 최근 개발된 에너지 관계의 혁신기술을 몇 가지 소개하였다. 예를 들면, 상온 초전도 재료, 획기적인 알콜 연소 장치, 폐플라스틱 유화 환원장치, 각종 우주 에너지 발전기 등인데, 어느 것이나 지금까지의 기술과 비교하면 초(超)자가 붙은 굉장한 발명이다. 이 중에서 우주에너지 발전기는 우주에 존재하는 무진장한 우주 에너지를 이용하는 발전기로서 깨끗하고 안전하며, 싼 값에 석유 석탄 원자력을 대신할 에너지라는 것이다. 우주 에너지를 이용한 발전기가 개발되었으며 앞으로 화석 연료에 의한 발전을 완전히 대체할 수 있다는 것이다. 그렇게 되면 에너지문제는 완전히 해결되고 그에 따른 환경 오염 문제도 완전히 해결이 된다는 꿈의 에지인데 그것이 실현가능하다는 것이다.

　우주 에너지는 우리 주변 공간의 진공 속에 무진장으로 존재하고 물질을 비롯하여 우주의 모든 것을 구성하고 있는 우주의 근원적인 초미립자 에너지로서 현대과학의 측정 수단으로는 잴 수가 없다는 것이다. 그래서 현대과학자들이 거의 인정하지 않는 입자이다. 현대과학이 측정할 수 있는 입자는 크기는 10의 마이너스 18제곱센티미터이다. 이것이 현대과학의 최소 검지(檢知) 한계인 것이다. 따라서 우주 에너지라고 하는 것은 현대과학의 최소 검지 한계 이하의 초미립자라고 하는 얘기가 된다.

우주 에너지에 관해서 더 첨가해서 얘기한다면, 우주 에너지는 한 종류가 아니고 크기가 다른 다종류의 것이 존재하고 있다는 것이다. 궁극입자의 크기는 약 10 마이너스 80제곱센티미터로 추정되고 있다는 것이다. 우주 에너지의 크기에 따라서 차원이 다른 세계, 즉 다차원세계가 존재한다는 것이다.

따라서 우주는 물질의 세계와 초미립자 세계인 다차원의 세계로 구성되어 있다는 것이다. 우주 에너지는 이 다차원 세계에 존재하고 있는 것이다. 현대과학은 공간에 에너지가 무진장으로 충만해 있다는 사실이라든가, 진공의 공간에서 석유나 원자력을 대신하는 에너지가 얻어진다는 사실 따위를 인정하지 않는다.

과학자가 우주 에너지나, 입력보다 출력이 큰 우주 에너지 장치를 인정한 그 순간에 현대과학은 붕괴되어 버리고 만다. 이것을 계기로 현대과학의 변혁이 시작된다. 현대과학에 다차원 과학을 도입한 과학이 되는 것이다.

다차원 세계의 특징은 우주 에너지가 존재한다는 것과 의식체가 존재한다고 하는 것이다. 즉, 우주는 물질세계와 다차원 세계가 겹친 2중 구조를 하고 있다고 말했는데, 우주에 있어서는 다차원 세계가 우주의 본질의 세계이고 물질세계는 다차원 세계로부터 만들어진 종속의 세계에 불과하다. 의식의 세계는 물질세계와 같이 하나의 세계가 아니고, 입자의 크기에 따라 다수의 세계(차원)로 나뉘어져 있어서 '다차원 세계'라고 부르고 있다. 다차원의 세계는 우리 주위의 공간에서 공기와 물질을 제외한 진공(眞空)의 공간에 있다. 다차원 세계는 물질세계와 겹쳐서 존재하고 있다.

요컨대, 우주는 2중 구조를 하고 있는 것이다. 우주 = 물질세계 + 다차원세계

이상의 다차원 세계에 대한 내용을 추가하여 보면, 다차원 세계가 물질세계의 물질을 만들어 내고 있다. 초능력 현상이라든지 영적 현상이 일어나는 세계이다. 인간의 영혼을 포함하는 여러 가지 영적 생명체(의식체)가 존재한다. 궁극의 차원에는 창조주의 의식체가 존재한다.

결국 다차원 세계에는 인간의 영혼이나 창조주의 의식체가 존재한다고 했는데, 이것만 보아도 과학과 종교가 앞으로는 하나로 통합될 수밖에 없다. 우주의

다차원 세계를 연구하면 만물에 내재하고 있는 의식체라든지, 우주 전체를 창조하여 통제하고 있는 초의식체(창조주)의 존재를 필연적으로 인정할 수밖에 없다. 그렇게 되면 과학이 의식체, 즉 영혼의 연구를 시작하게 된다. 머지않아 과학은 종교 분야에 발을 들여 놓는다는 것이다.

현대과학은 영혼의 존재를 인정하지 않고 있지만, 미국을 중심으로 외국의 일부 과학자들은 임사체험(臨死體驗), 전세기억(前世記憶), 유체이탈 등의 연구를 하고 있고, 과학적 데이터로부터 영혼의 존재를 인정하고 있다.

현재의 지구인은 우주가 2중 구조로 되어 있다는 우주의 진상은 알지 못하고 물질세계만을 연구하는 과학을 발달시켜 왔다. 그 때문에 지구 문명은 막다른 골목으로 내몰리고 말았다.

이와 같이 문명이 막다른 길로 내몰려진 사실로부터도 알 수 있듯이, 현재의 과학 문명의 레벨은 아주 낮은 것이다. 그러나 지구 문명은 과학 문명뿐만 아니라 정신문명도 낮다는 사실이 분명해지고 있다.

그것은 어떤 이유에서인가?

인간은 육체에 본체인 영혼이 머무르는 구조를 하고 있고, 우주에 있어서는 우주의 진리라든가 우주 법칙이 존재하여 인간은 그것들을 존중하여 영격을 높이는 생활 방식을 취하지 않으면 안 되는데, 현재의 지구인은 인간의 이중 구조를 모를 뿐만 아니라 우주의 진리나 우주 법칙의 존재도 알지 못하고, 인간으로서의 사는 목적도 모르는 상황에 있다.

그 때문에 올바른 삶을 영위하지 않고, 인간성이 낮아 정신문명의 레벨이 낮은 것이다. 현재의 막다른 골목에 몰린 문명을 타개하기 위해서는 지구인의 정신성을 높이는 일도 필요한 것이다.

그동안 과학의 발달과정에서 두 번의 파라다임 쉬프트(paradigm shift)가 있었다. 즉, 첫 번째가 천동설에서 지동설로의 전환이다. 지동설을 받아들이기까지는 새로이 케플러, 갈릴레이 등의 노력이 필요했었고, 17세기에 들어서서 뉴턴의 만유인력의 법칙이나 운동의 법칙을 발견하기에 이르러서야 비로소 지동설이 받아들여졌으며, 동시에 뉴턴역학이라는 하나의 완성된 과학체계가 확립된 것이다. 두 번째 뉴턴 역학에서 양자역학으로의 전환이다. 뉴턴역학이 확립되고부터 근대과학은 눈부신 발전을 이루었다. 그러나 거시세계는 뉴턴역학으로 설명될 수가 있었지만, 미시세계인 아원자 세계에서는 뉴턴역학이 통용되지 않는다는 것을 깨닫게 되었다.

그래서 등장한 것이 아인슈타인의 상대성 이론과 플랑크, 보어, 하이젠베르크, 슈리딩거 들에 의하여 확립된 양자역학이다.

이상과 같이 지구의 과학의 역사에 있어서는 과거 두 번의 패러다임 쉬프트가 행해졌다. 그러나 이제 그 세 번째의 패러다임 쉬프트가 필요하게 되었다는 것이다. 과거 두 번의 변혁은 생활에 변화를 주는 일은 거의 없었지만, 이번의 패러다임 쉬프트는 과학의 변혁과 동시에 에너지 혁명이나 의식혁명을 일으켜 생활이나 삶의 방식을 크게 바꾸어 버리기 때문이다.

그러면 이번에 일어날 패러다임 쉬프트는 어떠한 변혁으로 될 것인가?

그것은 이미 분명하다. 지금부터의 과학은 물질과학과 다차원 세계를 연구대상으로 하는 다차원 과학을 합친 과학으로 대변혁을 한다는 것이다. 이 두 가지를 합친 과학은 <우주과학>이라고 부르는 것이 걸맞지 않을까 한다.

다만 여기서 말하는 우주는 물질세계와 다차원 세계를 합친 참다운 우주를 말한다.

다차원 세계의 연구가 진행되면 우주뿐만 아니라 인간도 육체와 영혼의 이중구조로 되어 있다는 사실을 깨닫게 될 것이다. 또 다차원 세계에는 일반적으로 영혼이라고 부르는 인간의 의식체뿐만 아니라 여러 의식체가 존재한다는 사실을 깨닫게 될 것이다.

그 결과 지구 차원의 의식혁명이 일어날 것이다. 현재의 막다른 길로 내몰린 문명을 해결하는 궁극의 대책은 지구인 전체가 우주의식에 눈뜨는 의식 개혁을 하는 일이다.

어떻든 지구 사회에 있어서는 이제부터 에너지 혁명과 과학 혁명이 일어나고, 그다음으로 의식혁명이 일어날 것은 틀림없다. 그 결과 현재 곤경에 처한 지구 문명은 완전히 타개되어, 21세기는 멋있는 우주문명이 실현될 것이다.

위의 후카노 가즈유키의 초기술의 내용을 주역과 관련해서 고찰해 보고자 한다.

우주 에너지는 주역의 기(氣)의 개념과 같은 내용이고, 다차원의 세계는 주역의 세계관, 즉 보이는 물질세계(器)와 보이지 않는 기와 신의 세계, 심의 세계를 인정하는 것과 같으며, 보이지 않는 다차원세계가 본질이고 물질세계의 물질을 만들어 내는 현상은 주역에서 대우주의 보이지 않는 세계가 보이는 세계인 소우주를 지배하고 있는 내용과 유사하다. 그리고 의식체로서 영혼의 세계와 창조주의 존재를 언급한 내용은 주역의 인식모형의 신의 내용과 같다.

첨단과학기술자에 의해서 우주 에너지 발전기와 같은 초기술을 발명한 과학자의 우주에 대한 연구 내용과 주역의 우주관 세계관 그리고 과학관의 내용과 유사하다는 것은 그동안 뉴턴·데카르트적, 기계론적, 물질론적, 환원주의적 과학관에 의해서 이해 설명이 되지 않아서 홀대를 받아오던 주역이 뉴턴역학을 뛰어넘는 과학기술이 발달하면서 새롭게 인정을 받게 되었음은 아주 의미 있는 일이라고 볼 수 있으며 앞으로, 즉 21세기 새로운 우주과학기술문명을 위해서는 주역이 새롭게 대두될 수밖에 없음을 시사하고 있다. 뿐만 아니라 주역에서 비롯된 구체적이고 실용적인 과학기술적 학문으로 역학역술이 있어서 방향제시적인 것을 넘어서 더욱 학문적으로 현실적인 의미가 있다.

후카노의 초기술에서는 다차원의 세계가 물질세계의 물질인 기(器)를 만들어 내는 현상을 시사만 하고 있지 구체적인 내용이 없다. 그러나 주역에서 비롯된 역학과 역술에서는 보이지 않는 다차원의 대우주가 보이는 물질세계인 기(器)의 세계에 대해 설명해 놓아 실제 인간의 삶의 여러 가지 문제를 해결하는 데 도움을 주고 있다. 즉, 주역은 초기술이 하고자 하는 <우주과학>을 거의 완성해 놓았다고 볼 수 있다. 따라서 21세기는 우주과학인 초기술의 발달과 함께 주역이 새로운 과학기술로 각광받게 되리라고 생각된다. 그에 따라서 뉴턴 역학적 과학기술 문명으로 인한 저급한 의식 상태에 있는 현대인들의 의식이 우주의식으로 획기적인 의식혁명이 이루어지리라고 본다. 그렇게 되면 그것이 곧 우리 민족의 건국이념인 홍익인간이념과 같은 내용이 될 것이다.

새로운 패러다임으로서의 확장된 과학(『과학사상』 27호 24쪽)

1992년 1월에 그리스 아테네에서 '과학과 인간의 발전을 위한 아테네 협회' 주최로 "과학과 의식에 관한 아테네 회의"가 있었다. 이 회의의 참가자들은 물리학, 생물학, 화학, 신경과학, 심리학, 철학, 사회학, 의학, 공학, 생태학, 초심리학, 윤리학, 종교학 등 광범한 전문가들이었다.

이 회의에서 논의된 요점을 요약하면서 앞으로 21세기를 전망하고 새로운 과학에 대한 의견을 대신하고자 한다(김용정, 『과학사상』 27호. 1998).

"첫재, 의식의 연구는 의식의 정의에 성공하는 것만으로는 불충분하다. 의식이 실제로 어떻게 작용하고 있는가도 설명되지 않으면 안 된다.

둘째, 확장된 과학은 현재 과학으로서 행해지고 있는 활동으로부터 인문학, 학예, 그리고 정신적 내지 종교적 활동을 통하여 얻어지는 통찰까지를 포함한 것이 된다.

셋째, 확장된 과학은 인위적인 이원론을 극복해야 한다. 이원론에 기초한 단절이 다음과 같은 것들에서 나타난다. 예를 들면 우리들 자신과 자연 사이, 마음과 몸, 정신과 물질, 여성적인 것과 남성적인 것, 관측자와 관측되는 것, 과학과 가치, 귀납적 논리와 연역적 논리 그리고 철학과 과학 사이. 이와 같은 단절은 현대 과학과 그것을 지배하는 패러다임에 그 기원이 있다.

넷째, 환원주의가 낳는 세계의 단편화를 피하라. 상보성의 원리, 전체의 통합을 지향하지 않으면 안 된다. 부분만을 보고 전체를 보지 못함으로써 전체의 통합성이 상실되고 있다.

다섯째, 전통적으로 과학은 현실의 성질에 대한 진실을 추구하여 행해지는 객관적인 영위로 알려져 왔다. 그러나 과학에 있어서의 통찰이 콘텍스트에 의존하는 것이며 현실에 대한 어프로치는 모두 어떤 가치관에 기초하고 있다는 것을 인정해야 한다.

여섯째, 확장된 과학은 종래의 틀을 넘어 존재하는 것, 느끼는 것의 질적인 특질에까지 그 대상을 넓혀가야 할 것이다.

일곱째, 새로운 과학에 있어서는 지금까지의 과학과는 근본적으로 다른 태도가 길러져야 한다. 고대의 인류는 우주에 대한 겸허성(humility), 외경의 염, 경탄과 환희의 감정을 갖고 있었다. 더욱이 이러한 감정은 과학 그 자체의 기원이기도 했다. 우리들은 이러한 감정을 되찾아야 한다. 오늘날까지 과학에 있어서 지배적인 태도는 지적인 의미에서의 오만이었다.

여덟째, 의식에 관한 어떠한 연구도 몸과 마음의 본래적인 전체성과 통일성을 인식할 필요가 있다. 정신과 물질의 깊은 상호관계를 탐구하기 위해서는 데카르트와는 대조적인 전실적(holistic)인 관점이 필요하다.

아홉째, 새로운 과학은 의식(consciousness)의 과학인 동시에 양심의 과학이다. 새로운 과학은 사람들과 지구가 하나가 되기 위한 수단이다. 그리고 과학은 인간의 행동지침을 주는 것이 되어야 한다.

위의 내용을 보면 '새로운 패러다임으로서의 확장된 과학'은 한마디로 주역을 시사하고 있음을 확연히 알 수 있다. 하나하나 구체적으로 입증하고자 한다.

첫째, 의식의 연구는 주역의 기의 연구와 맥을 같이한다. 기즉사(氣則思)와 심생기 관점에서 볼 때 인간의 의식의 문제는 주역의 기 개념을 연구하여야 그 실체를 알 수 있다. 둘째, 인문학 학예 그리고 정신적 내지 종교적 활동을 통하여 얻어지는 통찰까지를 포함함은, 주역이 물질계 정신계의 통합적인 학문과 같은 취지이다. 셋째, 이원론 극복, 상보성원리, 전체의 통합의 지향, 질적인 특질에까지 연구영역 확장, 정신 물질의 깊은 상호관계를 탐구하는 전체론적(holistic) 시각의 필요는 모두 주역의 학문적 특성과 일치한다.

카프라 박사는 그의 저서인 『새로운 과학과 문명의 전환』에서, 현대 물리학에서 깨달은 그 새로운 세계관이 다른 학문 분야에로 확산되고 있음을 강조한다. 그는 전일적 또는 유기체적 세계관에 뿌리박은 시스템적 접근이 생물학, 심리학, 생의학, 경제학 등 여러 가지 자연과학 및 사회과학에서 요원의 불길처럼 일어나고 있음을 상세히 설명한다. 그와 동시에 이러한 여러 학문 분야에서 데카르트 - 뉴턴적 세계관과 그 사고방식을 아직도 넘어서지 못한 견해들이 그들 학문의 발전을 얼마나 저해하고 있는가도 구체적으로 지적하고 있다.

한 물리학도로서 이렇게 광범한 분야의 학문을 비판하고 그 나아갈 길을 제시하는 것은 자격에 벗어난 일이 아닌가 하는 감도 없지 않다. 그렇지만 그가 지적했듯이, 현대의 학문은 너무 다기화되고 세분화되어서 그 학문의 기반을 넓게 보지 못하는 예가 많으므로 문화 전체의 추세에서 종합적으로 전망하는 안목이 필요하다는 것을 그는 절실히 느꼈던 것 같다.

카프라는 현대 문명을 종합 진단하여 그것이 중환에 걸려 있음을 상세히 지적하고 그 근본적 원인을 따지면서, 서구문화가 너무나 오랫동안 데카르트 - 뉴턴적 고정 관념에 집착해 온 데에서 기인하는 것이며, 그 고정 관념 때문에 현대문명은 창조적인 유연성을 잃고 경직되어 있다고 본다.

모든 문명은 환경의 도전에 대응할 만한 창조적 유연성을 상실하고 경직되어 있을 때에는 그 문명은 쇠망하고 새로운 문화가 발생한다는 것을, 아놀드 토인비는 고대 이집트 문명, 희랍 문명, 회교 문명 등 많은 문명들의 성쇠 패턴을 들어 보여 주었다.

현대 문명도 그 사회제도와 사고방식이 극도로 경직되어 있어서 그러한 쇠망의 패턴을 보여 주는 것이며, 이제 이미 일부에서 새로운 문화가 발생하고 있다는 것을 카프라는 실증을 들어 보여주고 있다.

이제 쇠망해가는 문화는 기계론적이고 분석적이며, 사변적이고 물질적이며, 개인 위주의 남성적이고 양(陽)적인 특성을 지니고 있다. 반면 새로 대두하는 문화는 시스템적이고 종합적이며, 직관적이고 정신적이며, 환경에 민감한 여성적이고 음(陰)적인 특성을 지닌 문화가 될 것이라고 지적하면서 우리는 이제 문화 변역의 전환점에 와 있다고 말하고 있다(이성범. 구윤서, 『새로운 과학과 문명의 전환』 역자 서문).

여기서 새롭게 대두되는 음적인 문화를 실제적이고 구체적으로 충족시켜줄 수 있는 학문이 동양학, 특히 주역에서 비롯된 동양과학기술이며 정신과학기술인 역학과 역술이라고 볼 수 있다.

제2절 국가적 그리고 범세계적 변화의 흐름과 『주역』

최근에 대두되는 세계사적 큰 이슈로 대두되는 문제가 기후변화와 공생발전이다(2011년 이명박 대통령의 8 · 15 경축사). 그리고 녹색성장 중도실용주의 공정사회 동반성장 등과 같은 국정철학이 기회 있을 때마다 제시되고 있다. 뿐만 아니라 세계적인 금융위기 이후 세계적인 경제위기를 겪으면서 기존의 자본주의 시장경제에 대한 문제와 한계로 대두되는 세계적인 이슈가 '자본주의 4.0 따뜻한 자본주의'이다. 그리고 월가의 탐욕스러운 금융인들의 '먹튀'와 돈 잔치에 분노한 젊은이들이 내건 구호가 '월가를 점령하라'이다.

뿐만 아니라 인도네시아 지진과 해일에 의한 쓰나미와 최근의 일본의 대지진과 쓰나미 그리고 원전사고를 겪으면서 우리 인류가 다시 한번 곱씹어봐야 할 메시지를 발견하게 된다. 인류가 오랜 세월동안 노력 끝에 과학기술 분야 등에서는 눈부시게 발전했다지만 무한한 자연의 힘에 비춰보면 한갓 미약한 성취에 불과했음을 일깨운다. 이런 점을 때때로 잊고 살아가는 인류의 오만함에 대한 대자연의 경고가 아닌가 싶다. 이러한 자연재난과 같은 대참사를 겪으면서 느껴지는 단어는 단 하나 '겸손'이라는 단어이다. 대자연은 이러한 참사를 통해 인류에게 겸손하라고 타이르고 있는 것이다.

캐나다 심리의학자 리차드 버크는 1901년에 쓰인 <우주 의식>에서, '우주는 죽은 기계가 아니라 살아있는 존재이다'라고 하였다. 지구상에 일어나는 여러 가지 재난이나 크나큰 이변은, 살아 있는 지구라는 생명체가 인간에게 보여주는 무언의 암시이고 경고 사인이라는 것이다. 따라서 이런 지구 생명체의 의도와 뜻을 재빨리 알아차려서 이에 대응하여야 한다는 것이다.

이상과 같은 이슈와 사건들이 대두되는 근본적인 원인은 결론적으로 말하면 인간의 자연 앞에 오만성과 탐욕에 의한 자연환경파괴와 인간성 상실로부터 비롯된 것들이다. 그러나 이러한 문제들에 대처하기 위한 뚜렷하고 구체적인 대안들이 보이지를 않고 있다.

시대적으로 나타나는 국가적·사회적 문제해결의 접근방법으로는 크게 나누면 제도적인 방법과 물량적인 방법 그리고 문화심리적 접근방법이 있을 수 있다. 제도적이고 물량적인 접근방법은 인간 외적인 문제 해결방법이고 문화 심리적 접근방법은 인간의 행태와 성격(personality) 그리고 신념체계(belief system), 즉 가치관과 세계관의 변화에 의한 방법이다.

현대사회 문제 해결은 인간에 초점을 두기보다는 주로 인간 외적인 제도적인 방법과 물량적인 방법이 사용되어 왔다. 인간적인 방법도 때로는 행하고 있으나 단지 윤리도덕적인 규범적 접근이 주를 이루고 있어서 그것은 별로 문제 해결에 크게 도움을 주는 것은 아니다.

　　제도적인 방법과 물량적인 접근 방법은 현실적으로 효과가 빠르기 때문에 우선적으로 문제를 진화시키는 데 의미가 있다. 그러나 그 문제의 원인이 인간의 의식, 즉 가치관으로부터 나온 문제들일 때는 피상적이고 임시방편적인 미봉책인 결과로 끝나는 경우가 많다. 왜냐하면 모든 문제의 근본적 원인인 인간의 의식문제를 간과하기 때문이다. 그 이유는 인간의 의식과 인식의 문제 해결은 시간도 오래 걸리고 효과도 빠르지 않기 때문에 정치지도자들 또는 정책입안자들의 성급한 성과 올리기에 급급한 이상은 매력을 느끼지 못하기 때문이다. 그래서 인간적 요인은 항상 우선순위에서 뒤로 밀려나거나 무시되기를 계속해 왔다.

　　현대사회 문제도 예외는 아니어서 문제해결을 인간 외적인 주로 물량적이고 제도적 접근방법 중심으로 하기 때문에 피상적이고 임시방편으로 끝나서 근본적인 문제인 인간의 의식과 인식적인 문제는 해결이 안 된 상태에서 계속 문제는 불거져 오늘날의 위기의 심각한 상황에 이르게 되어서 백약이 무효인 벼랑 끝에까지 와 있지 않나 생각된다. 이제는 물량적·제도적 접근으로는 문제를 거의 해결할 수 없을 정도로 심각한 상황에 이르고 있다고 생각된다.

　　그동안 문제가 있을 때마다 우리나라는 서구 선진국들의 선진적인 제도를 들여와서 문제를 해결하고는 했다. 그러나 지금과 같이 세계화·개방화시대에 모든 국가 사회적제도가 보편적으로 일반화되어서 새롭게 선진국의 제도를 수입 모방할 뚜렷한 근거도 거의 없다. 이 문제와 관련해서 이명박 대통령의 2011년도 8·15 경축사에서 밝힌 공생발전을 제시하는 근거로 "과거에는 선진국의 어느 나라 시스템을 따라가면 문제를 해결할 수 있었지만 이제는 어느 나라도 가지 않았던 길을 우리 스스로 찾아갈 수밖에 없는 상황이고, 그런 문제의식에서 새롭게 찾아낸 것이 '공생발전(Ecosytemic Development)'의 길"이라고 했다.

　　현대사회 위기문제를 깊이 주시하고 고찰해 보면 근본적인 원인은 인간 외적인 제도나 물량적인 문제가 아니고 인간적인 문제, 즉 인간의식(belief system)과 인식(perception)의 문제가 주요 요인이다. 따라서 인간적 요인을 무시하고는 현대사회 문제를 해결이 거의 불가능한 지경에 이르게 되었다고 볼 수 있다. 그럼으로 모든 정치지도자들에 의해서 매력이 없어서 정책의 우선순위에서 항상 뒤로 밀려났던 문제를 더 이상 미룰 수가 없는 상황에 이르렀다고 생각된다.

　그러면 인간문제에 대해서 구체적으로 생각해 보자. 인간의 행태 또는 행위는 심리학적 성격이론과 사회화의 학습, 특히 현대교육학문적 학습으로 나타난 신념체계인 가치관의 문제로 나타나는 현상으로 나눠볼 수 있다. 여기서는 주로 인간의 신념체계인 가치관 세계관, 즉 의식수준과 사물에 대한 인식 범위의 문제를 중심으로 현대사회 문제를 고찰하고자 한다.

　일찍이 아인슈타인은 "문제를 야기시켰던 것과 동일한 의식상태로는 어떤 문제도 해결할 수 없다"고 말한바와 같이 인간의식의 가치체계와 인식의 범위 문제가 얼마나 문제해결에 중요한가를 알 수 있다.

　현대사회 문제에 있어서 인간의 의식의 중요성을 강조한 내용들을 보면, 톰 하트만(Thom Hartmann)의 『우리 문명의 마지막 시간들』에서, 우리가 겪는 문제들은 과학기술이나 식량생산, 언론 폭력같이 우리가 저지른 일들 때문에 생긴 게 아니라는 점이다. 그것들은 우리 문화에서, 말하자면 세계관에서 생겼다. 세상 위기에 대한 대부분의 해결책들이 비현실적인 이유는 그것들이 문제를 일으킨 바로 그 세계관에서 나온 것들이기 때문이다. 진실로 의미 있는 변화가 이루어지려면 세상을 바라보고 받아들이는 방식을 바꿔야 한다. 존 화이트(John White), 『깨달음이란 무엇인가』에서, 현대사회 위기는 아이러니컬하게도 우리의 이기심과 무지로부터 생겨난 결과들이다. 이제, 문제는 발생된 수준에서 해결될 수 없다. 인류가 맞이한 위험을 없애려면 일반적인 차원의 정신이나 자기 의식을 초월해야만 한다. 정치적 단안, 사회 개선 프로그램, 인도주의적 활동 따위도 좋지만, 충분치는 못하다. 오로지 탈바꿈된 의식만이 세계를 탈바꿈시킬 수 있다. 의식을 변화시키기 위한 행동만이 유일한 행동이다. 패트리셔 애버딘(Patricia Aburdene), 『메가트렌드 2010』에서, 기업의 현대사회 기술 중심의 중추는 지속적인 혁신이라고 주장하였다. 지속적 혁신이란 인간에게 내재된 재능, 즉 깨달음(consciousness)을 통해서 달성할 수 있다. 이제 인간의 깨달음이 혁신의 기본요소이며 결과적으로는 기업이 돈을 벌 수 있게 해준다는 경제사적 관점에까지 도달했다. 깨달음은 비즈니스에 있어 자본이나 에너지, 심지어 기술과 같은 평범한 자산들만큼 가치가 있다. 저자가 내적인 의식의 변화를 강조하는 것은 이상과 믿음이라는 내적 세계가 우리의 행동을 결정하기 때문이다. '사회적 변화는 가치의 변화와 경제적 필요성이 만날 때 발생한다.' 저자는 가치의 변화와 경제적 필요성에 의한 시너지가 자본주의를 변화시키고 있음을 말하고 있다. 우리나라의 사회운동가인 김지하 선생의『율려란 무엇인가』에서, 사회의 변화는 외면적인 사회구조 또는 경제구조를 혁파하려 노력해도 결국 그것을 지탱하고 받아들이고 확대시키는 인간의 마음, 민중의 마음이 변하지 않으면 소용없다. 새 세계와 새 문명을 건설하기 위해서는 인간의 마음이 변하지 않으면 안 되고, 마음이 변하려면 문화가 변해야 되고 문화가 변하려면 인간 자체와 인간에 대한 관점이 변해야 한다는 것이다.

결국 인간의식의 변화 없이는 어떠한 제도나 물량적인 접근방법으로는 근본적으로 현대사회 문제를 해결할 수 없을 정도로 문제의 심각성이 극에 다다랐다고 볼 수 있다.

그런데 이러한 인간 행위에 가장 영향을 주는 의식과 인식, 즉 신념체계를 형성하는 데 문화가 가장 결정적이다. 그리고 문화를 결정하는 데 중요한 구체적인 요인이 여러 가지가 있겠지만 그 시대의 보편적으로 이루어지는 제도권 교육학문기관의 교육학문의 내용이다.

인간의 문화에 영향을 주는 요인이 여러 가지가 있으나 인간의 신념체계(belief system), 즉 가치관 세계관과 인식의 문제에 가장 많이 영향을 준 교육학문적 내용을 중심으로 고찰하고자 한다.

카프라(F. Capra)는 현대사회 우리는 심각한 세계적 위기(word crisis) 상황에 있음을 발견하였다. 이 위기는 복합적(complex)이며 다차원적(multidimensinal)인 것으로 건강과 생계, 환경의 질과 사회관계, 경제, 기술 및 정치에 이르는 우리 생활의 모든 면에 미치고 있다. 또한 이 위기는 지적, 윤리적 및 정신적인 위기로서 인류의 기록된 역사상에 유례가 없는 규모와 긴박성을 지닌 위기이기도 하다. 우리는 최초로 인류와 지구상의 전 생명의 절멸의 절실한 위협에 직면하게 된 것이다. 현대사회 문제를 간단히 요약하면 환경파괴와 인간성 상실 문제로 압축해서 나타낼 수 있다.

이러한 현대사회 위기문제들은 모두 하나의 동일한 위기가 각각 달리 나타나는 것이며, 이 위기는 본질적으로 문화적 가치(cultural values)인 인간의 신념체계와 인식(perception)의 위기이다.

따라서 인간의 신념체계와 인식의 문제를 분석해 봄으로써 현대사회 문제의 원인을 진단하고 그것을 바탕으로 신념체계와 인식의 문제를 개선할 수 있는 현실적이고 실천 가능한 근본적인 방법으로 동양사상의 가장 대표적 학문인 주역에서 비롯된 역학과 역술을 제시하고자 한다.

현대사회 위기문제 진단

현대사회의 위기의 근본적인 문제가 제도나 물량적인 문제보다 인간의 신념체계인 의식수준과 사물에 대한 인식의 문제라고 하면 현대사회 인간의 의식수준과 인식을 형성시킨 요인을 진단하는 것이 우선적으로 필요하다. 현대사회 인간의 의식수준과 인식의 특성을 형성시킨 원인을 알기 위해서는, 현대인들에게 절대적으로 영향을 주고 있는 제도권 교육학문적 내용을 분석해 보아야 한다.

첫째, 현대사회 인간의 의식을 형성하는 신념체계에 결정적으로 가장 많은 영향을 주고 있는 것을 고찰하면 세계적으로 두 가지 주요 기둥이 있다. 하나는 물질적 가치추구를 가장 중시하는 자본주의이고, 다른 하나는 뉴턴·데카르트적인 물질론적, 기계론적 과학기술이다. 둘째, 인식의 문제에 영향을 준 것은 교육학문의 전문화 세분화와 연구방법의 분석적 환원주의(reductionism)로 인한 편협성이다.

카프라(F. Capra)는 현대사회 실재관을 형성하는 주류 사상, 인식 및 가치는 16, 17세기 이후 과학혁명, 계몽사상 및 산업혁명에 의해서 나타난 신념체계라고 하였다. 그 속에는 첫째, 과학적 방법만이 지식에 대한 유일한 접근법이란 신념, 둘째, 우주는 기본적 물질 구성체로 만들어져 있다고 하는 기계론적 우주관, 셋째, 사회속의 생을 생존 경쟁으로 보는 견해와 넷째, 경제적 기술적 성장을 통한 무제한의 물질적 진보에 대한 신념 등이 내포되어 있다. 다섯째, 현대

학문의 지나친 세분화 전문화와 연구방법의 분석적 환원주의로 편협한 인식
(narrow perception)의 문제이다.

현대인들에게 나타난 신념 중에서 앞에 두 가지는 뉴턴·데카르트적인 정신
물질 이원론적 물질론적 기계론적 환원주의적 과학관에서 비롯된 것이고, 그다
음 두 가지는 자본주의의 경쟁과 물질적 가치를 중시하는 경제체제에 의해서
나타난 신념들이다. 편협한 인식의 문제는 현대학문의 지나친 분화 및 전문화
와 연구방법의 분석적 환원주의 때문이다.

분석적 환원주의 방법과 물질론적 기계론적 과학관에 의해서 엄청난 과학적
지식이 개발되었고 이러한 과학기술이 자본주의 경제체제와 결합이 되면서 현
대사회의 물질적으로 엄청나게 풍요롭고 편리한 생활을 하게 된 것은 모두가
인정하는 사실이다. 그러나 이에 반해서 나타나는 부작용과 문제점으로 나타난
현상이 무수히 많지만 간단히 요약하면 환경파괴와 인간성 상실 및 인식의 편
협성으로 말할 수 있다. 이는 모두 인간과 자연을 물질적인 존재로만 인식하고
인간의 정신을 무시한 서양의 편협한 우주관과 물질적 가치를 최고로 생각하는
자본주의 체제에서 비롯된 병폐라고 해도 과언이 아니다. 그 결과 인간은 자연
앞에 오만해졌으며 자신의 이기적인 물질적 탐욕에 빠져들게 되었다.

즉, 잘못된 이기적 자본주의와 물질론적, 기계론적 과학관 및 인식의 편협성
이 복합적으로 상호작용하면서 인간은 자연 앞에 오만해졌고 물질적으로 탐욕
스러워졌다. 이를 좀 더 세분해서 고찰해 보면, 첫째, 현대사회 인간이 자연 앞
에 오만해진 것은, 우주는 기본적인 물질 구성체로 만들어져 있다고 하는 물질
론적, 기계론적 과학관과 사물에 대한 인식의 편협성에 의해서 나타난 인간의
의식태도와 자연을 정복의 대상으로 생각한 서구 기독교 사상에서 비롯된 것이
고, 둘째, 탐욕스러워진 것은, 사회 속의 생을 생존 경쟁으로 보는 견해 및 경
제적, 기술적 성장을 통한 무제한의 물질적 진보에 대한 자본주의 신념체제의
결과이다.

서구에서 현대 물리학자들인 양자역학자들을 중심으로 뉴턴·데카르트적 물
질론적, 기계론적, 환원주의적 과학기술에 의해 현대사회 위기문제를 진단하고

새로운 정신물질 일원론적 유기체론적, 전일적 전체론적 과학기술의 필요성을 강조하지만 구체적이고 실용적인 뚜렷한 과학기술이 보이지를 않는다. 단지 방향제시적으로 새로운 과학기술의 필요성을 강조할 뿐이다. 그런데 그러한 과학기술이 동양사상의 가장 근원이 되는 주역에서 비롯된 역학과 역술이다.

즉, 고전물리학적 과학기술의 가장 대표적인 근원이 뉴턴의 『자연철학의 수학적 원리(Philosophiae Naturalis Principia Mathematica)』라면 현대 물리학적 과학기술의 가장 대표적인 근원이 동양의 『주역(I Ching)』이라고 볼 수 있다. 주역에서 비롯된 역학과 역술은 주역의 원리와 이치를 생활에 접목 응용한 과학기술적 학문이다. 다른 말로,하면 현대 물리학적 이론과 개념 및 법칙을 생활에 접목 응용한 구체적이고 실용적 과학기술이 동양과학기술이며 정신과학기술인 역학과 역술이라고 볼 수 있다.

위기 극복을 위한 학문으로서 주역

앞에서 현대사회 위기의 근본적 원인을 인간의 의식, 즉 뉴턴·데카르트적 물질론적 기계론적 가치관 세계관으로 인한 오만성과 자본주의로 인한 탐욕성 및 편협한 인식의 문제에서 찾아보았다. 그렇다면 현대사회 근본적인 위기극복을 위해서는 인간의 의식과 사물에 대한 인식의 변화가 필요하다. 즉 의식의 성장과 학문의 종합성과 방법론적으로 전체론적(holistic) 학문적 인식 또는 사고의 필요성을 말할 수 있다.

의식의 성장이란 구체적으로 자연 앞에 오만성에서 겸손으로, 인간의 물질적 탐욕으로부터 자기 절제와 윤리경영으로, 그리고 인식의 전체론적 시각으로의 변화를 의미한다. 그렇게 되기 위해서는 현대인들의 의식과 인식 형성에 주범인 과학기술이 변하여야 한다. 즉, 현대사회 위기의 주범인 주류과학기술인 뉴턴·데카르트적, 이원론적, 물질론적, 기계론적 세계관에서 정신물질 일원론적 유기체론적(생태론적) 세계관으로 변화를 의미하고 사물에 대한 학문적 인식은 부분적이고 분석적 환원주의에서 종합적이고 전체론적인 사물의 인식의 변화를 말한다.

그런데 의식성장 내지는 의식의 변화를 위한 구체적인 방법으로 여러 가지가 있겠지만, 예를 들면 철학사상, 윤리도덕 교육, 종교가의 설교, 사회운동가들의 사회운동, 정신수행 등이 있지만 제도권 교육학문세계의 뉴턴·데카르트적 물질론적 기계론적 환원주의와 자본주의 경제체제를 그대로 놔둔 채로는 한계가 있으며 충분치 못하다. 가장 바람직한 방법은 현 제도권 과학기술을 대체할 수 있는 새로운 과학기술이 개발되어야 가능하다. 즉, 현대인들의 의식을 형성시킨 가장 근원적인 주범인 제도권 교육학문세계의 현대과학기술을 그대로 놔두고 철학사상, 윤리도덕 교육, 종교가의 설교, 사회운동가들의 사회운동, 정신수행 등은 한계가 있고 충분치 못하다. 현대과학기술을 대체하여야 형식적이 아닌 내면화된 근본적인 의식과 인식의 변화가 가능하다.

현대과학기술을 대체할 수 있는 정신물질 일원론적, 유기체론적, 종합적 과학기술을 서구에서는 현대 물리학자들인 양자역자들을 중심으로 하는 신과학자들에 의해서 주장하지만 방향제시적인 것으로 끝나고 만다. 그런데 동양에는 그러한 구체적이고 실용적인 과학기술이 주역에서 비롯된 역학과 역술이 있다. 주역에서 비롯된 역학과 역술의 학문적 특징은 현대과학기술이 추구하는 인간의 건강과 물질적 가치를 추구하는 데 새롭게 도움을 줄 뿐만 아니라 현대 서양과학기술과 다른 점은 정신물질 일원론적, 유기체론적, 전체론적이며 종합적인 학문이다.

서구인으로서 세계적인 주역 연구가의 한 사람인 독일의 리하르트 빌헬름(Richard Wilhelm)은 『역경』에 담긴 학문적 함축성에 관해 진지하게 다루었다.

예를 들어 그는 『역경』의 철학이 "인간의 의식적인 삶에서부터 무의식적인 영역으로까지 더욱 깊이 파고 들어가 …… 우주 - 영혼의 체험에 대한 통일적 이미지를 전달해준다. 이것은 개인을 초월하여 인류라는 집단적 실존에까지 미치고 있다"는 점을 강조했다. 여기서 중요한 것은, 주역이라는 학문이 나타내고자 하는 영역이 인간의 '의식세계와 무의식세계, 우주, 그리고 영혼'의 세계까지를 포괄하여 종합적으로 나타내고자 하였다는 점이다. 이 점이 보이는 객관의 세계만을 대상으로 연구하는 편협한 서양과학이 따라올 수 없는, 그리고 서양과학을 뛰어넘는, 차원을 달리하는 정신물질 일원론적이며 유기체론적인 철학이요, 과학기술이다. 그리고 그 학문적 적용 범위가 모든 인류의 실존에까지 이른다는 점이다. 이것은 주역이 지구상의 어떠한 나라와 민족에도 적용될 수 있는 보편적(universal) 학문이라는 의미라고 볼 수 있다.

리하르트 빌헬름의 아들이며, 오늘날 역경의 최고 권위자인 헬무트 빌헬름은 역경의 심원한 철학적 의미를 알아내기 위하여 애썼고, 그 결과 "역경의 체계는 다차원 세계의 표상이다"라고 결론을 내렸다. 여기에서 다차원 세계라고 하면, 앞에서 서술한 인간의 의식·무의식의 세계, 우주 – 영혼, 즉 물질세계와 정신세계를 모두 포괄하는 것을 의미한다. 이 세계 내에는 불변하면서 규칙적으로 변화하는 패턴이 있는 것이다. 여기에서 '규칙적으로 변화하는 패턴'이 있기 때문에, 주역이 단순히 미신이고 비과학이 아니고, 체계화된 학문인 과학성이 있다고 볼 수 있다. 그 규칙적으로 변화하는 패턴을 나타낸 구체적인 개념과 이론이 음양론, 오행론, 그리고 육십사괘이다. 뿐만 아니라 보이는 세계와 보이지 않는 세계를 모두 연계해서 종합적으로 나타낼 수 있는 구체적인 실체적 개념이 기(氣)이다.

주역의 사물에 대한 인식의 접근법이 우주론적 시각에서 개개의 사물을 고찰하는 우주론적 Top Down의 전체론적(holistic) 학문이다. 뿐만 아니라 정신 물질 일원론적, 유기체론적, 생태론적 학문이다.

우주론적이란 천기와 지기의 관점에서 천지간의 인간을 비롯한 모든 사물을 고찰한 학문이라는 의미이다. 그래서 주역을 우주학이라고 하는 것이다. 서양과학이 주로 인간 생활 주변의 개개의 객관적 사실에 근거하여 발달한 학문인데 비해서 아주 대조적이다. 주역이 우주론적으로 접근하는 논리적 근거는, 천지는 대우주이고 인간과 만물만사는 소우주라고 보는데, 대우주인 천지는 소우주인 인간과 만물만사를 지배하고 있기 때문이다. 따라서 소우주인 인간과 만물만사를 근본적으로 알기 위해서는 소우주인 인간을 지배하고 있는 대우주인 천지의 질서와 섭리 이법을 알아야 한다. 그것이 기와 음양오행론이다.

그래서 주역은 하늘 천 따 지 중심의 우주론적 Top Down과학이고, 철학이며, 윤리도덕학이다. 이에 비해서 서양학은 바둑이 철수와 같은 개개의 사물에 근거한 Bottom Up과학이고, 철학이라고 볼 수 있다.

결국 주역에서 비롯된 동양과학기술이며 정신과학기술인 역학과 역술은 정신 물질 일원론적, 유기체론적, 생태론적, 학문적 성격으로 인해서 인간을 자연 앞에 오만에서 겸손으로 물질적 탐욕으로부터 자기 절제와 윤리경영을 하게끔 현실적으로 실천가능한 근본적 의식을 변화시킬 수 있는 구체적이고 실용적인 과학기술이다. 뿐만 아니라 사물을 종합적이고 전체론적, 즉 우주론적 Top Down적 관점에서 인식하는 학문이므로 분석적, 환원주의적 서양과학기술의 인식의 문제를 개선시킬 수 있는 학문이다.

현대사회의 과학기술 분야는, 단순한 물질적 가치를 추구하는 도구나 수단으로만 끝나는 것이 아니고, 인간의 사상과 철학적 가치관과 세계관까지 영향을 주고, 더 나아가 정치, 경제, 사회, 문화의 모든 분야에 영향을 미친다. 즉, 과학기술의 내용이 어떠하냐가 인간의 거의 모든 부문에 영향을 주고 있다고 볼 수 있다.

1967년 알빈 토플러와 함께 '미래협회'를 만들어 미래학(future studies)이란 학문분야를 처음으로 개척한 선구자이며, '미래학의 대부'라 불리는 하와이 대학 미래학연구소장인 제임스 데이터(James Dator)는, 그가 엮은 미래연구 보고서인 『다가오는 미래(Advancing Futures)』의 서문에서 사회변화와 과학기술의 관계를 다음과 같이 설명하고 있다.

사회 변화에 대해 많은 미래학자들이 다양한 지론을 설명하고 있지만, 사회 변화에 대한 최종 결론은 사회변화의 주요 동력은 과학기술이며(인구, 지구환경 변화, 정치경제적 불안정, 문화변동 등), 다른 모든 '쓰나미'의 형성에 상당히 기여하는 이 과학기술에 우리가 반드시 '올라타야' 한다는 것이었다. 1967년 마셜 맥루언(Marshall Mcluhan)은 과학기술이 우리의 의식 형성에 미치는 영향력의 중요성을 다음과 같이 언급하였다. "우리는 우리의 도구(과학기술)를 만들고, 그 이후에는 우리의 도구가 우리를 만든다."

인간은 자신이 처한 환경과의 상호작용을 통해 그리고 기술을 통해 인간다워진다. 가치관, 윤리, 관습, 종교적 신념, 법 등은 모두 인간은 어떤 식으로 행동할 수 있는가(그러고 난 후 자신이 취한 행동의 결과로서 스스로에 관해 무슨 생각을 갖게 되는가)와 관련해 형성된다.

과학기술이 변하면 행동이 변하고, 그리하여 결국에는 자의식 및 사회의식도 변한다. 새로운 행동과 새로운 자기의식은 새로운 과학기술에 의해 가능하거나 강요되는데 둘 다인 경우, 새로운 기술이 가능케 한 행동은 기존의 가치관과 규칙들에 도전하게 되고, 따라서 사회는 변화하는 것이다. 즉 패러다임이 변하면 사고가 달라지고 그렇게 되면 가치관 세계관도 변한다. 뿐만 아니라 과학철학자 토마스 쿤(Thomas Kuhn)은 "패러다임이 변할 때는 세계 자체가 패러다임과 함께 변한다"라고 말을 했다.

결국 인간의 의식을 변화시키는 데는 과학기술이 매우 주요한 요인이다. 이것을 다른 말로 뒤집어 말하면 과학기술을 변화시킬 수 없는 다른 어떤 것, 예를 들면 사상철학, 윤리도덕교육, 사회운동, 종교가의 설교, 정신수련 등은 인간의 의식을 근본적으로 변화시킬 수 없고, 한계가 있으며 충분치 못하다.

따라서 기존의 서양과학기술로 초래된 병폐와 문제점은, 이를 완화하고 해결해 줄 수 있는 패러다임적으로 새로운 과학기술을 개발함으로써 가능해진다.

현대사회의 물질적 풍요로움과 편리한 생활뿐만 아니라 여러 가지 병폐도 거의 전적으로 그 근원은 현대사회의 지배적인 뉴턴·데카르트적 물질론적, 기계론적 서양과학기술과 자본주의 오만과 탐욕의 결과라고 볼 수 있다.

현대 자본주의 물질적 풍요로움과 편리성에 모든 사람들의 관심과 행복의 가치 척도가 집중되다 보니, 물질적 가치가 최고가 되었고, 물질적 가치를 추구하는데 서양과학기술이 가장 많이 도움이 되고 기여하기 때문에, 사람들은 서양과학기술을 최고의 학문으로 자연스럽게 인식하고, 모두가 이를 경쟁적으로 배우고 연구하게 되었으며, 그 결과 서양과학기술이 지배하는 시대가 되었다. 그 결과 서양과학기술의 바탕이 되는 과학철학사상이 모든 국민의 의식을 지배하게 되었다.

따라서 현대사회의 물질적 풍요로움과 편리함을 주는 서양과학기술의 의미와 가치를 살리면서, 한편으로는 현대사회의 병폐와 위기를 초래한 문제를 해결해 줄 수 있는 새로운 과학기술이 필요하다. 즉 패트리셔 애버딘(Patricia Aburdene)이 '사회적 변화는 가치의 변화와 경제적 필요성이 만날 때 발생한다'는 말과 같이 경제적 풍요와 편리성을 충족시켜주면서 사회적 병폐와 위기를 극복할 수 있는 과학기술이어야 가치의 변화, 즉 의식의 변화가 일어난다는 것이다. 다른 말로 하면 물질적 풍요와 편리성을 희생시키면서 사회적 병폐와 위기문제를 해결하여서는 가치의 변화가 일어날 수 없다는 말이다. 이를 위해서는 현대과학기술을 대체하는 패러다임적으로 새로운 과학기술, 즉 신과학(new science)이 나옴으로써 가능하다고 본다. 즉, 현대 서양과학기술의 좋은 점인 물질적 풍요와 편리성을 충족시켜 주면서, 병폐와 문제점을 해결해 줄 수 있는 과학기술을 새롭게 개발하여야 한다. 그것이 곧 주역에서 비롯된 동양과학기술이며 정신과학기술인 역학과 역술이다.

현대 서양과학 물질문명으로 야기된 병폐와 위기를 근본적으로 극복하기 위해서는 현대 서양과학기술보다 새롭고 앞선 과학기술을 제공하여, 모든 국민이 혜택을 실제로 피부로 느끼고, 새로운 과학기술의 의미와 가치가 위대하다고 가슴에 와 닿을 때 관심을 갖게 되고, 그렇게 될 때 그 과학기술이 만들어내는 새로운 가치관과 세계관을 받아들이게 되어 내면화된다. 그렇게 되면 기존의 서양과학기술에 바탕을 둔 세계관과 가치관이 바뀌고, 그 결과 서양과학기술에 의한 병폐와 문제점이 근본적으로 치유될 수 있는 계기가 마련된다.

우주의식(cosmic consciousness); 홍익인간(사랑, 자비, 인)

결론적으로 현대과학기술문명의 물질론적, 기계론적, 이원론적인 세계관을 바탕으로 궁극적 목적이 물질적 가치를 극대화하기 위해 바둑이 철수와 같은 개개의 사물에 근거한 환원주의로부터 출발해서 세계화(globalization)까지 이르게 되었다. 그 결과 물질적으로 풍요롭고 편리해졌으며 제도적으로도 자유롭고 편리해졌으며 효율화되었다. 그러나 문제점과 부작용으로 나타난 것이 자연에 대한 인간의 오만적인 행태로 초래된 자연환경파괴로 인한 기후변화와 정신세계의 황폐화와 탐욕으로 인한 인간성 상실로 사회범죄 증가 승자독식 양극화 문제 청년실업 포퓰러즘적 과잉복지에 의한 국가 부도사태가 심각해지고 있다. 이러한 위기문제를 근본적으로 치유하기 위해서는 하늘 천, 따 지로부터 출발한 전체론적 정신물질 일원론적이며 유기체론적이고 생태론적인 세계관의 동양과학기술인 역학과 역술로 대체되어야 한다. 그렇게 되면 우주화(universalization)로 우주의식인 홍익인간(弘益人間)의 의식으로 성장되기 때문에 오만이 겸손으로 탐욕이 자기절제와 윤리의식으로 그리고 자강불식의 자세로 변화되어 새로운 단계의 물질과 정신이 균형을 이룬 발전이 이룩된다고 볼 수 있다.

　현대사회 위기현상을 주역의 음양론적 관점에서 고찰하면 다음과 같이 밝힐 수가 있다(김석진, 『우리의 미래』).

> "세상의 변화는 음양의 변화에서 벗어나지 않는다. 수많은 사건이 발생하고 정신 못 차릴 만큼 변화가 일어난다 하더라도 그 역시 음양의 변화일 뿐이다.
> 음과 양은 태극 한 뿌리에서 나왔고, 이것이 균형을 이루어야 우주가 존재할 수 있다. 따라서 모든 것에 우선하는 선(善)은 음과 양의 균형인데, 현재의 위기와 혼란은 양이 음보다 월등히 성해졌기 때문에 그 균형을 맞추기 위한 용트림이다.
> 이 시대를 사는 우리의 사명은 그 균형을 이룰 수 있도록 돕는 데 있고, 그 방법은 홍익인간철학에서 찾을 수 있다."

　위에서 양(陽)에 해당하는 것이 물질론적, 기계론적 환원주의적 서양과학기술과 탐욕스러운 자본주의 경제체제이고, 음(陰)에 해당하는 것이 정신 물질일원론적, 유기체론적, 생태론적이며 자기 절제를 하도록 이치적으로 설득하는 동양과학기술인 역학역술이다. 그런데 현대사회는 음보다 양이 월등히 성해져서 불균형이 심해져 현대사회 위기가 초래되었으며 이를 완화하기 위해서는 음인 동양과학기술이 새롭게 대두될 수밖에 없다. 그렇게 해서 음양, 즉 서양과학기술과 동양과학기술인 역학과 역술이 역동적으로 균형을 이뤄야 현대사회 문제를 근본적으로 극복할 수 있다.

제3절 서양과학과 접목 응용 그리고 통합 연구 분야

나는 동양과학기술인 역학과 역술이 제도권 지도층과 식자층에서 미신이고 비과학이라고 홀대 받는 데 비해서, 현대과학기술의 종주국인 서구와 우리나라의 극히 일부 첨단과학자들이 주축이 되어 만든 한국정신과학학회에서는 매우 의미 있게 21세기 서구 물질문명의 위기를 극복하기 위한 새로운 과학기술로 칙사 대접을 받는 것을 보고 매우 흥미로운 호기심을 갖게 되었다. 하기는 예수님도 고향에서는 얼마나 탄압과 질시를 받고 십자가에 처형을 당했는가?

동양학을 현대사회에 의미 있게 인식하고, 응용·접목하기 위해 연구하는 것은 시대적으로 어쩌면 당연한 일이다. 그것은 국수주의적으로 우리 것이기 때문이 아니라, 정말로 현대사회의 여러 가지 현상과 문제를 제대로 이해하고 대처하기 위해서는, 지금 지배적 위치에 있는 서양과학기술만으로는 불가능하다는 것은 모두가 다 아는 상황에서, 그 대안으로서 다른 것을 찾아야 한다면 동양사상에서 찾아야 한다는 것이 국내뿐만 아니라 세계적인 지도자들과 학자들의 공통된 주장이다.

그런데 이들의 주장은 동양사상을 강조하는데 막연해서 구체적으로 와 닿는 내용이 없다. 즉, 총론적으로는 동양사상에서 찾아야 한다고 주장하면서, 각론에 가서는 의미 있는 구체적인 내용이 없다. 그러면 동양사상이란 구체적으로 무엇인가? 하고 물으면, 기껏 하는 말이 공맹과 노장사상 그리고 우리나라의 퇴계, 율곡, 다산 선생 위주의 유학과 실학사상을 들먹이는 것이 거의 전부이다. 유학사상이란 또 무엇인가? 하고 찾아보면, 사서와 성리학 중심의 규범적인 철학사상이 주류이다. 그런데 이 윤리도덕 중심의 사서와 성리학의 내용을 들여다보면, 현대사회에서 학문적으로 의미 있게 배우고 연구하고 싶은 내용이 전혀 아니다. 또 그런 내용도 거의 없다.

뿐만 아니라 노자, 장자, 사상도 말은 거창하고 어마어마하지만 실속이 없는 허구적, 구름 잡는 내용뿐이다. 노자의 도덕경도 그 사상적 근원은 주역에서 비롯되었지만, 실제생활에 접목응용한 구체적인 과학기술적인 내용이 없다. 그냥

도덕경의 어느 구절의 내용을 들먹이면서 어떻다 하고 도통한 사람처럼 행세하는 막연한 내용이다. 따라서 서양과학기술적 학문과 비교해 보면 잠시 휴식시간에 새로운 내용의 이야기를 들어서 머리를 식히는 정도의 이야깃거리에 지나지 않는다. 그러니 배우고 연구하여 실제생활에 접목·응용할 수 있는 구체적으로 의미 있는 과학기술적 내용은 아니다.

왜냐하면 현대사회에서 학문이라고 하면, 과학기술적인 학문이 주류이고 지배적인데, 과학기술적인 내용이 아니라 규범적인 윤리도덕이고 허구적 실속 없는 내용이라 시대적으로 한심스럽다는 생각이 들기 때문이다.

그런데 비제도권의 철학관 중심의 역학과 역술을 보면 학문적으로 매우 의미 있는 내용이 엄청나게 많다. 역학과 역술은 인간생활에 필요한 건강과 물질세계의 실용적인 과학기술적 내용을 제공해 줄 뿐만 아니라 윤리도덕과 정신세계의 문제를 이치적으로, 즉 과학기술적으로 설명해 주기 때문에 매우 역동적이고 시대적으로 부합되는 의미 있는 학문이다. 그래서 이에 관심을 갖고 배우고 연구하는 제도권 학자들이 있다.

이러한 연구 방식은 기존의 동양오술 중심의 전통적 동양과학기술인 역학과 역술 분야와 다른 새롭게 대두되는 동양학 연구 분야이다. 즉, 동양과학기술적 개념과 이론을 서양과학기술적 개념과 이론과 비교하면서, 기존의 서양과학기술적 개념과 이론으로 설명할 수 없는 현상과 문제를 서술함으로써 문제를 해결하고자 하는 연구 분야이다.

동양과학기술은 현대사회의 서구물질문명의 문제점과 폐해, 즉 자원의 고갈, 환경파괴, 인간성 상실 등을 보완 극복하는 데도 도움을 주지만, 학문적으로 서양과학기술이 이해, 설명할 수 없는 물질세계의 현상과 문제를 기와 음양오행론으로 설명함으로써 처방과 대책을 만들 수 있다. 그래서 문제를 해결할 수 있다. 이것이 현대사회의 동양과학기술의 의미와 가치이며, 이를 구체적으로 접목·응용하여 연구를 시도하는 사람들이 늘어나고 있다.

이는 동서양의 학문을 통합적으로 접목·응용하는 새로운 학문적 연구 영역으로 나타나고 있다. 아마도 21세기 새로운 문명의 창조를 위해 노력하고자 한다면, 이런 류의 학문적 연구가 필요하지 않을까 생각된다. 이것은 아마도 그러한 조짐이라고 해도 좋을 듯싶다.

20세기의 역사가 서양의 과학기술문명을 앞세운 팽창과 갈등의 역사였다면, 21세기는 절제와 화합에 의한 인류평화의 시대가 되어야 한다는 인류의 염원에 따라서, 그 가능성을 동양사상에서 찾을 수 있다는 것이다.

니체는 20세기에 접어들면서 서양문명의 위기를 예언했고, 토인비는 21세기는 태평양의 시대가 될 것이라고 진단했다. 뿐만 아니라 1972년에 발간된 로마클럽의 보고서 '성장의 한계'에서는 서양문명의 병폐를 진단하면서 그 처방으로 동양사상을 들었다. 이처럼 서양인들은 이미 자신들의 과학기술문명의 한계와 문제점을 발견하고, 그것을 극복하기 위해 동양의 지혜, 즉 동양의 사상과 과학기술를 배우고 실천하려 하고 있다. 하여튼 20세기는 분명 서양과학기술문명이 동양을 정복하고 세계를 지배한 시대이지만, 자원의 고갈이나 환경 파괴, 인간성 상실 등 문명의 위기가 속출하고 있는 것이 오늘날의 현실이다.

그래서 자본주의 과학기술 물질문명의 병폐를 수정 보완해야 한다는 소리가 높고, 그 방법은 동양사상과 과학기술에서 찾아야 한다는 소리와 함께, 바야흐로 세계의 사조는 대서양에서 아시아 태평양으로 옮겨오는 것만은 엄연한 사실이다.

이런 시대적 흐름에 따라서 단순히 공허한 사상철학적 그리고 방향제시적 차원을 넘어서 매우 구체적이고 실용적인 동양사상과 과학기술을 배우고 연구하는 움직임이 첨단 과학자들을 중심으로 일어나고 있음은 매우 고무적인 현상이다. 동양사상 중에서도 동양문화의 가장 기본이 되고, 가장 최고의 철학이며 과학기술인 주역에서 비롯된 역학과 역술이 대두하고 있다.

구체적인 예로는, 자연환경 파괴와 관련해서는 풍수지리, 우주론적 관점에서 인간의 궁극적 삶의 의미와 깨달음을 통한 인간성의 회복에는 산학, 인간의 삶에서 여러 가지로 겪는 길흉화복의 의미와 대응자세는 명리학, 모든 사물의 변화하는 이치에 대해서는 음양론적 변화관, 서양의학과 다른 동양의학의 종합적이고 유기체론적 건강론 등을 들 수 있다.

과학기술이 변해야 현대사회의 위기가 근본적으로 치유된다

현대사회의 과학기술 분야는, 건강과 단순한 물질적 가치를 추구하는 도구나 수단으로만 끝나는 것이 아니고, 인간의 사상과 철학적 가치관과 세계관까지 영향을 주고, 더 나아가 정치, 경제, 사회, 문화의 모든 분야에 영향을 미친다. 즉, 과학기술의 내용이 어떠하냐가 인간의 거의 모든 부문에 영향을 주고 있다고 볼 수 있다.

1967년 앨빈 토플러와 함께 '미래협회'를 만들어 미래학(future studies)이란 학문분야를 처음으로 개척한 선구자이며, '미래학의 대부'라 불리는 하와이 대학 미래학연구소장인 제임스 데이터(James Dator)는, 그가 엮은 미래연구 보고서인 『다가오는 미래(Advancing Futures)』의 서문에서 사회 변화와 과학기술의 관계를 다음과 같이 설명하고 있다.

사회 변화에 대해 많은 미래학자들이 다양한 지론을 설명하고 있지만, 사회 변화에 대한 최종 결론은 사회 변화의 주요 동력은 과학기술이며(인구, 지구환경 변화, 정치경제적 불안정, 문화변동 등), 다른 모든 '쓰나미'의 형성에 상당히 기여하는 이 과학기술에 우리가 반드시 '올라타야' 한다는 것이었다. 이 문제를 자세히 설명하려면 너무 길어질 것 같으므로 1967년 마셜 맥루언(Marshall Mcluhan)의 경구로 대체한다. "우리는 우리의 도구를 만들고, 그 이후에는 우리의 도구가 우리를 만든다."

인간은 자신이 처한 환경과의 상호작용을 통해 그리고 과학기술을 통해 인간다워진다. 가치관, 윤리, 관습, 종교적 신념, 법 등은 모두 인간은 어떤 식으로 행동할 수 있는가(그러고 난 후 자신이 취한 행동의 결과로서 스스로에 관해 무슨 생각을 갖게 되는가)와 관련해 형성된다.

과학기술이 변하면 행동이 변하고, 그리하여 결국에는 자의식 및 사회의식도 변한다. 새로운 행동과 새로운 자기의식은 새로운 과학기술에 의해 가능하거나 강요되는데 둘 다인 경우, 새로운 기술이 가능케 한 행동은 기존의 가치관과 규칙들에 도전하게 되고, 따라서 사회는 변화하는 것이다.

결국 인간의 의식을 변화시키는 데는 과학기술이 매우 주요한 요인이다. 이것을 다른 말로 뒤집어 말하면 과학기술을 변화시킬 수 없는 사상철학은 인간의 의식을 근본적으로 변화시킬 수 없고, 단지 일시적으로 공허한 지적 유희에 지나지 않는다는 말과 같다.

따라서 기존의 서양과학기술로 초래된 병폐와 문제점은, 이를 완화하고 해결해 줄 수 있는 새로운 과학기술을 개발함으로써 가능해진다.

현대사회의 물질적 풍요로움과 편리한 생활뿐만 아니라 여러 가지 병폐도 거의 전적으로 그 근원은 현대사회의 지배적인 뉴턴·데카르트적 물질론적, 기계론적 서양과학기술의 결과라고 볼 수 있다.

현대 자본주의 물질적 풍요로움과 편리성에 모든 사람들의 관심과 행복의 가치 척도가 집중되다 보니, 물질적 가치가 최고가 되었고, 물질적 가치를 추구하는 데 서양과학기술이 가장 많이 도움이 되고 기여하기 때문에, 사람들은 서양과학기술을 최고의 학문으로 자연스럽게 인식하고, 모두가 이를 경쟁적으로 배우고 연구하게 되었으며, 그 결과 서양과학기술이 지배하는 시대가 되었다. 그 결과 서양과학기술의 바탕이 되는 과학철학사상이 모든 국민의 의식을 지배하게 되었다.

따라서 현대사회의 물질적 풍요로움과 편리함을 주는 서양과학기술의 의미와 가치를 살리면서, 한편으로는 현대사회의 병폐와 위기를 초래한 문제를 해결해 줄 수 있는 새로운 과학기술이 필요하다. 이를 위해서는 현대과학기술을 대체하는 새로운 과학기술, 즉 신과학(new science)이 나옴으로써 가능하다고 본다. 즉, 현대서양과학기술의 좋은 점인 물질적 풍요와 편리성을 충족시켜 주면서, 병폐와 문제점을 해결해 줄 수 있는 과학기술을 새롭게 개발하여야 한다.

이것은 다른 말로 표현하면, 현대 서양과학기술을 대체하거나 변화시키지 않고, 현대과학기술과 부합되지 않는 또는 대체할 수 없는 단순한 사상, 철학, 윤리도덕으로는 현대인들의 의식, 즉 가치관과 세계관을 근본적으로 바꿀 수 없다는 것이다. 즉, 생명력 없는 단지 일과성 지적 유희로 끝나고 만다. 이것이 현대사회 문제를 근본적으로 인식하고, 근본적으로 치유할 수 있는 단서를 제공해 준다.

따라서 현대 서양과학 물질문명으로 야기된 병폐와 위기를 근본적으로 극복하기 위해서는 현대 서양과학기술보다 새롭고 앞선 과학기술을 제공하여, 모든 국민이 혜택을 실제로 피부로 느끼고, 새로운 과학기술의 의미와 가치가 위대하다고 가슴에 와 닿을 때 관심을 갖게 되고, 그렇게 될 때 그 과학기술이 만들어내는 새로운 가치관과 세계관을 의미 있게 받아들이게 된다. 그렇게 되면 기존의 서양과학기술에 바탕을 둔 세계관과 가치관이 바뀌고, 그 결과 서양과학기술에 의한 병폐와 문제점이 근본적으로 치유될 수 있는 계기가 마련된다.

현대사회 위기 극복을 위한 대체과학은 역학과 역술이다

현대 서양과학 기술문명의 병폐와 문제점을 완화하고 개선시키기 위해서는 현대 서양과학기술이 추구하는 물질적 풍요와 편리성을 충족시키면서 새롭고 앞선 과학기술을 개발해서 제공해야 한다. 그러한 과학기술이 결론적으로 주역에서 비롯한 역학과 역술이다.

동양과학기술은 인간의 건강과 물질적 가치를 추구하는 데 도움을 주는 새롭고 앞선 과학기술일 뿐만 아니라, 정신세계의 문제를 해결하는 데도 도움을 준다는 점에서 영원한 과학기술이고 철학이다. 서양과학기술은 물질적 가치와 생명에 대한 문제 해결에는 도움을 주지만, 정신세계의 문제 해결에는 크게 도움을 주지 못한다.

그러면 서양과학기술과 동양과학기술인 역학과 역술을 비교해 보고자 한다. 서양과학기술은, 300여 년 전 뉴턴역학의 물질론적, 기계론적, 심신 이원론적, 인과율에 의한 결정론적, 분석적 환원주의적 과학관과 우주관에 근거하여 발달한 과학기술이다. 이에 비해서 동양과학기술인 역학과 역술은, 정신물질 일원론적 정신 차린 유기체론이고 전체론이며, 확률론적 과학관과 우주관에 근거한 과학기술을 말한다.

그런데 현대사회의 위기와 병폐를 초래한 주범이 물질론적, 기계론적 이원론에 바탕을 둔 서양과학기술과 사고체계이며, 따라서 이를 대체할 수 있는 정신물질 일원론적 유기체론적 동양과학기술과 사고체계가 필요하다. 뿐만 아니라 쪼개고 쪼개는 분석적 방법이 아니라 총체적으로 직관에 의해 통찰하는 과학기술도 필요하다. 그런데 한쪽, 즉 서양과학기술 쪽으로 일방적으로 편향되어 있어 현대사회의 위기가 초래된 것이므로, 궁극적으로는 양자가 균형을 이루는 상태가 되어야 한다. 이와 관련해 최근 역학과 역술이 주목을 받고 있다.

최근에 현대 서양물질문명과 물질과학기술의 한계와 문제점이 크게 부각됨으로 해서 새롭게 대두되는 현상이 동양의 정신세계와 관련된 문화와 학문 특히 역학과 역술인 동양과학기술이다. 이러한 현상은 동서양 공히 새롭게 대두되는 현상이다. 그러면서 동서양 학계에서 대두되는 것이 동양의 문화와 학문이다. 그 문화와 학문의 가장 기본이 되는 학문이 주역에서 비롯된 역학과 역술이다

현대 동서양의 동양학에 대한 연구경향을 크게 분류해 보면, 첫째, 동양과학기술의 기본 개념과 이론에 대한 과학적 검증 그리고 현대 분석과학적으로 서술 내지 해설, 둘째, 서양과학기술과 상호보완적 통합적 연구, 셋째, 새롭고 앞선 과학기술의 관점에서 대체과학기술로의 활용 등을 볼 수 있다.

첫째, 서구에서 동양 과학기술의 과학성을 밝히기 위해서 연구하는 가장 기본개념이 기(氣)이다. 즉, 기의 실체를 규명하기 위해 많은 투자를 하고 있다. 그리고 중국과 일본에서도 기의 실체를 밝히기 위한 연구가 국가의 정책적 지원하에 진행되고 있다. 우리나라에는 젊은 첨단과학자들이 주축이 되어 만든 한국정신과학회가 있다.

둘째, 서양과학기술과 상호보완적 통합적 연구 또는 대체과학기술로는 의학, 풍수, 정신수련 그리고 주역점술 등이 있다.

셋째, 현대 물리학자들을 중심으로 신과학이 대두되면서 기존의 뉴턴·데카르트적 과학기술적 사고의 한계점과 문제점을 인식하고, 동양의 역경을 비롯한 불교, 힌두교와 같은 동양사상에 관심을 갖고 연구하게 되었다. 대표적인 학자와 저서로서 카프라의 『현대 물리학과 동양사상』, 쥬커브의 『춤추는 물리』 등이 있고, 우리나라에서는 충남대학교 환경공학과에 장동순 교수의 『동양사상과 서양과학의 접목과 응용』, 『100년의 기상 예측』, 표준과학연구소의 방건웅 박

사의 『기가 세상을 움직인다』, 『신과학이 세상을 바꾼다』, 한국항공우주연구원의 최기혁 박사의 「오운육기와 기상 및 기후의 관계」 연구논문, 인하대학교 경영학과 장휘용 교수의 『보이는 것만이 진실은 아니다』, 건축설계사인 박시익 박사의 『한국의 풍수지리와 건축』 등이 있다.

이상의 내용은 서구의 뉴턴·데카르트적 과학관과 세계관 및 우주관의 문제로 초래된 문제점과 위기를 극복하기 위한 노력으로 정신물질 일원론적 유기체론적 전체론적 학문의 필요성을 인식하면서 그러한 학문인 동양학 특히 주역에서 비롯된 역학과 역술에 대한 관심과 연구가 진행되고 있다. 이는 현대사회에서 새롭게 대두되는 과학기술로써 동양과학기술의 전문 연구 분야라고 볼 수 있으며 21세기 새로운 문명 창조를 위한 돌파구로써 매우 의미 있고 고무적인 현상이라고 볼 수 있다.

라딘(Radin)은 새로운 개념이 과학계에서 받아들여지기까지는 4단계를 거친다고 하였다. 1단계는 기존의 과학적 법칙에 위배되기 때문에 절대로 불가능하다는 것이고, 2단계는 가능할 수도 있지만 별로 대수로운 것이 아니며 그 효과도 미약한 것이라고 마지못해 인정하는 것이다. 3단계에서는 매우 중요할 뿐만 아니라 사회에 미치는 영향이 크다는 것을 이해하게 되며, 4단계에서는 모든 사람들이 당연한 것으로 받아들이게 된다. 그는 우리나라의 역학역술과 유사한 성격의 사이(psi) 현상에 대해서 3단계가 이제 수평선 위로 힘차게 솟아오르는 중이라고 하였다.

표준과학연구소의 방건웅 박사는 『기가 세상을 움직인다』는 저서에서, 현대 서구에서 기를 비롯한 초상현상에 대한 연구현황을 다음과 같이 언급하고 있다.

초상현상에 대한 각국의 연구 현황을 보면, 라딘이 전망하였듯이 초상현상이 있느냐, 없느냐 하는 논쟁의 단계는 이미 지났다. 이러한 주제를 갖고 논하는 사람은 이 분야에 대해 잘 모르고 있다고 고백하는 것과 같다. 이 분야의 연구 결과를 전체적으로 조망할 때 물질론적 세계관이 서서히 무너지고 있음을 감지할 수 있다. 물질과 정신의 경계가 사라짐에 따라 앞으로 일어날 변화는 자연과학, 심리학, 의학 등의 과학기술계뿐만 아니라 경제활동을 포함하여 일상생활

전반에 미칠 만큼 엄청날 것으로 예상된다. 주관과 객관의 분류도 무의미하게 될 것이며, 자아에 대한 관심조차도 변할 가능성이 엿보인다. 앞으로 과학의 패러다임만 아니라 우주에 대한 기본적인 패러다임이 바뀌면서 가치관조차도 지금까지와는 전혀 판이한 것이 수용될 가능성이 높다. 어쩌면 우리는 이미 코페르니쿠스와 같은 지각 변동의 한복판에 있는 것일지도 모른다.

21세기에 들어서면서 물리학의 연구 영역이나 개념의 확장 그리고 초물리학(paraphysics)의 의미 변화 등을 예측하는 사람들이 늘고 있다. 이제 비정상적인 것이 더 이상 비정상적인 것이 아니라는 실험적 물증이 쌓이면서, 이에 대한 진지한 검토가 이루어지고 있다. 초상현상이 비정상적으로 보였던 이유는 우리가 밖을 내다보는 창문이 좁았기 때문이지, 그 자체는 본디부터 자연적이고 지극히 정상적인 것이었다. 서구에서는 이미 창틀의 한계를 벗어나기 위해 여러 가지로 진지한 접근을 시도하고 있는데, 우리는 아직도 물질론적 세계관이라는 생각의 도그마에 갇혀 있는 것이 아닌가?

현실적으로 실천가능한 근본적인 지구와 인류 구원의 길은 동양과학기술이며 정신과학기술인 역학 역술의 대표적 교육학문기관인 미아리 철학관에 있다.

저자의 동양학에 대한 연구 발표논문과 저서

1. 논문

(1996). 동양의학적인간모형.『한국행정학회 하계학술대회 발표논문집』. 43 - 61.

(1997). 음양오행론의 행정학에서의 함의.『사회과학연구(충북대사회과학연구소)』 14(1): 135 - 153.

(1997). 오행인의 인간관계론.『한국행정학회 동계학술대회 발표논문집』. 433 - 452.

(1998). 동양과학의 근대화.『한국정신과학회 추계학술대회 발표논문집』. 17 - 31.

(1998). 동양과학의 근대화.『한국정신과학회지』. 2(2): 1 - 12.

(1998). 동양과학적 인간모형의 비교고찰.『충북행정학회지』. 창간호. 75 - 95.

(1998). 음양론의 변화관.『한국행정학회 동계학술대회 발표논문집』. 55 - 74.

(1999). 조직론에서 오행인의 의미와 유용성.『한국정신과학학회지』. 3(1): 66 - 74.

(1999). 의사결정에서 주역점술의 의미와 유용성.『한국행정학회 동계학술대회 발표 논문집』. 905 - 922.

(2000). 주역점의 원리와 과학성.『한국정신과학회 춘계학술대회 발표논문집』. 75 - 88.

(2000). 주역점의 원리와 과학성의 평가.『한국정신과학학회지』. 4(1): 1 - 16.

(2001). 동양과학의 학문적 체계.『한국정신과학학회지』. 5(2): 1 - 22.

(2001). 동양학(역학역술)의 과학성 고찰.『사회과학연구(충북대사회과학연구소)』. 18(2): 55 - 78.

(2002). 동양과학의 학문적 인식체계모형 고찰.『한국정신과학회지』. 6(1): 55 - 69.

(2002). 동양학의 학문적 체계와 과학성.『충북행정학회보』. 5: 89 - 126.

(2003). 동양행정론.『한국행정학회 동계학술대회 발표논문집』. 738 - 774.

(2003). 인간행태에 대한 동양의학적 고찰.『충북행정학보』. 89 - 102.

(2004). 주역 음양론의 변화발전론.『한국정신과학회 춘계학술대회 논문집』. 107 - 135.

(2004). 동양과학론.『한국정신과학학회지』. 8(1): 1 - 26.

(2004). 현대행정에서의 음양론적 변화관.『정부학 연구(고려대학교 정부학연구

소)』. 10(2): 326 - 356.

(2005). 동양사회과학론.『충북대 사회과학논문집』. 22(1): 1 - 52.

(2005). 우리 문화 속의 음양론적 변화관.『한국정신과학학회지』. 9(1): 31 - 52.

(2005). 현대사회에서 동양학의 의미와 필요성.『한국행정학회 동계학술대회 발표눈문집』. (10): 25 - 46.

(2007). 동양은 동양이요 서양은 서양이다.『한국정신과학회 추계학술대회 발표논문집』. 117 - 134.

(2007). 주역에서 본 동서양문화의 비교연구.『한국행정학회 동계학술대회 발표논문집(9)』. 889 - 908.

(2008). 주역에서 본 동서양문화의 비교연구.『한국정신과학학회지』. 12(1): 9 - 30.

(2008). 주역의 음양론적 삶의 의미와 과학성.『충북행정학보』제11집. 19 - 46.

(2009). 주역의 음양론적 삶의 의미와 과학성.『한국정신과학회 춘계학술 대회 논집』. 155 - 182.

(2009). 주역에서 본 동서양문화의 비교 고찰(동서양학문의 비교고찰을 중심으로).『한국정신과학학회지』. 13(1): 23 - 38.

(2009). 주역의 음양론적 삶의 의미와 과학성.『한국행정학회 동계학술대회 발표논문집 제6분과』. 1 - 30.

(2009). 유교문화적 관광자원개발.『충북행정학보』제12집. 1 - 11.

(2010). 동양학과 서양과학의 비교고찰.『충북대 사회과학연구』. 제27집 2호. 37 - 58.

(2010). 동양문화적 관광자원 개발.『한국행정학회 추계학술대회 발표 논문집』 제9분과 7. 13 - 20.

(2010). 의사결정에 있어서 주역점술의 의미와 유용성.『충북행정학보』제13집. 1 - 20.

(2011). 주역의 기과 음양오행론과 System Theory.『한국정신과학회 춘계학술대회 논문집』. 43 - 61.

(2011). 주역의 기와 음양오행론과 System Theory.『한국 시스템다이나믹스학회』. 5월 월례세미나.

(2011). 동양학적 위기관리론.『국가 위기관리학회 춘계학술대회 발표논문집』(1). 74 - 79.

(2011). 궁극적 깨달음의 학문 주역.『한국정신과학회 춘계학술대회논문집』.

(2011). 주역의 기과 음양오행론과 System Theory.『한국행정학회 동계학술대회 논문집』, 제4분과.

(2011). 동양학적 위기관리론.『한국위기관리논집』. 제7권 제4호. 93 - 108.

(2011). 궁극적 깨달음의 학문 주역.『한국정신과학학회지』. 제15권 2호. 1 - 23.

(2011). 주역의 기와 음양오행론과 System Theory.『충북지방자치학회지』

(2012). 현대사회 위기극복을 위한 학문으로서 주역.『한국정신과학회 추계학술
　　　대회 논문집』. 81 - 92.
(2012). 동양행정론.『한국콘텐츠학회논문집』. 제12권 5호. 199 - 205.

2. 저서

(2006).『하버드・예일보다 미아리철학관이 더 위대하다』. 서울: 한솜미디어.
(2010).『동양과학개론』. 청주: 충북대 출판부.
(2012).『동양학 원론』. 파주: 한국학술정보.
(2012).『주역학 개론』. 파주: 한국학술정보.

권일찬

kilchan@chungbuk.ac.kr

1947년 충북 보은 출생
1968년 청주교육대학교 졸업
1978년 단국대학교 행정학과 졸업
1980년 고려대학교 대학원 행정학 석사
1988년 고려대학교 대학원 행정학 박사
1991년~1992년 미국 Duke대학교 Visiting Scholar
1982년~현재 충북대학교 행정학과 교수
(사)한국행정학회 이사 역임
(사)동방문화진흥회 이사 역임
(사)한국정신과학회 이사(전통사상분과 위원장)

1993년부터 현재까지
· 주역 수강 : 대산 김석진 선생, 이산 장태상 선생, 고 김충렬 고려대 명예교수, 월간역학(w.abg.co.kr)의 전용원 박사, 아트앤스터디(w.artnstudy.com)의 황태연 교수와 이기동 교수, 상생방송(w.stb.co.kr)의 양재학 박사, 전통문화연구회(w.juntong.or.kr)의 전호근 박사의 주역. 대산 김석진 선생의 대학, 중용, 논어 등.
· 역학 · 역술 수강 : 수지침, 오행생식, 씨앗요법, 사주명리학, 풍수지리, 하락이수, 매화역수, 구성학, 육효점, 천문유초, 기수련, 기공수련, 오운 육기학, 위빠사냐 명상, 수맥탐사, 이침요법, 봉침요법, 생체자기 경락요법, 우주 초염력, 쑥뜸요법, 주역점학, 상생방송(w.stb.co.kr)의 윤창렬 교수의 고 한동석 선생의『우주변화의 원리』

2003년부터 현재까지
일반대학원 및 행정대학원에서 동양행정론(Eastern Public Administration), 동양과학론(Eastern Science), 동양학적 의사결정론(I Ching(周易) Approach to Decision Making), 동양학적 변화발전론(I Ching(周易) Approach to Change and Development), 동양학적 인간론 등을 강의.

『하버드 · 예일보다 미아리철학관이 더 위대하다』(2006)
『동양과학개론』(2010)
『동양학 원론』(2012)
『주역학 개론』

주역의 세계화와 21세기

초 판 인 쇄 | 2012년 9월 14일
초 판 발 행 | 2012년 9월 14일

지 은 이 | 권일찬
펴 낸 이 | 채종준
펴 낸 곳 | 한국학술정보㈜
주　　소 | 경기도 파주시 문발동 파주출판문화정보산업단지 513-5
전　　화 | 031) 908-3181(대표)
팩　　스 | 031) 908-3189
홈 페 이 지 | http://ebook.kstudy.com
E - m a i l | 출판사업부　publish@kstudy.com
등　　록 | 제일산-115호(2000. 6. 19)

ISBN　　978-89-268-3745-0 93150 (Paper Book)
　　　　　978-89-268-3746-7 95150 (e-Book)